엑셀 2016

김형호 · 이규건 · 임정목 공저

머리말

컴퓨터의 발전은 해를 거듭할수록 편리한 기능과 새로운 기술이 추가되어 계속 발표되고 있다. 또한 최근에는 컴퓨터의 환경도 32bit와 64bit 환경이 공존하고 점차적으로 64bit로 넘어 가고 있는 상황이다.

사무실의 업무 흐름도 복잡하고 내용도 많아져서 이제 컴퓨터의 힘을 빌리지 않으면 너무나 많은 비용이 들어가고 필요한 시기에 정확한 정보를 얻을 수 없으므로 경쟁력이 뒤떨어진다. 특히 수치를 정확하고 빠르게 계산하기 위해서는 데이터와 이에 알맞은 공식 그리고 표를 근거로 하여 정보분석의 자료로 데이터베이스와 일목요연하게 차트 자료가 필요한데, 이를 손쉽게 작성하여 주는 프로그램이 엑셀 2016 프로그램이다.

엑셀 2016 버전은 엑셀 5.0부터 엑셀 2002와 엑셀 2003까지 그리고 엑셀 2007과 엑셀 2010, 엑셀 2013을 거쳐 여러 번 판올림을 거쳐서 새로운 기능을 추가하여 발전해 왔었으나, 엑셀을 새롭게 만들었다 할 정도의 기능 변화를 가져온 프로그램으로 사용자가 더욱 더 편리하게 사용할 수 있도록 하였다.

이 책은 사용자가 손쉽게 엑셀을 배울 수 있도록 집필된 책으로 따라하기 쉽도록 기초적인 면에 중점을 두었고, 하나의 시트를 작성하면서 순차적으로 엑셀의 기능을 이해하도록 구성되어 있으며, 마지막에는 한글워드프로세서의 표로 변환하는 방법을 소개하였다.

이제는 오피스 패키지는 엑셀만 사용하는 것 보다 다른 프로그램과 연계하여 사용하는 추세로 변환하고 있으며 이중에서 엑셀의 역할은 큰 비중을 두고 있다.

아무쪼록 어려운 점이 있더라도 끝까지 공부하면 엑셀을 사용하는 데 많은 도움이 될 것이며 집필하는 데 있어서 많은 도움을 준 분들께 이 자리를 빌어서 심심한 감사를 드린다.

원당의 하늘아래서

차 례

제2장 워크시트 편집/55

제1장

엑셀 2016 및 입력 기초

현재 윈도우즈 환경에서 스프레드시트 프로그램의 대명사로 불리는 엑셀 프로그램의 새로운 버전인 '한글 엑셀 2016(마이크로소프트 오피스 2016의 구성원이다)'은 더욱 강력한 기능과 보다 편리한 사용자 인터페이스를 제공하고 있다.

한글 엑셀 2016은 이전 버전인 엑셀 2013과 비교하여 큰 변화는 없지만 여러 사람이 한 번에 문서를 편집하고 수정할 수 있도록 하여 실시간 입력을 통한 문서 공유 기능을 특징이라고 할 수 있다.

스프레드시트란 한마디로 표 형태로 작성된 데이터를 사용자가 작성한 계산식에 의해 결과를 산출하고 출력하기 위한 전자문서를 말하고, 스프레드시트 프로그램은 이러한 계산식 자료를 자동으로 수행해 주는 프로그램을 의미한다. 워드프로세서와 함께 가장 널리 사용되는 프로그램은 엑셀이며, 2015년에 최신 버전인 엑셀 2016이 발표되었다.

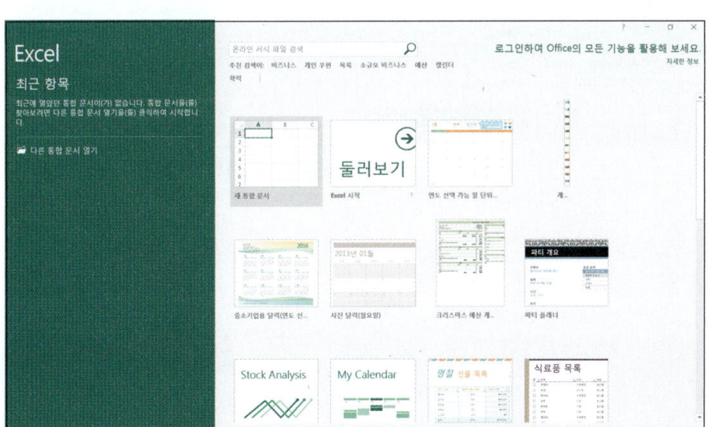

1.1 엑셀 2016의 새로운 기능

한글 엑셀 2016 프로그램은 각각 다음과 같은 특징과 새로운 기능을 제공하고 있다.

1.1.1 6가지 새 차트 종류 삽입

엑셀 2016에는 재무 또는 계층 구조 정보에서 가장 일반적으로 사용하는 몇 가지 데이터 시각화를 만들거나 데이터에서 통계 속성을 찾아낼 수 있도록 기존에 사용하던 다양한 서식 옵션이 포함된 6 가지 새 차트가 추가되었다.

제목	아이콘	기능 설명
트리맵		계층 수준간의 값을 비교하고, 비율을 사각형으로 표시
선버스트		계층 수준간의 값을 비교하고, 비율을 고리형으로 표시
폭포차트		일련의 양수 음수 값의 누적 효과를 표시
히스토그램		계급 구간에 그룹화된 데이터의 표시
파레토		각 인수의 관련 부분을 총계로 표시
상자 수염		변형을 데이터 집합내에 표시

1.1.2 가져오기 및 변환(쿼리)

데이터를 쉽고 빠르게 가져오고 변환하는 기능이 기본적으로 제공되므로 필요한 모든 데이터를 찾아서 한 곳으로 가져올 수 있게 되었으며 엑셀 2016에서 기본적으로 제공된다. 데이터 탭의 가져오기 및 변환 그룹에서 이러한 기능에 액세스할 수 있다.

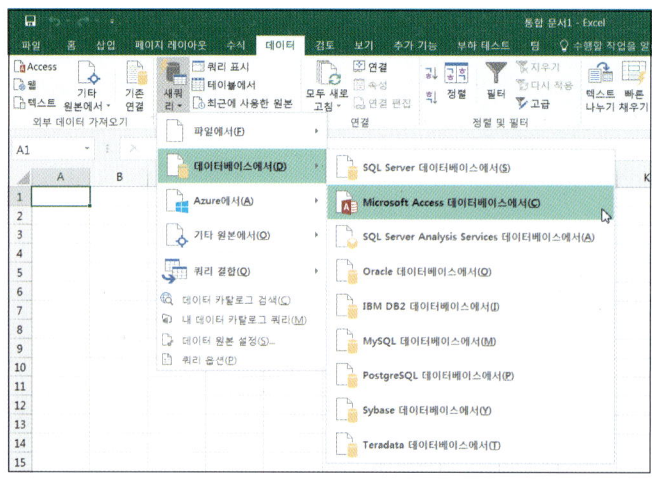

1.1.3 클릭 한 번으로 예측

엑셀 2016에서 예측 함수를 사용하도록 확장되었으며, 이 기능은 클릭 한 번으로 예측 단추로 사용할 수도 있다. 데이터 탭의 데이터 계열의 예측된 시각화를 빠르게 만들기 위해 예측 시트 단추를 클릭한다. 마법사에서 기본적으로 및 신뢰 간격으로 자동으로 검색하는 계절성과 같은 일반적인 예측된 매개 변수를 조정하는 옵션도 찾을 수 있다.

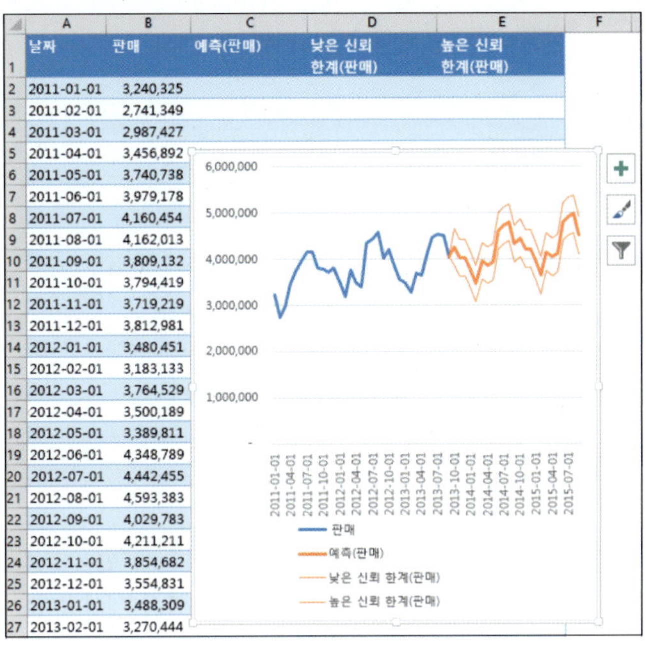

	A	B	C	D	E	F
1	날짜	판매	예측(판매)	낮은 신뢰 한계(판매)	높은 신뢰 한계(판매)	
2	2011-01-01	3,240,325				
3	2011-02-01	2,741,349				
4	2011-03-01	2,987,427				
5	2011-04-01	3,456,892				
6	2011-05-01	3,740,738				
7	2011-06-01	3,979,178				
8	2011-07-01	4,160,454				
9	2011-08-01	4,162,013				
10	2011-09-01	3,809,132				
11	2011-10-01	3,794,419				
12	2011-11-01	3,719,219				
13	2011-12-01	3,812,981				
14	2012-01-01	3,480,451				
15	2012-02-01	3,183,133				
16	2012-03-01	3,764,529				
17	2012-04-01	3,500,189				
18	2012-05-01	3,389,811				
19	2012-06-01	4,348,789				
20	2012-07-01	4,442,455				
21	2012-08-01	4,593,383				
22	2012-09-01	4,029,783				
23	2012-10-01	4,211,211				
24	2012-11-01	3,854,682				
25	2012-12-01	3,554,831				
26	2013-01-01	3,488,309				
27	2013-02-01	3,270,444				

1.1.4 피벗 테이블 기능 향상

엑셀은 익숙한 피벗 테이블 작성 환경을 통해 유연하고 강력한 분석 환경을 제공한다. 파워 피벗과 데이터 모델이 도입된 엑셀 2010 및 엑셀 2013에서는 이 기능이 크게 향상되어 데이터에 정교한 모델을 쉽게 구축하고 측정값과 KPI로 확대한 다음 수백만 개의 행을 매우 빠르게 계산할 수 있게 되었다. 엑셀 2016에 추가되어 향상된 기능은 다음과 같다.

기능 제목	기능 설명
자동 관계 검색	통합 문서의 데이터 모델에 사용된 표 사이의 관계를 사용자 대신 찾아서 만들어 준다.
자동 시간 그룹화	피벗 테이블에서 시간과 관련된 필드(연도, 분기, 월)를 자동으로 감지하고 그룹화하므로 이러한 필드를 더욱 효과적으로 활용할 수 있다.
피벗 차트 드릴다운 단추	데이터 내에서 시간 및 기타 계층 구조의 그룹화를 확대/축소할 수 있다.
피벗 테이블의 검색 필드 목록	전체 데이터 집합에서 중요한 필드를 표시할 수 있다.
스마트 이름 바꾸기	통합 문서의 데이터 모델에 있는 표와 열의 이름을 바꿀 수 있다.

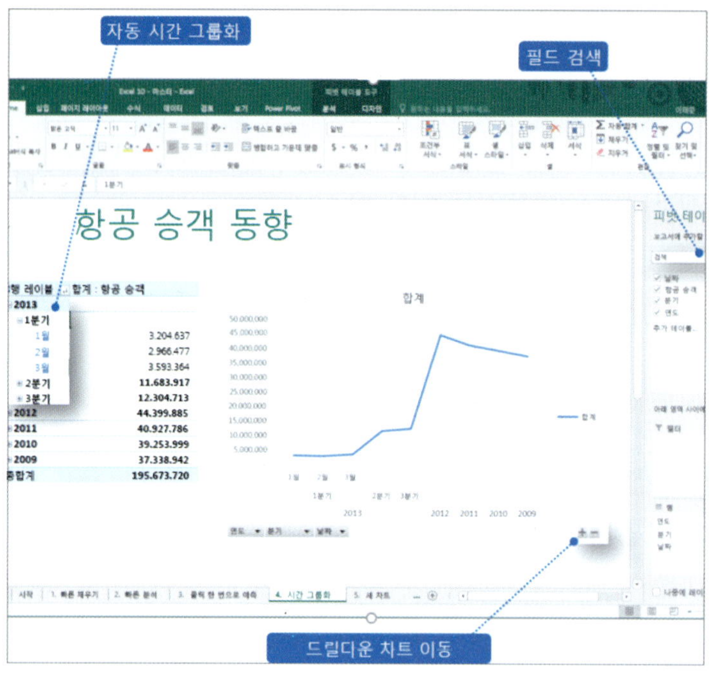

1.1.5 다중 선택 슬라이서

터치 장치에서 엑셀 슬라이서의 여러 항목을 선택할 수 있다. 터치 입력을 사용하는 경우 슬라이서의 항목을 한 번에 하나씩만 선택할 수 있는 이전 버전의 엑셀에서 개선되었으며 슬라이서의 레이블에 있는 새 단추를 사용하여 슬라이서 다중 선택 모드로 전환할 수 있다.

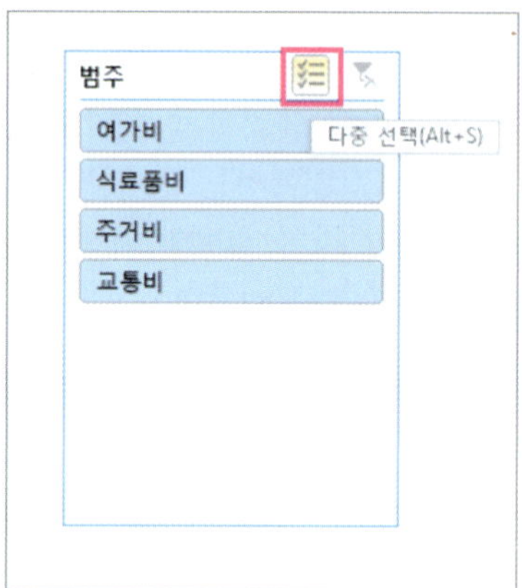

1.1.6 "수행할 작업을 알려주세요" 기능을 사용하여 빠르게 작업 수행

엑셀 2016의 리본 메뉴에는 "수행할 작업을 알려 주세요."라는 텍스트 상자가 있다. 이는 다음에 수행할 작업과 관련된 단어 및 구를 입력하여 사용하려는 기능이나 수행하려는 작업에 빠르게 액세스할 수 있는 텍스트 필드로, 또한 찾는 내용과 관련된 도움말이 표시되도록 선택하거나 입력한 용어에 대해 스마트 조회를 수행할 수도 있다.

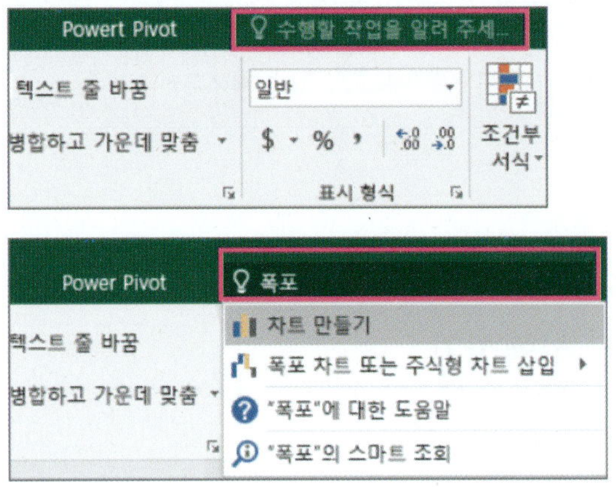

1.1.7 잉크 수식

수학 방정식을 훨씬 쉽게 포함할 수 있다. [삽입]⇨[방정식]⇨[잉크 수식]에서 통합 문서에 복잡한 수학 방정식을 포함하기 위해, 터치 장치가 있는 경우 손가락이나 터치 스타일러스로 직접 수학 방정식을 쓰면 작성한 내용이 텍스트로 변환된다. 터치 장치가 없는 경우 마우스로도 쓸 수 있으며, 작성한 내용을 바로 지우고, 선택하고, 수정할 수도 있다.

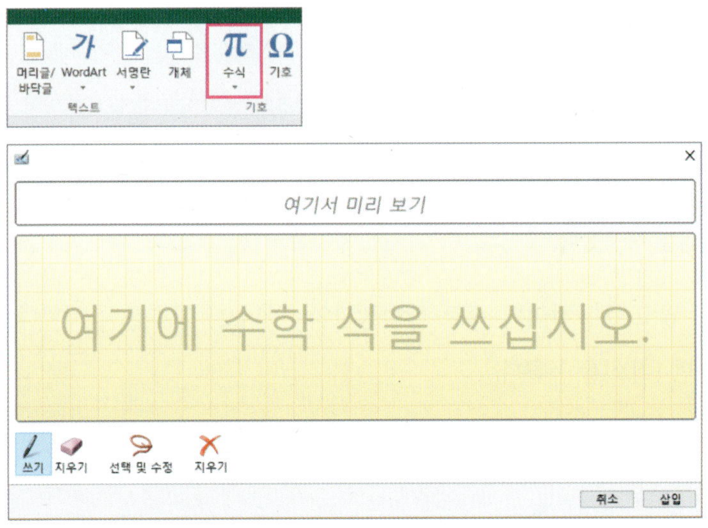

1.1.8 새 테마

3개의 Office 테마(색상형, 어두운 회색, 흰색)를 적용하기 위해 테마를 사용하려면 [파일]⇨[옵션]⇨[일반]에서 Office 테마 옆에 있는 드롭다운 메뉴를 클릭한다.

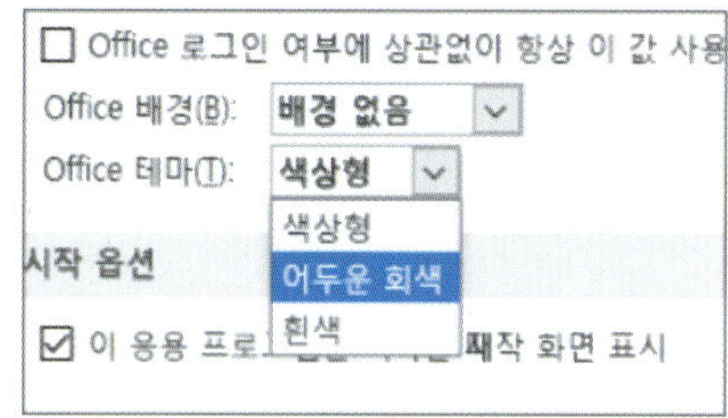

1.2 엑셀 2016 실행하기

데이터를 추가하거나, 수식을 작성하는 작업을 진행하기 전에 엑셀을 시작해야 한다. 윈도우즈 화면에서 엑셀을 배치하고, 프로그램을 시작한다.

① 윈도우즈 작업표시줄의 [시작] ⇨ [모든 프로그램] ⇨ [Microsoft Office] ⇨ Excel 2016 을 클릭한다.

② 바탕화면의 단축 아이콘( )을 바로 더블클릭하면 한글 엑셀 2016의 프로그램이 시작된다.

1.3 엑셀 2016 끝내기

① 메뉴의 [파일] ⇨ [닫기]를 선택한다.

- 단축키는 Alt + F4를 사용한다.

② 파일을 저장하지 않고 종료하려면 종료 대화상자의 [아니오] 단추를 클릭한다.

- 종료를 취소하려면 [취소]를 누른다.

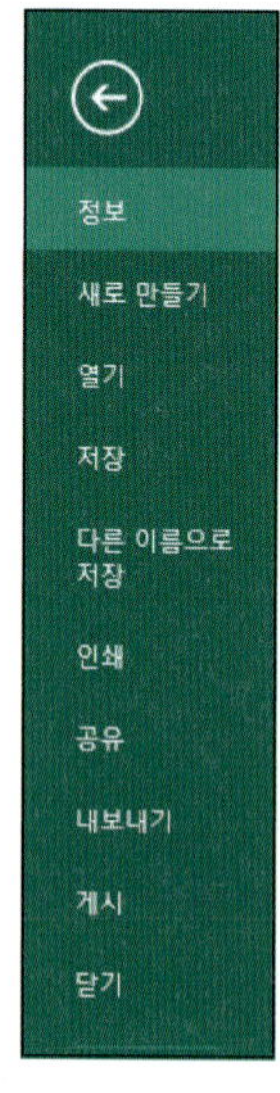

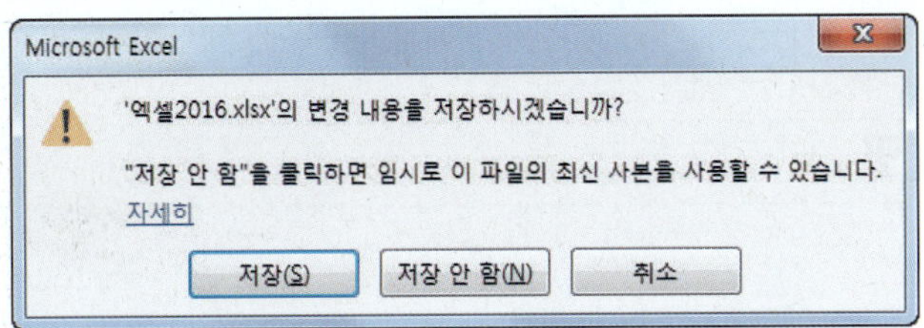

1.4 화면 구성

엑셀 2016을 실행하면 아래와 같은 초기화면이 나타나며 이러한 초기화면의 모양이나 내용은 사용자의 설정에 따라 의도적으로 바꿀 수 있고 현재 진행 중인 작업에 따라서 달라질 수 있다. 이러한 화면을 구성하는 요소들과 화면에 표시되는 내용들을 이해해야 한다.

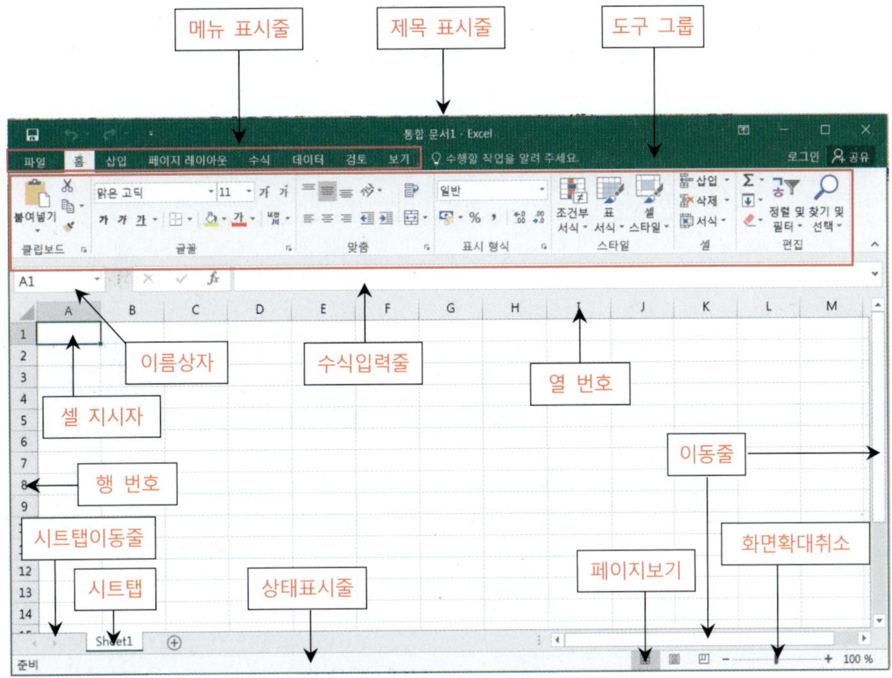

1.5 화면 설명

1.5.1 제목표시줄

① 프로그램 이름(Microsoft Excel)과 작업 중인 통합문서의 이름이 표시되며 엑셀 2016 프로그램 창( )을 관리한다.

통합 문서1 - Excel

② 통합문서 창이 최대로 확대되지 않았으면 제목 표시줄에 통합문서의 이름인 '통합 문서1'이라는 글자가 나타나지 않는다.

③ 엑셀 2016은 새 파일의 문서이름을 '통합 문서1', '통합 문서2', '통합 문서3' 순서로 부여하며 엑셀을 종료하지 않고 새 파일을 실행하면 계속 엑셀 문서 번호를 증가시킨다. 엑셀이 시작되고 처음 작업하는 문서에 '통합 문서1'이라는 기본 문서이름이 부여된다.

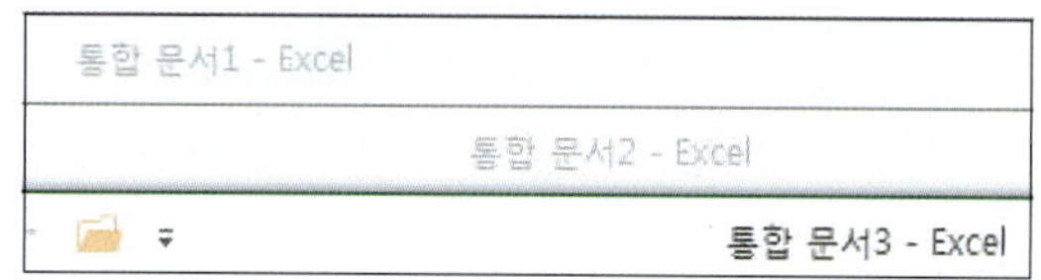

1.5.2 메뉴표시줄

① 현재 문서의 작업 상황에 따라 실행 가능한 명령어 그룹이 나타난다.

파일 | 홈 | 삽입 | 페이지 레이아웃 | 수식 | 데이터 | 검토 | 보기 | 개발 도구

② 워크시트, 차트, Visual Basic 편집 등 작업 중인 문서의 종류에 따라 서로 다른 메뉴가 나타난다.

탭	설 명
파일	엑셀의 시장과 종료 그리고 엑셀의 기본 설정 등 전반적인 파일형태를 지정한다.
홈	엑셀의 워크시트에서 셀에 저장할 데이터의 기본 서식 등을 지정한다.
삽입	테이블, 차트, 피벗테이블, 하이퍼링크, 머리말과 꼬리말 등의 요소를 추가한다.
페이지 레이아웃	워크시트의 여백, 페이지 크기와 페이지 분리 등과 같은 요소들에 대해 출력 형태를 지정한다.
수식	워크시트의 수식과 함수 등을 추가하는 것에 대해 지원한다.

데이터	데이터의 검색, 워크시트의 윤곽, 정렬과 필터 정보, 데이터의 유효성 검증과 분석 등을 받기 위해 지원한다.
검토	이곳은 워크시트의 맞춤법 검사와 다른 시험 도구를 포함한다.
보기	다양한 방법으로 워크시트를 볼 수 있는 방법을 지원한다. 그리드라인, 문자의 행과 열과 같은 워크시트의 요소들을 감추거나 나타낼 수 있다.
개발 도구	엑셀의 매크로 또는 개발 도구의 메뉴와 아이콘들을 나타낸다. (기본 메뉴에는 나타나지 않고 [파일]⇨[옵션]⇨[리본 사용자 지정]에서 선택해서 나타낼 수 있다.)

1.5.3 도구모음 그룹

도구 모음 그룹은 엑셀 2007 버전부터는 리본이라는 고정 그룹 대화상자로 나타나며, 엑셀의 메뉴에 있는 기능을 보다 빠르게 실행할 수 있도록 하는 명령 단추 모음이다.

엑셀 2016에서는 메뉴와 리본에 대하여 부분적으로 추가하거나 삭제할 수 있는 기능을 제공해 준다. [파일]⇨[옵션]⇨[리본 사용자 지정]에서 기본 메뉴에 새로운 사용자 지정 메뉴를 추가하거나 삭제할 수 있다.

[새 탭]과 [새 그룹]을 눌러서 메뉴를 작성할 수 있으며 [이름 바꾸기]로 사용자가 원하는 이름으로 수정할 수 있도록 하였다.

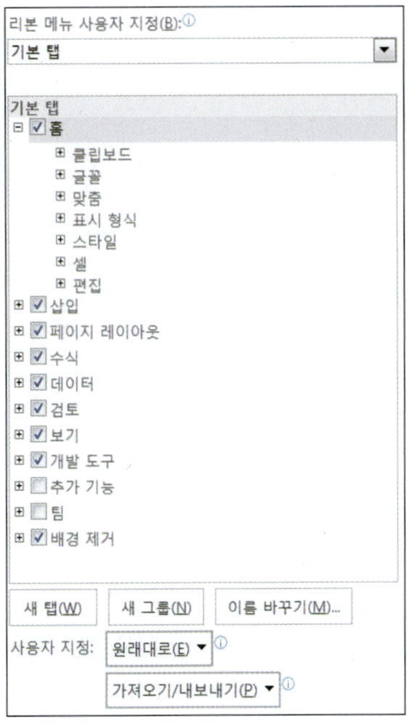

1.5.4 수식 입력줄

수식 입력줄에는 현재 셀 포인터가 있는 셀 주소와 이름이 표시되는 부분으로 입력 및 취소 단추와 수식입력 단추, 선택한 셀에 입력된 내용을 보여주는 수식 입력 상자로 구성된다.

구분기호	설 명
✕	현재 상태에서 입력된 수식 또는 데이터의 입력을 취소한다.
✓	현재 상태에서 입력된 수식 또는 데이터의 입력을 지정된 셀에 저장한다.
fx	함수를 입력하기 위한 기호로 지정하면 함수 입력 대화상자가 나타난다.

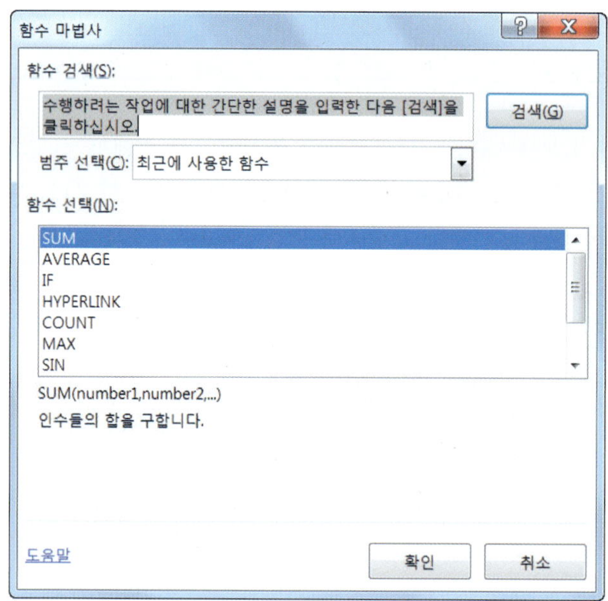

1.5.5 상태표시줄

셀의 데이터들을 범위로 지정한 경우 간단한 합계, 평균 그리고 페이지 번호 등의 결과를 나타내어 준다.

① 현재 작업 상태, 키보드 상태 등을 보여준다.

② 셀 영역을 설정하면 상태표시줄에 평균, 개수, 합계의 결과가 나타난다.

1.5.6 셀 지시자

① 워크시트를 구성하는 행과 열이 교차하는 지점을 셀(Cell)이라고 한다. 엑셀은 셀 단위로 작업이 이루어지며 한 셀에는 32,000문자까지 사용할 수 있다.

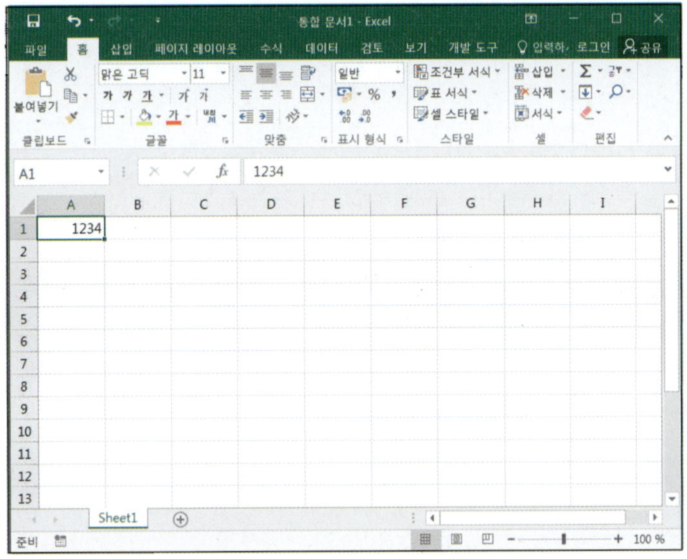

② 현재 선택된 셀을 표시하는 진한 사각형 테두리를 셀 포인터 또는 셀 지시자라고 한다.

③ 셀 지시자 박스의 오른쪽 하단에 별도의 점이 있으며, 이를 범위 확장 지정자라고 하며, 근처에 마우스 지시자를 이동하면 셀 표시는 + 기호 바뀌며, 마우스를 누른 상태에서 좌우로 드래그하면 범위가 확장된다.

	A	B	C
1			
2		1234	
3			
4			
5			
6			

	A	B	C
1			
2		1234	
3		12	
4			
5			
6			

1.5.7 시트 탭

새 통합문서(엑셀 문서)를 열면 기본적으로 1개의 워크시트가 기본적으로 열린다. 워크시트 추가 단추를 눌러서 워크시트의 추가가 가능하며 이름을 정하기 전에는 Sheet1, Sheet2, Sheet3 … 등으로 구분되며 이를 시트 탭이라 한다.

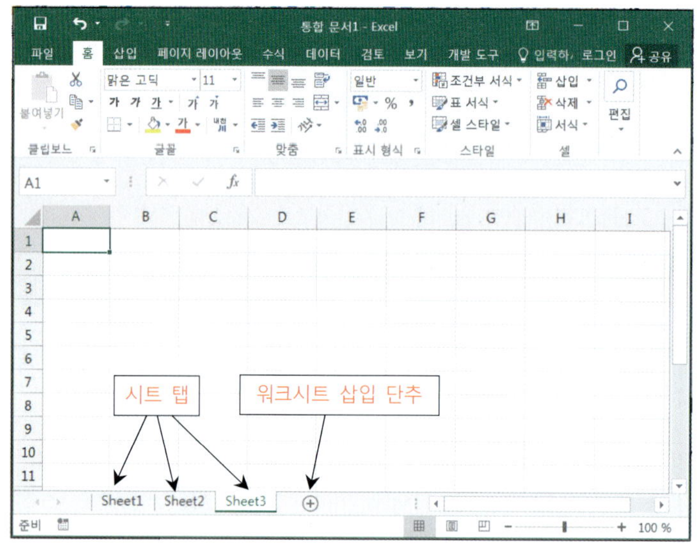

엑셀 2016에서 새로운 시트 탭을 추가하기 위해 [워크시트 삽입] 단추(⊕)를 클릭하면 새로운 시트가 추가된다.

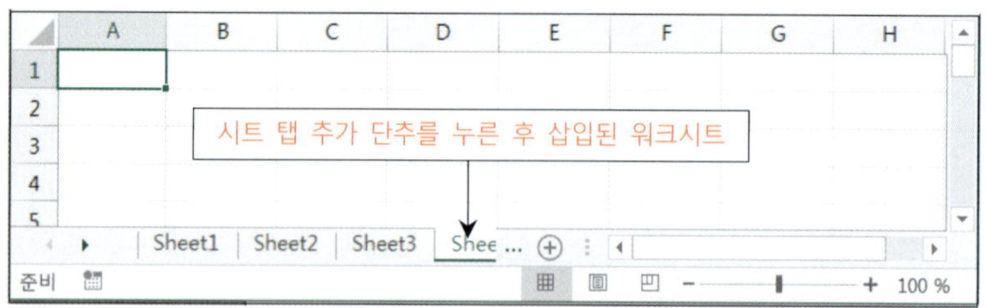

1.5.8 시트 탭 이동

여러 장의 워크시트가 열리면 시트 탭을 모두 볼 수 없다. 이때 마우스를 이용하여 보고 싶은 워크시트의 제목을 클릭하면 해당 시트의 내용이 나타난다.

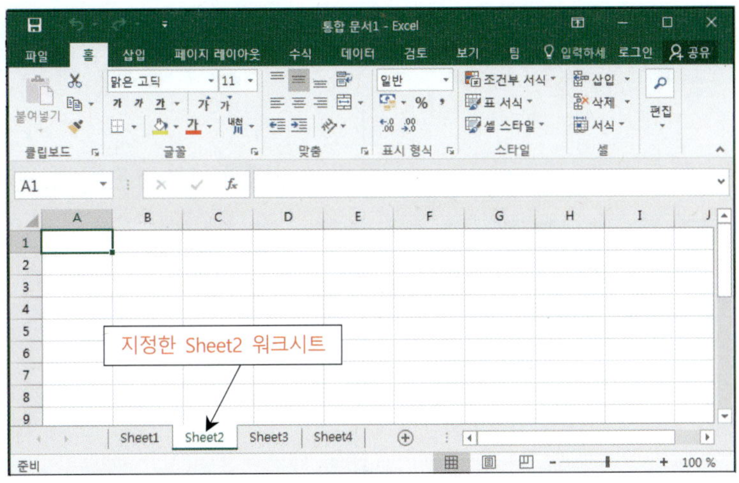

1.5.9 수직·수평 스크롤바

하나의 워크시트에 비해 모니터에 나타나는 화면은 일부에 불과하다. 따라서 다른 영역의 화면을 검색할 경우 수직 · 수평으로 스크롤(이동)해서 이동해야 한다.

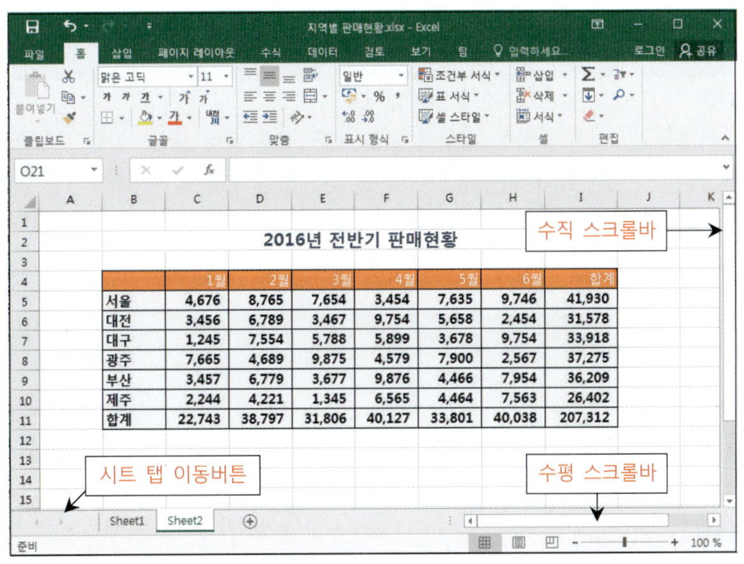

2016년 전반기 판매현황

	1월	2월	3월	4월	5월	6월	합계
서울	4,676	8,765	7,654	3,454	7,635	9,746	41,930
대전	3,456	6,789	3,467	9,754	5,658	2,454	31,578
대구	1,245	7,554	5,788	5,899	3,678	9,754	33,918
광주	7,665	4,689	9,875	4,579	7,900	2,567	37,275
부산	3,457	6,779	3,677	9,876	4,466	7,954	36,209
제주	2,244	4,221	1,345	6,565	4,464	7,563	26,402
합계	22,743	38,797	31,806	40,127	33,801	40,038	207,312

1.5.10 다중 화면의 검색

하나의 통합문서를 2개 이상으로 하나의 화면에 나타낼 경우 2개의 엑셀 파일을 모두 열고, [보기] ⇨ [새 창] ⇨ [모두 정렬 ▤] ⇨ [세로]를 지정하면 다음과 같이 나타난다.

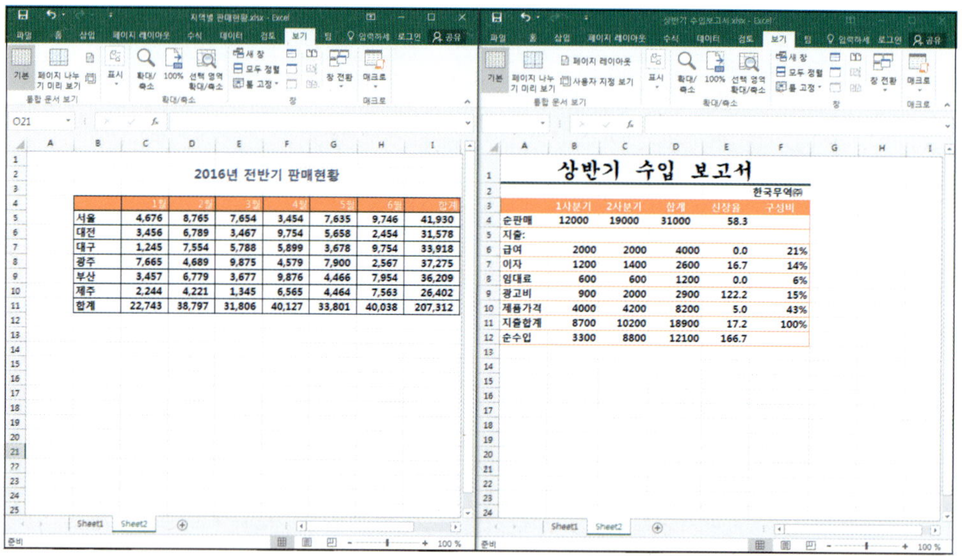

1.5.11 마우스 포인터

엑셀에서 마우스는 영역을 이동할 때마다 다음과 같이 다양하게 모양이 바뀌어서 나타난다.

마우스	설 명
✚	셀 영역 위에서 나타난다.
+	데이터 자동 채우기 점을 누른 경우 나타난다.
↔, ↕	셀 번호 표시를 나타내는 행과 열의 이음새 사이에서 나타난다.
→, ↓	셀 번호 위에서 나타난다.
⇕, ⇔, ⇘	객체 사이에 위치할 경우 나타나며, 확대 또는 축소할 수 있다.

1.5.12 셀 포인터 이동

엑셀에서 셀을 옮길 경우 화면 안에서는 마우스를 이용하면 간단하게 옮길 수 있으나, 멀리 떨어져 있는 영역의 주소로 이동할 경우 다음 기능을 이용하여 옮겨야 한다.

① 마우스 : 해당 셀을 클릭한다.

② 주소 입력 : 수식 입력줄의 셀 주소 영역에 이동하려는 주소를 입력한 후 Enter↵ 키를 누른다.

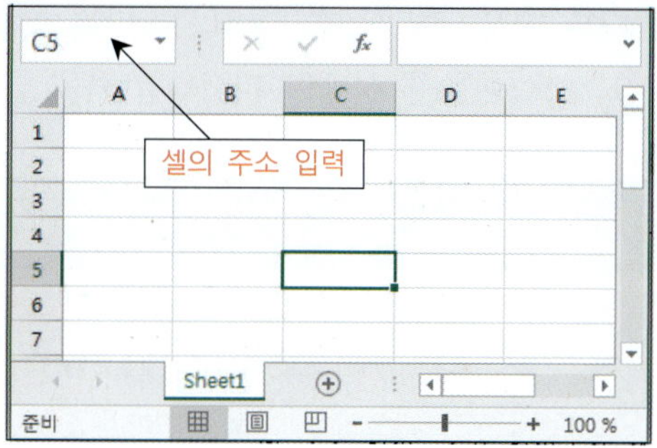

③ 단축키 : F5 키를 누른 후 [이동] 대화상자에 셀 주소를 입력한다.

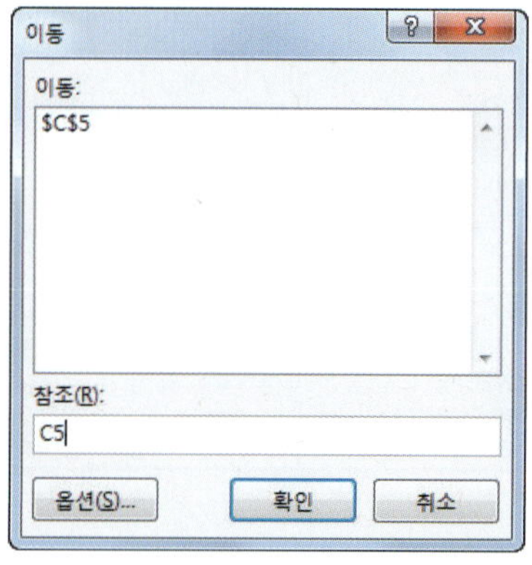

1.5.13 워크시트 이동

① 마우스 : 이동하려는 시트 탭을 클릭한다.

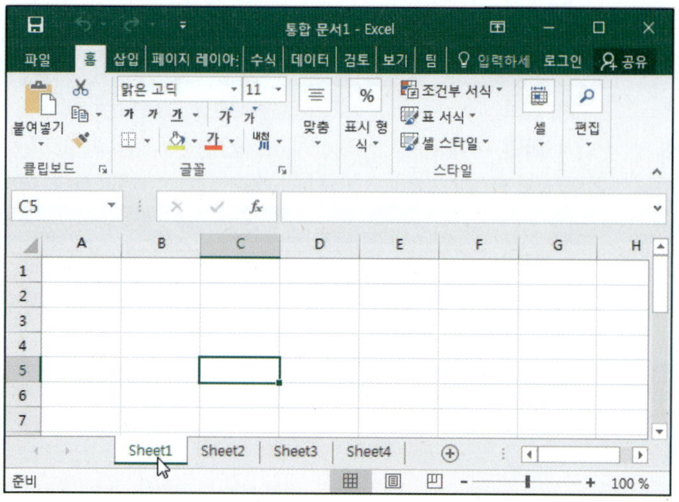

② 단축 메뉴 : 오른쪽 단추로 시트 탭을 클릭한 후 나타나는 단축 메뉴에서 [이동/복사]를 선택하면 대화상자가 나타나고 이동할 시트 이름을 선택한 다음 [확인]을 클릭한다.

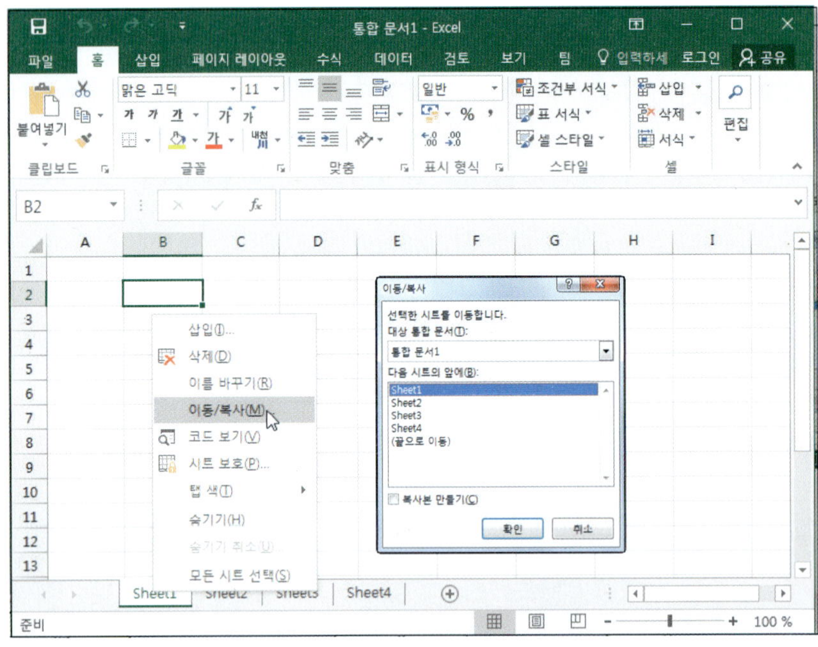

(1) 다양한 단축키 기능

왼쪽 · 오른쪽으로 이동하기			
←	왼쪽 셀로	→	오른쪽 셀로
Alt + Page Down	한 화면 오른쪽으로	Alt + Page Up	한 화면 왼쪽으로
End, ←	활성화된 왼쪽 셀로	End, →	활성화된 오른쪽 셀로
위 · 아래로 이동하기			
↑	위 셀로	↓	아래 셀로
Page Down	한 화면 아래로	Page Up	한 화면 위로
End, ↑	활성화된 위 셀로	End, ↓	활성화된 아래 셀로
특정한 곳으로 이동하기			
Ctrl + Back Space	활성화된 모든 셀 보기	Ctrl + Home	A1셀로 이동
Ctrl + End	가장 최근에 작업했던 셀로 이동		
F5	셀 이동 대화상자 불러오기		
워크시트 이동하기			
Ctrl + Page Up	왼쪽 워크시트로	Ctrl + Page Down	오른쪽 워크시트로

(2) 통합문서 닫기

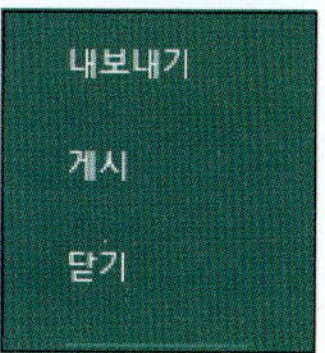

① 메뉴의 [파일]⇨[닫기]를 누른다.

② 단축키를 이용하여 닫을 경우 Alt+F4를 이용하여 닫을 수 있다.

(3) 통합문서 창 이동

① 다음 통합 문서로 이동 Ctrl+F6 또는 Ctrl+Tab

② 이전 통합 문서로 이동 Ctrl+Shift+F6 또는 Ctrl+Shift+Tab

③ [창] 메뉴에 문서이름을 클릭

(4) 통합문서 기능의 범위

항 목	한글 엑셀 2016
행 수	1,048,576
열 수	16,384
지원 색상	32bit Color
조건부 서식	무제한(메모리 허용량)
정 렬	64개
자동필터의 고유항목 표시	10,000개
작성할 수 있는 수식 최대길이	8192(8k)

1.6 파일 관리

1.6.1 새로 만들기

① 메뉴의 [파일]⇨[새로 만들기]를 누른다.

- [새 통합 문서] 대화상자가 나타난다.

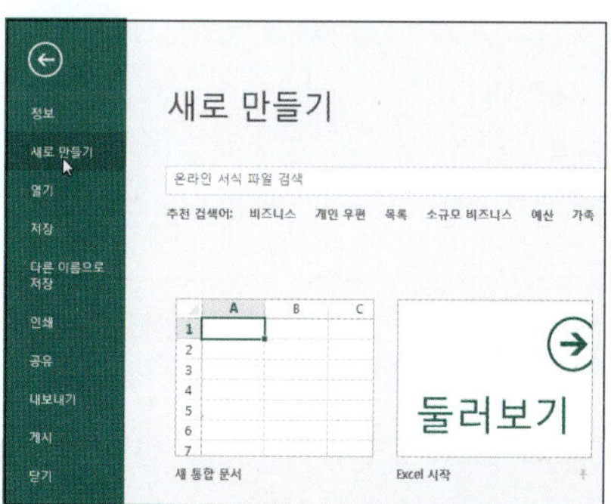

• [새 통합문서] 그림을 누르면 새로운 통합문서가 나타난다.

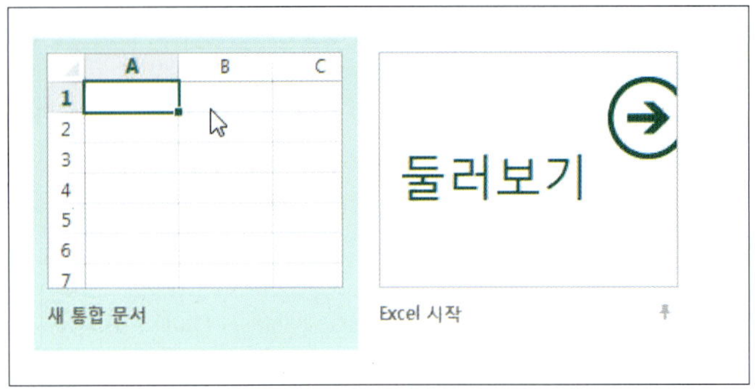

1.6.2 엑셀 파일 저장

① 한글 엑셀 2016 버전에서는 통합문서의 저장이 엑셀 2007, 2010, 2013 버전과 같으며, 다양한 형식의 파일로 저장할 수 있다.

형 식	확장명	설 명
Excel 통합 문서	xlsx	XML 기반의 기본 Office Excel 2016 파일 형식
Excel 매크로 사용 통합 문서	xlsm	XML 기반의 Office Excel 2016 파일 형식으로서, 매크로를 포함
Excel 바이너리 통합 문서	xlsb	Office Excel 2016 이진 파일 형식으로 파일 크기가 매우 작아진다.
서식 파일	xltx	Excel 서식 파일의 기본 Office Excel 2016 파일 형식
Excel 매크로 사용 서식 파일	xltxm	Excel 서식 파일의 Office Excel 2016 파일 형식으로서, 매크로를 포함
Excel 97-Excel 2003 통합 문서	xls	Excel 97-Excel 2003 파일 형식
XML 데이터	xml	XML 데이터 형식
Microsoft Office Excel 추가 기능	xlam	XML 기반의 Office Excel 2016 추가 기능으로서, 매크로를 포함
Acrobat 데이터	PDF	PDF 데이터 형식
쉼표로 분리된 텍스트	CSV	Windows 운영 체제에서 사용할 수 있는 쉼표로 분리된 텍스트 파일의 데이터 형식
텍스트 데이터	TXT	txt 데이터 형식
웹 데이터	html	html 데이터 형식

② [파일]⇨[다른 이름으로 저장]을 지정하면 다음과 같은 저장 방식을 선택하여 나타낼 수 있다.

• 저장 종류 방식을 선택한다.

• 일반적으로 [Excel 통합 문서]를 선택하면 xlsx 확장명으로 저장된다.

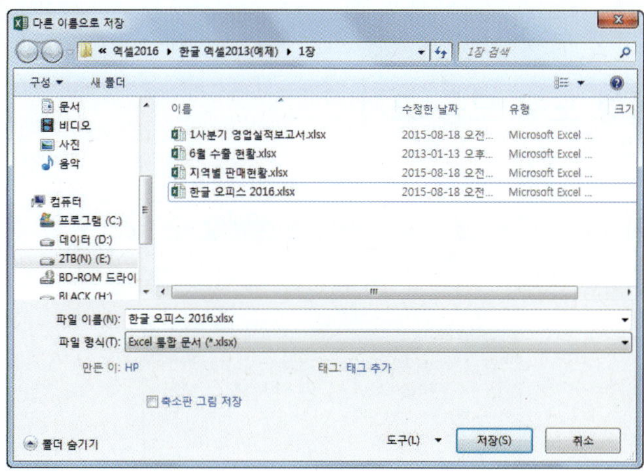

1.6.3 엑셀 파일 열기

이미 작성한 엑셀 파일을 열어서 데이터를 수정하거나 재작성 또는 인쇄할 경우 사용한다. [파일]⇨[열기]를 지정하면 [열기] 대화상자가 나타나고, 원하는 엑셀 파일을 지정한다.

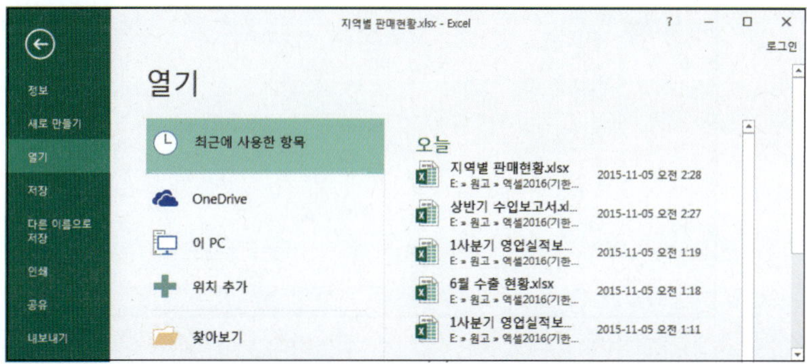

- 엑셀 파일이 들어 있는 폴더를 지정한다.
- 열기 위한 파일을 지정하고 마우스 오른쪽 단추를 누른 다음 [열기] 단추를 클릭한다.

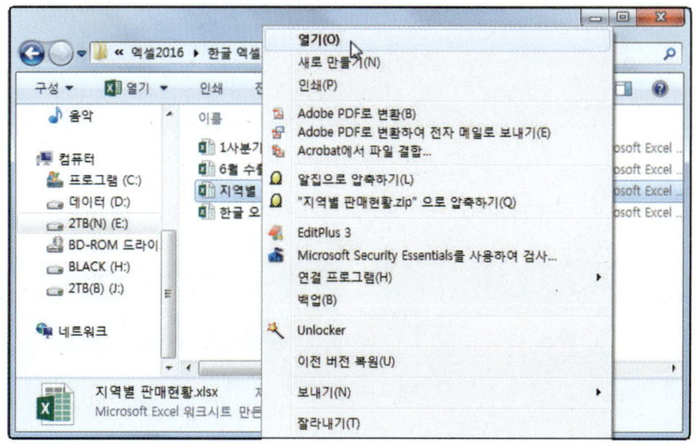

1.7 빠른 실행 도구 모음 표시

도구모음이나 메뉴 표시줄을 오른쪽 단추로 클릭하면 선택할 수 있는 빠른 실행 도구 모음 목록이 나타난다.

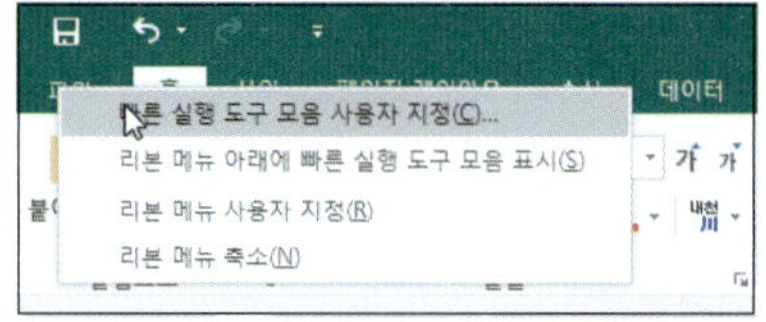

① [빠른 실행 도구 모음 사용자 지정]을 선택하면, [Excel 옵션] 대화상자가 나타난다.

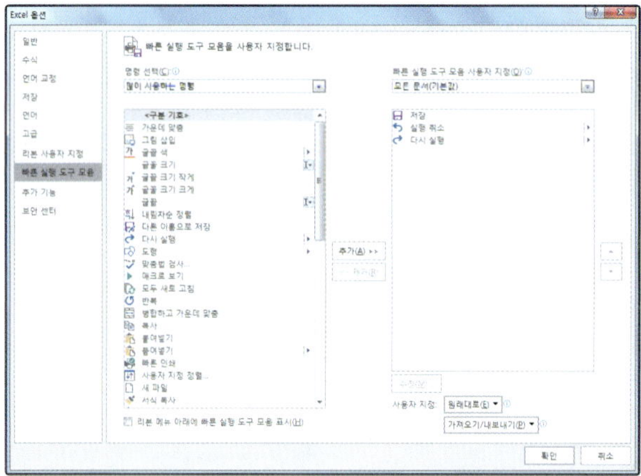

② [리본 메뉴 아래에 빠른 실행 도구 모음 표시]를 지정하면 도구 모음 표시가 제목 표시줄에 나타난다.

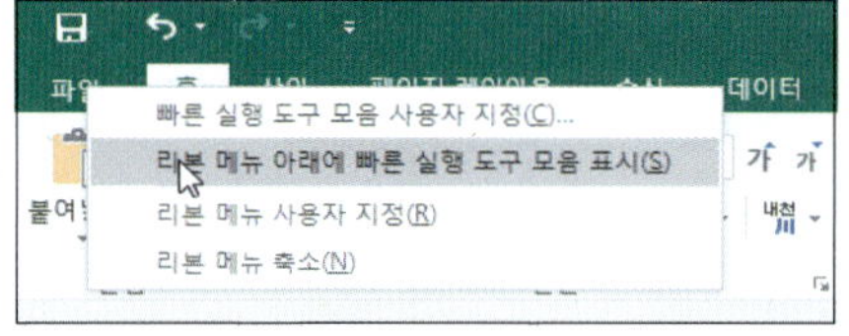

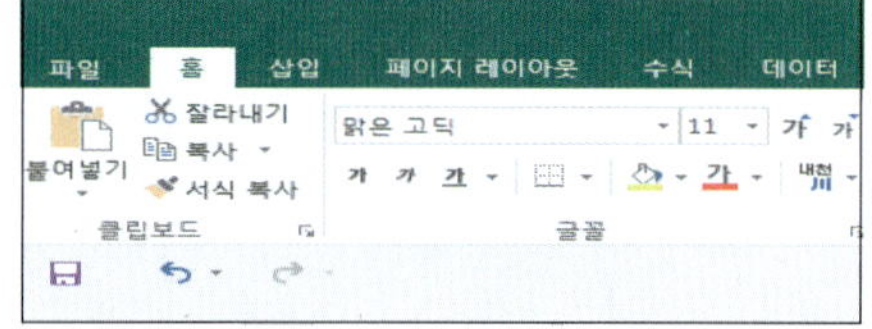

③ [리본 메뉴 축소]를 지정하면 도구 모음 그룹이 사라진다.

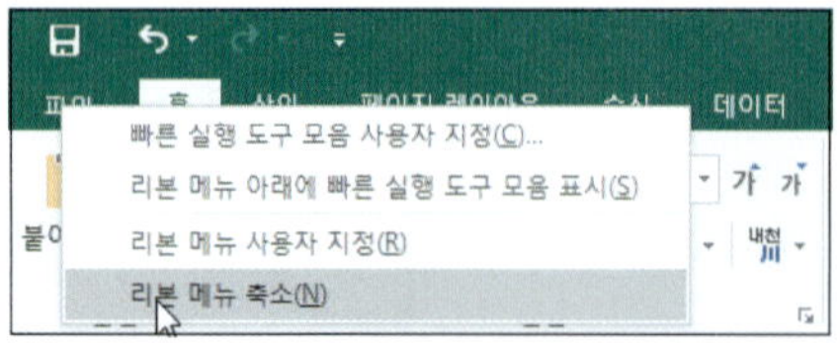

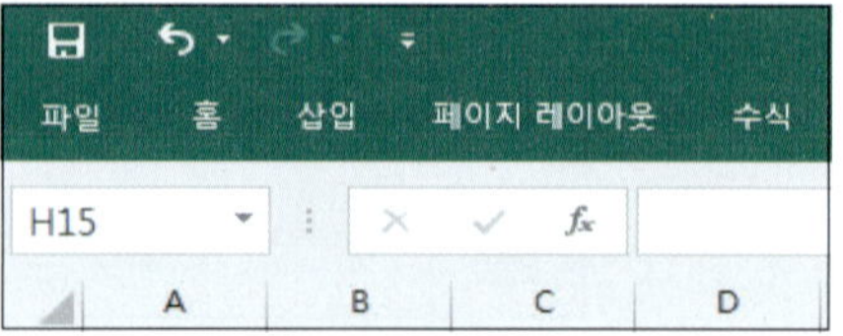

1.8 화면 확대와 축소

① [보기] ⇨ [확대/축소]를 누른다.

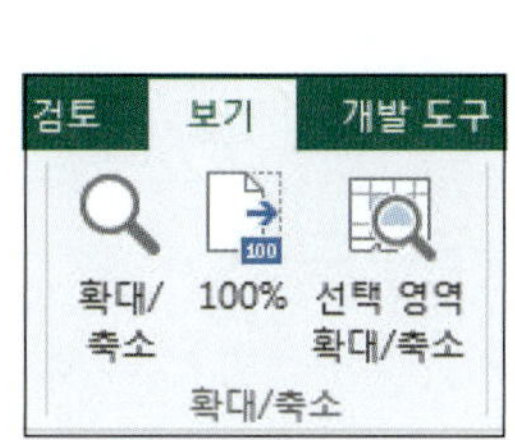

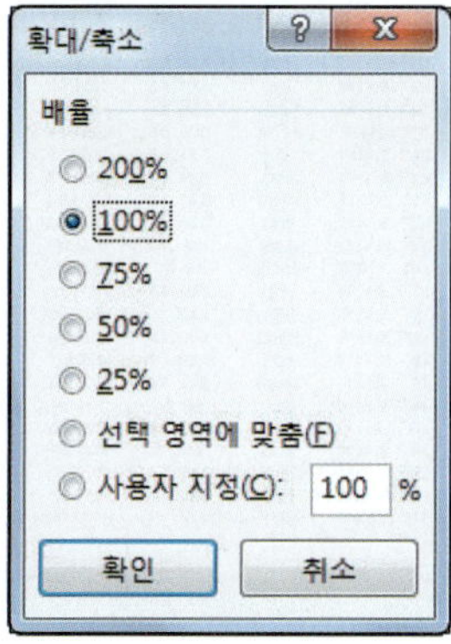

② 화면의 비율을 선택하고 [확인]을 클릭한다.

• 상태 표시줄에 있는 드랙바를 이용하면 손쉽게 화면 비율을 지정할 수 있다.

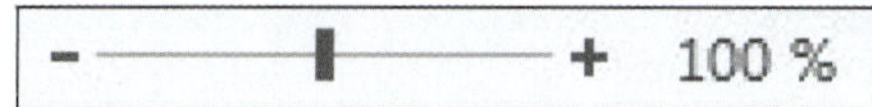

③ 화면의 비율을 200%로 확대하면 다음과 같이 시트 영역이 크게 나타난다.

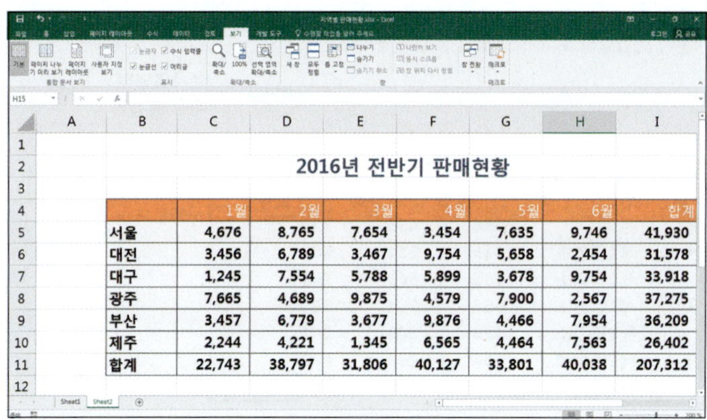

2016년 전반기 판매현황

	1월	2월	3월	4월	5월	6월	합계
서울	4,676	8,765	7,654	3,454	7,635	9,746	41,930
대전	3,456	6,789	3,467	9,754	5,658	2,454	31,578
대구	1,245	7,554	5,788	5,899	3,678	9,754	33,918
광주	7,665	4,689	9,875	4,579	7,900	2,567	37,275
부산	3,457	6,779	3,677	9,876	4,466	7,954	36,209
제주	2,244	4,221	1,345	6,565	4,464	7,563	26,402
합계	22,743	38,797	31,806	40,127	33,801	40,038	207,312

④ 화면의 비율은 75%로 축소하면 다음과 같이 시트 영역이 작게 나타난다.

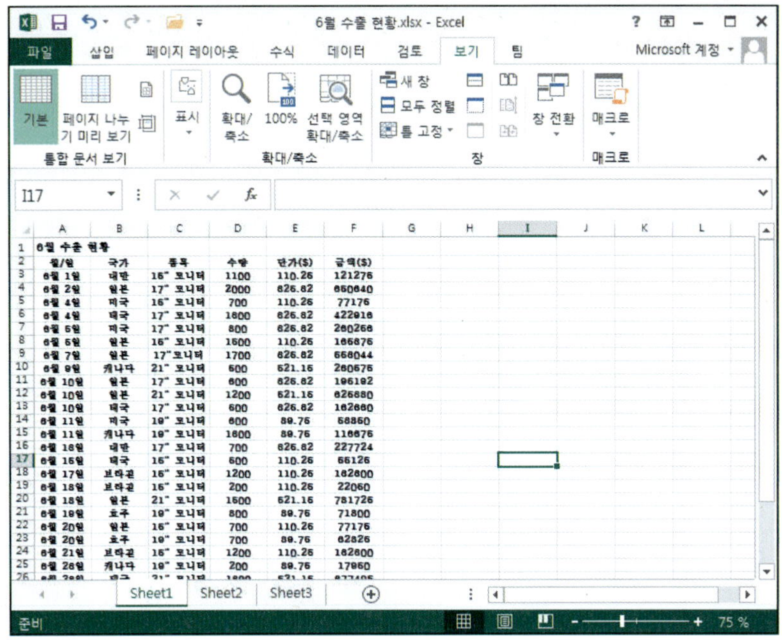

1.9 셀에 문자열 입력

다음 워크시트와 같이 하나의 문서를 작성하면서 다양한 기능을 익혀 보기로 한다.

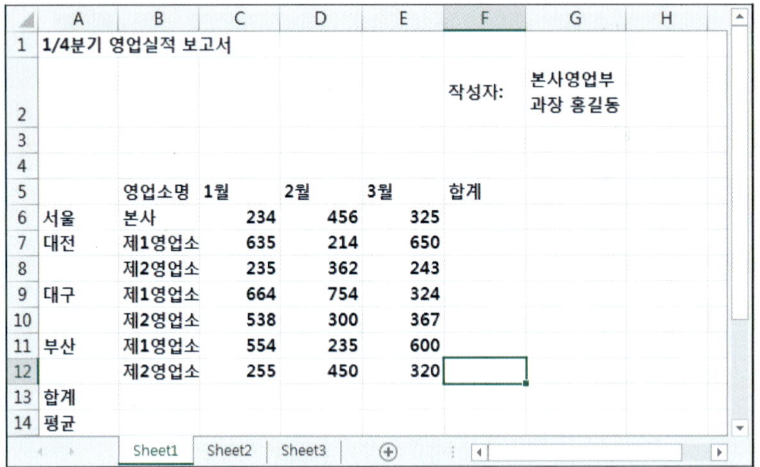

	A	B	C	D	E	F	G	H
1	1/4분기 영업실적 보고서							
2						작성자:	본사영업부 과장 홍길동	
3								
4								
5		영업소명	1월	2월	3월	합계		
6	서울	본사	234	456	325			
7	대전	제1영업소	635	214	650			
8		제2영업소	235	362	243			
9	대구	제1영업소	664	754	324			
10		제2영업소	538	300	367			
11	부산	제1영업소	554	235	600			
12		제2영업소	255	450	320			
13	합계							
14	평균							

Sheet1 Sheet2 Sheet3

작성할 문서는 "1/4 분기 영업실적보고서"라는 문서로 다음과 같이 따라하기 방법으로 작성하여 본다.

① A1셀을 클릭하여 "1/4분기 영업실적보고서"를 입력한 후 Enter↵키를 누른다.

② F2셀을 클릭하여 "작성자 : "를 입력한 후 Enter↵키를 누른다.

③ A5셀을 클릭하여 "서울"을 입력한 후 Enter↵키를 누른다.

④ "대전"을 입력한 후 B4셀을 클릭하여 셀 포인터를 이동한다.

⑤ "영업소명"을 입력한 후 →키를 누른다.

⑥ "1월"을 입력한 후 ↓키를 1회, ←키를 1회 누른다.

⑦ "본사"를 입력한 후 Enter↵키를 누른다.

⑧ "제1영업소"를 입력한다.

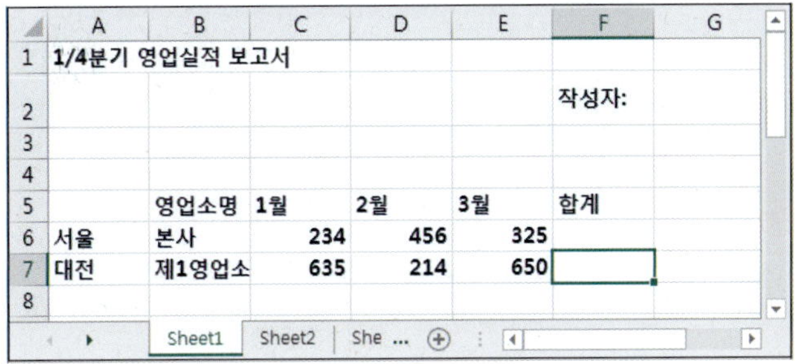

⑨ 메뉴의 [파일] ⇨ [저장]을 선택하여 파일이름에 "1사분기 영업실적보고서"를 입력한 후 [저장] 단추를 클릭한다.

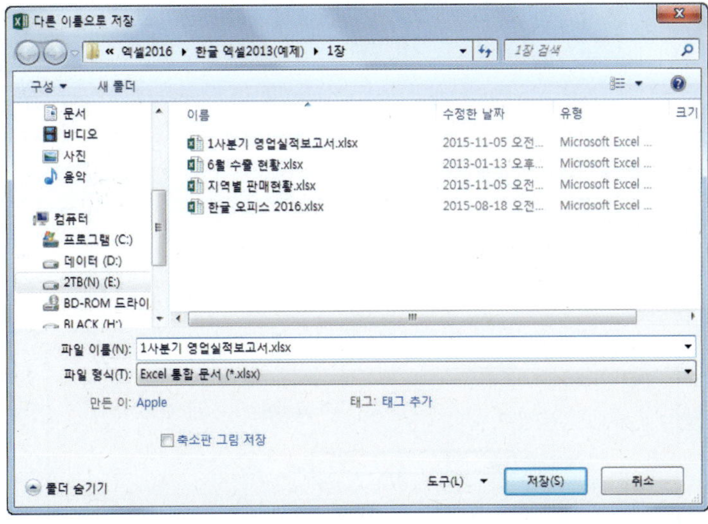

파일 형식 지정 설명

- 일반적으로 엑셀의 파일을 지정하면 확장명이 '.xlsx'로 지정된 한글 엑셀 2016의 형식으로 지정된다.
- 그러나 다른 한글 엑셀 2007 이하의 버전에서는 작성된 파일을 열지 못하는 불편함이 따른다.
- 그래서 한글 엑셀 2016에서 파일 형식을 저장할 경우 다음과 같이 이전 버전에서도 열 수 있는 파일 형식을 지정하는 것이 합리적이다.

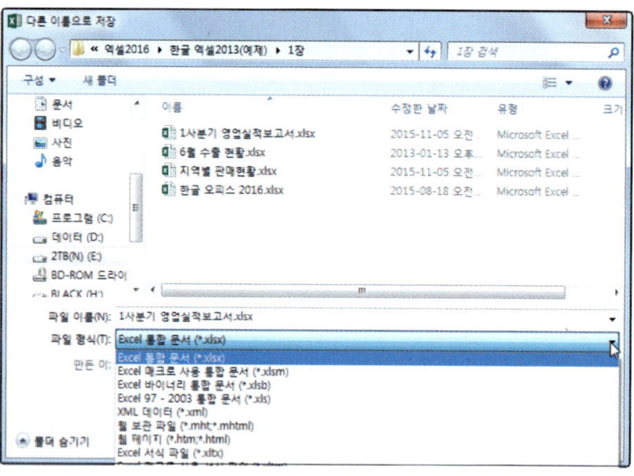

1.10 문자열 자동 채우기

셀 포인터의 오른쪽 아래 모서리의 작은 사각형을 '채우기 핸들'이라고 하며 이 채우기 핸들을 이용하면 문자열 자동 채우기를 할 수 있다.

① C4셀을 클릭한다.

② 마우스를 '자동 채우기 핸들' 위로 이동한다.

③ E4셀까지 끌기한다.

- 이 기능을 '문자열 자동 채우기'라고 한다.

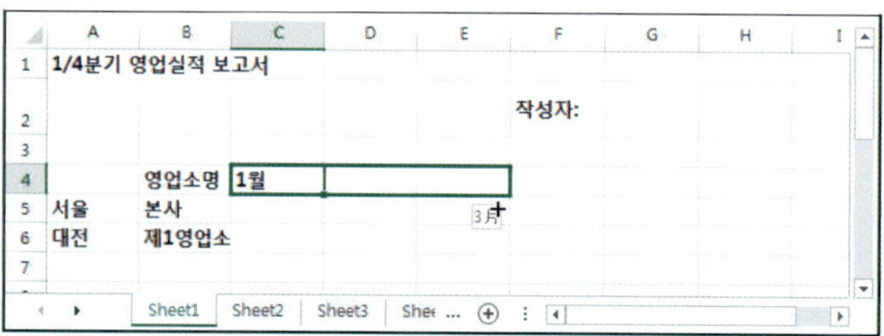

④ B6셀을 클릭한 후 마우스 포인터를 **'자동 채우기 핸들' 위로 이동**하여 B7셀까지 끌기한다.

	A	B	C	D	E	F	G	H	I
1	1/4분기 영업실적 보고서								
2						작성자:			
3									
4		영업소명	1월	2월	3월				
5	서울	본사							
6	대전	제1영업소							
7									
8			제2영업소						
9									

Sheet1 Sheet2 Sheet3 She ...

⑤ A8셀을 클릭한 후 "대구"를 입력한다.

- "대"를 입력하면 "대전"이 자동으로 나타나는데 이를 자동완성 기능이라고 한다.

	A	B	C	D	E	F	G	H	I
1	1/4분기 영업실적 보고서								
2						작성자:			
3									
4		영업소명	1월	2월	3월				
5	서울	본사							
6	대전	제1영업소							
7		제2영업소							
8	대전								
9									

Sheet1 Sheet2 Sheet3 She ...

- 이때 계속하여 "구"를 입력하면 된다.

⑥ B8셀을 클릭한 후 Alt + ↓ 키를 누른다.

- Alt + ↓ 키를 누르면 자동완성 목록이 나타난다.

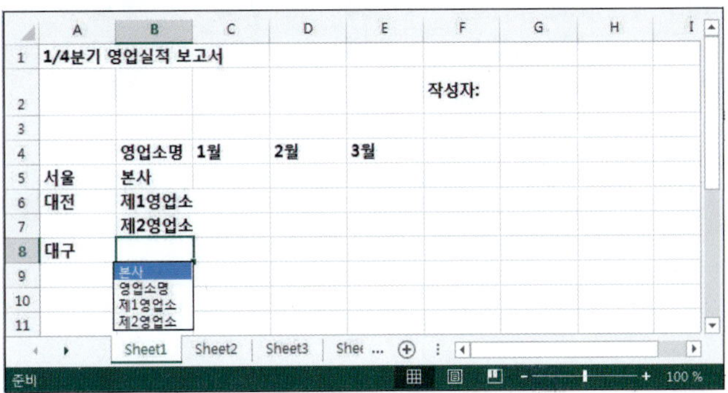

	A	B	C	D	E	F	G	H	I
1	1/4분기 영업실적 보고서								
2						작성자:			
3									
4		영업소명	1월	2월	3월				
5	서울	본사							
6	대전	제1영업소							
7		제2영업소							
8	대구								
9		본사							
10		영업소명 제1영업소							
11		제2영업소							

Sheet1 Sheet2 Sheet3 She ...

준비 100 %

⑦ ↓ 키를 3회 눌러 "제1영업소"를 선택한 후 Enter↵ 키를 누른다.

⑧ 나머지 내용을 입력한다.

	A	B	C	D	E	F	G
2						작성자:	
3							
4		영업소명	1월	2월	3월	합계	
5	서울	본사					
6	대전	제1영업소					
7		제2영업소					
8	대구	제1영업소					
9		제2영업소					
10	부산	제1영업소					
11		제2영업소					
12	합계						
13	평균						

Sheet1 Sheet2 She ...

⑨ 메뉴의 [파일] ⇨ [저장]을 실행한다.

자동완성 기능이란?

동일한 하나의 열에 같은 문자열로 시작하는 셀이 있는 경우에 일치하는 문자를 입력하면 나머지 문자열을 자동으로 입력하는 기능이다.

- 자동으로 기록된 내용으로 입력하려면 입력 도중에 Enter↵ 키를 누른다.
- 자동으로 기록된 내용을 무시하고, 새로운 문자열을 입력하려면 입력 도중 Delete 키를 누르고 새로운 내용을 입력한 후 Enter↵ 키를 누른다.
- 키보드를 사용하여 자동완성 목록을 나타내려면 Alt + ↓ 키를 누른다.
- 마우스를 사용하여 자동완성 목록을 나타내려면 마우스 오른쪽 단추를 누른 후 '목록에서 선택'을 클릭한다.

8	대구	제1영업소	664	754	324	
9		제2영업소	538	300	367	
10	부산	제1영업소	554	235	600	

1.11 사용자 지정 목록 추가하기

① [파일]⇨[옵션]⇨[고급]⇨[사용자 지정 목록 편집]을 선택한다.

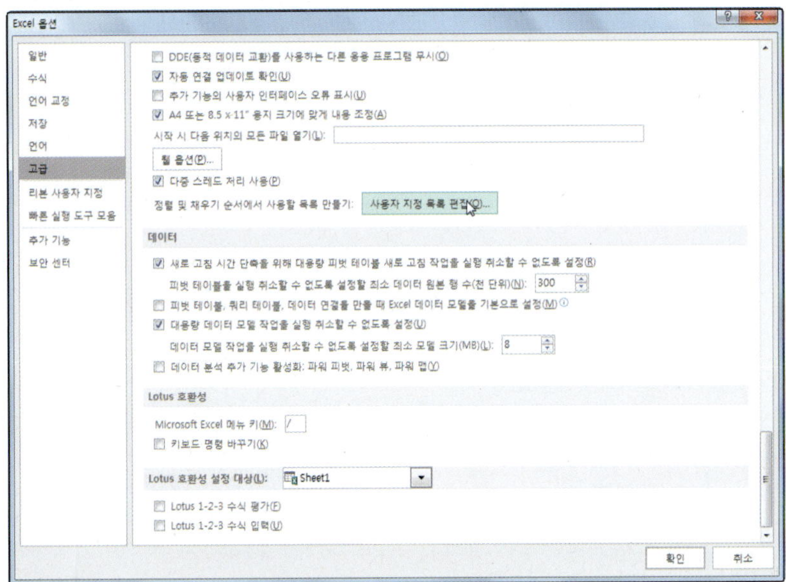

② 목록항목에 "서울"Enter↵, "대전"Enter↵, "대구"… 순서로 입력한다.

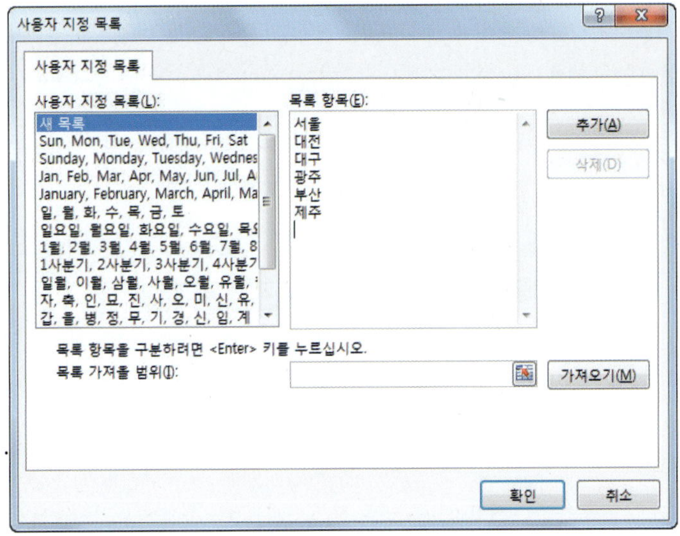

③ [추가] 단추를 클릭한다.

④ [확인] 단추를 클릭하면 목록에 등록된다.

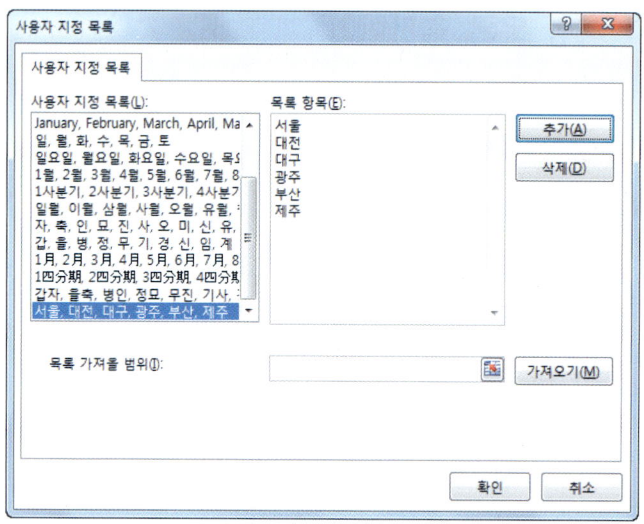

⑤ A5셀을 클릭한 후 "서울"을 입력한다.

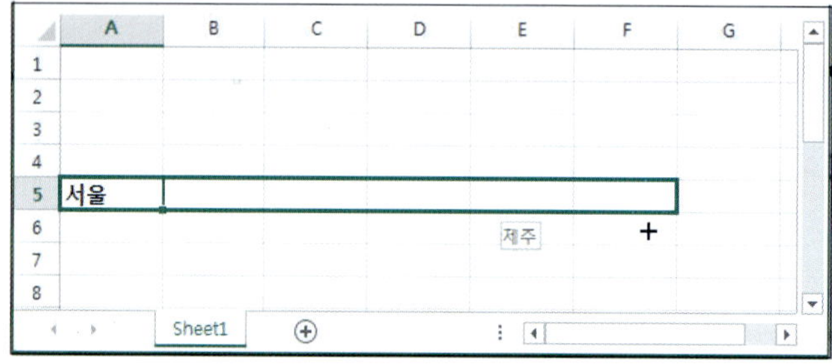

⑥ 마우스를 '자동 채우기 핸들' 위로 이동한 후 F5셀까지 끌기한다.

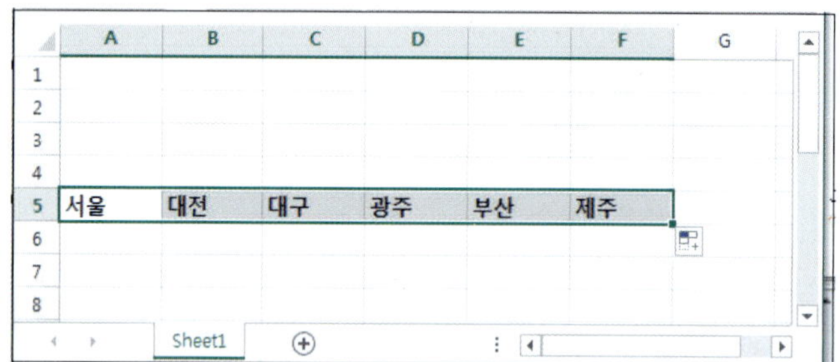

1.12 하나의 셀에 여러 줄 입력

① G2셀을 클릭하여 "본사 영업부"를 입력한 후 [Alt]+[Enter↵]키를 누른다.

② "과장 홍길동"을 입력한 후 [Enter↵]키를 누른다.

	A	B	C	D	E	F	G
1	1/4분기 영업실적 보고서						
2						작성자:	본사영업부 과장 홍길동
3							
4		영업소명	1월	2월	3월	합계	
5	서울	본사	234	456	325		
6	대전	제1영업소	635	214	650		
7		제2영업소	235	362	243		
8	대구	제1영업소	664	754	324		
9		제2영업소	538	300	367		
10	부산	제1영업소	554	235	600		
11			255	450	320		
12	합계						
13	평균						

Sheet1 Sheet2 Sheet3

• [홈] ⇨ [맞춤] ⇨ [셀 서식] 메뉴의 [맞춤] 탭의 '텍스트 조정' 영역에서 "텍스트 줄 바꿈" 옵션을 선택하여 이 기능을 수행할 수도 있다.

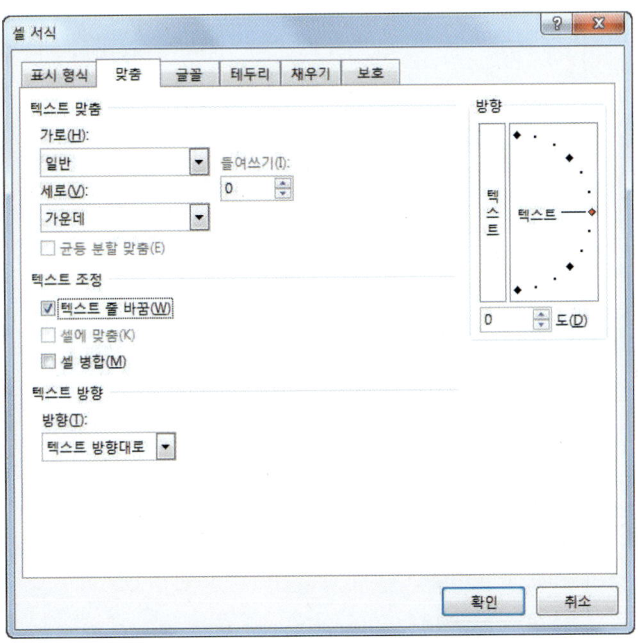

1.13 여러 셀에 동시 입력

① 워크시트 'Sheet2'를 클릭한다.

- 그림과 같이 데이터를 입력한 후 다음 과정을 수행한다.

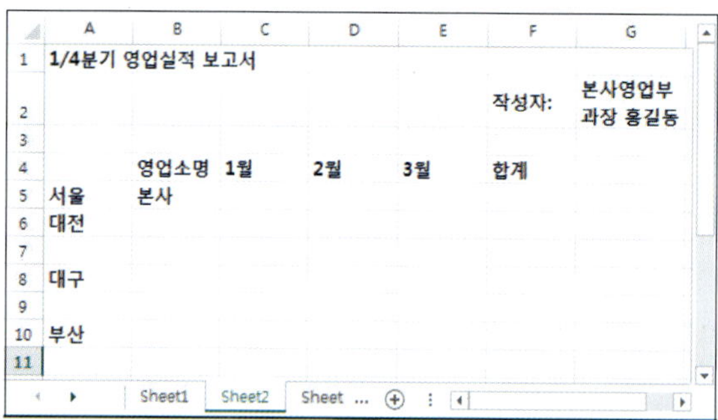

	A	B	C	D	E	F	G
1	1/4분기 영업실적 보고서						
2						작성자:	본사영업부 과장 홍길동
3							
4		영업소명	1월	2월	3월	합계	
5	서울	본사					
6	대전						
7							
8	대구						
9							
10	부산						
11							

② B6셀을 클릭한다.

③ Ctrl 키를 계속 누른 채 마우스로 B8, B10을 클릭한다.

- 이 기능을 다중 셀 영역 지정이라고 한다.

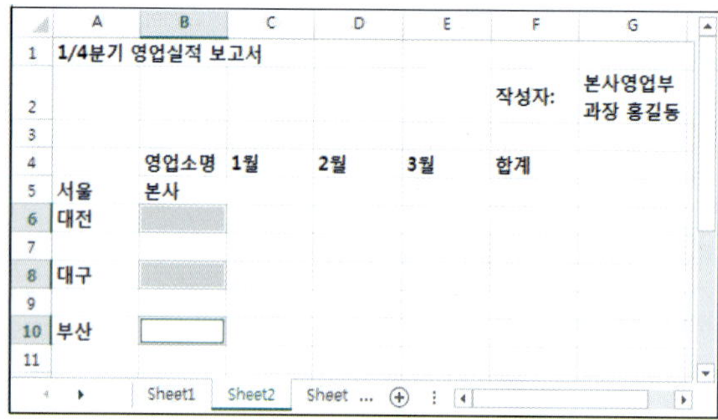

	A	B	C	D	E	F	G
1	1/4분기 영업실적 보고서						
2						작성자:	본사영업부 과장 홍길동
3							
4		영업소명	1월	2월	3월	합계	
5	서울	본사					
6	대전						
7							
8	대구						
9							
10	부산						
11							

④ "제1영업소"를 입력하고, Ctrl + Enter↵ 키를 누른다.

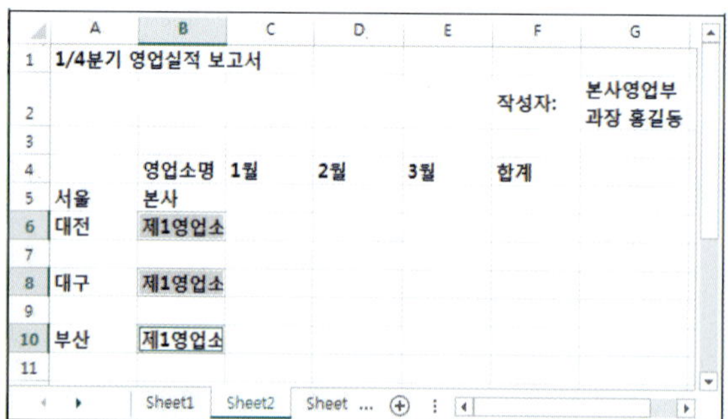

	A	B	C	D	E	F	G
1	1/4분기 영업실적 보고서						
2						작성자:	본사영업부 과장 홍길동
3							
4		영업소명	1월	2월	3월	합계	
5	서울	본사					
6	대전	제1영업소					
7							
8	대구	제1영업소					
9							
10	부산	제1영업소					
11							

⑤ "제2영업소"와 "합계"를 여러 셀을 동시 입력 방법으로 입력하면 다음과 같이 나타난다.

	A	B	C	D	E	F	G
1	1/4분기 영업실적 보고서						
2						작성자:	본사영업부 과장 홍길동
3							
4		영업소명	1월	2월	3월	합계	
5	서울	본사					
6	대전	제1영업소					
7		제2영업소					
8	대구	제1영업소					
9		제2영업소					
10	부산	제1영업소					
11		제2영업소					
12	합계						
13	평균						

Sheet1 Sheet2 Sheet ...

특수문자 입력

특수문자란 일반적으로 키보드를 사용하여 입력할 수 없는 기호를 말한다.

① G14셀을 클릭하여 셀 포인터를 이동한다.

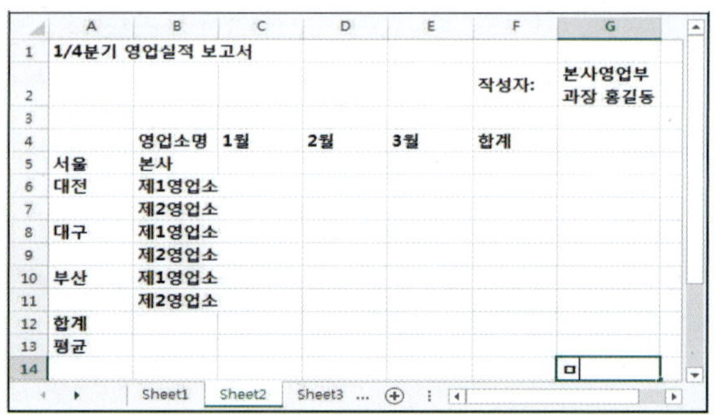

	A	B	C	D	E	F	G
1	1/4분기 영업실적 보고서						
2						작성자:	본사영업부 과장 홍길동
3							
4		영업소명	1월	2월	3월	합계	
5	서울	본사					
6	대전	제1영업소					
7		제2영업소					
8	대구	제1영업소					
9		제2영업소					
10	부산	제1영업소					
11		제2영업소					
12	합계						
13	평균						
14							ㅁ

Sheet1 Sheet2 Sheet3 ...

② 한글 자음 'ㅁ'을 입력한 후 [한자] 키를 누르면 특수문자 목록이 나타난다.

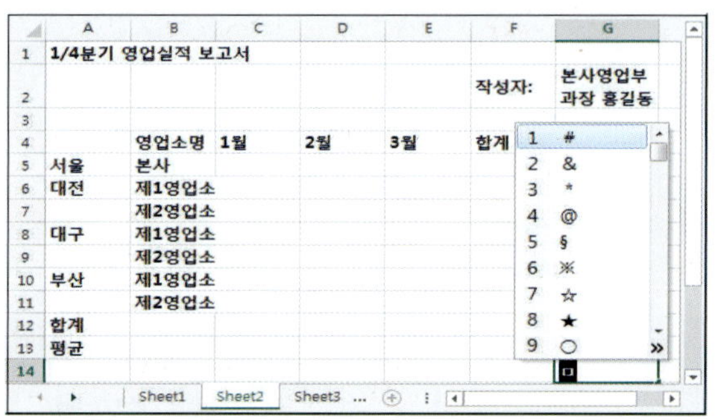

	A	B	C	D	E	F	G
1	1/4분기 영업실적 보고서						
2						작성자:	본사영업부 과장 홍길동
3							
4		영업소명	1월	2월	3월	합계	
5	서울	본사					
6	대전	제1영업소					
7		제2영업소					
8	대구	제1영업소					
9		제2영업소					
10	부산	제1영업소					
11		제2영업소					
12	합계						
13	평균						
14							ㅁ

③ 오른쪽의 스크롤바를 아래로 끌어내려서 전화 그림 도구가 나타날 때까지 실행한다.

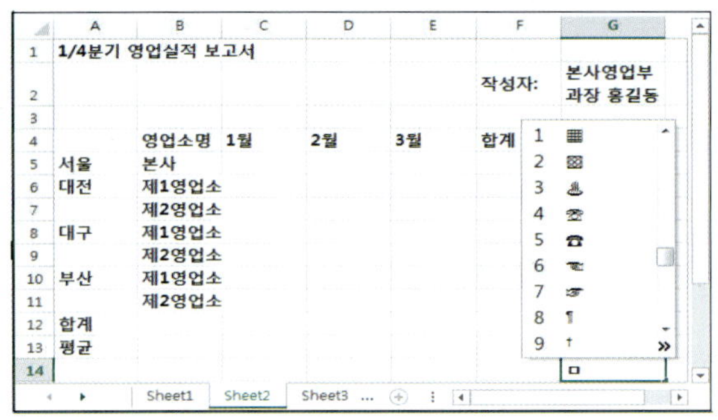

	A	B	C	D	E	F	G
1	1/4분기 영업실적 보고서						
2						작성자:	본사영업부 과장 홍길동
3							
4		영업소명	1월	2월	3월	합계	
5	서울	본사					
6	대전	제1영업소					
7		제2영업소					
8	대구	제1영업소					
9		제2영업소					
10	부산	제1영업소					
11		제2영업소					
12	합계						
13	평균						
14							

④ 해당 기호(5번)를 더블 클릭한다.

⑤ ":123-1234"를 입력한 후 [Enter↵]키를 누른다.

	A	B	C	D	E	F	G
1	1/4분기 영업실적 보고서						
2						작성자:	본사영업부 과장 홍길동
3							
4		영업소명	1월	2월	3월	합계	
5	서울	본사					
6	대전	제1영업소					
7		제2영업소					
8	대구	제1영업소					
9		제2영업소					
10	부산	제1영업소					
11		제2영업소					
12	합계						
13	평균						
14							☎:123-1234

1.15 셀에 숫자 직접 입력

① C5셀을 클릭하여 셀 포인터를 이동한다.

② "234"를 입력한 후 [Enter↵]키를 누른다.

	A	B	C	D	E	F	G
1	1/4분기 영업실적 보고서						
2						작성자:	본사영업부 과장 홍길동
3							
4		영업소명	1월	2월	3월	합계	
5	서울	본사	234				
6	대전	제1영업소					
7		제2영업소					
8	대구	제1영업소					
9		제2영업소					
10	부산	제1영업소					
11		제2영업소					
12	합계						
13	평균						
14							☎:123-1234

③ 나머지 내용을 입력하여 보자.

	A	B	C	D	E	F	G
1	1/4분기 영업실적 보고서						
2						작성자:	본사영업부 과장 홍길동
3							
4		영업소명	1월	2월	3월	합계	
5	서울	본사	234	456	325		
6	대전	제1영업소	635	214	650		
7		제2영업소	235	362	243		
8	대구	제1영업소	664	754	324		
9		제2영업소	538	300	367		
10	부산	제1영업소	554	235	600		
11		제2영업소	255	450	320		
12	합계						
13	평균						
14							☎:123-1234

Sheet1 Sheet2 Sheet3

1.16 셀 영역 지정한 후 입력

① C5셀 위로 마우스를 이동한다.

② 마우스 끌기를 사용하여 E11셀까지 셀 블록을 설정한다.

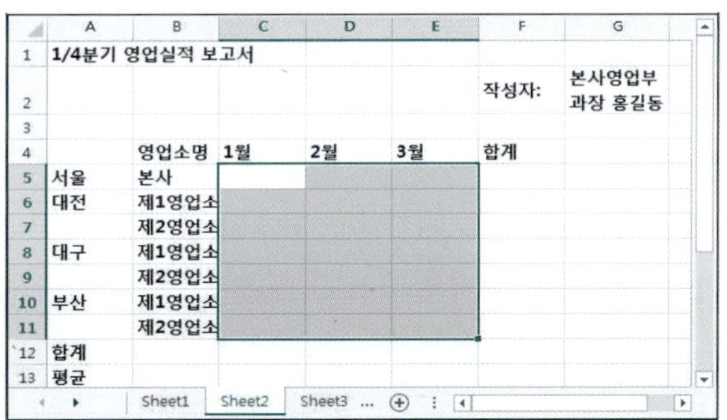

③ 키패드의 "234"를 입력한 후 Enter↵키를 누른다.

- 셀 영역 내에서만 셀 포인터가 이동하므로 입력이 용이하다.

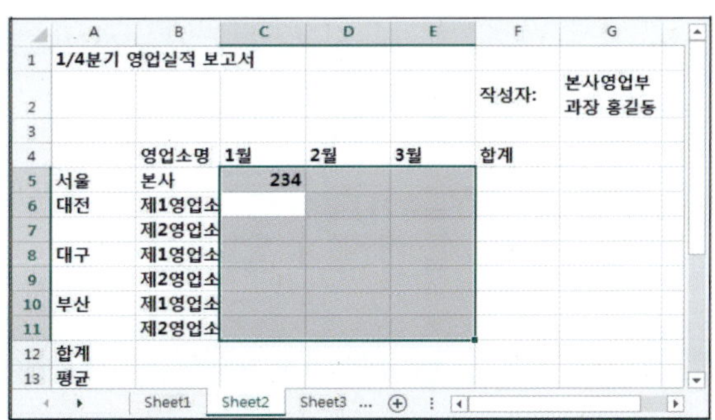

④ 6, 3, 5, Enter↵, 2, 3, 5, Enter↵… 등으로 다음과 같이 입력한다.

	A	B	C	D	E	F	G
1	1/4분기 영업실적 보고서						
2						작성자:	본사영업부 과장 홍길동
3							
4		영업소명	1월	2월	3월	합계	
5	서울	본사	234	456	325		
6	대전	제1영업소	635	214	650		
7		제2영업소	235	362	243		
8	대구	제1영업소	664	754	324		
9		제2영업소	538	300	367		
10	부산	제1영업소	554	235	600		
11		제2영업소	255	450	320		
12	합계						
13	평균						

Sheet1 Sheet2 Sheet3

⑤ 마우스로 임의의 셀을 클릭하거나 ←, →, ↑, ↓ 등의 키를 눌러 셀 블록을 해제한다.

- 영역설정 후 셀 포인터 이동 방법

키	내 용
Enter↵	아래 셀로
Shift + Enter↵	위 셀로
Tab	오른쪽 셀로
Shift + Tab	왼쪽 셀로

1.17 날짜/시간 입력

① 2번 행 번호 위에서 마우스 오른쪽 단추를 클릭하여 [삽입]을 선택한다.

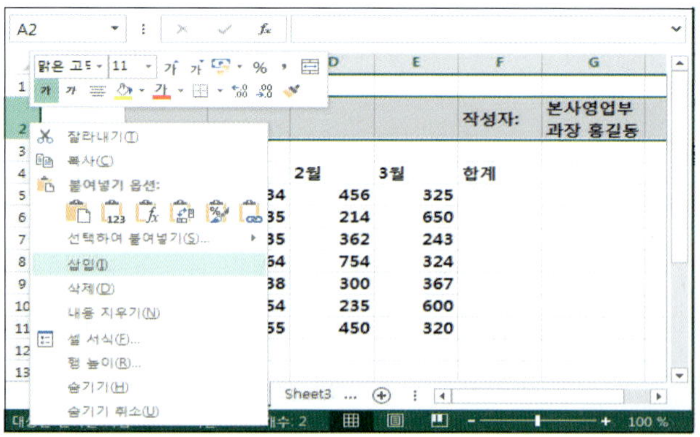

② F2셀에 "작성일: "을 입력한 후 Enter↵ 키를 누른다.

	A	B	C	D	E	F	G
1	1/4분기 영업실적 보고서						
2						작성일:	
3						작성자:	본사영업부 과장 홍길동
4							
5		영업소명	1월	2월	3월	합계	
6	서울	본사	234	456	325		
7	대전	제1영업소	635	214	650		
8		제2영업소	235	362	243		
9	대구	제1영업소	664	754	324		
10		제2영업소	538	300	367		
11	부산	제1영업소	554	235	600		
12		제2영업소	255	450	320		
13	합계						

Sheet1 Sheet2 Sheet3 ...

③ G2셀을 클릭하여 "16/08/14"를 입력한 후 Enter↵ 키를 누른다.

	A	B	C	D	E	F	G
1	1/4분기 영업실적 보고서						
2						작성일:	2016-08-14
3						작성자:	본사영업부 과장 홍길동
4							
5		영업소명	1월	2월	3월	합계	
6	서울	본사	234	456	325		
7	대전	제1영업소	635	214	650		
8		제2영업소	235	362	243		
9	대구	제1영업소	664	754	324		
10		제2영업소	538	300	367		
11	부산	제1영업소	554	235	600		
12		제2영업소	255	450	320		
13	합계						

Sheet1 Sheet2 Sheet3 ...

④ H2셀을 클릭하여 "10:25"를 입력한 후 Enter↵ 키를 누른다.

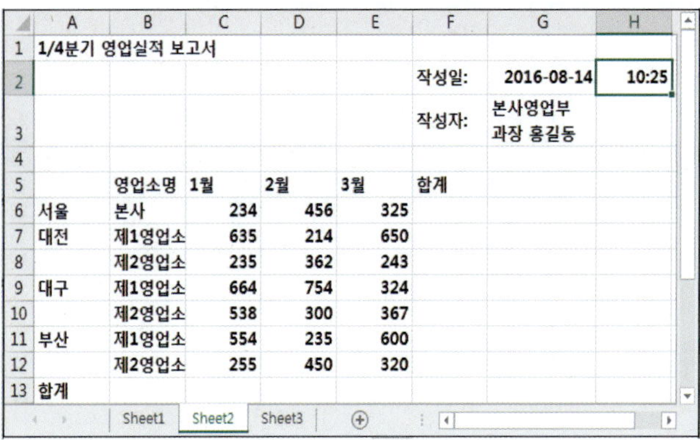

	A	B	C	D	E	F	G	H
1	1/4분기 영업실적 보고서							
2						작성일:	2016-08-14	10:25
3						작성자:	본사영업부 과장 홍길동	
4								
5		영업소명	1월	2월	3월	합계		
6	서울	본사	234	456	325			
7	대전	제1영업소	635	214	650			
8		제2영업소	235	362	243			
9	대구	제1영업소	664	754	324			
10		제2영업소	538	300	367			
11	부산	제1영업소	554	235	600			
12		제2영업소	255	450	320			
13	합계							

Sheet1 Sheet2 Sheet3

분수 입력 방법

- 분수를 입력할 경우에는 대분수로 입력한다.
  예 1/2를 입력할 경우 0 1/2로 입력한다.
- 소수점 15자리까지 계산

날짜 시간 입력 기준

- 날짜 기준은 1900년 01월 01일을 기준으로 한다.
- 시간은 0시를 0으로 24시를 1로 정오를 0.5로 한다.

1.18 수식 입력

① F6셀을 클릭한다.

② 수식 입력줄에서 수식입력 단추(=)를 누른다.

- + 키를 눌러 "="를 입력한 후 수식을 입력할 수도 있다.

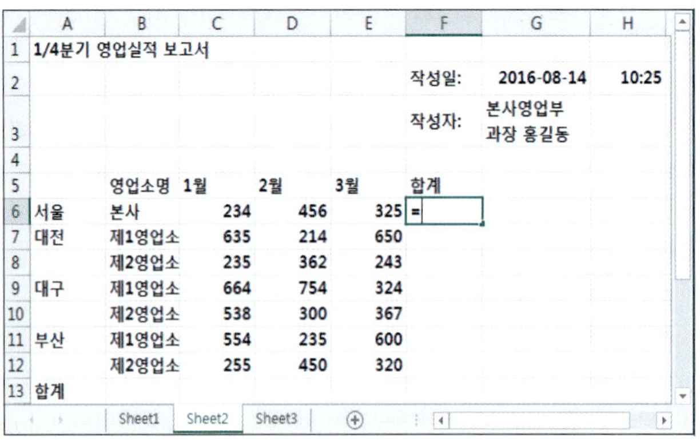

	A	B	C	D	E	F	G	H
1	1/4분기 영업실적 보고서							
2						작성일:	2016-08-14	10:25
3						작성자:	본사영업부 과장 홍길동	
4								
5		영업소명	1월	2월	3월	합계		
6	서울	본사	234	456	325	=		
7	대전	제1영업소	635	214	650			
8		제2영업소	235	362	243			
9	대구	제1영업소	664	754	324			
10		제2영업소	538	300	367			
11	부산	제1영업소	554	235	600			
12		제2영업소	255	450	320			
13	합계							

③ 마우스로 C6셀을 클릭하고 키보드에서 + 키를 누른다.

④ D6셀을 선택한 후 + 키를 누르고, E6셀을 클릭한다.

	A	B	C	D	E	F	G	H
1	1/4분기 영업실적 보고서							
2						작성일:	2016-08-14	10:25
3						작성자:	본사영업부 과장 홍길동	
4								
5		영업소명	1월	2월	3월	합계		
6	서울	본사	234	456	325	=C6+D6+E6		
7	대전	제1영업소	635	214	650			
8		제2영업소	235	362	243			
9	대구	제1영업소	664	754	324			
10		제2영업소	538	300	367			
11	부산	제1영업소	554	235	600			
12		제2영업소	255	450	320			
13	합계							

Sheet1 Sheet2 Sheet3

⑤ 수식 입력줄의 ✓를 누르거나 Enter↵를 누른다.

	A	B	C	D	E	F	G	H
1	1/4분기 영업실적 보고서							
2						작성일:	2016-08-14	10:25
3						작성자:	본사영업부 과장 홍길동	
4								
5		영업소명	1월	2월	3월	합계		
6	서울	본사	234	456	325	1015		
7	대전	제1영업소	635	214	650			
8		제2영업소	235	362	243			
9	대구	제1영업소	664	754	324			
10		제2영업소	538	300	367			
11	부산	제1영업소	554	235	600			
12		제2영업소	255	450	320			
13	합계							

Sheet1 Sheet2 Sheet3

1.19 수식 자동 채우기

① F6셀을 클릭한다.

	A	B	C	D	E	F	G	H
1	1/4분기 영업실적 보고서							
2						작성일:	2016-08-14	10:25
3						작성자:	본사영업부 과장 홍길동	
4								
5		영업소명	1월	2월	3월	합계		
6	서울	본사	234	456	325	1015		
7	대전	제1영업소	635	214	650			
8		제2영업소	235	362	243			
9	대구	제1영업소	664	754	324			
10		제2영업소	538	300	367			
11	부산	제1영업소	554	235	600			
12		제2영업소	255	450	320			
13	합계							

Sheet1 Sheet2 Sheet3

② 채우기 핸들을 F12까지 드래그한다.

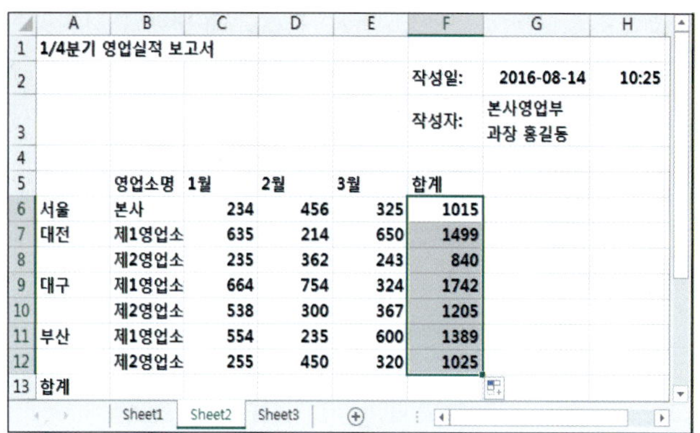

	A	B	C	D	E	F	G	H
1	1/4분기 영업실적 보고서							
2						작성일:	2016-08-14	10:25
3						작성자:	본사영업부 과장 홍길동	
4								
5		영업소명	1월	2월	3월	합계		
6	서울	본사	234	456	325	1015		
7	대전	제1영업소	635	214	650	1499		
8		제2영업소	235	362	243	840		
9	대구	제1영업소	664	754	324	1742		
10		제2영업소	538	300	367	1205		
11	부산	제1영업소	554	235	600	1389		
12		제2영업소	255	450	320	1025		
13	합계							

숫자 자동 채우기

① A1셀을 클릭한다.

② "1"을 입력한 후 Enter↵키를 누른다.

③ A1셀을 클릭한 후 자동 채우기 핸들 위로 마우스를 이동한다.

④ Ctrl키를 누른 상태 A10셀까지 마우스 끌기한다.

⑤ 1부터 10이 자동으로 채워진다.

- 자동 채우기 핸들을 '마우스 오른쪽 단추' 끌기하여 나타나는 메뉴에서 [연속 데이터 채우기]를 선택하여 숫자 자동 채우기를 실행할 수 있다.

• 자동 채우기 증가 값을 부여한 후 마우스 끌기로 숫자 자동 채우기를 실행할 수 있다.

• 여러 셀 자동 채우기

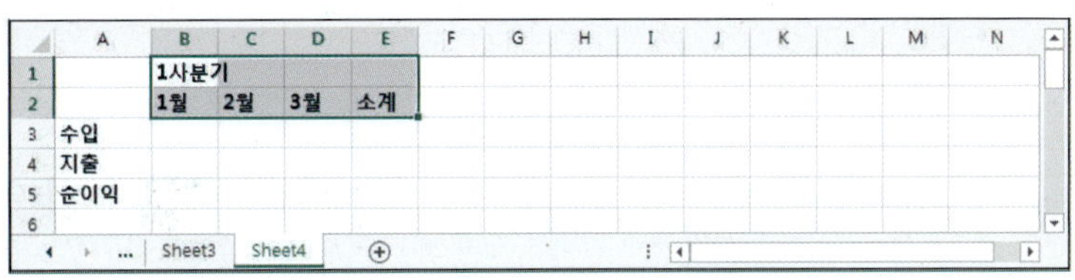

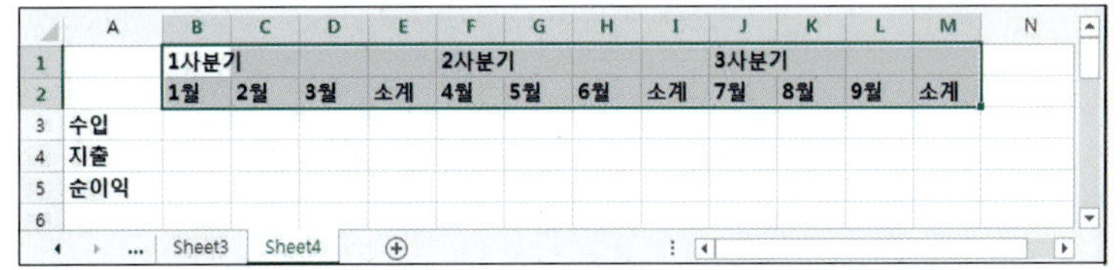

• 자동 채우기 핸들을 '마우스 오른쪽 단추 끌기'하여 나타나는 메뉴에서 [연속 데이터...]를 선택하여 연속 데이터 수동 채우기를 수행할 수 있다.

실습 1-1

다음 워크시트를 작성하고 파일 이름을 "지역별 판매현황"이라고 작성한다.

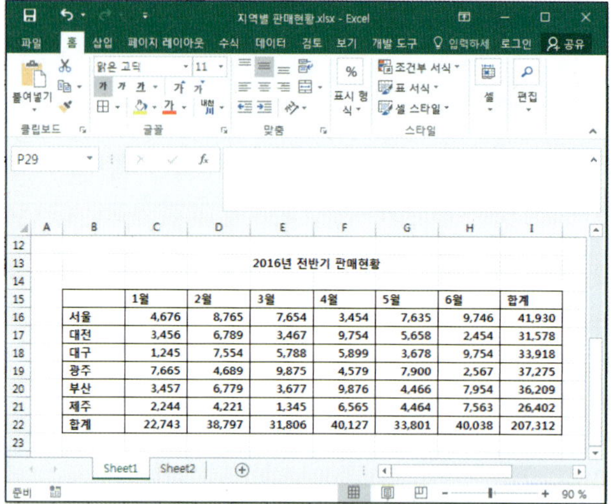

2016년 전반기 판매현황

	1월	2월	3월	4월	5월	6월	합계
서울	4,676	8,765	7,654	3,454	7,635	9,746	41,930
대전	3,456	6,789	3,467	9,754	5,658	2,454	31,578
대구	1,245	7,554	5,788	5,899	3,678	9,754	33,918
광주	7,665	4,689	9,875	4,579	7,900	2,567	37,275
부산	3,457	6,779	3,677	9,876	4,466	7,954	36,209
제주	2,244	4,221	1,345	6,565	4,464	7,563	26,402
합계	22,743	38,797	31,806	40,127	33,801	40,038	207,312

실습 1-2

다음 워크시트를 작성하고 결과 수식을 작성한 다음 파일 이름을 "사칙연산"이라고 작성한다.

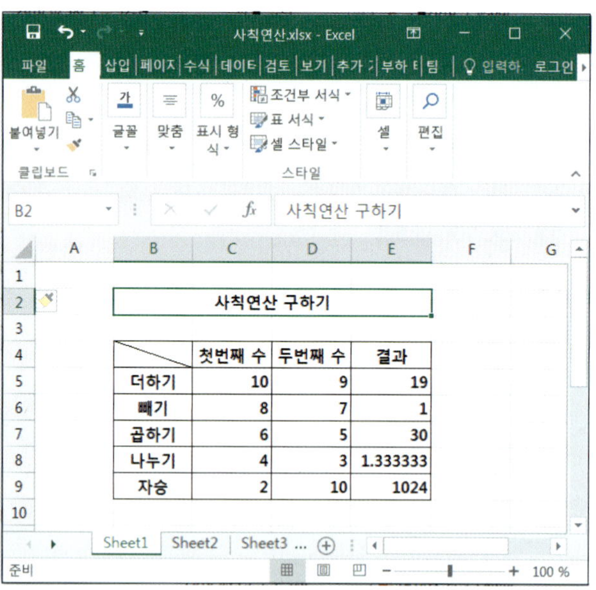

사칙연산 구하기

	첫번째 수	두번째 수	결과
더하기	10	9	19
빼기	8	7	1
곱하기	6	5	30
나누기	4	3	1.333333
자승	2	10	1024

연습문제

01. 다음의 내용을 사용자 지정 목록에 추가하여 보자.

- 한국, 일본, 대만, 싱가포르, 독일, 영국, 말레이시아, 프랑스
- 영업부, 관리부, 총무부, 생산부, 경리부
- 홍길동, 강감찬, 이순신, 을지문덕, 유관순, 신사임당
- 건축과, 전자과, 환경공학과, 영어과, 수학과, 의예과, 정외과
- 워드프로세서, 데이터베이스, 스프레드시트, 운영체제

02. 워크시트에 미리 입력되어 있는 내용을 사용자 정의 목록에 추가하는 방법을 알아보자.

- [파일]⇨[옵션]⇨[고급] 메뉴의 '사용자 지정 목록 편집' 단추를 선택하여 '목록 가져올 범위' 옵션을 이용한다.

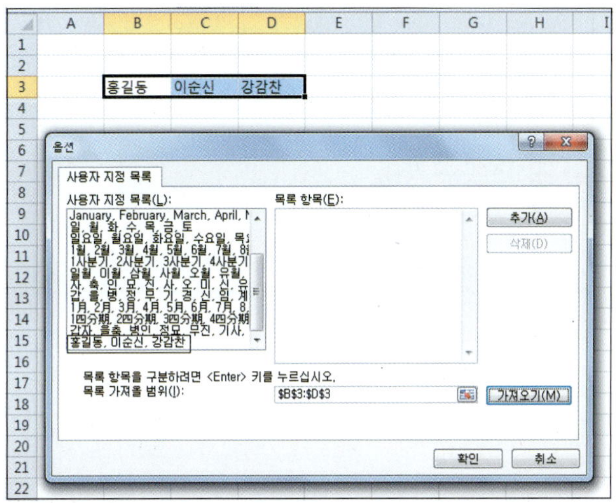

03. 빠른 실행 도구를 리본 메뉴 아래로 끌어내어 보자.

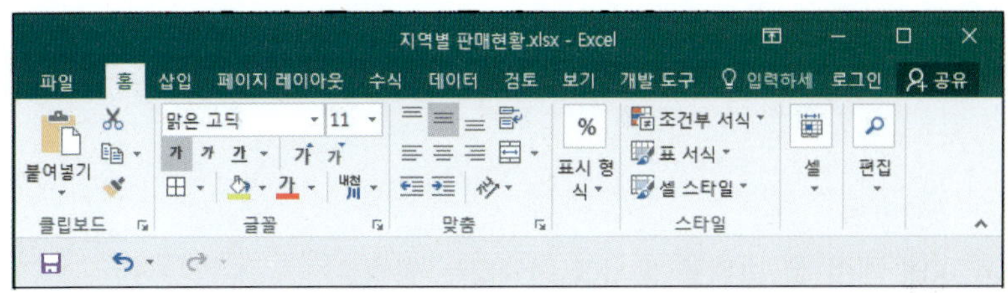

04. 도움말(F1)에서 색인어를 '메뉴'로 입력하여 '리본 메뉴 사용'을 나타내어 보자.

05. 한글 엑셀 2016에서 새로워진 기능을 다섯 가지만 쓰시오.

06. 엑셀 도구 모음에서 빠른 실행 도구를 화면에 표시하는 방법 두 가지를 쓰시오.

07. 엑셀의 리본 메뉴 아래에 ⧉이 표시된 단추 항목의 의미는 무엇인가?

08. 워크시트에서 여러 개의 셀 범위를 동시에 선택하는 방법은?

09. 워크시트에서 특정 행이나 열 전체를 선택하는 방법은?

10. 선택한 셀이나 셀 범위의 채우기 핸들을 마우스로 끌어서 수행할 수 있는 작업은?

11. 통합 문서의 개념에 대해 간단히 설명하시오.

12. 반복적인 문자열 입력을 쉽게 해주는 자동 완성 기능에 대해 간단히 설명하시오.

제2장

워크시트 편집

2.1 셀의 참조

참조 방식	셀 표현	내 용
상대 참조	E18	수식이 참조하는 셀 주소의 행과 열 번호를 모두 상대 참조한다.
절대 참조	$E$18	수식이 참조하는 셀 주소의 행과 열 번호를 모두 절대 참조한다.
혼합 참조	$E18, E$18	수식이 참조하는 셀 주소의 행이나 열 번호 중 하나는 상대, 또 하나는 절대 참조한다.

2.1.1 상대 참조

수식이 입력된 셀을 기준으로 다른 셀의 위치를 지정하는 참조 형태이다. 상대 참조 수식이 입력된 셀을 복사하면 셀의 주소는 복사된 위치에 맞게 변하게 된다.

① C4번지에 공식 “=A3+A4”를 삽입한다.

② Enter↵키를 누르면 결과 값 33이 나타난다.

③ C4의 수식(=A3+A4)을 C5에 복사하면 결과 값이 상대 참조에 의해 (=A4+A5)로 바뀌어 나타나며,

번지의 참조가 위치에 따라 의미 있게 자동으로 변화하여 저장되는 번지를 상대번지라고 하며, 엑셀에서 일반적으로 나타내는 번지를 의미한다.

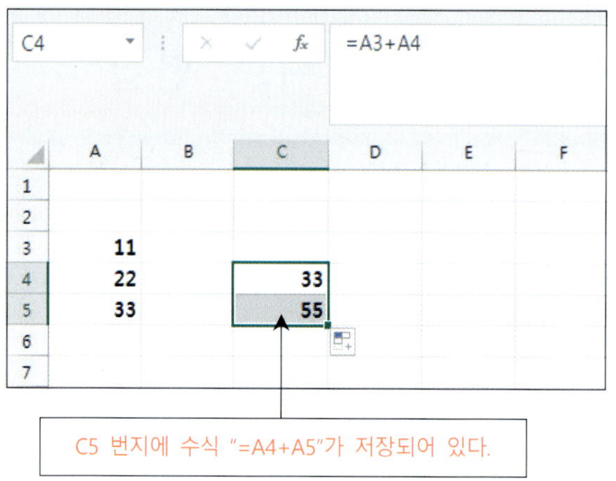

2.1.2 절대 참조

- 수식이 입력된 셀을 다른 셀에 복사하여도 같은 위치를 지정하는 참조 형태이다.
- 절대 참조 수식이 입력된 셀을 복사하면 셀의 주소는 복사된 위치에 상대 참조처럼 셀이 변하지 않고 그대로 복사된다.
- 절대참조의 번지표시는 셀 번지 앞에 $를 붙여서 나타낸다.

① C4번지에 공식 "=$A$3+$A$4"를 삽입한다.

② Enter↵ 키를 누르면 결과 값 33이 나타난다.

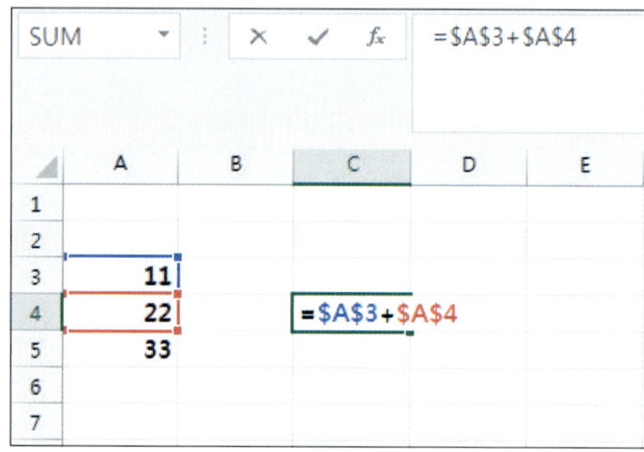

③ C4의 수식(=$A$3+$A$4)을 C5에 복사하면 결과 값이 절대 참조에 의해 바뀌지 않고 해당 번지를 그대로 가지고 (=$A$3+$A$4)값으로 그대로 복사되고, 결과도 33으로 나타나며, 이러한 번지를 절대 번지라고 한다.

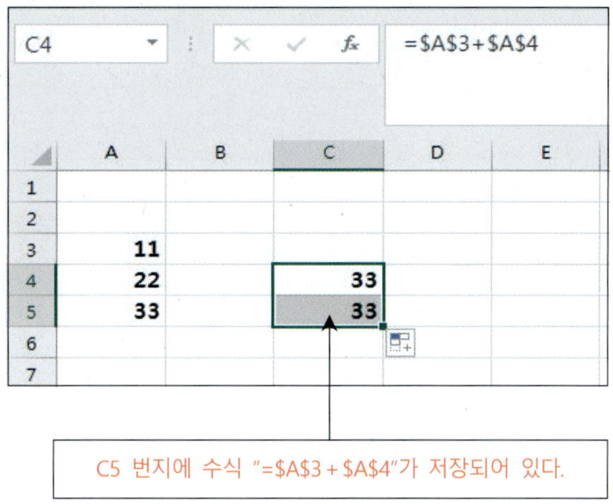

2.1.3 혼합 참조

- 상대 참조와 절대 참조를 동시에 갖고 있는 의미의 혼합 참조로 A$1 또는 $A1의 형태를 의미한다.
- 혼합 참조의 번지는 다른 셀에 복사될 경우 각각의 특성에 따라 상대번지는 상대 참조 그리고 절대번지는 절대 참조의 형태로 복사된다.
- 셀에 이미 입력된 참조영역을 쉽게 바꿀 경우 셀안의 수식을 더블클릭하여 블록상태로 지정한 다음 F4 키를 계속 누르면 상대(A1) ⇨ 절대($A$1) ⇨ 혼합(A$1) ⇨ 혼합($A1) 순서대로 돌아가면서 바뀌게 된다.

① C4번지에 공식 "=A$3+$A4"를 삽입한다.

② Enter↵ 키를 누르면 결과 값 33이 나타난다.

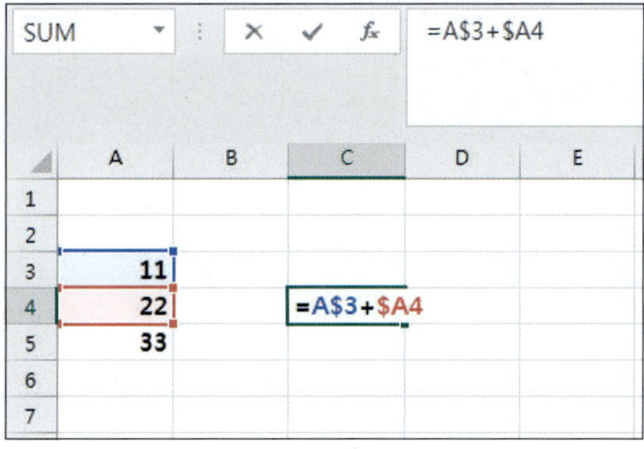

③ C4의 수식(=A$3+$A4)을 C5에 복사하면 결과 값이 상대참조는 복사된 범위에 의해 자동으로 바뀌지만 절대 참조는 바뀌지 않고 해당 번지를 그대로 가지고 복사되며 결과도 (=A$3+$A5)으로 변환 되어 결과 값도 44로 나타나며, 이러한 번지를 혼합 번지라고 한다.

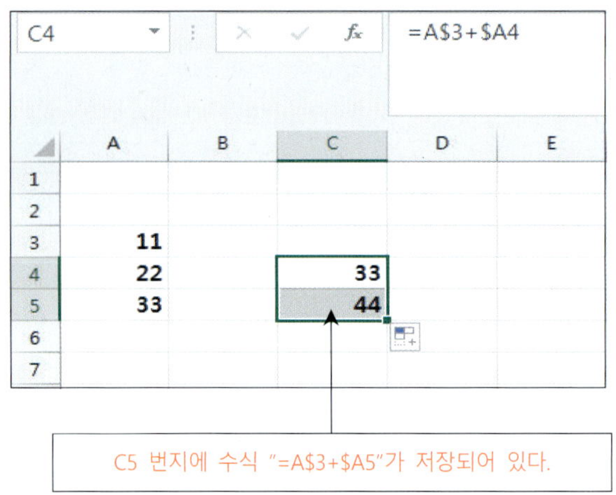

2.2 열 너비 · 행 높이 수동/자동 조절

2.2.1 열 경계선의 크기 조절

- 마우스를 이용하여 열 머리글 오른쪽 경계선을 끌기하면 마우스 포인터를 따라 셀 영역에 점선이 함께 이동한다.
- 이때 조정될 열의 너비를 보여주고, 열 머리글 오른쪽 윗부분에는 현재 조정 중인 열의 너비를 숫자로 보여준다.

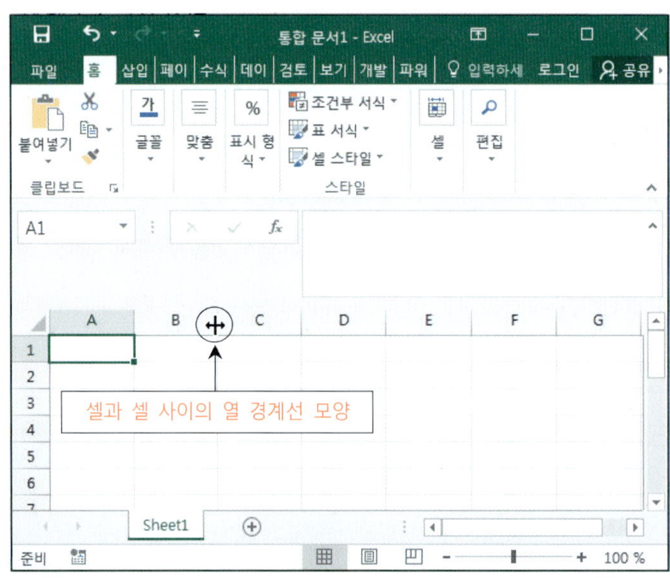

① [홈] ⇨ [셀] ⇨ [열 너비]를 실행한다.

② 너비의 값을 입력하고 [확인] 단추를 누른다.

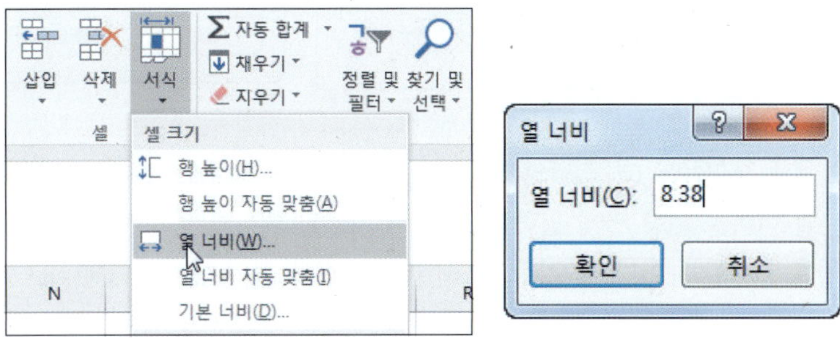

2.2.2 행 경계선의 크기 조절

- 마우스를 이용하여 행 머리글 오른쪽 경계선을 끌기하면 마우스 포인터를 따라 셀 영역에 점선이 함께 이동한다.

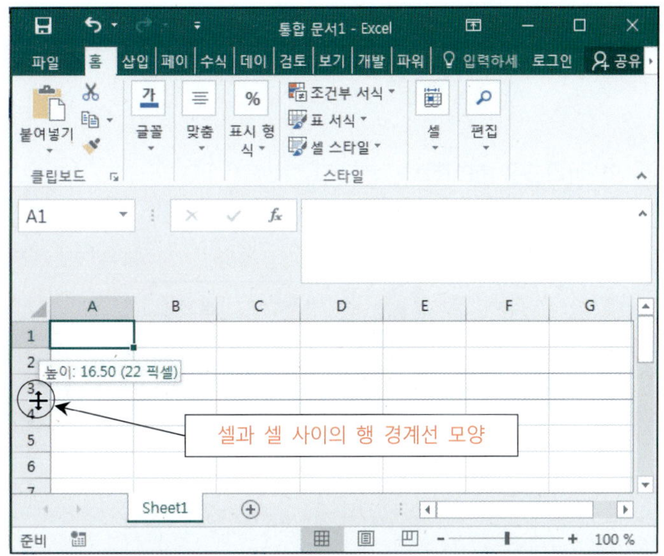

- 이때 조정될 행의 너비를 보여주고, 행 머리글 오른쪽 윗부분에는 현재 조정 중인 행의 너비를 숫자로 보여준다.

① [홈] ⇨ [셀] ⇨ [행 높이]를 실행한다.

② 행 높이의 값을 입력하고 [확인] 단추를 누른다.

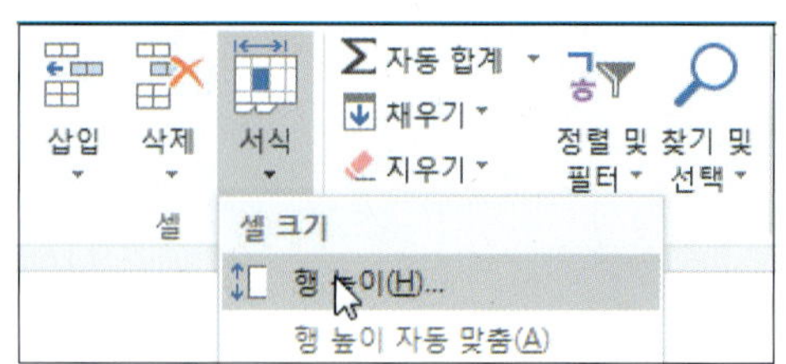

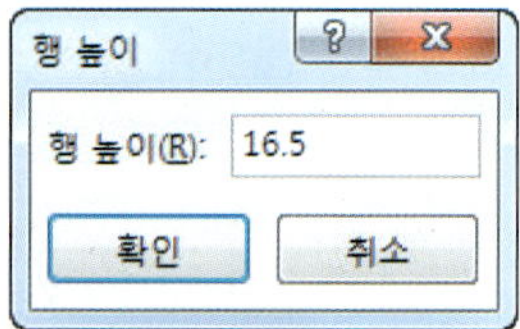

- 선택된 열이나 행을 대상으로 열의 너비 및 행의 높이를 자동적으로 조정할 수 있다.
- 자동의 기준은 열 너비는 해당 열에 입력 및 서식이 지정된 데이터 중 가장 긴 셀을 전부 표시하고 행 높이는 해당 행에 입력된 데이터 중 가장 큰 글꼴이 지정된 셀의 높이에 맞춘다.

2.2.3 마우스로

- 열 경계선을 더블 클릭한다.

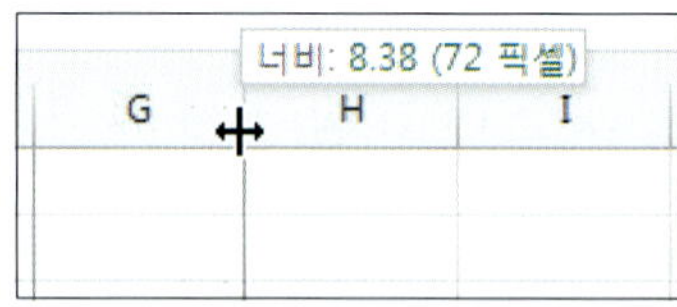

2.2.4 메뉴에서

- 변경하려는 셀 또는 열 머리글을 클릭한다.
- [홈] ⇨ [서식] ⇨ [열 너비 자동 맞춤]을 실행한다.

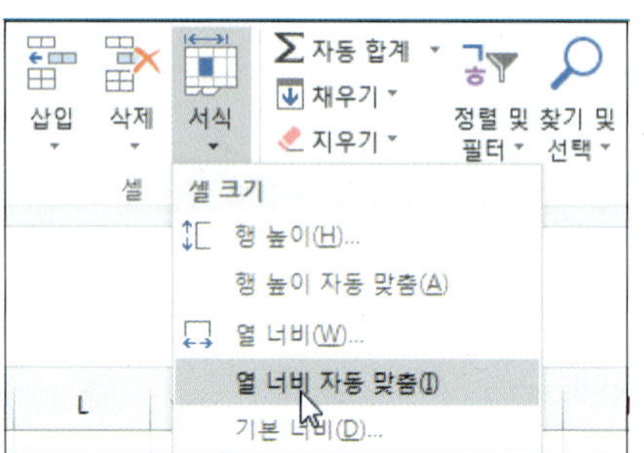

2.3 열 · 행 숨기기

숨기기 기능은 삭제와는 다르며 열 또는 행을 화면에서 표시되지 않도록 할 뿐, 숨겨진 셀을 참조하는 다른 셀의 계산식 등에는 유효하다.

① B1과 C1셀을 영역으로 설정한다.

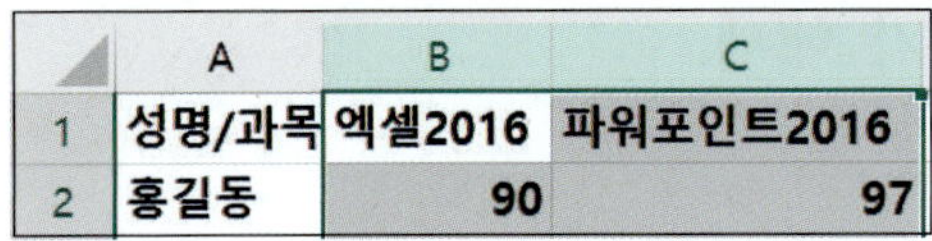

	A	B	C
1	성명/과목	엑셀2016	파워포인트2016
2	홍길동	90	97

② [홈] ⇨ [서식] ⇨ [숨기기 및 숨기기 취소] ⇨ [열 숨기기]를 누른다.

- 숨기려는 열 머리글을 오른쪽 단추로 클릭한 후 [열 숨기기]를 누른다.

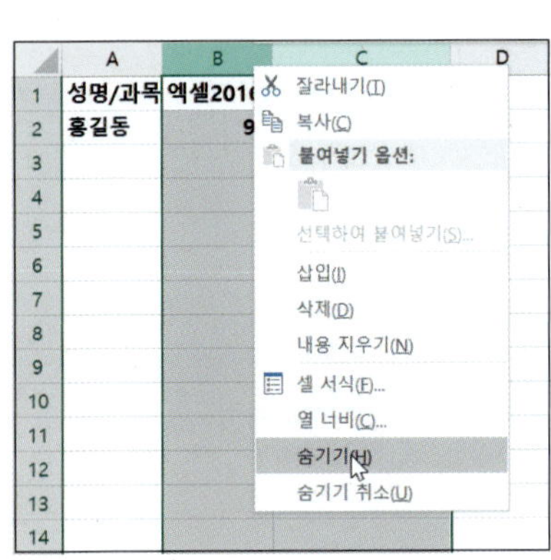

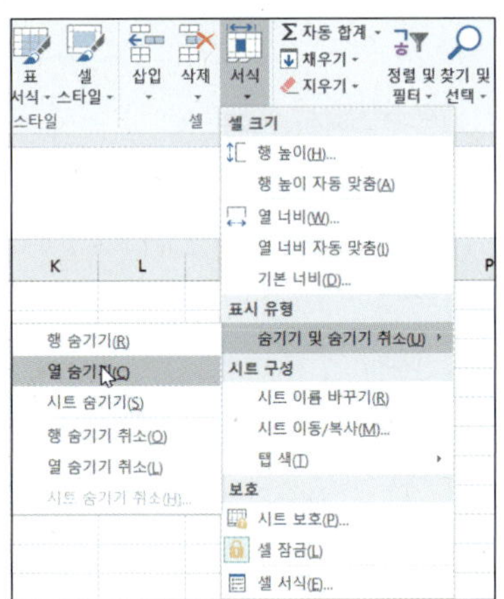

실습 2-1

"지역별 판매현황" 시트에서 행과 열의 합계 부분을 감추어서 나타내어 보자.

2016년 전반기 판매현황

	1월	2월	3월	4월	5월	6월
서울	4676	8765	7654	3454	7635	9746
대전	3456	6789	3467	9754	5658	2454
대구	1245	7554	5788	5899	3678	9754
광주	7665	4689	9875	4579	7900	2567
부산	3457	6779	3677	9876	4466	7954
제주	2244	4221	1345	6565	4464	7563

Sheet1 Sheet2

2.4 열 · 행 숨기기 해제

① 숨겨진 열(행)의 좌우에 있는 열들을 선택한다.

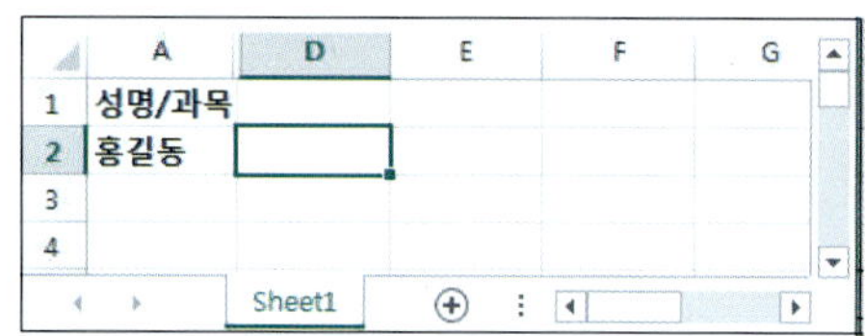

② [홈]⇨[서식]⇨[숨기기 및 숨기기 취소]⇨[열 숨기기 취소]를 누르면 감춰진 열들이 다시 나타난다.

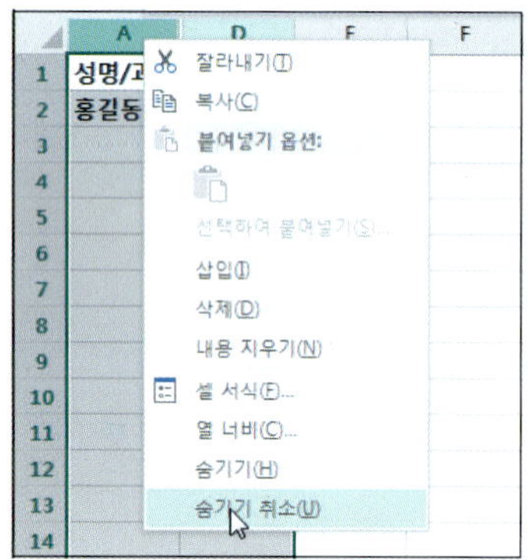

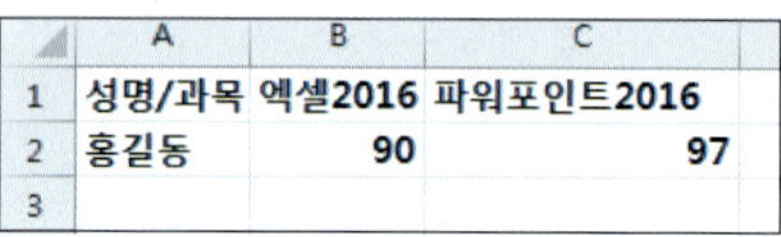

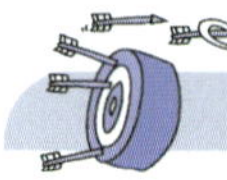

실습 2-2

"지역별 판매현황" 시트에서 감추어진 행과 열을 다시 나타내어 보자.

- 감춰진 열의 좌우와 행의 위아래를 블록으로 지정하고 [숨기기 취소]를 실행해야 한다.

2016년 전반기 판매현황

	1월	2월	3월	4월	5월	6월
서울	4676	8765	7654	3454	7635	9
대전	3456	6789	3467	9754	5658	2
대구	1245	7554	5788	5899	3678	9
광주	7665	4689	9875	4579	7900	2
부산	3457	6779	3677	9876	4466	7
제주	2244	4221	1345	6565	4464	7

잘라내기(T)
복사(C)
붙여넣기 옵션:
삽입(I)
삭제(D)
내용 지우기(N)
셀 서식(F)...
열 너비(C)...
숨기기(H)
숨기기 취소(U)

2.5 열 · 행 삭제

① 삭제하려는 열(행) 머리글을 오른쪽 단추로 클릭한다.

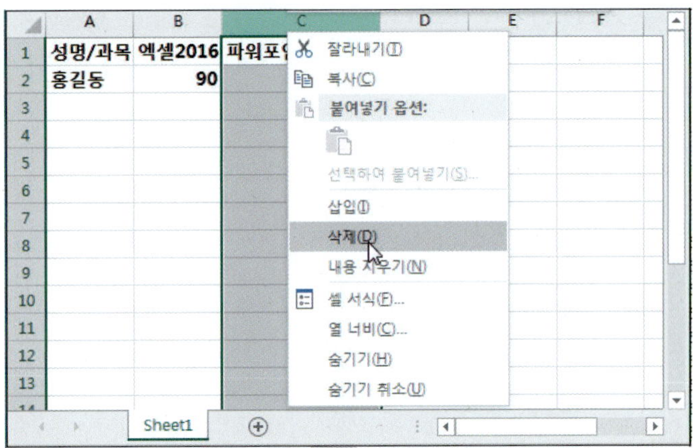

② [삭제]를 선택한다.

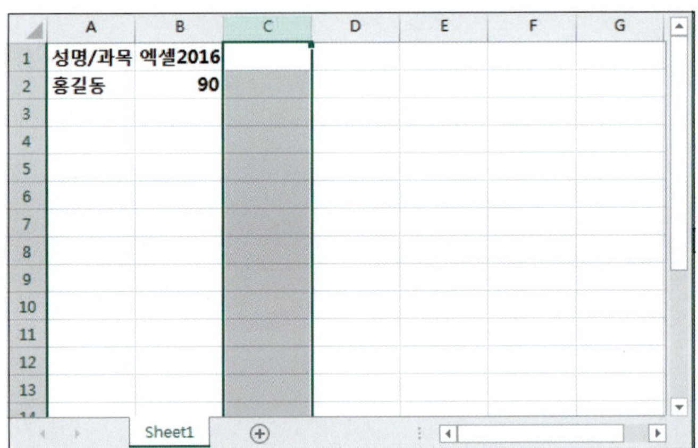

여러 개의 열(행)을 선택한 후 [삭제]를 하면 선택된 열들이 모두 삭제된다.

2.6 셀 삭제

① 삭제하려는 셀을 오른쪽 단추로 클릭한다.

- Ctrl+- 키를 누른다.

② [삭제]를 실행한다.

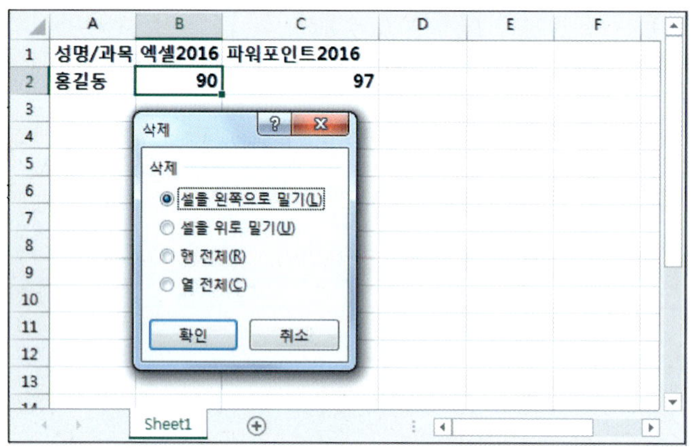

③ '셀을 왼쪽으로 밀기'를 누르고 [확인] 단추를 누른다.

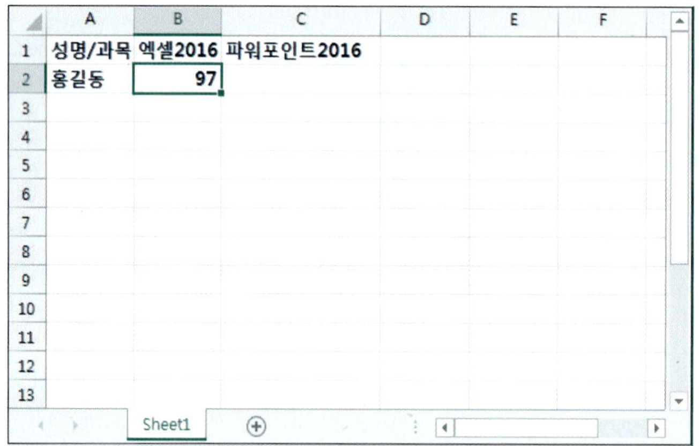

채우기 핸들을 Shift 키와 함께 삭제하려는 영역만큼 안쪽으로 드래그하여 빠른 셀 삭제를 수행할 수도 있다.

2.7 셀 삽입

작업을 하는 중간에 일부 셀 영역에 있던 기존의 셀을 오른쪽 또는 아래쪽으로 밀어내면서 빈 셀을 삽입한다.

① 영역을 지정한 후 Ctrl+[+]키를 누른다.

② 영역 단축 메뉴에서 [삽입] 명령을 실행한다.

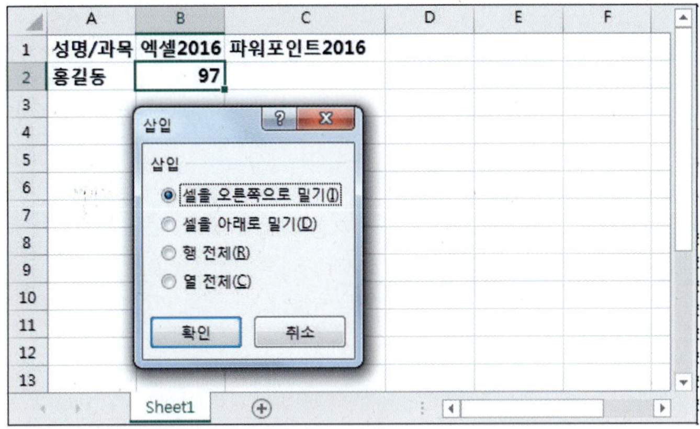

채우기 핸들을 Shift키와 함께 삽입하려는 영역만큼 드래그하여 빠른 셀 삽입을 수행할 수도 있다.

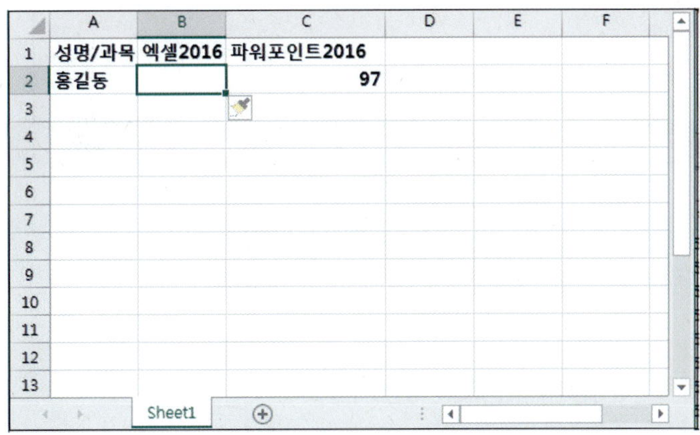

2.8 메모 삽입

데이터가 들어 있는 각각의 셀을 지정하고, 셀에 별도의 메모 내용을 입력하기 위해 사용된다.

① 셀을 지정한 후 마우스 오른쪽 단추를 누르고 메뉴가 나타나면 [메모 삽입]을 선택한다.

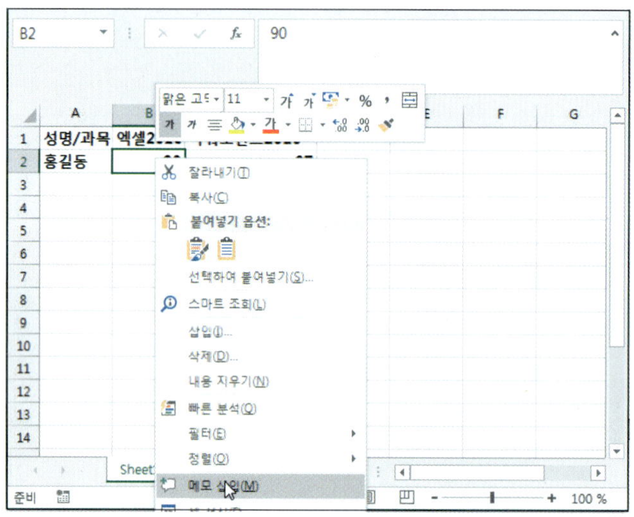

② 메모의 틀이 나타나고 해당 내용을 입력한다.

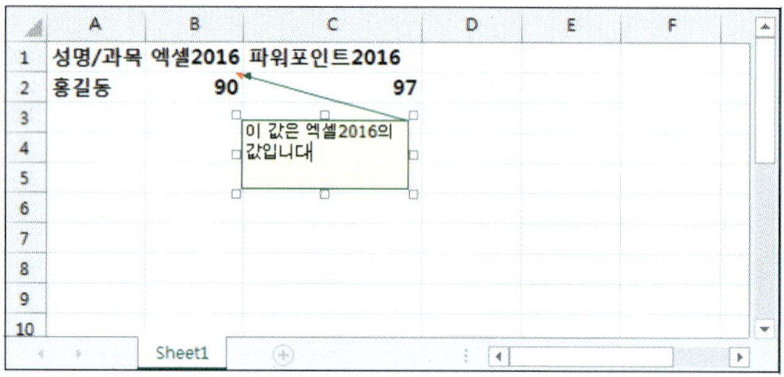

③ 다른 셀을 지정하여 클릭하면 메모의 내용이 사라지고, 메모가 입력되어 있는 셀의 오른쪽 상단에 빨간 표시가 나타나며 이는 메모가 들어 있는 표시를 의미한다.

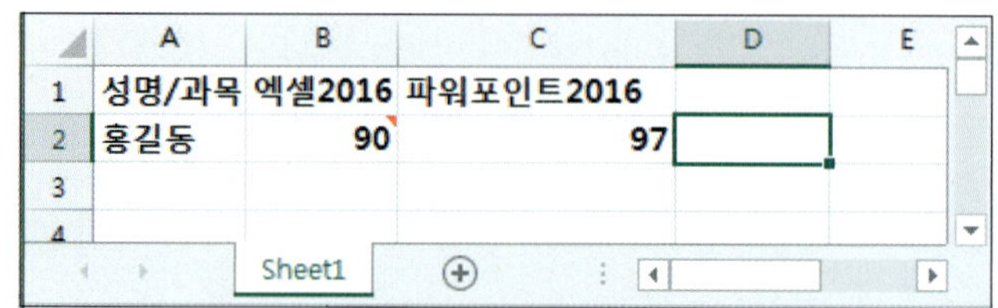

실습 2-3

"지역별 판매현황" 시트에서 7월, 8월, 9월을 삽입하여 나타내어 본다.

2016년 전반기 판매현황

	1월	2월	3월	4월	5월	6월	7월	8월	9월	합계
서울	4676	8765	7654	3454	7635	9746	7890	4768	5576	60164
대전	3456	6789	3467	9754	5658	2454	8900	7770	5890	54138
대구	1245	7554	5788	5899	3678	9754	5789	7857	7589	55153
광주	7665	4689	9875	4579	7900	2567	8579	4567	9065	59486
부산	3457	6779	3677	9876	4466	7954	2566	8889	6589	54253
제주	2244	4221	1345	6565	4464	7563	8579	6789	8765	50535
합계	22743	38797	31806	40127	33801	40038	42303	40640	43474	333729

Sheet1 Sheet2

실습 2-4

"지역별 판매현황" 시트에서 L4셀에 "월별 합계 현황입니다"라는 내용을 메모로 입력하여 본다.

- L4셀을 지정하고 마우스 오른쪽 단추를 눌러서 [메모 삽입] 명령을 선택하고 해당 내용을 입력한다.

6월	7월	8월	9월	합계
9746	7890	4768	5576	60164
2454	8900	7770	5890	54138
9754	5789	7857	7589	55153
2567	8579	4567	9065	59486
7954	2566	8889	6589	54253
7563	8579	6789	8765	50535
40038	42303	40640	43474	333729

지역별 합계 한황 입니다

2.9 셀 데이터 지우기

지우기는 셀에 입력된 데이터 또는 지정된 서식, 메모 등을 지우는 것으로 다른 셀에는 영향을 미치지 않는다.

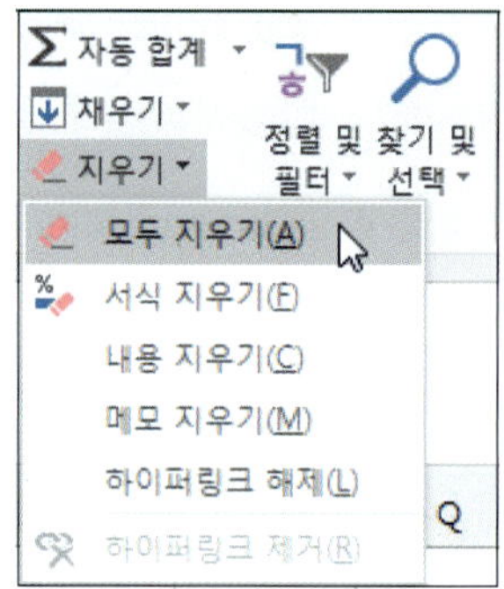

2.9.1 내용지우기

- 사용자가 입력한 데이터, 계산식 등을 지우는 것으로 셀에 지정된 서식, 메모 등은 지워지지 않는다.
- [범위 지정] ⇨ [마우스 오른쪽 단추] ⇨ [내용 지우기]를 실행한다.

실습 2-5

"지역별 판매현황" 시트에서 I5:K22셀을 블록으로 지정하고 [내용 지우기]를 실행하여 본다.

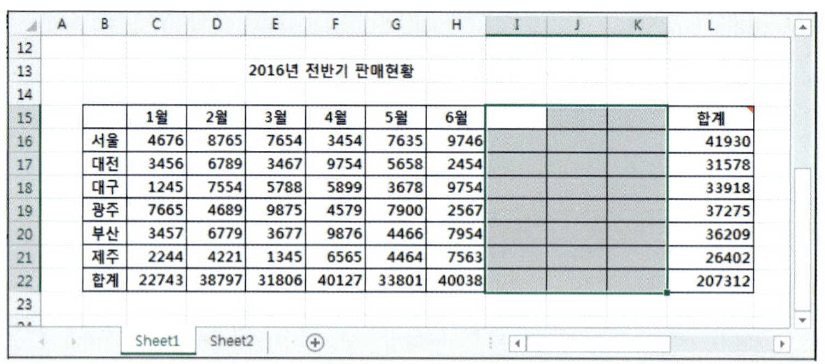

2016년 전반기 판매현황

	1월	2월	3월	4월	5월	6월				합계
서울	4676	8765	7654	3454	7635	9746				41930
대전	3456	6789	3467	9754	5658	2454				31578
대구	1245	7554	5788	5899	3678	9754				33918
광주	7665	4689	9875	4579	7900	2567				37275
부산	3457	6779	3677	9876	4466	7954				36209
제주	2244	4221	1345	6565	4464	7563				26402
합계	22743	38797	31806	40127	33801	40038				207312

2.9.2 메모 지우기

- 선택된 셀에 입력된 메모만 지운다.
- [홈] ⇨ [편집] ⇨ [지우기] ⇨ [메모 지우기]를 실행한다.

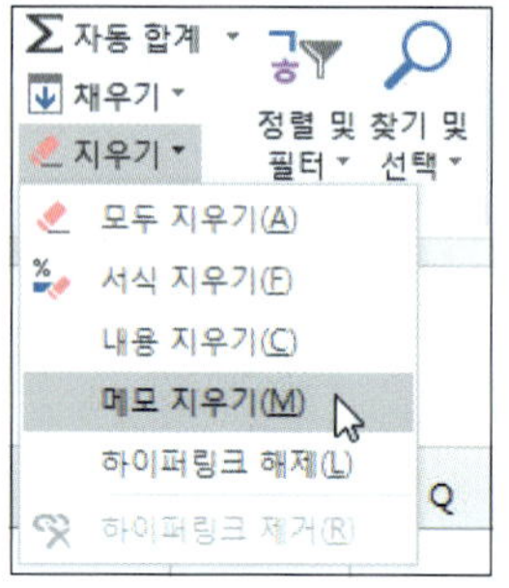

실습 2-6

"지역별 판매현황" 시트에서 L4셀에 입력된 메모를 지워보기로 한다.

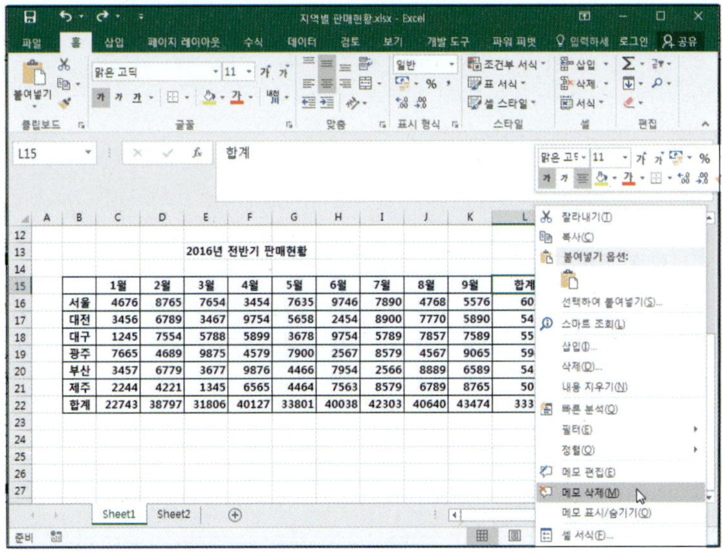

2.9.3 서식 지우기

- 선택된 셀에 지정된 서식만 지운다.
- [홈] ⇨ [편집] ⇨ [지우기] ⇨ [서식 지우기]를 실행한다.

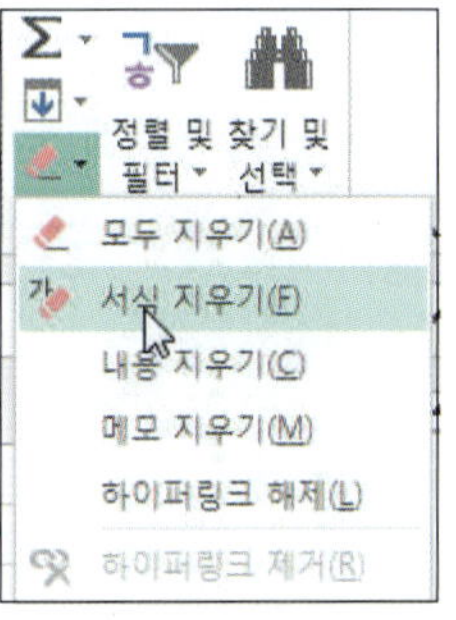

2.9.4 모두 지우기

- 선택된 영역 안의 서식, 내용, 메모 등을 모두 지운다.
- [홈] ⇨ [편집] ⇨ [지우기] ⇨ [모두 지우기]를 실행한다.

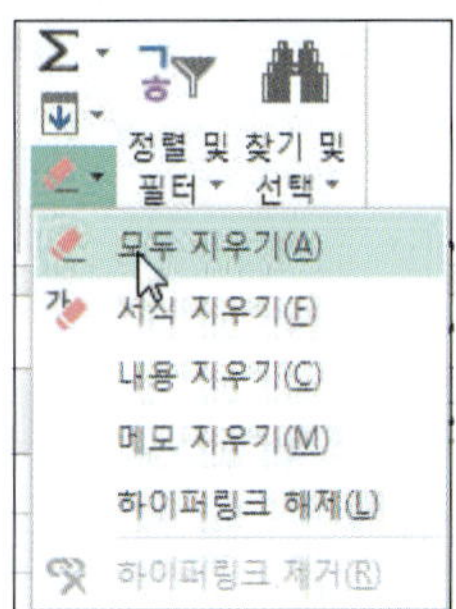

실습 2-7

"지역별 판매현황" 시트에서 I5:K22셀을 블록으로 지정하고 [모두 지우기]를 실행하여 본다.

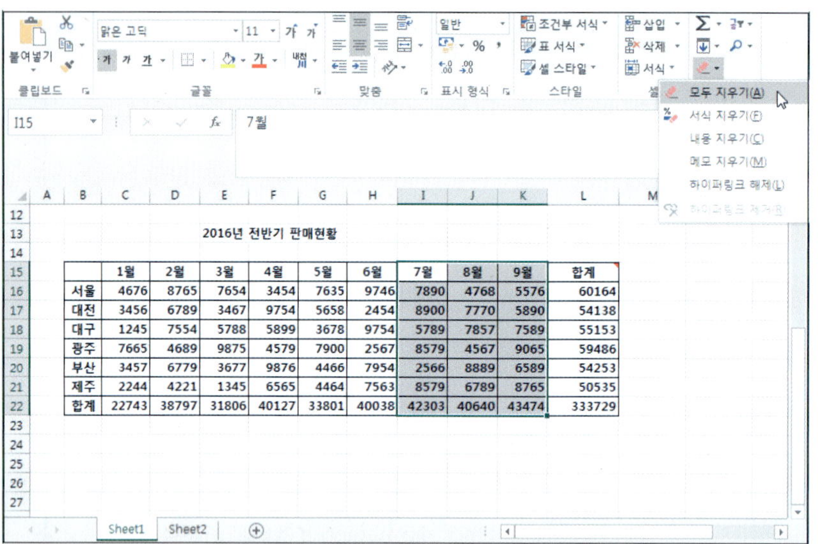

실습 2-8

"지역별 판매현황" 시트에서 I, J, K열을 블록으로 지정하고 [삭제]를 실행하여 본다.

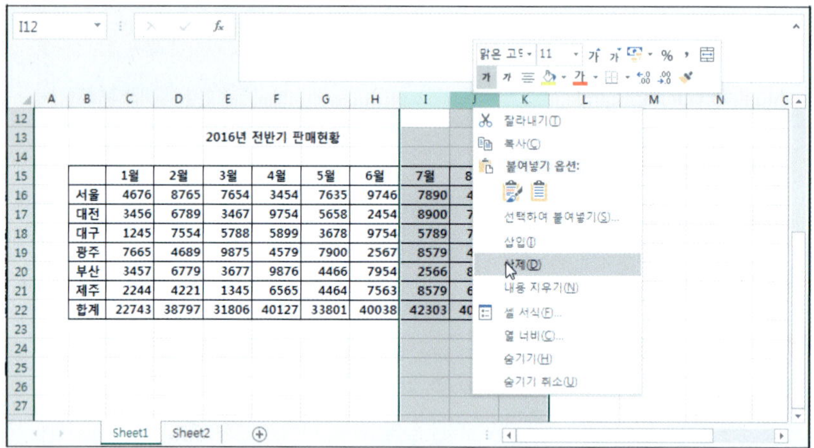

2.10 셀 데이터 이동하기

선택된 셀 영역의 내용을 다른 영역으로 옮기는 작업을 말한다.

셀 이동은 선택된 영역의 내용과 서식, 메모 등을 포함하여 이동한다.

① 마우스로 이동하려는 셀 영역을 블록으로 선택한다.

② 셀포인터를 선택된 영역의 모서리에 놓는다.

	A	B	C	D
1	성명/과목	엑셀2016	파워포인트2016	
2	홍길동	90	97	
3				
4				

③ 왼쪽 단추를 누른 상태에서 드래그하여 이동할 위치의 첫 셀에 놓는다.

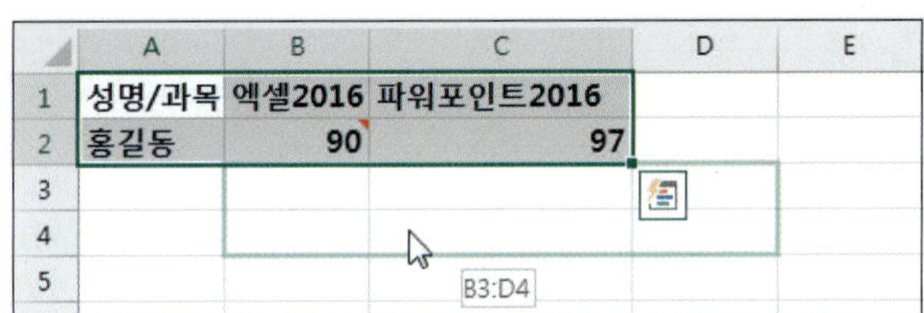

④ 옮기려는 영역에 이미 데이터가 있었다면 다음과 같은 메시지 상자가 나타난다.

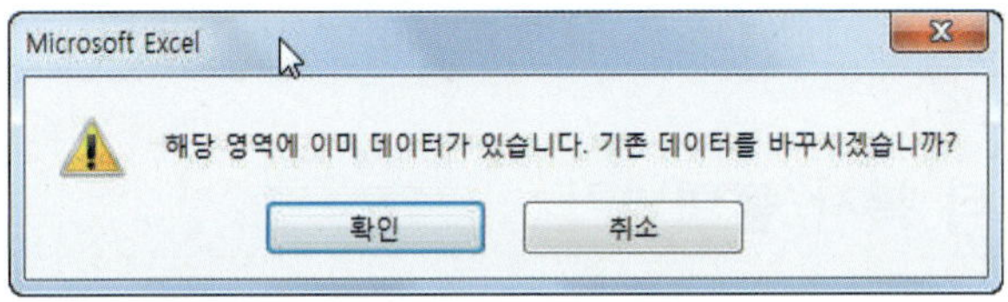

⑤ [확인] 단추를 누르면 기존의 셀 영역이 사라질 뿐만 아니라, 이와 관련한 계산식이 있는 경우에는 원하지 않는 결과가 나타날 수 있다.

> 셀 영역을 지정한 후 [잘라내기]를 누른 후 이동하려는 셀 위치에서 [편집] ⇨ [붙이기]를 실행하여 이동할 수도 있다.

실습 2-9

"지역별 판매현황" 시트에서 데이터의 내용에서 행 아래로 3셀을 이동하여 본다.

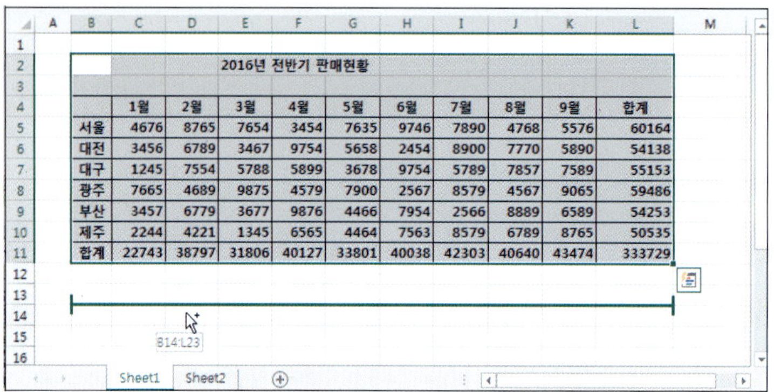

	2016년 전반기 판매현황									
	1월	2월	3월	4월	5월	6월	7월	8월	9월	합계
서울	4676	8765	7654	3454	7635	9746	7890	4768	5576	60164
대전	3456	6789	3467	9754	5658	2454	8900	7770	5890	54138
대구	1245	7554	5788	5899	3678	9754	5789	7857	7589	55153
광주	7665	4689	9875	4579	7900	2567	8579	4567	9065	59486
부산	3457	6779	3677	9876	4466	7954	2566	8889	6589	54253
제주	2244	4221	1345	6565	4464	7563	8579	6789	8765	50535
합계	22743	38797	31806	40127	33801	40038	42303	40640	43474	333729

- 이동 후 결과

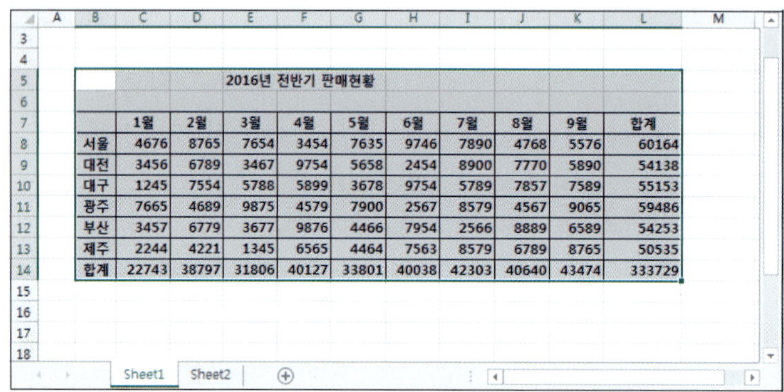

	2016년 전반기 판매현황									
	1월	2월	3월	4월	5월	6월	7월	8월	9월	합계
서울	4676	8765	7654	3454	7635	9746	7890	4768	5576	60164
대전	3456	6789	3467	9754	5658	2454	8900	7770	5890	54138
대구	1245	7554	5788	5899	3678	9754	5789	7857	7589	55153
광주	7665	4689	9875	4579	7900	2567	8579	4567	9065	59486
부산	3457	6779	3677	9876	4466	7954	2566	8889	6589	54253
제주	2244	4221	1345	6565	4464	7563	8579	6789	8765	50535
합계	22743	38797	31806	40127	33801	40038	42303	40640	43474	333729

2.11 셀 데이터 복사/붙여넣기

2.11.1 복사명령 수행

마우스로 셀 영역을 지정한 후 아래의 방법을 사용하여 복사명령을 수행한다.

- 단축키 Ctrl + C를 누른다.
- [홈] ⇨ [클립보드]에서 복사 아이콘을 누른다.
- [마우스 오른쪽 단추] ⇨ [복사]를 누른다.

• 셀 영역 단축 메뉴에서 [복사]를 선택한다.

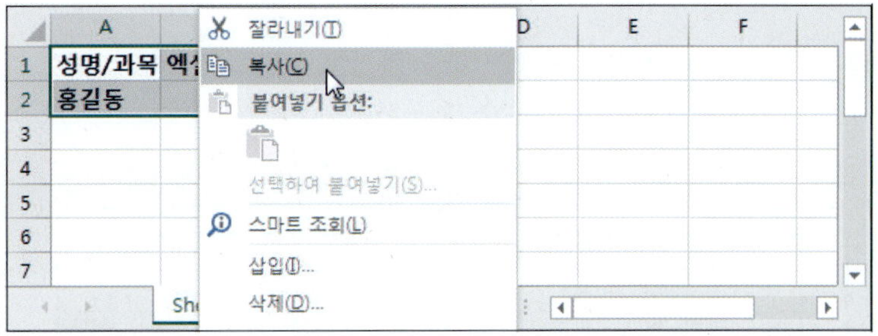

2.11.2 붙여넣기 명령 수행

• [복사]나 [잘라내기] 명령에 의해 클립보드에 저장된 내용을 선택된 셀에 복구한다.

• [붙여넣기]는 선택된 셀의 서식, 메모, 내용 등을 모두 붙여넣기를 한다.

• 붙여 넣을 셀 위치를 지정한 후 아래의 방법을 사용하여 붙여넣기 명령을 수행한다.

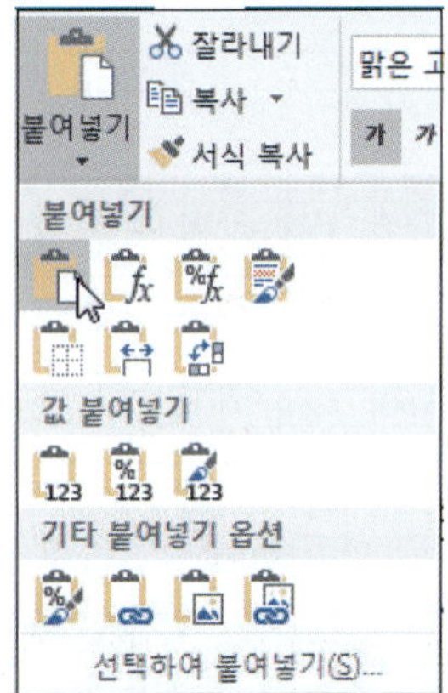

• Ctrl + V 키를 누른다.

• [홈] ⇨ [클립보드]에서 아이콘을 누른다.

• [마우스 오른쪽 단추] ⇨ [붙여넣기]를 누른다.

• 셀 영역 단축메뉴에서 [붙여넣기]를 누른다.

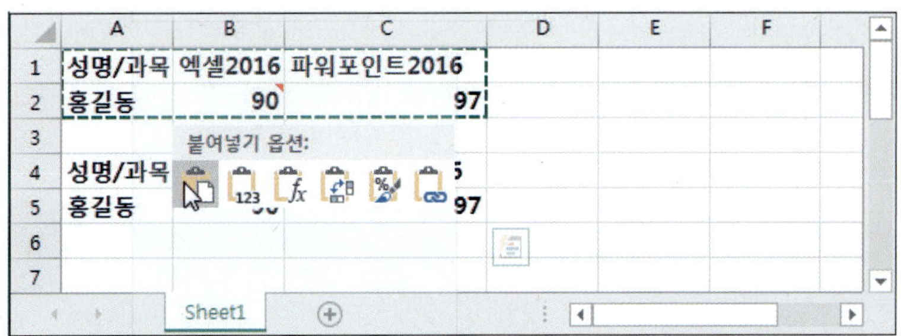

실습 2-10

"지역별 판매현황" 시트에서 데이터의 내용(B2:I10)을 행 3셀 아래로 복사하여 본다.

① B2:I10셀을 블록으로 지정하고 Ctrl + C 키를 누른다.

	1월	2월	3월	4월	5월	6월	7월	8월	9월	합계
서울	4676	8765	7654	3454	7635	9746	7890	4768	5576	60164
대전	3456	6789	3467	9754	5658	2454	8900	7770	5890	54138
대구	1245	7554	5788	5899	3678	9754	5789	7857	7589	55153
광주	7665	4689	9875	4579	7900	2567	8579	4567	9065	59486
부산	3457	6779	3677	9876	4466	7954	2566	8889	6589	54253
제주	2244	4221	1345	6565	4464	7563	8579	6789	8765	50535
합계	22743	38797	31806	40127	33801	40038	42303	40640	43474	333729

(표 제목: 2016년 전반기 판매현황 / 시트 탭: Sheet1, Sheet2)

② B14셀을 클릭하고 Ctrl + V 키를 누른다.

2016년 전반기 판매현황

	1월	2월	3월	4월	5월	6월	7월	8월	9월	합계
서울	4676	8765	7654	3454	7635	9746	7890	4768	5576	60164
대전	3456	6789	3467	9754	5658	2454	8900	7770	5890	54138
대구	1245	7554	5788	5899	3678	9754	5789	7857	7589	55153
광주	7665	4689	9875	4579	7900	2567	8579	4567	9065	59486
부산	3457	6779	3677	9876	4466	7954	2566	8889	6589	54253
제주	2244	4221	1345	6565	4464	7563	8579	6789	8765	50535
합계	22743	38797	31806	40127	33801	40038	42303	40640	43474	333729

(Ctrl)

2016년 전반기 판매현황

	1월	2월	3월	4월	5월	6월	7월	8월	9월	합계
서울	4676	8765	7654	3454	7635	9746	7890	4768	5576	60164
대전	3456	6789	3467	9754	5658	2454	8900	7770	5890	54138
대구	1245	7554	5788	5899	3678	9754	5789	7857	7589	55153
광주	7665	4689	9875	4579	7900	2567	8579	4567	9065	59486
부산	3457	6779	3677	9876	4466	7954	2566	8889	6589	54253
제주	2244	4221	1345	6565	4464	7563	8579	6789	8765	50535
합계	22743	38797	31806	40127	33801	40038	42303	40640	43474	333729

Sheet1 Sheet2

> 다른 워크시트로 복사하려면 Ctrl + Alt를 누른 상태에서 다른 워크시트로 끌기한다.

실습 2-11

"지역별 판매현황" 시트에서 데이터의 내용(B2:I10)을 Sheet2 탭의 B2셀로 복사하여 본다.

① B2:I10셀을 블록으로 지정하고 Ctrl + Alt 키를 누른 상태에서 드래그한다.

2016년 전반기 판매현황

	1월	2월	3월	4월	5월	6월	7월	8월	9월	합계
서울	4676	8765	7654	3454	7635	9746	7890	4768	5576	60164
대전	3456	6789	3467	9754	5658	2454	8900	7770	5890	54138
대구	1245	7554	5788	5899	3678	9754	5789	7857	7589	55153
광주	7665	4689	9875	4579	7900	2567	8579	4567	9065	59486
부산	3457	6779	3677	9876	4466	7954	2566	8889	6589	54253
제주	2244	4221	1345	6565	4464	7563	8579	6789	8765	50535
합계	22743	38797	31806	40127	33801	40038	42303	40640	43474	333729

Sheet1 Sheet3 D4:N13

② 드래그로 Sheet2 탭을 지정하고 B2셀에 이동한다.

2016년 전반기 판매현황

	1월	2월	3월	4월	5월	6월	7월	8월	9월	합계
서울	4676	8765	7654	3454	7635	9746	7890	4768	5576	60164
대전	3456	6789	3467	9754	5658	2454	8900	7770	5890	54138
대구	1245	7554	5788	5899	3678	9754	5789	7857	7589	55153
광주	7665	4689	9875	4579	7900	2567	8579	4567	9065	59486
부산	3457	6779	3677	9876	4466	7954	2566	8889	6589	54253
제주	2244	4221	1345	6565	4464	7563	8579	6789	8765	50535
합계	22743	38797	31806	40127	33801	40038	42303	40640	43474	333729

Sheet1 Sheet2 Sheet3

2.12 셀 데이터 선택하여 붙여넣기

[붙여 넣기]는 선택된 셀의 내용과 서식, 메모 등을 한꺼번에 복원하지만 [선택하여 붙여 넣기]는 클립보드에 있는 내용을 선택적으로 붙여 넣기 할 수 있다.

① 수식과 서식이 있는 셀 영역을 선택한 후 [마우스 오른쪽 단추] ⇨ [복사]를 실행한다.

② 대상 셀(B14)을 선택한다.

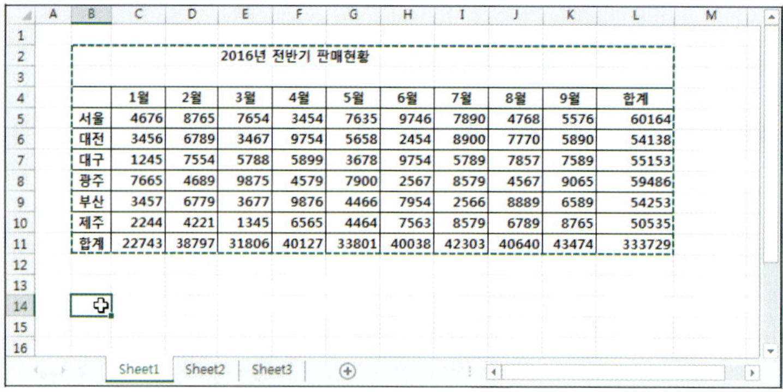

③ 마우스 오른쪽 단추를 누르고 셀 단축 메뉴에서 [선택하여 붙여넣기]를 누른다.

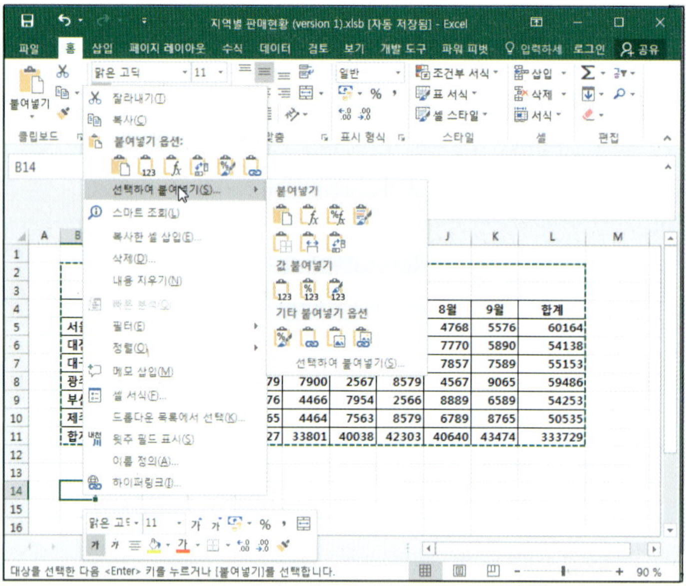

④ '선택하여 붙여넣기' 항목을 클릭한다.

⑤ 복사할 항목을 지정하고 [확인]을 누른다.

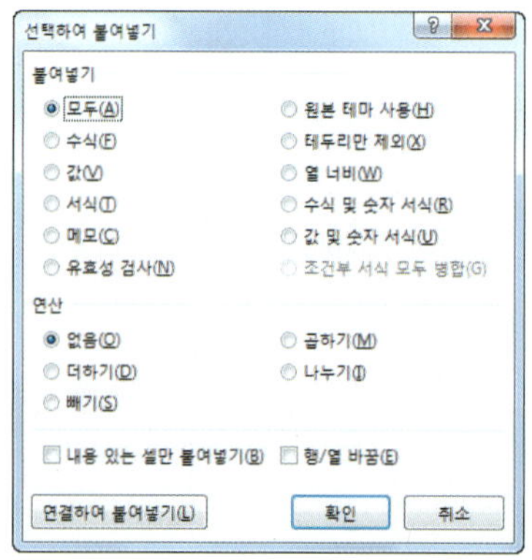

자동완성 기능이란?

엑셀 2016 에서는 [붙여넣기]와 [선택하여 붙여넣기] 기능이 아이콘으로 지정되어 나타나며 아이콘의 기능은 다음과 같다.

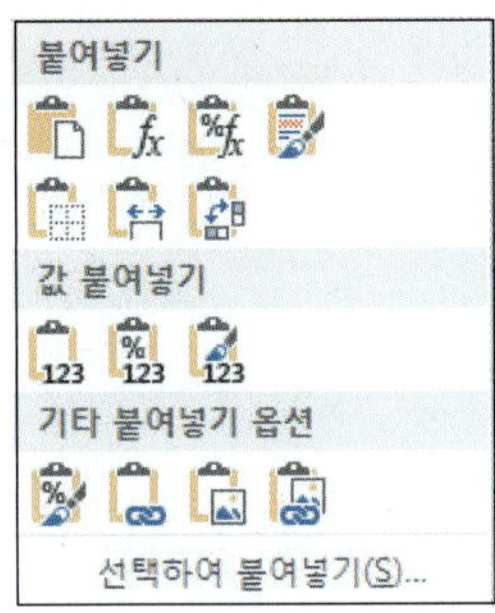

아이콘	기 능	아이콘	기 능	아이콘	기 능
	전체 붙여넣기		수식 붙여넣기		수식 및 숫자 붙여넣기
	원본서식 유지		테두리 없음		원본 열 너비 유지
	가로세로 바꾸기		값 붙여넣기		값 및 숫자서식 붙여넣기
	값 및 원본서식 붙여넣기		서식만 붙여넣기		절대번지의 값 붙여넣기
	값 및 서식 붙여넣기		절대번지의 값과 서식 붙여넣기		

실습 2-12

"지역별 판매현황" 시트에서 데이터의 내용(B2:I10)을 B13셀로 값만 선택하여 복사하기를 하여 본다.

① B2:I10셀을 블록으로 지정하고 Ctrl + C 키를 누른다.

	A	B	C	D	E	F	G	H	I	J	K	L
1												
2					2016년 전반기 판매현황							
3												
4			1월	2월	3월	4월	5월	6월	7월	8월	9월	합계
5		서울	4676	8765	7654	3454	7635	9746	7890	4768	5576	60164
6		대전	3456	6789	3467	9754	5658	2454	8900	7770	5890	54138
7		대구	1245	7554	5788	5899	3678	9754	5789	7857	7589	55153
8		광주	7665	4689	9875	4579	7900	2567	8579	4567	9065	59486
9		부산	3457	6779	3677	9876	4466	7954	2566	8889	6589	54253
10		제주	2244	4221	1345	6565	4464	7563	8579	6789	8765	50535
11		합계	22743	38797	31806	40127	33801	40038	42303	40640	43474	333729
12												

Sheet1 Sheet2 Sheet3

② B14셀을 누르고 [선택하여 붙여넣기]에서 [값]을 지정한 다음 [확인]을 클릭한다.

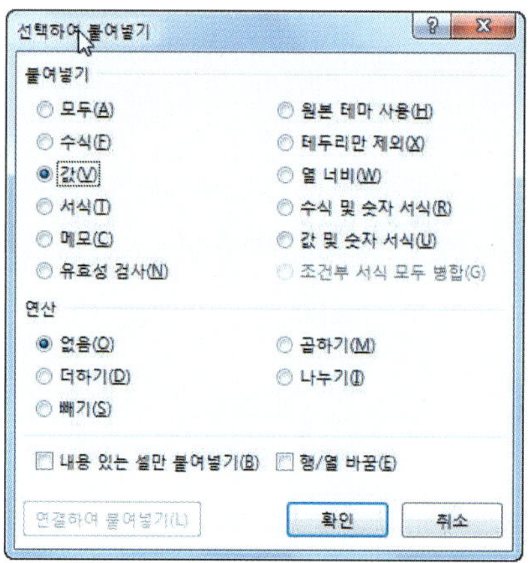

③ 서식과 수식이 제거된(합계 셀의 수식등) 순수한 값만 복사되어 나타난다.

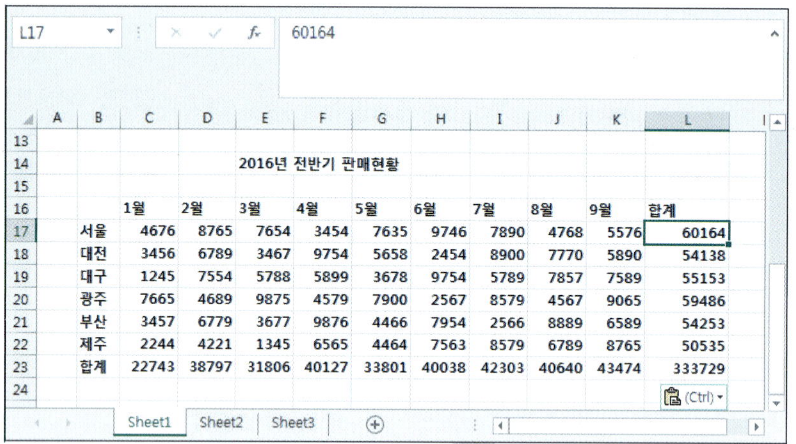

L17 | 60164

2016년 전반기 판매현황

	1월	2월	3월	4월	5월	6월	7월	8월	9월	합계
서울	4676	8765	7654	3454	7635	9746	7890	4768	5576	60164
대전	3456	6789	3467	9754	5658	2454	8900	7770	5890	54138
대구	1245	7554	5788	5899	3678	9754	5789	7857	7589	55153
광주	7665	4689	9875	4579	7900	2567	8579	4567	9065	59486
부산	3457	6779	3677	9876	4466	7954	2566	8889	6589	54253
제주	2244	4221	1345	6565	4464	7563	8579	6789	8765	50535
합계	22743	38797	31806	40127	33801	40038	42303	40640	43474	333729

Sheet1 Sheet2 Sheet3

2.13 셀 스타일 지정하기

셀 스타일 지정하기란 셀에 입력된 내용을 명령을 이용하여 지정하지 않고, 이미 나타나 있는 서식들을 선택하여 손쉽게 지정하기 위한 편리한 내용이다.

각종 셀 스타일을 지정하기 위해 해당 셀의 범위를 지정한 후 [홈] ⇨ [셀 스타일]을 클릭하여 나타나는 다음 목록의 종류를 지정하면 사전에 변경된 상태로 나타나고, 마우스를 클릭하면 셀에 해당 서식이 지정되어 나타난다.

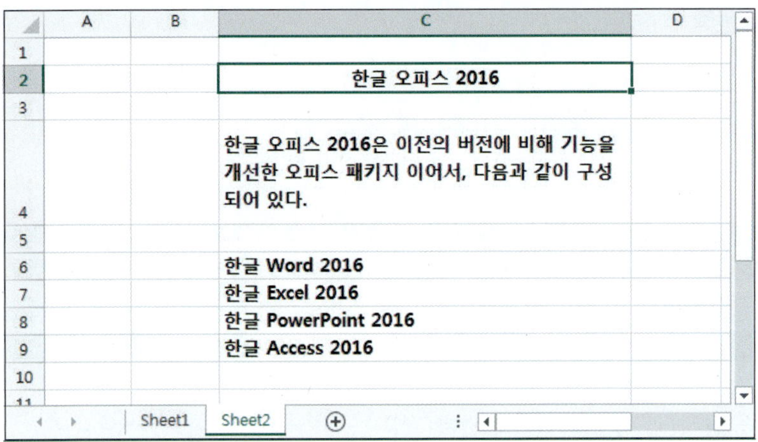

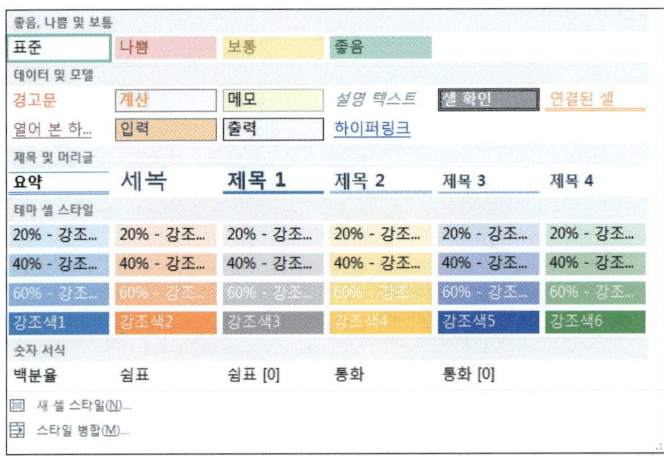

2.13.1 제목 셀 선택

- C2셀을 지정한다.
- [홈] ⇨ [셀 스타일] ⇨ [제목 및 머리글] ⇨ [제목]을 선택한다.

- 마우스를 이동하면 셀에 지정된 모양이 나타난다.
- 클릭하면 제목 모양이 지정되어 나타난다.

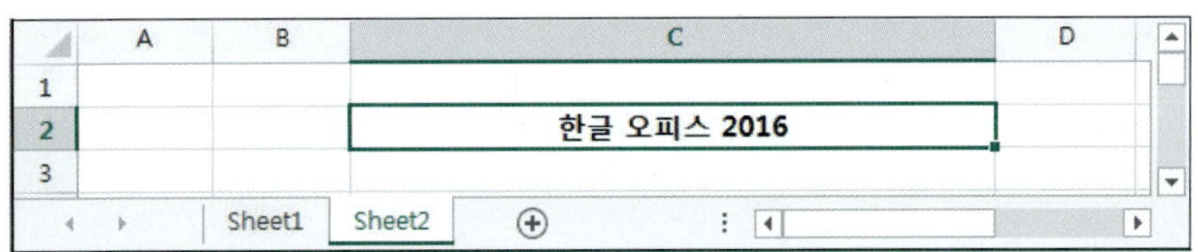

2.13.2 테마 셀 선택

- C4셀 안에 포인터를 지정한다.
- [홈] ⇨ [셀 스타일] ⇨ [테마 셀 스타일] ⇨ [강조색2]를 선택한다.

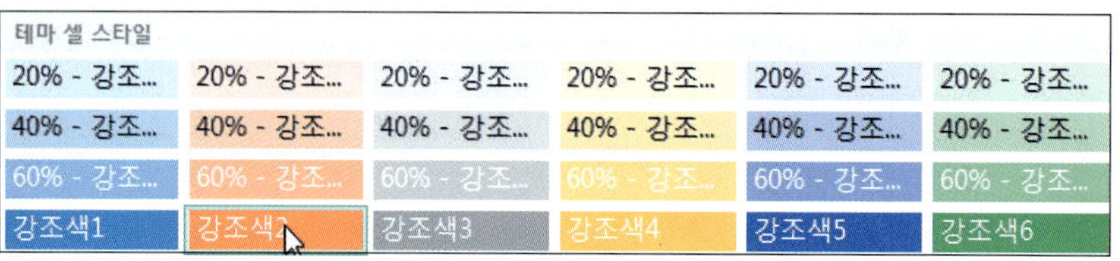

- 마우스를 이동하면 셀에 지정된 모양이 나타난다.
- 클릭하면 테마 셀 스타일(강조색2) 모양이 지정되어 나타난다.

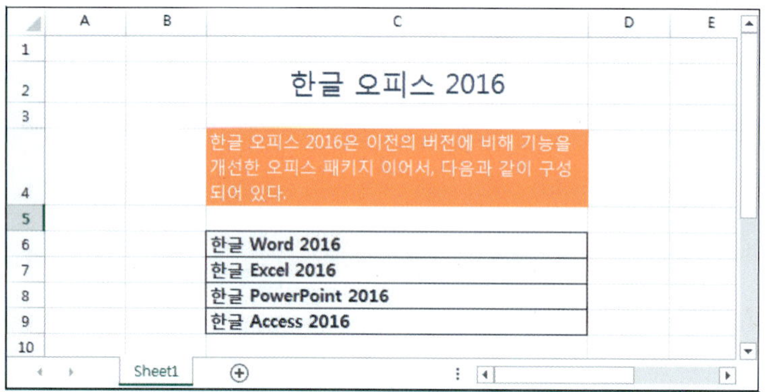

2.13.3 데이터 및 모델 선택

- C6:C9셀의 범위를 지정한다.

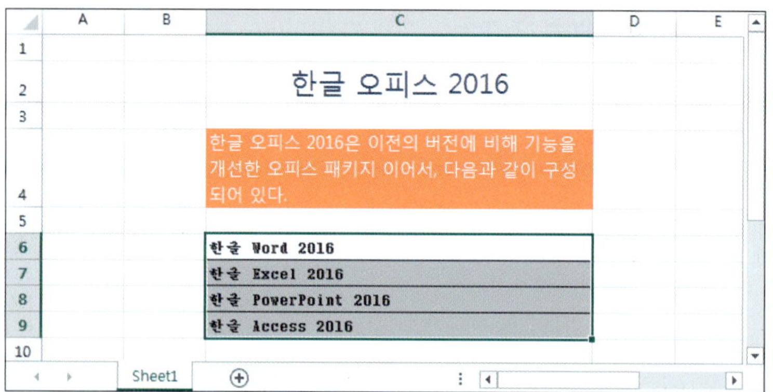

• [홈] ⇨ [셀 스타일] ⇨ [데이터 및 모델] ⇨ [출력]을 선택한다.

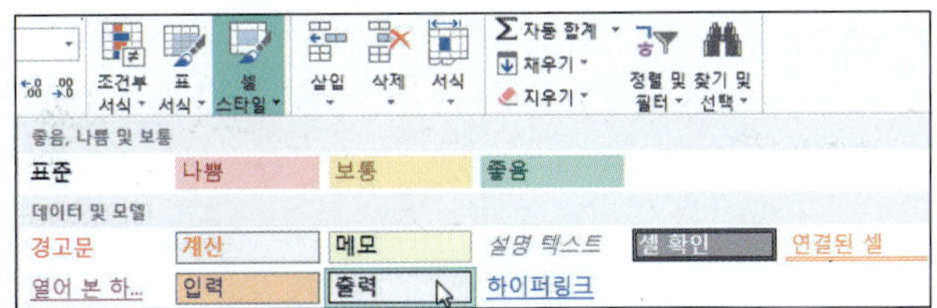

• [출력] 항목으로 마우스를 이동하면 셀에 지정된 모양이 나타난다.

• [출력] 항목을 클릭하면 데이터 및 모델 스타일(출력) 모양이 지정되어 나타난다.

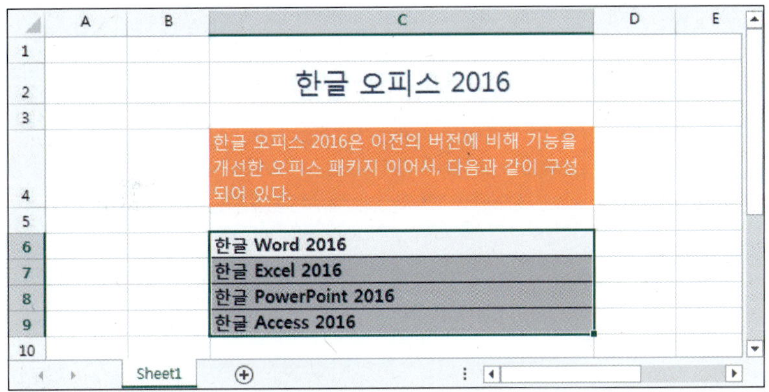

실습 2-13

"지역별 판매현황" 시트에서 데이터의 내용(B2:I10)을 셀 스타일을 적용하여 나타내어 본다.

2016년 전반기 판매현황

	1월	2월	3월	4월	5월	6월	7월	8월	9월	합계
서울	4,676	8,765	7,654	3,454	7,635	9,746	7,890	4,768	5,576	60,164
대전	3,456	6,789	3,467	9,754	5,658	2,454	8,900	7,770	5,890	54,138
대구	1,245	7,554	5,788	5,899	3,678	9,754	5,789	7,857	7,589	55,153
광주	7,665	4,689	9,875	4,579	7,900	2,567	8,579	4,567	9,065	59,486
부산	3,457	6,779	3,677	9,876	4,466	7,954	2,566	8,889	6,589	54,253
제주	2,244	4,221	1,345	6,565	4,464	7,563	8,579	6,789	8,765	50,535
합계	22,743	38,797	31,806	40,127	33,801	40,038	42,303	40,640	43,474	333,729

Sheet1 Sheet2 Sheet3

2.14 영역 설정하기

2.14.1 연속 셀 선택

- 셀 영역 안에 포인터를 놓고 드래그한다.
- Shift 키를 누른 상태에서 방향키를 이동한다.
- Shift 키를 누른 상태에서 마지막 셀을 클릭한다.
- 수식 입력줄의 셀 주소 창에 주소(예 : "B2:E6")를 입력한다.

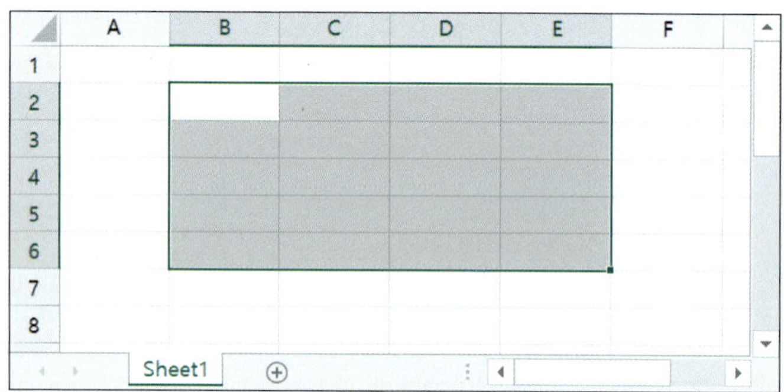

2.14.2 연속되지 않은 셀 영역 선택

- Ctrl 키를 누른 채 해당 셀을 드래그하거나 클릭한다.
- 키보드로는 F8 키를 누른 후 방향키를 눌러 1차 영역을 설정한 다음 Shift + F8 키를 누른 후 방향키를 눌러 2차 영역 시작 셀을 선택한다. 다시 F8 키를 누른 후 방향키를 눌러 2차 영역을 설정한다. 계속 반복하여 다음 영역을 설정하고 영역 설정 모드를 해제하려면 방향키를 누르거나 다른 셀을 클릭한다.
- 수식 입력줄의 셀 주소 창에 주소(예 : "A1:B5,C5:C10,D5,E2:F10")를 입력한다.

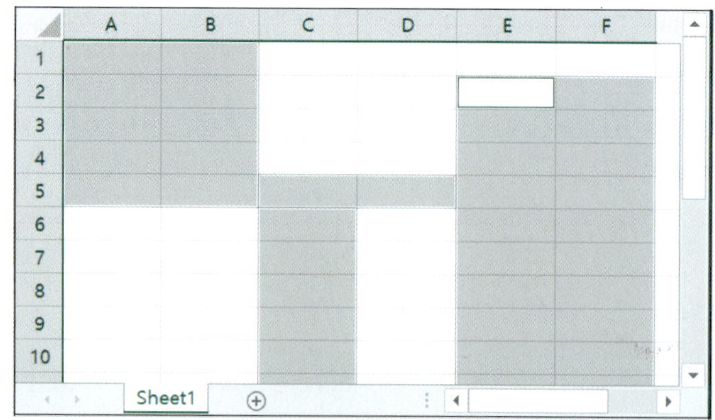

2.14.3 인접 셀 선택

- 인접한 마지막 셀 선택 : Ctrl + Shift + 방향키(← → ↑ ↓)

2.14.4 행, 열 전체 선택

- 열 머리글이나 행 머리글을 클릭한다. 열 머리글이나 행 머리글을 드래그하면 두 개 이상을 선택할 수 있다.

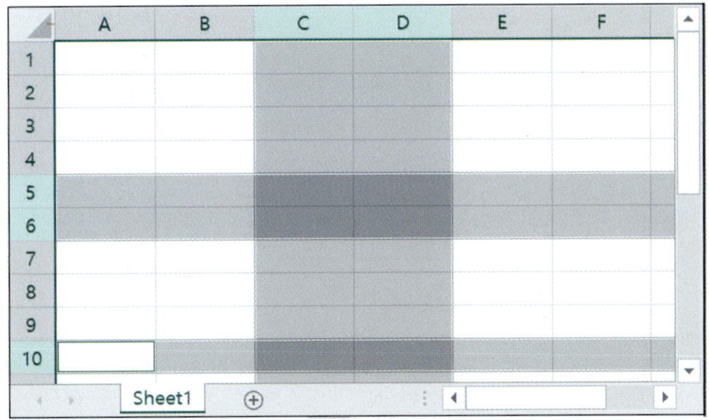

2.14.5 기타 셀 선택

- Ctrl + G 또는 F5 키를 누른다.

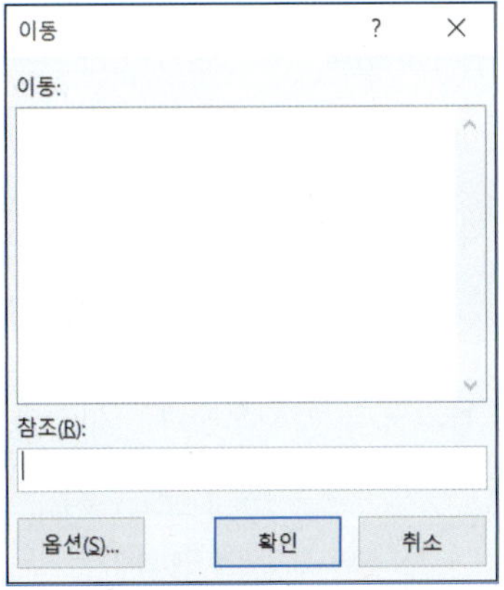

- [옵션] 단추를 클릭하여 원하는 셀을 참조할 수 있다.
  ① 메모가 삽입된 셀 선택
  ② 상수가 입력된 셀 선택
  ③ 수식이 입력된 셀 선택
  ④ 빈 셀 찾기

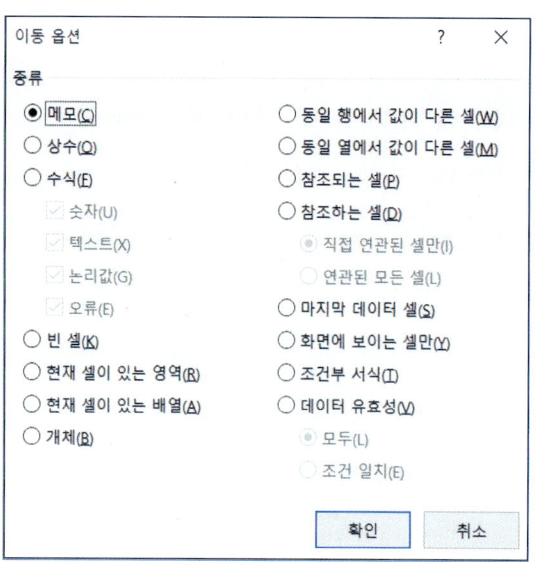

커서 이동하기			
←→↑↓	커서를 화살표 방향으로 이동한다.	Home	커서를 현재 줄의 처음으로 이동
End	커서를 현재 줄의 마지막으로 이동	Ctrl + ←→↑↓	화살표 방향으로 커서를 단어의 시작점으로 이동
글자 지우기			
Delete	커서 오른쪽의 데이터를 지운다.	Back Space	커서 왼쪽의 데이터를 지운다.
Ctrl + Delete	커서 오른쪽의 데이터를 지운다.		
데이터 선택하기			
Shift + End	커서 오른쪽의 데이터를 선택	Shift + ←→↑↓	화살표 방향의 데이터를 선택

실습 2-14

"지역별 판매현황" 시트에서 수식이 입력된 셀을 적용하여 나타내어 본다.

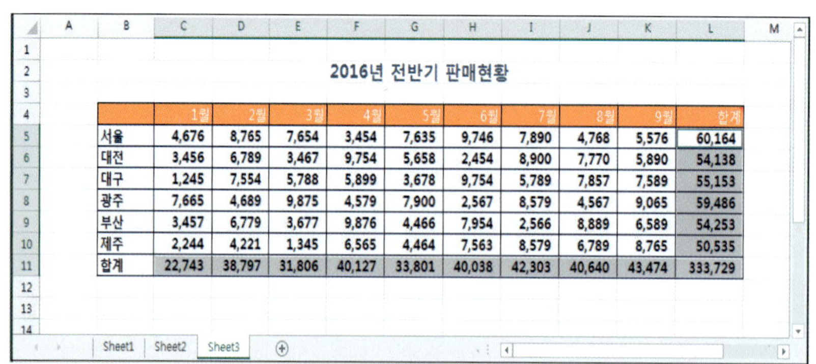

2016년 전반기 판매현황

	1월	2월	3월	4월	5월	6월	7월	8월	9월	합계
서울	4,676	8,765	7,654	3,454	7,635	9,746	7,890	4,768	5,576	60,164
대전	3,456	6,789	3,467	9,754	5,658	2,454	8,900	7,770	5,890	54,138
대구	1,245	7,554	5,788	5,899	3,678	9,754	5,789	7,857	7,589	55,153
광주	7,665	4,689	9,875	4,579	7,900	2,567	8,579	4,567	9,065	59,486
부산	3,457	6,779	3,677	9,876	4,466	7,954	2,566	8,889	6,589	54,253
제주	2,244	4,221	1,345	6,565	4,464	7,563	8,579	6,789	8,765	50,535
합계	22,743	38,797	31,806	40,127	33,801	40,038	42,303	40,640	43,474	333,729

2.15 데이터 편집

① A1셀을 클릭한다.

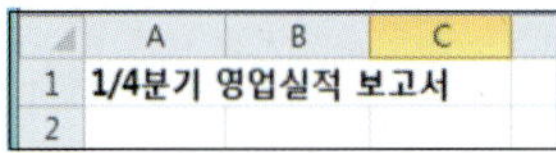

② 아래의 방법 중 하나를 선택한다.

- F2 키를 누른다.
- 셀을 더블 클릭한다.
- 수식 입력줄을 클릭한다.

③ "영업"을 "판매"로 고친 후 Enter↵ 키를 누른다.

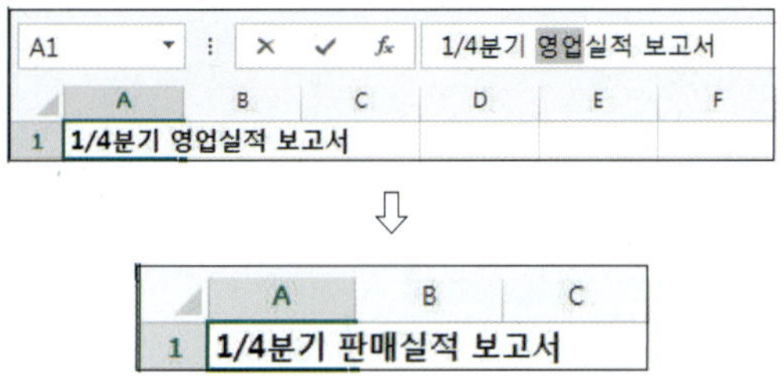

실습 2-15

"1사분기 영업 실적 보고서"를 수식을 적용하여 다음과 같이 나타내어 본다.

	A	B	C	D	E	F	G	H
1			1/4분기 영업실적 보고서					
2						작성자:	본사영업부 과장 홍길동	
3								
4								
5		영업소명	1월	2월	3월	합계		
6	서울	본사	234	456	325	1015		
7	대전	제1영업소	635	214	650	1499		
8		제2영업소	235	362	243	840		
9	대구	제1영업소	664	754	324	1742		
10		제2영업소	538	300	367	1205		
11	부산	제1영업소	554	235	600	1389		
12		제2영업소	255	450	320	1025		
13	합계		3115	2771	2829	8715		
14	평균		445	395.857	404.143	1245		
15								

Sheet1 Sheet2 Sheet3

2.15.1 실행 취소

- 엑셀 2016에서는 무한대로 실행 취소할 수 있다.
- Ctrl + Z 키를 누른다.
- 빠른 실행 도구모음에서 을 누른다.

2.15.2 다시 실행

- Ctrl + Y 키를 누른다.
- 빠른 실행 도구모음에서 을 누른다.

[실행 취소]와 [다시 실행]의 단축 아이콘을 [빠른 실행 도구 모음]에 표시하려면 다음과 같은 순서로 지정할 수 있다.

① [파일] ⇨ [옵션] ⇨ [사용자 지정]을 나타내면 [빠른 실행 도구 모음] 관련 대화상자가 나타난다.

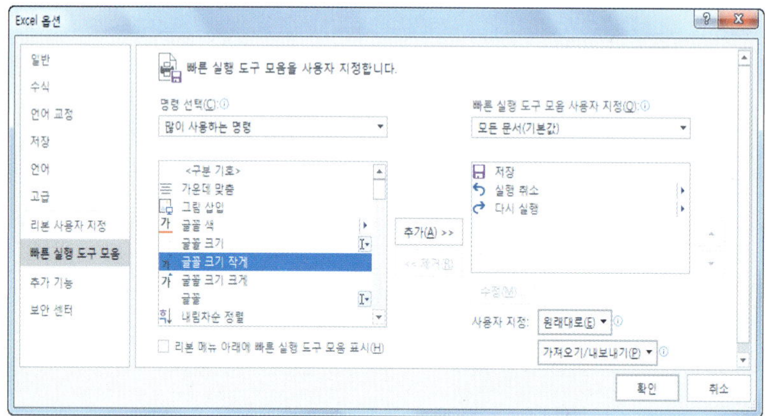

② [다음에서 명령 선택]의 목록에서 [실행 취소]와 [다시 실행] 아이콘을 [추가] 단추를 눌러서 [빠른 실행 도구 모음 사용자 지정] 목록으로 이동시킨다.

③ [확인]을 클릭하면 빠른 실행 도구 목음 목록에 다음과 같이 나타난다.

연습문제

01. 수식의 구성 요소에 대해 간단히 설명하시오.

02. 수식 작성시 사용되는 연산자의 종류에는 어떤 것이 있는가?

03. 수식 입력 단추([=])를 이용하여 수식을 작성하는 방법에 대해 설명하시오.

04. 자동합계 및 자동 계산 기능에 대해 간단히 설명하시오.

05. 상대 참조 및 절대 참조 방식에 의해 수식이 참조한 셀을 복사할 경우 어떻게 달라지는가?

06. 한글 엑셀 2016 프로그램의 통합 문서에 포함될 수 있는 시트의 종류는?

07. 현재 선택한 시트 앞에 새로운 워크시트를 삽입하는 방법은?

08. 현재 선택한 시트를 다른 통합 문서로 이동하는 방법에 대해 설명하시오.

09. 워크시트 셀 서식의 종류에는 어떤 것이 있는가?

10. 백분율 표시 형식이란 선택한 셀의 내용을 어떤 방법으로 표시하는가?

11. 자동 서식에서 사용자가 원하는 서식의 종류만을 선택하는 방법은?

12. 워크시트 화면에서 틀 고정 기능을 사용할 경우 편리한 점은 무엇인가?

13. 워크시트 셀에 미리 복사해 둔 수식의 결과값이 0으로 표시된 경우 0 값을 화면에 나타내지 않기 위한 방법은?

14. 워크시트에서 특정 셀 범위만을 보호하기 위한 방법에 대해 설명하시오.

15. 셀 스타일 서식을 지정하는 방법을 설명하시오.

16. [분석] 도구 모음에 포함된 [참조하는 셀 추적] 단추의 기능은 무엇인가?

17. [분석] 도구 모음에 포함된 [새 메모] 단추의 기능은 무엇인가?

18. 현재 시트를 인쇄할 경우, 셀 무늬를 인쇄하지 않기 위한 방법은?

19. 시트 인쇄를 위한 '페이지 설정' 대화상자에서 머리글/바닥글을 편집할 경우 사용자가 직접 입력하는 문자열 이외에 엑셀이 단추로 제공하여 입력할 수 있는 머리글과 바닥글의 내용은?

20. 현재 선택한 시트를 가로 방향으로 인쇄하는 방법은?

제3장 함 수

3.1 표준 연산자 사용하기

① [파일] ⇨ [새로 만들기] ⇨ [새 통합 문서]를 지정한 후 그림과 같이 데이터를 입력한다.

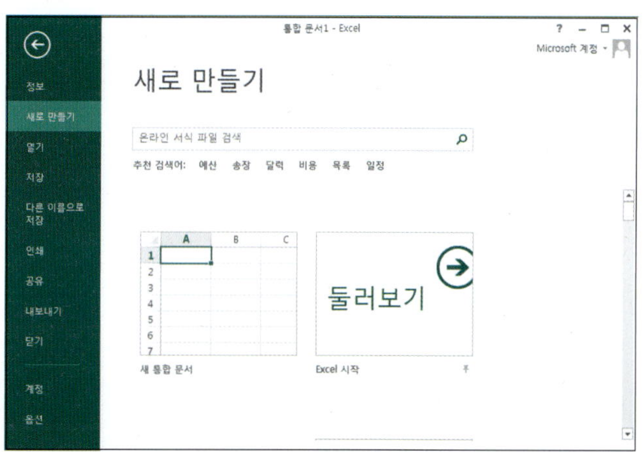

② D4셀을 클릭하여 "=B4 + C4"를 입력한 후 Enter↵ 키를 누른다.

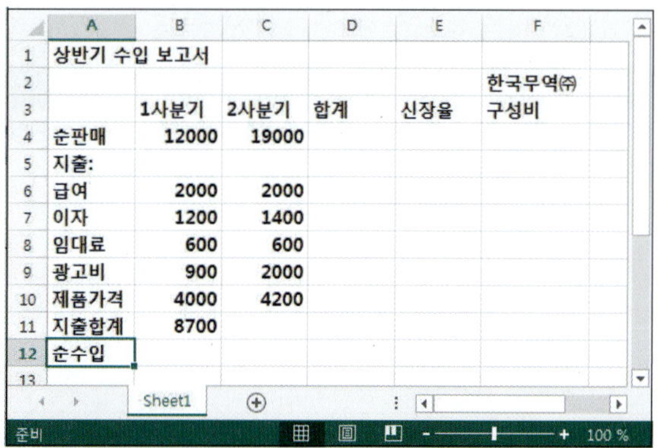

	A	B	C	D	E	F
1	상반기 수입 보고서					
2						한국무역㈜
3		1사분기	2사분기	합계	신장율	구성비
4	순판매	12000	19000			
5	지출:					
6	급여	2000	2000			
7	이자	1200	1400			
8	임대료	600	600			
9	광고비	900	2000			
10	제품가격	4000	4200			
11	지출합계	8700				
12	순수입					

③ D6셀을 클릭한 후 수식 입력줄 왼쪽의 [=] 단추를 클릭한다.

④ B6셀을 클릭한 후 [+]키를 누른다.

⑤ C6셀을 클릭한 후 [확인] 단추를 클릭하거나 [Enter↵]키를 누른다.

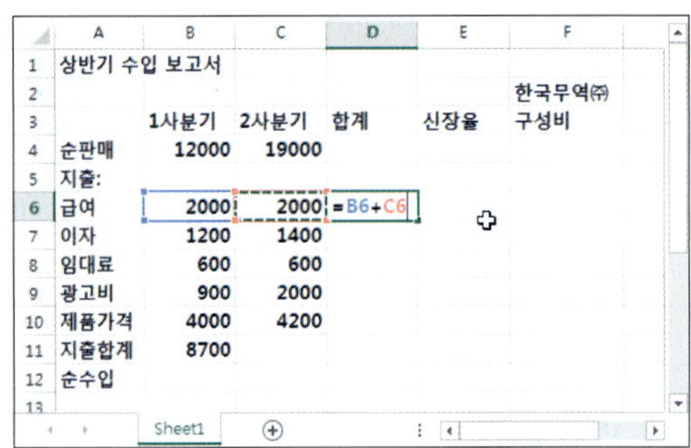

⑥ 메뉴의 [파일]⇨[다른 이름으로 저장]⇨[Excel 통합 문서]를 선택하여 파일이름에 "상반기 수입 보고서"를 입력한 후 [저장] 단추를 클릭한다.

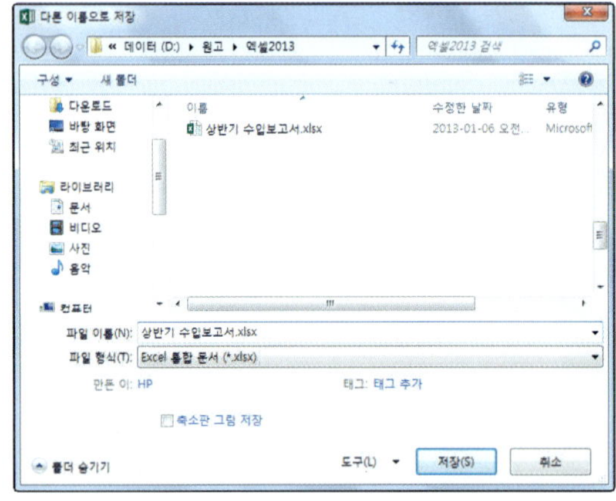

⑦ 일반적인 수식입력 방법을 사용하여 B12셀을 계산하여 보자.

- 엑셀의 표준 연산 순서

연산자	설 명	우선순위
( )	괄호 안에 있는 모든 연산은 가장 먼저 선행되어 진다.	1
-	음수 (예 ; -10)	2
%	백분율	2
^	지수	2
*와 /	곱셈과 나눗셈	3
+와 -	덧셈과 뺄셈	4
&	문자 연결	5
=, <, >, <=,>=, < >	비교 및 관계	6

3.2 이름표 사용 수식 작성

셀의 범위를 지정하여 이름표를 작성한 다음 다른 셀에서 수식을 작성할 때 이용한다. 순서는 먼저 이름표를 작성하고 다음 수식을 작성할 때 지정된 이름표를 사용한다.

3.2.1 이름표 작성

① 먼저 다음 지정된 셀의 범위를 지정한다.

	A	B	C	D	E	F
1	상반기 수입 보고서					
2						한국무역㈜
3		1사분기	2사분기	합계	신장율	구성비
4	순판매	12000	19000	31000		
5	지출:					
6	급여	2000	2000	4000		
7	이자	1200	1400			
8	임대료	600	600			
9	광고비	900	2000			
10	제품가격	4000	4200			
11	지출합계	8700				
12	순수입					
13						

Sheet1

② 다음 이름 상자에 '분기이자'라고 입력하고 Enter↵ 키를 누른다.

분기이자 | fx | 1200

	A	B	C	D	E	F
1	상반기 수입 보고서					
2						한국무역㈜
3		1사분기	2사분기	합계	신장율	구성비
4	순판매	12000	19000	31000		
5	지출:					
6	급여	2000	2000	4000		
7	이자	1200	1400			
8	임대료	600	600			
9	광고비	900	2000			
10	제품가격	4000	4200			
11	지출합계	8700				
12	순수입					
13						

Sheet1

3.2.2 이름표 적용

① D6셀로 커서를 이동하고 "=sum("을 입력한 다음 B7과 C7을 범위로 지정하면 다음과 같이 분기이자 이름표가 지정되어 나타난다.

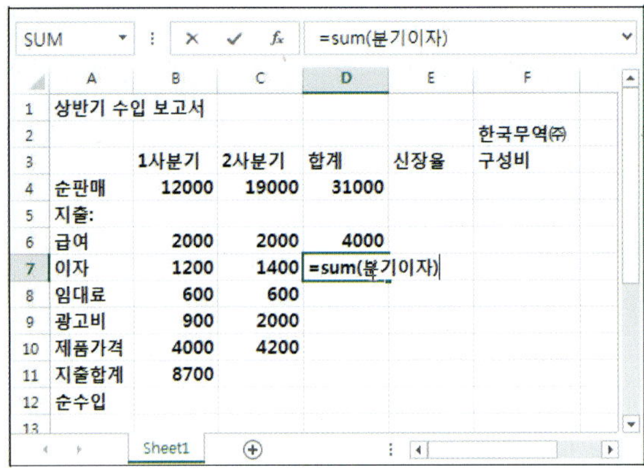

② Enter↵키를 누르면 수식의 결과가 나타난다.

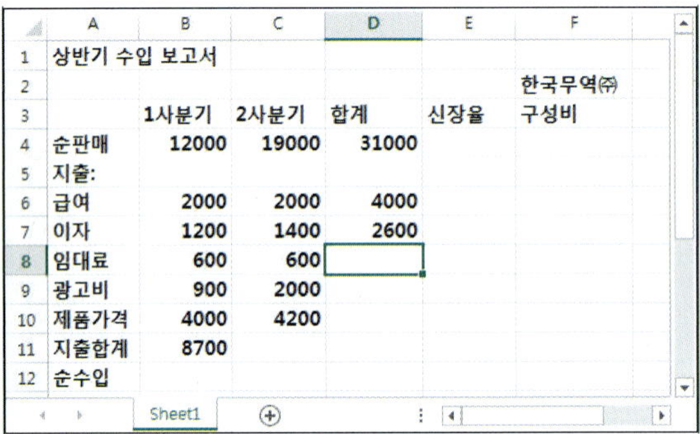

③ [수식] ⇨ [이름 관리자]를 누르면 지정된 이름표의 내역이 다음과 같이 나타난다.

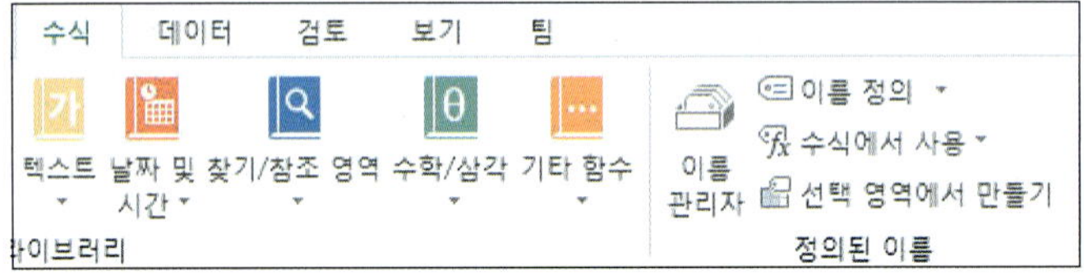

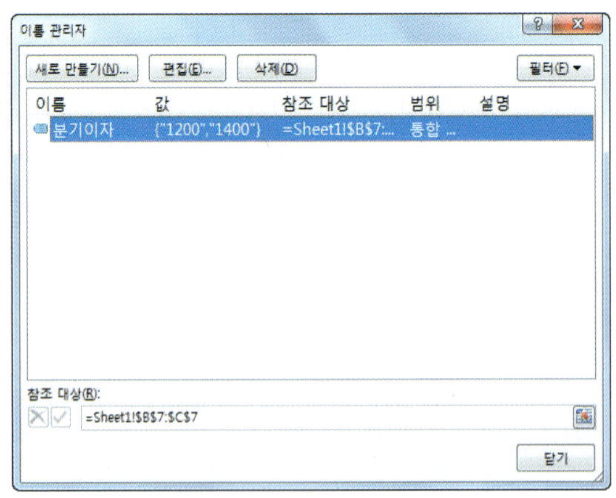

3.3 자동합계 단추 사용

① B11셀로 셀 포인터를 이동한다.

② [수식]⇨[자동합계 단추](Σ)를 클릭한다. SUM 함수가 자동으로 입력되고 가장 가까운 연속적인 영역(B6에서 B10까지)이 인수로 선택된다.

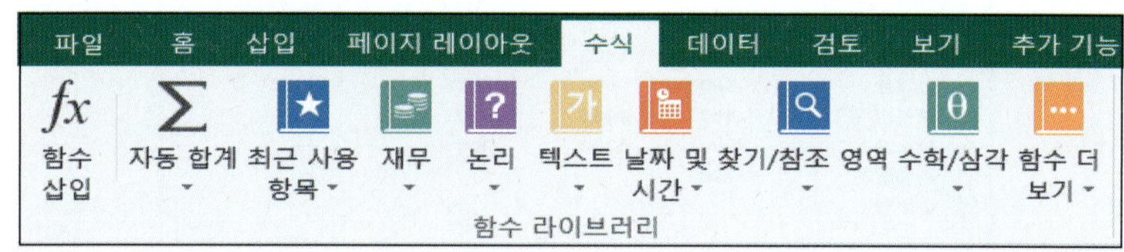

③ 수식 입력줄 왼쪽의 입력완료 단추(☑)를 누르거나 Enter↵ 키를 누른다.

④ 입력된 계산식이 계산되어 셀에 그 결과가 나타난다.

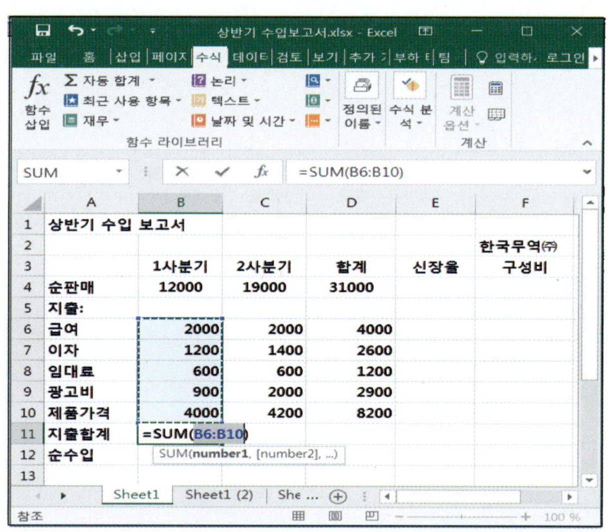

3.4 셀 영역 선택 후 자동합계 단추 사용

① B8셀에서 D8셀까지를 셀 영역으로 지정한다.

② 도구모음의 자동합계 단추(Σ)를 클릭한다.

③ 입력된 계산식이 계산되어 셀에 그 결과가 나타난다.

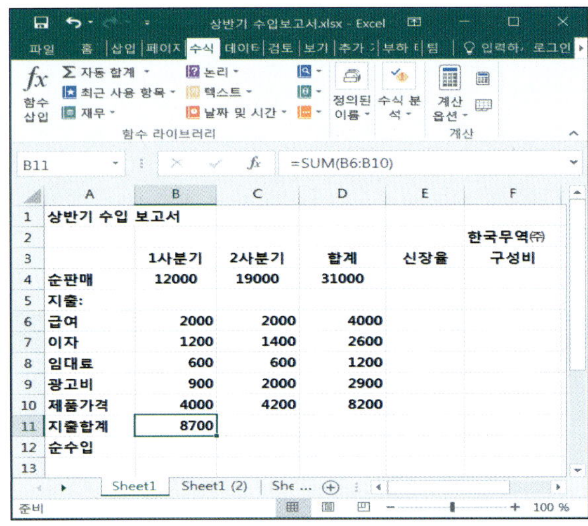

④ '2사분기 지출합계'를 셀 영역 선택 후 [자동합계] 단추를 사용하여 계산하여 보자.

⑤ '2사분기 순수입'을 계산하여 보자(순판매-지출합계).

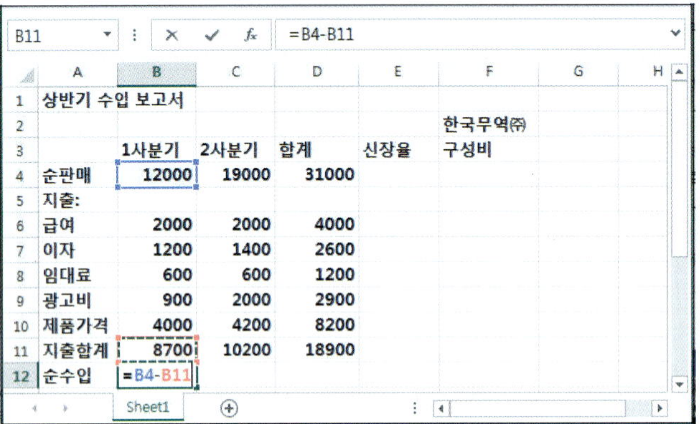

⑥ '합계 순수입'을 계산하여 보자.

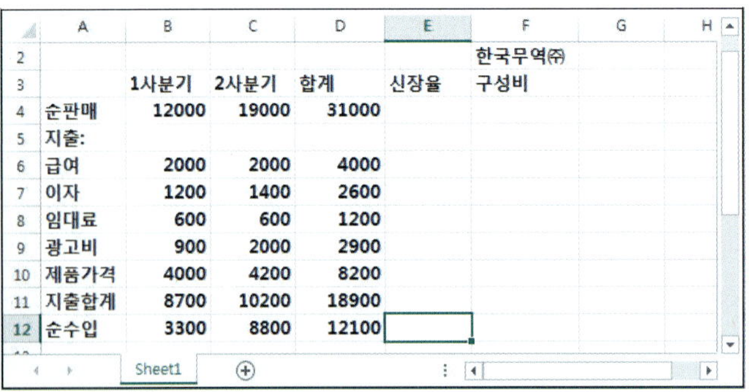

3.5 수식 자동 채우기

① D7셀에서 D12셀까지를 삭제한다.

	A	B	C	D	E	F	G	H
2						한국무역㈜		
3		1사분기	2사분기	합계	신장율	구성비		
4	순판매	12000	19000	31000				
5	지출:							
6	급여	2000	2000	4000				
7	이자	1200	1400					
8	임대료	600	600					
9	광고비	900	2000					
10	제품가격	4000	4200					
11	지출합계	8700	10200					
12	순수입	3300	8800					

Sheet1

② D6셀을 클릭한다.

③ D6셀의 자동 채우기 핸들을 D12셀까지 끌기한다.

	A	B	C	D	E	F	G	H
2						한국무역㈜		
3		1사분기	2사분기	합계	신장율	구성비		
4	순판매	12000	19000	31000				
5	지출:							
6	급여	2000	2000	4000				
7	이자	1200	1400					
8	임대료	600	600					
9	광고비	900	2000					
10	제품가격	4000	4200					
11	지출합계	8700	10200					
12	순수입	3300	8800					

Sheet1

④ 수식이 계산되어 셀에 그 결과가 나타난다.

	A	B	C	D	E	F	G	H
2						한국무역㈜		
3		1사분기	2사분기	합계	신장율	구성비		
4	순판매	12000	19000	31000				
5	지출:							
6	급여	2000	2000	4000				
7	이자	1200	1400	2600				
8	임대료	600	600	1200				
9	광고비	900	2000	2900				
10	제품가격	4000	4200	8200				
11	지출합계	8700	10200	18900				
12	순수입	3300	8800	12100				

Sheet1

실습 3-1

신장률과 구성비를 작성하여 나타내어 본다.

- 신장률 = 절대값((2사분기-1사분기)/1사분기)*100
- 구성비 = (합계/지출합계)*100

	A	B	C	D	E	F	G	H
2						한국무역㈜		
3		1사분기	2사분기	합계	신장율	구성비		
4	순판매	12000	19000	31000	58.3			
5	지출:							
6	급여	2000	2000	4000	0.0	21%		
7	이자	1200	1400	2600	16.7	14%		
8	임대료	600	600	1200	0.0	6%		
9	광고비	900	2000	2900	122.2	15%		
10	제품가격	4000	4200	8200	5.0	43%		
11	지출합계	8700	10200	18900	17.2	100%		
12	순수입	3300	8800	12100	166.7			

Sheet1

실습 3-2

다음과 같이 적절한 서식을 적용하여 나타내어 본다.

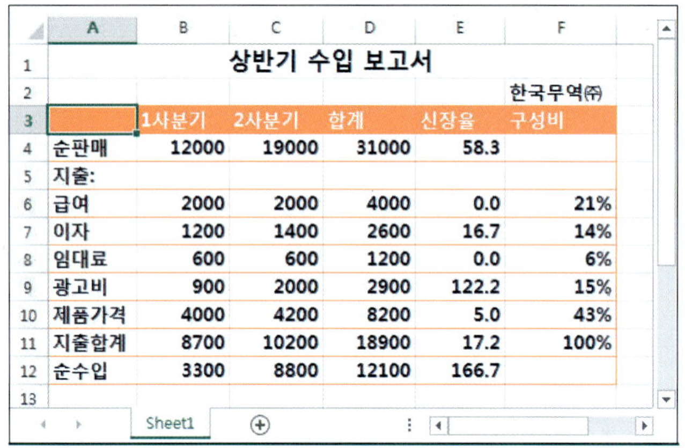

	A	B	C	D	E	F
1	상반기 수입 보고서					
2						한국무역㈜
3		1사분기	2사분기	합계	신장율	구성비
4	순판매	12000	19000	31000	58.3	
5	지출:					
6	급여	2000	2000	4000	0.0	21%
7	이자	1200	1400	2600	16.7	14%
8	임대료	600	600	1200	0.0	6%
9	광고비	900	2000	2900	122.2	15%
10	제품가격	4000	4200	8200	5.0	43%
11	지출합계	8700	10200	18900	17.2	100%
12	순수입	3300	8800	12100	166.7	
13						

Sheet1

3.6 엑셀의 오류 값

수식을 복사하거나 작성할 경우 수식 결과의 오류가 나타나는 종류는 다음과 같다.

오류값	설 명
#DIV/0!	0으로 나누려고 할 때
#N/A	사용할 수 없는 값을 참조할 때
#NAME?	잘못된 이름을 사용할 때
#NULL!	교차하지 않는 두 영역을 교차하는 것으로 지정할 때
#NUM!	숫자를 잘못 사용할 때
#REF!	문제가 있는 셀을 참조할 때
#VALUE!	인수 또는 연산을 잘못 사용할 때
##########	계산된 결과가 너무 길어 셀에 들어갈 수 없을 때나 상수 값이 너무 길 때 나타난다. 이때는 셀의 너비를 넓히면 값이 제대로 나타난다.

① 빈 워크시트에 다음과 같이 입력한다.

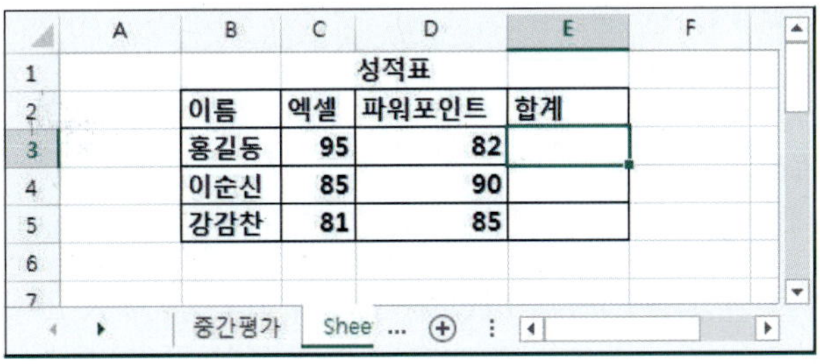

	A	B	C	D	E	F
1		성적표				
2		이름	엑셀	파워포인트	합계	
3		홍길동	95	82		
4		이순신	85	90		
5		강감찬	81	85		

중간평가 Shee ...

② E3셀에 수식 "=(C3+D3 C4+D4)"을 입력하면 #Null!이 나타난다.

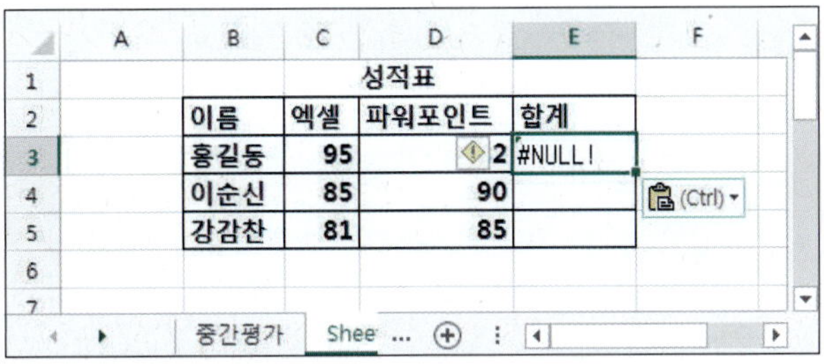

	A	B	C	D	E	F
1		성적표				
2		이름	엑셀	파워포인트	합계	
3		홍길동	95	2	#NULL!	
4		이순신	85	90		(Ctrl)
5		강감찬	81	85		

중간평가 Shee ...

③ D3셀에 "파포2013"을 입력하면 #VALUE가 나타난다.

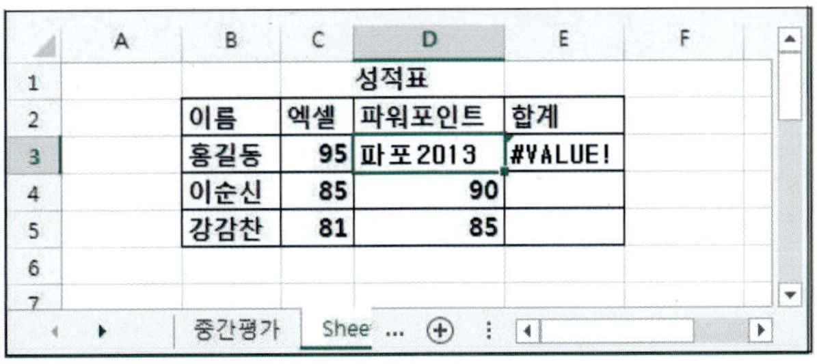

	A	B	C	D	E	F
1		성적표				
2		이름	엑셀	파워포인트	합계	
3		홍길동	95	파포2013	#VALUE!	
4		이순신	85	90		
5		강감찬	81	85		

중간평가 Shee ...

④ D3셀에 88을 입력하고, E열을 줄이면 ## 결과가 나타난다.

	A	B	C	D	E	F	G
1				성적표			
2		이름	엑셀	파워포인트	합계		
3		홍길동	95	88	##		
4		이순신	85	90			
5		강감찬	81	85			
6							

중간평가 | Shee ...

3.7 함수 마법사란?

함수는 계산 값을 얻기 위해 특별히 준비된 수식으로 연산을 수행하여 값을 구한다. 함수는 하나씩 따로 사용될 수도 있고 복잡한 수식에 포함될 수도 있다.

[수식] ⇨ [함수 삽입](*fx*)을 지정하면 [함수 마법사]가 나타난다.

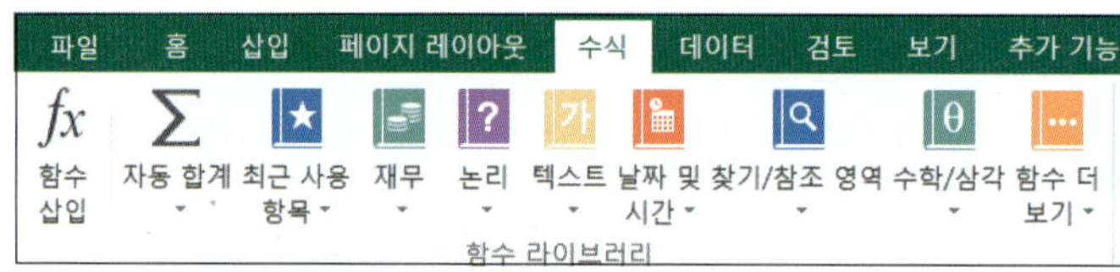

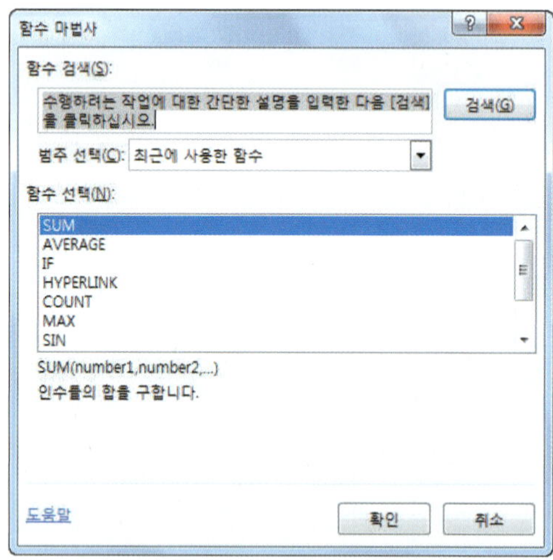

3.8 SUM 함수 사용

함수의 기본적인 수식으로 선택한 인수들의 합계를 구한다.

> =SUM(number1, number2, …)
>
> numbers ; 합계를 구할 값들이나 셀 주소를 입력한다.

① 다음을 성적표의 기본 데이터를 작성한다.

② H3셀을 클릭한다.

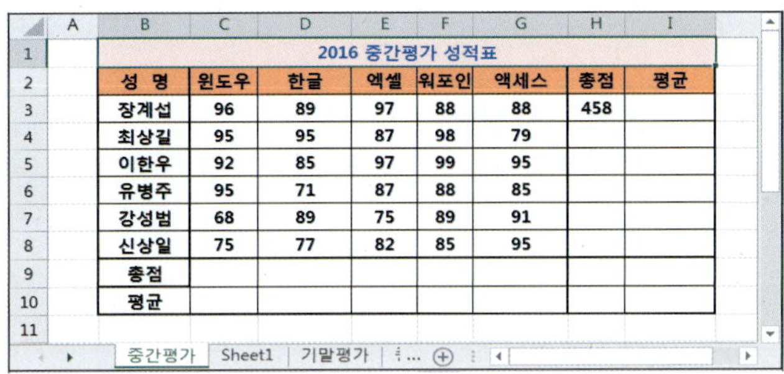

2016 중간평가 성적표

성 명	윈도우	한글	엑셀	워포인	액세스	총점	평균
장계섭	96	89	97	88	88	458	
최상길	95	95	87	98	79		
이한우	92	85	97	99	95		
유병주	95	71	87	88	85		
강성범	68	89	75	89	91		
신상일	75	77	82	85	95		
총점							
평균							

중간평가 | Sheet1 | 기말평가

③ [수식] ⇨ [함수 삽입]을 지정하여 함수 마법사를 실행한다.

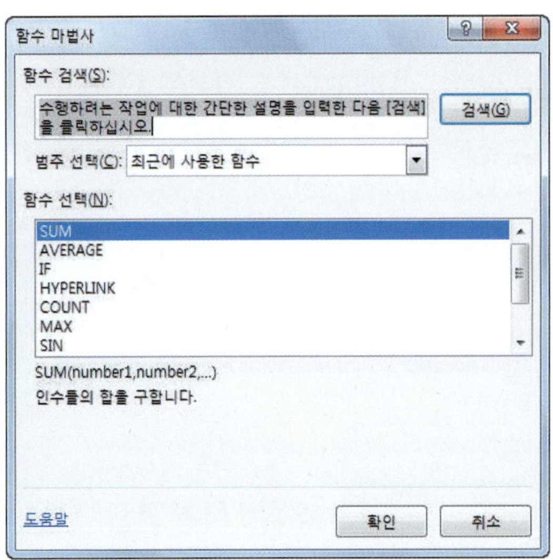

④ 함수 종류는 '통계'를 함수 이름은 'SUM'을 클릭하고 [확인] 단추를 누른다.

⑤ 영역이 'C3:G3'이면 [확인] 단추를 누른다.

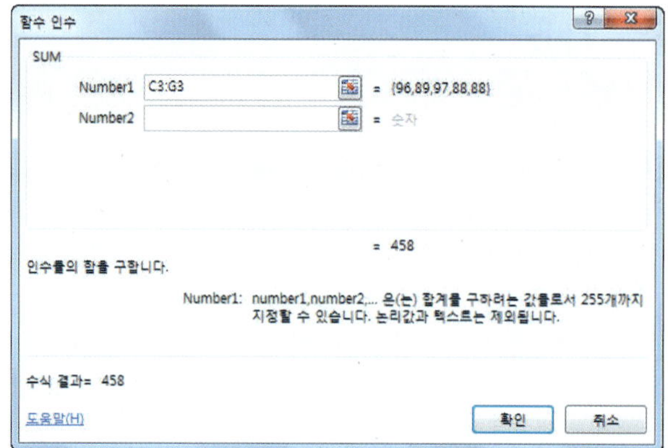

AVERAGE 함수 사용

주어진 인수들의 평균을 한다.

> =AVERAGE(number1, number2, …)
> numbers ; 평균을 구할 값들이나 셀 주소를 입력한다.

① I3셀을 클릭한 후 [수식]⇨[함수 삽입]을 지정하여 함수 마법사를 실행한다.

② 함수 종류는 '통계'를 함수 이름은 'AVERAGE'을 클릭하고 [확인] 단추를 누른다.

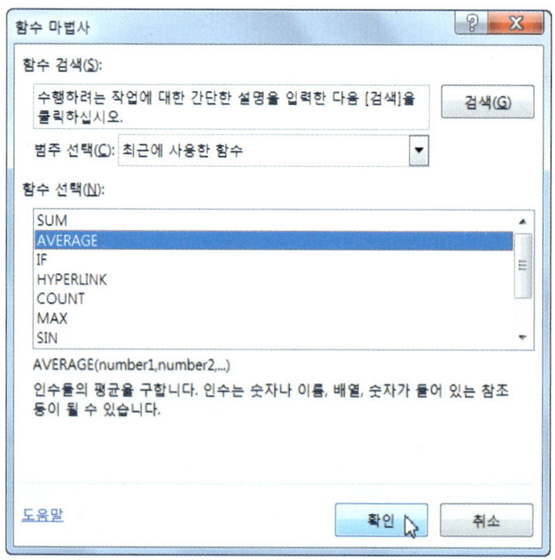

③ C3에서 G3셀이 보이도록 함수마법사 창을 마우스 끌기로 이동한다.

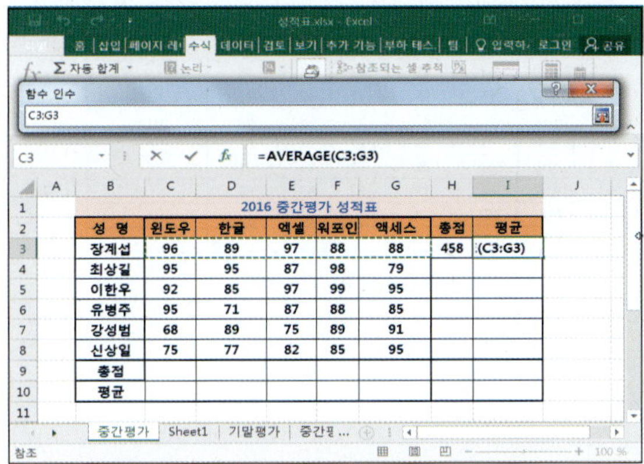

④ C3부터 G3까지 드래그한 후 [확인] 단추를 누른다.

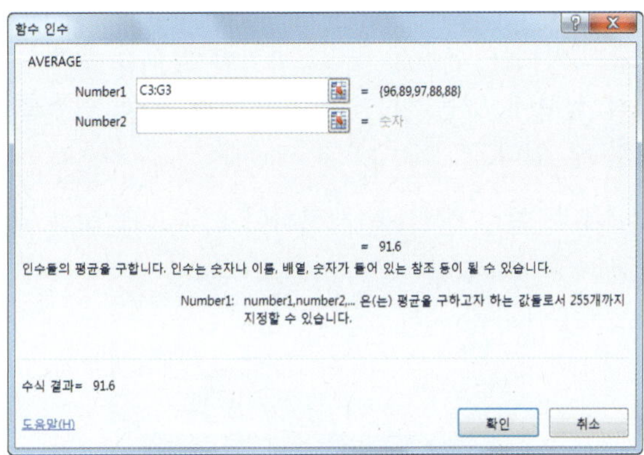

⑤ C9셀을 클릭한다.

⑥ 자동합계(Σ) 단추를 클릭한다.

⑦ Enter↵ 키를 누른다.

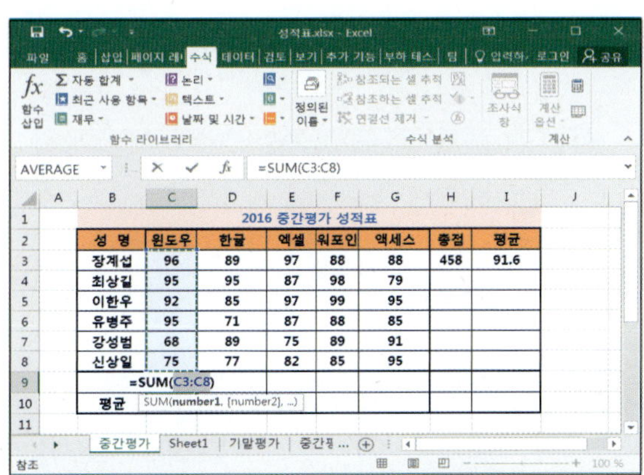

⑧ 채우기 핸들을 드래그하여 나머지 영역을 채운다.

2016 중간평가 성적표							
성 명	윈도우	한글	엑셀	워포인	액세스	총점	평균
장계섭	96	89	97	88	88	458	91.6
최상길	95	95	87	98	79		
이한우	92	85	97	99	95		
유병주	95	71	87	88	85		
강성범	68	89	75	89	91		
신상일	75	77	82	85	95		
총점	521						
평균							

중첩된 함수 입력

함수를 다른 함수의 인수로 입력하는 경우가 있다. 이처럼 함수를 중첩시키려면 함수 마법사 2단계 대화상자의 해당 인수 입력 상자에 있는 작은 함수 마법사 목록 단추를 누른다. 이러한 방법으로 128개까지 함수를 중첩시킬 수 있다.

① C10셀을 클릭한 후 [수식]⇨[함수 삽입]을 지정하여 함수 마법사를 실행한다.

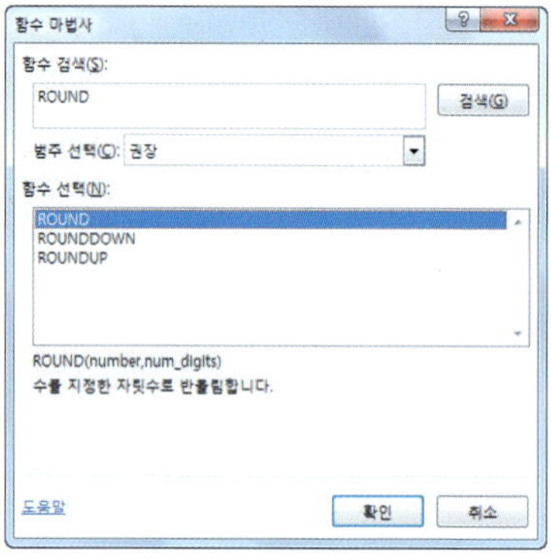

② 함수 검색에서 함수 이름은 'ROUND'를 클릭하고 ROUND 함수를 지정한 다음 [확인] 단추를 누른다.

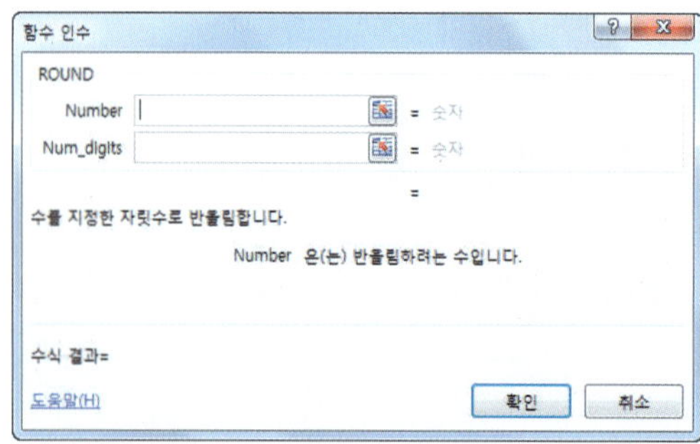

③ 'Num_digits' 항목에 1을 입력한다.

④ 'Number' 항목을 클릭하고 작은 함수 마법사 단추를 누른다.

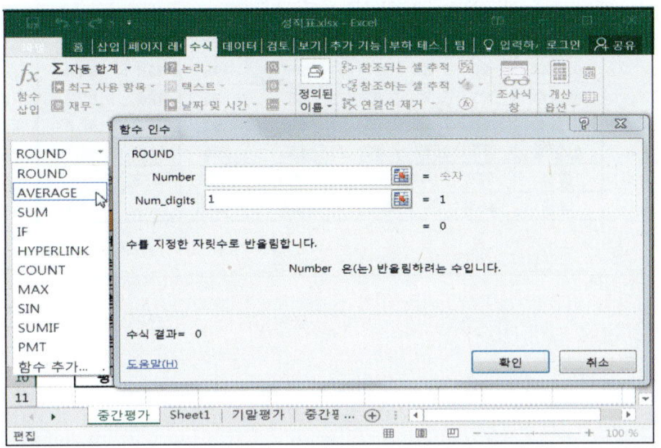

⑤ 'AVERAGE'를 클릭한다.

⑥ 함수 마법사 상자를 이동한 후 평균을 구할 영역(C3:C8)을 드래그한다.

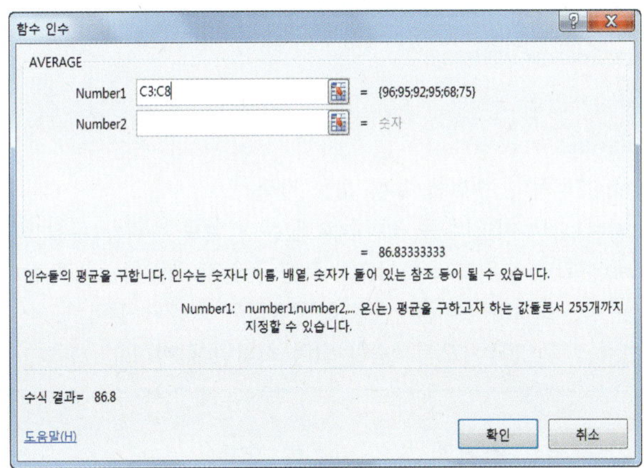

⑦ [확인] 단추를 클릭하면 다음과 같이 나타난다.

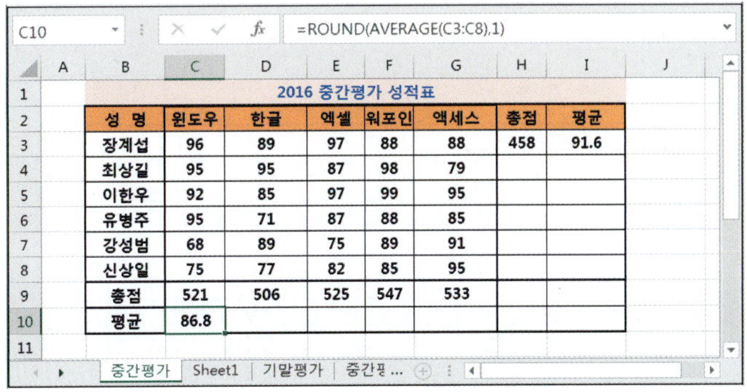

C10 =ROUND(AVERAGE(C3:C8),1)

2016 중간평가 성적표

성 명	윈도우	한글	엑셀	워포인	액세스	총점	평균
장계섭	96	89	97	88	88	458	91.6
최상길	95	95	87	98	79		
이한우	92	85	97	99	95		
유병주	95	71	87	88	85		
강성범	68	89	75	89	91		
신상일	75	77	82	85	95		
총점	521	506	525	547	533		
평균	86.8						

⑧ 채우기 핸들을 드래그하여 나머지 영역을 채운다.

	A	B	C	D	E	F	G	H	I	J
1		2016 중간평가 성적표								
2		성 명	윈도우	한글	엑셀	파워포인트	액세스	총점	평균	
3		장계섭	96	89	97	88	88	458	91.6	
4		최상길	95	95	87	98	79	454	90.8	
5		이한우	92	85	97	99	95	468	93.6	
6		유병주	95	71	87	88	85	426	85.2	
7		강성범	68	89	75	89	91	412	82.4	
8		신상일	75	77	82	85	95	414	82.8	
9		총점	521	506	525	547	533	2632		
10		평균	86.8	84.3	87.5	91.2	88.8		87.7	
11										

중간평가 | Sheet1 | 기말평가 | ...

3.11 RANK 함수 사용

범위 내의 지정한 순위의 수치를 구한다.

```
=RANK(number, ref, order)
=RANK.EQ(number, ref, order)
=RANK.AVG(number, ref, order)
```

number(수치) : 순위를 구할 값을 지정

ref(범위) : [수치]인수를 포함하고 있는 범위로 순위를 구할 범위

order(순위) : 순위를 오름차순으로 할 것인지 내림차순으로 할 것인지를 지정

[0] : 내림차순으로 정렬되어 최상위 값이 1.

[1] : 오름차순이 되어 최하위 값이 1.

- RANK.EQ는 점수가 같을 경우 순위를 같은 번호를 지정
- RANK.AVG는 점수가 같을 경우 순위의 평균을 번호로 지정

① J2셀에 "순위"를 입력한 다음 J3셀을 클릭한 후 [수식]⇨[함수 삽입](fx)을 눌러 함수 마법사를 실행한다.

	A	B	C	D	E	F	G	H	I	J
1		2016 중간평가 성적표								
2		성 명	윈도우	한글	엑셀	파워포인트	액세스	총점	평균	순위
3		장계섭	96	89	97	88	88	458	91.6	
4		최상길	95	95	87	98	79	454	90.8	
5		이한우	92	85	97	99	95	468	93.6	
6		유병주	95	71	87	88	85	426	85.2	
7		강성범	68	89	75	89	91	412	82.4	
8		신상일	75	77	82	85	95	414	82.8	
9		총점	521	506	525	547	533	2632		
10		평균	86.8	84.3	87.5	91.2	88.8		87.7	
11										

중간평가 | Sheet1 | 기말평가 | ...

② 함수 종류는 '통계'를 함수 이름은 'RANK'를 클릭하고 [확인] 단추를 누른다.

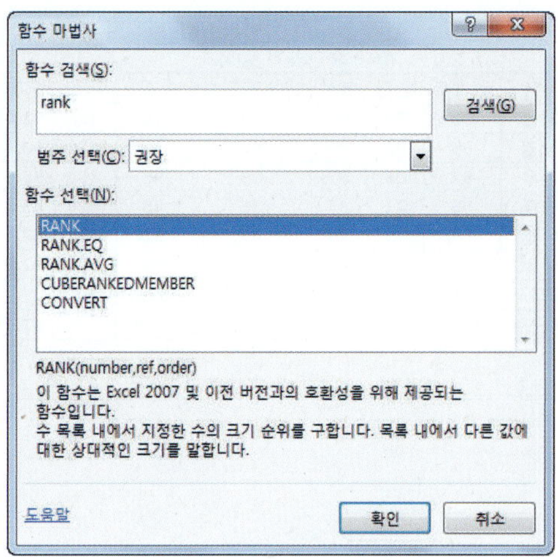

③ 함수 마법사 대화상자를 I3셀로 이동한 다음 'Number' 인수 영역에 I3셀을 입력한다.

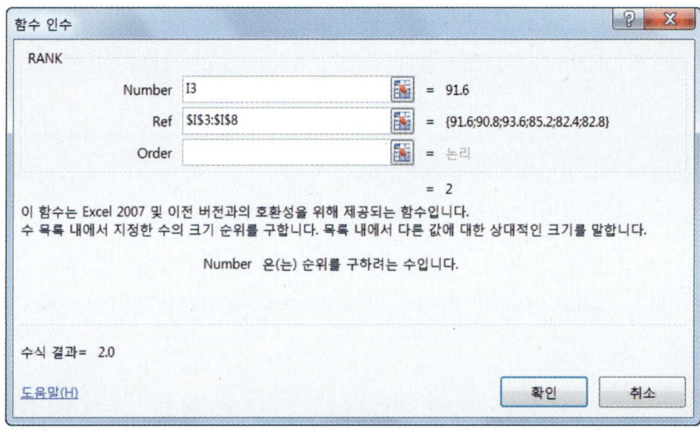

④ 'Ref' 입력창을 클릭하여 커서를 넣고 I3부터 I8까지 드래그한 후 F4키를 눌러 절대참조($I$3:$I$8)로 지정한다.

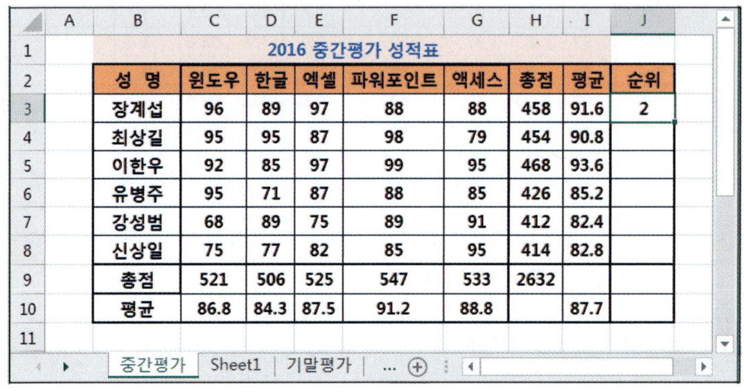

2016 중간평가 성적표

성 명	윈도우	한글	엑셀	파워포인트	액세스	총점	평균	순위
장계섭	96	89	97	88	88	458	91.6	2
최상길	95	95	87	98	79	454	90.8	
이한우	92	85	97	99	95	468	93.6	
유병주	95	71	87	88	85	426	85.2	
강성범	68	89	75	89	91	412	82.4	
신상일	75	77	82	85	95	414	82.8	
총점	521	506	525	547	533	2632		
평균	86.8	84.3	87.5	91.2	88.8		87.7	

⑤ I3셀의 채우기 핸들을 드래그하여 나머지 셀을 채운다.

2016 중간평가 성적표

성 명	윈도우	한글	엑셀	파워포인트	액세스	총점	평균	순위
장계섭	96	89	97	88	88	458	91.6	2
최상길	95	95	87	98	79	454	90.8	3
이한우	92	85	97	99	95	468	93.6	1
유병주	95	71	87	88	85	426	85.2	4
강성범	68	89	75	89	91	412	82.4	6
신상일	75	77	82	85	95	414	82.8	5
총점	521	506	525	547	533	2632		
평균	86.8	84.3	87.5	91.2	88.8		87.7	

중간평가 | Sheet1 | 기말평가 | ...

3.12 IF 함수 사용

IF 함수는 주어진 조건이 참인지 거짓인지를 판단하여 지정된 참값과 거짓 값을 구하는 함수이다.

=IF(logical_test,value_if_true,value_if_false)

logical_test : 수식으로 표현된 판단조건(예 : A1=A2)

value_if_true : 판단 조건이 사실일 경우의 판단을 마친 조건의 값

value_if_false : 판단 조건이 거짓일 경우의 판단을 마친 조건의 값

① K2셀에 "합격/불합격"을 입력하고, 칸을 작성한 다음 K3셀을 클릭한다.

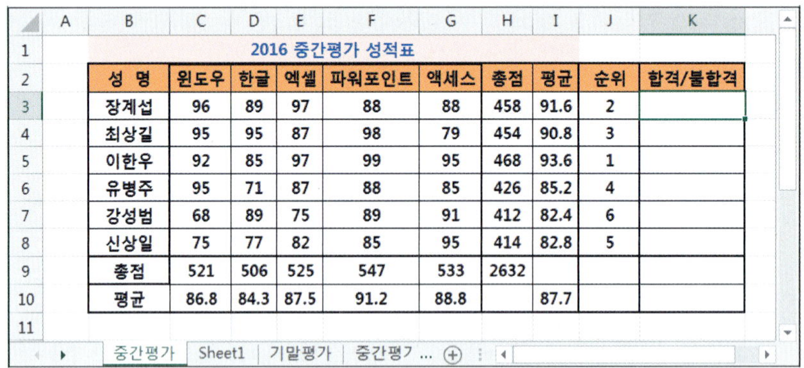

2016 중간평가 성적표

성 명	윈도우	한글	엑셀	파워포인트	액세스	총점	평균	순위	합격/불합격
장계섭	96	89	97	88	88	458	91.6	2	
최상길	95	95	87	98	79	454	90.8	3	
이한우	92	85	97	99	95	468	93.6	1	
유병주	95	71	87	88	85	426	85.2	4	
강성범	68	89	75	89	91	412	82.4	6	
신상일	75	77	82	85	95	414	82.8	5	
총점	521	506	525	547	533	2632			
평균	86.8	84.3	87.5	91.2	88.8		87.7		

중간평가 | Sheet1 | 기말평가 | 중간평가 ...

② 함수 마법사에서 함수 이름은 'IF'를 클릭하고 [확인] 단추를 누른다.

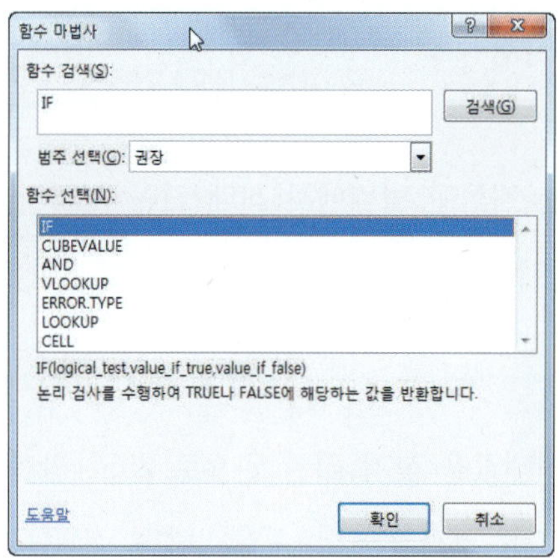

③ Logical_test 영역에 "I3>=60"을 입력한다.

④ [Tab]키를 누른다.

⑤ Value_if_true 영역에 "합격"을 입력한다.

⑥ [Tab]키를 누른다.

⑦ Value_if_false 영역에 "불합격"을 입력하고, [확인]을 클릭한다.

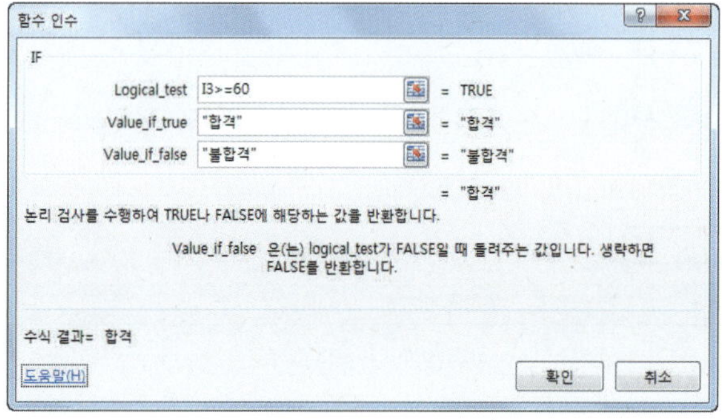

⑧ I3셀의 채우기 핸들을 드래그하여 나머지 셀을 채운다.

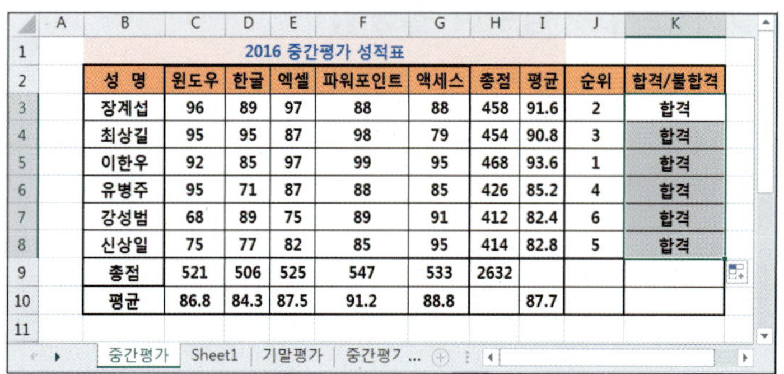

	A	B	C	D	E	F	G	H	I	J	K
1		2016 중간평가 성적표									
2		성 명	윈도우	한글	엑셀	파워포인트	액세스	총점	평균	순위	합격/불합격
3		장계섭	96	89	97	88	88	458	91.6	2	합격
4		최상길	95	95	87	98	79	454	90.8	3	합격
5		이한우	92	85	97	99	95	468	93.6	1	합격
6		유병주	95	71	87	88	85	426	85.2	4	합격
7		강성범	68	89	75	89	91	412	82.4	6	합격
8		신상일	75	77	82	85	95	414	82.8	5	합격
9		총점	521	506	525	547	533	2632			
10		평균	86.8	84.3	87.5	91.2	88.8		87.7		
11											

중간평가 | Sheet1 | 기말평가 | 중간평가 ...

3.13 MAX 함수 사용

① max 함수는 인수 목록 또는 지정된 범위에서 최대 값을 구하여 나타낸다.

```
=MAX(number1, number2, …)
```

② Number1, number2, … 최대값을 찾기 위한 인수로 255개까지 정의할 수 있다.

- 숫자, 빈 셀, 논리값 또는 숫자로 표시되는 텍스트를 인수로 정의할 수 있다.
- 인수가 오류값 또는 숫자로 변환할 수 없는 텍스트이면 오류가 발생한다.
- 인수가 배열 또는 참조 영역이면 배열 또는 참조 영역의 숫자만 사용되며 빈 셀, 논리값, 텍스트, 오류값은 무시된다.
- 논리값과 텍스트를 무시하지 않으려면 MAXA를 사용한다.
- 인수가 숫자를 포함하지 않을 때, MAX의 결과는 0이 된다.

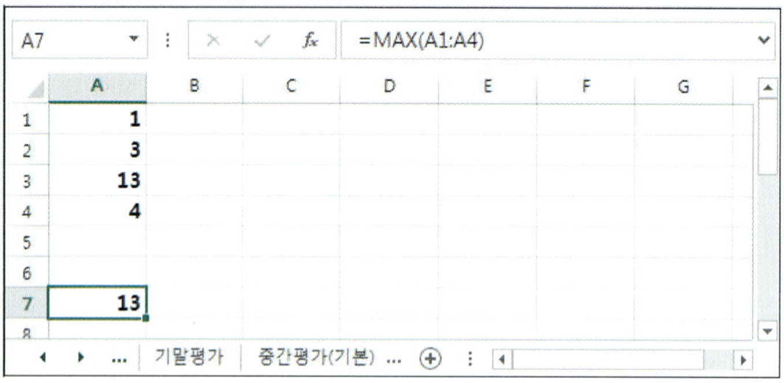

A7 =MAX(A1:A4)

	A	B	C	D	E	F	G
1	1						
2	3						
3	13						
4	4						
5							
6							
7	13						

기말평가 | 중간평가(기본) ...

3.14 종류별 워크시트 함수의 활용법

워크시트 함수의 종류별로 가장 자주 사용되는 함수의 형식과 기능에 대해 알아보고 예제를 통하여 실제 활용 방법을 익혀보자.

3.14.1 계산에 주로 이용하는 산술, 통계 함수

(1) SUM() 함수

형 식	SUM(number1, number2, ...)
기 능	① 목록에 있는 숫자를 모두 더한 결과를 표시한다. ② number1, number2는 더할 인수로 255개까지 사용 가능하다. ③ 인수로 사용된 숫자의 문자열 표시는 숫자로 변경하여 계산된다. ④ 인수로 사용된 논리값 중 TRUE는 1로, FALSE는 0으로 간주한다. ⑤ 배열이나 참조 영역의 빈 셀, 논리식, 문자열, 오류값은 무시된다.

(2) AVERAGE() 함수

형 식	AVERAGE(number1, number2, ...)
기 능	① 인수의 산술 평균을 구한다. ② number1, number2는 평균을 구할 수치로 인수를 255개까지 사용 가능하다. ③ 인수는 숫자이거나 숫자가 들어 있는 이름, 배열, 참조 영역이어야 한다.

실습 3-3

SUM과 AVERAGE 함수를 이용한 총점과 평균 계산

	A	B	C	D	E	F	G
4	학번	엑셀	파워포인트	액세스	워드	총점	평균
5	20131648	80	89	99	94	362	90.5
6	20131649	72	85	94	85		
7	20131650	82	89	85	84		
8	20131651	87	86	80	92		
9	20131652	78	66	85	89		
10	20131653	87	62	74	96		
11	20131654	85	86	88	69		
12	20131655	87	88	62	93		
13	20131656	78	90	68	76		
14	20131657	77	98	100	64		
15	20131658	92	86	86	91		

=sum(B5:E5)

=AVERAGE(B5:E5)

함수1 함수2 함수3 함수4 함수5

(3) ABS() 함수

형 식	ABS(number)
기 능	① 절대값을 구한다. 절대값은 부호가 없는 수를 말한다. ② number는 절대값을 구할 실수이다.

(4) SQRT()함수

형 식	SQRT(number)
기 능	① 양의 제곱근을 구한다. ② number는 제곱근을 구하려는 수로 반드시 양수이어야 한다.

실습 3-4

ABS와 SQRT를 이용한 수치 데이터 계산

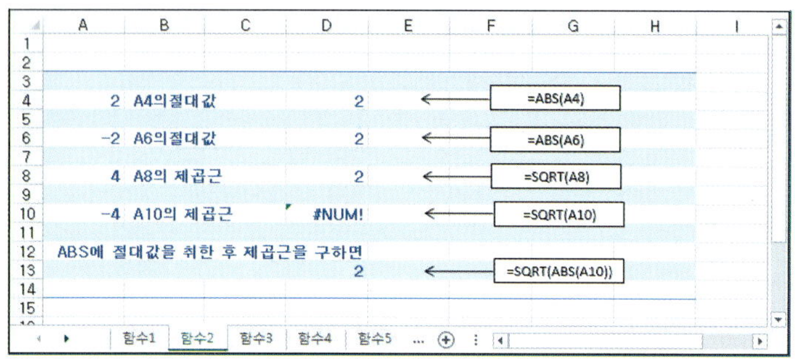

(5) INT() 함수

형 식	INT(number)
기 능	① 인수로 지정된 숫자의 가장 가까운 정수로 내림하다. ② number는 정수로 내림할 실수이다.

실습 3-5

INT 함수를 이용한 수치 데이터의 정수화

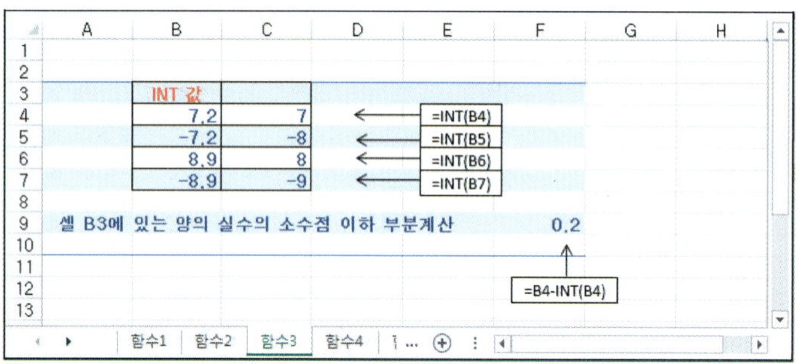

(6) ROUND()/ROUNDUP()/ROUNDDOWN() 함수

형 식	ROUND,ROUNDUP,ROUNDDOWN(number, num_digits)
기 능	① 숫자를 지정한 자릿수로 반올림한다. ② num_digits는 반올림할 number의 자릿수로 0이면 가장 가까운 정수로 반올림한다. ③ ROUNDUP은 num_digits에서 숫자로 자리 내림하고, ROUNDDOWN은 num_digits에서 숫자로 자리 올림해서 반올림한다. ④ 자릿수가 양수이면 지정한 소수 자릿수로 반올림되고, 음수이면 소수점 왼쪽에서 반올림된다.

실습 3-6

ROUND, ROUNDUP, ROUNDDOWN 함수를 이용한 수치 데이터의 처리

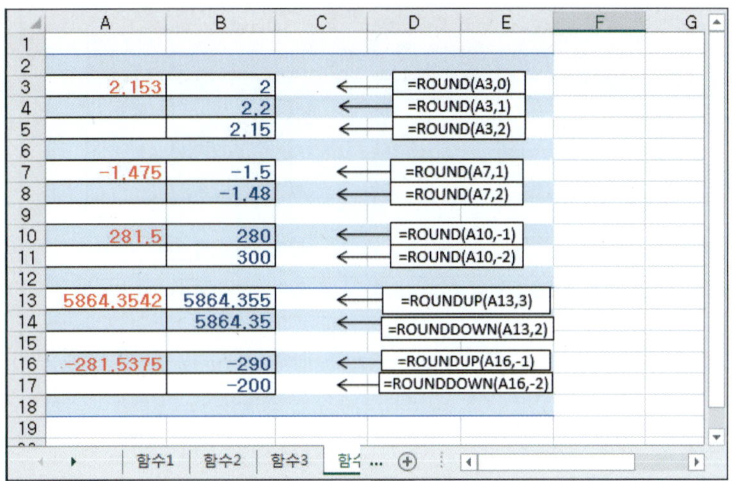

(7) COUNT()/COUNTA()/COUNTIF() 함수

형 식	COUNT(value1, value2, ...)
기 능	① 인수 목록에서 숫자를 포함한 셀과 숫자의 개수를 구한다. ② 인수는 여러 데이터 종류를 포함하거나 참조하여 255개까지 사용 가능하다. ③ 숫자나 날짜, 또는 숫자를 나타내는 문자열 인수는 개수 계산에 포함된다.

형 식	COUNTA(value1, value2, ...)
기 능	① 인수 목록에서 공백이 아닌 셀의 값과 개수를 계산한다. ② 계산되는 값은 빈 문자열("")을 포함하여 모든 유형의 정보가 가능하나 빈 셀은 무시된다.

형 식	COUNTIF(range, criteria)
기 능	① 범위에서 criteria 값이 몇 번 나왔는지 숫자로 나타낼 때 사용한다. ② range는 찾고자하는 범위를 지정하고 criteria는 찾고자하는 대상 값이다

실습 3-7

COUNT/COUNTA 함수를 이용한 셀 데이터 개수 구하기

	A	B	C	D	E	F
1	학번	국어	영어	수학	평균	비교
2	20131648	80	89	99	89.3	통과
3	20131648	72	85	94	83.7	통과
4	20131648	82	70	85	79.0	
5	20131648	65	86	77	76.0	
6	20131648			결석		
7	20131648	87	62	74	74.3	
8	20131648			전학		
9						
10	시험에 응시한 학생의 수는?			5	←	=COUNT(E2:E8)
11						
12	시험에 통과한 학생의 수는?			2	←	=COUNTA(F2:F8)
13						
14						

함수2 함수3 함수4 함수5

(8) MAX()/MIN() 함수

형 식	MAX(number1, number2, ...) / MIN(number1, number2, ...)
기 능	① 인수 목록에서 최대값/ 최소값을 구한다. ② number1, number2는 최대값/ 최소값을 찾기 위한 인수로 255개까지 정의할 수 있다. ③ 인수로 숫자, 빈 셀, 논리값, 숫자의 문자열 표시 등을 지정할 수 있으며 인수가 숫자를 포함하지 않으면 0이 표시된다.

실습 3-8

MAX와 MIN 함수를 이용한 최대값/최소값 구하기

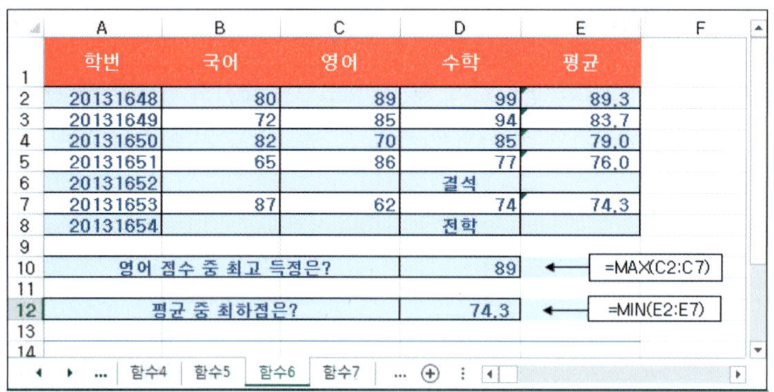

	A	B	C	D	E	F
1	학번	국어	영어	수학	평균	
2	20131648	80	89	99	89.3	
3	20131649	72	85	94	83.7	
4	20131650	82	70	85	79.0	
5	20131651	65	86	77	76.0	
6	20131652			결석		
7	20131653	87	62	74	74.3	
8	20131654			전학		
9						
10	영어 점수 중 최고 득점은?			89	←	=MAX(C2:C7)
11						
12	평균 중 최하점은?			74.3	←	=MIN(E2:E7)
13						
14						

함수4 함수5 함수6 함수7

(9) RANK()/RANK.EQ()/RANG.AVG() 함수

형 식	RANK(number, ref, order), RANK.EQ(number, ref, order), RANG.AVG(number, ref, order)
기 능	① 수의 목록에 있는 어떤 수의 순위를 지정한 방식에 의해 계산한다. ② ref는 수 목록의 배열이나 참조 영역으로 목록 중 숫자가 아닌 값은 무시된다. ③ order는 순위 결정 방법을 정의하는 수로 0이거나 생략되면 내림차순으로 순위를 정하고, 0이 아니면 오름차순으로 순위를 결정한다. ④ RANK.EQ는 점수가 같을 경우 순위를 같은 번호를 지정한다. ⑤ RANK.AVG는 점수가 같을 경우 순위의 평균을 번호로 지정한다.

참고 RANK() 함수의 ref 인수 입력시 주의점

목록 내 지정한 수의 순위를 결정할 때 목록의 셀 범위 지정은 절대 셀로 입력해야 한다. 그래야 목록 내 다른 수치의 순위 입력을 위한 복사 작업 수행 시 제대로 계산될 수 있다.

실습 3-9

RANK를 이용한 데이터의 순위 구하기

학번	국어	영어	수학	평균	등위	열1	열2
					RANK	RANK.EQ	RANK.AVG
20131648	77	98	100	91.7	1	1	1
20131648	80	89	99	89.3	2	2	2
20131648	92	86	86	88.0	3	3	3
20131648	85	86	88	86.3	4	4	4
20131648	82	89	85	85.3	5	5	5.5
20131648	82	89	85	85.3	5	5	5.5
20131648	87	86	80	84.3	7	7	7
20131648	72	85	94	83.7	8	8	8
20131648	87	88	62	79.0	9	9	9
20131648	78	90	68	78.7	10	10	10
20131648	78	66	85	76.3	11	11	11

=RANK(E12,$E$2:$E$12)

=RANK.EQ(E12,$E$2:$E$12)

=RANK.AVG(E12,$E$2:$E$12)

함수4 | 함수5 | 함수6 | 함수7 | 함수8 | 함수9

(10) SUMIF() 함수

형 식	SUMIF(range, criteria, sum_range)
기 능	① 지정 조건에 맞는 자료에 대응하는 셀 범위의 내용을 더한 값을 구한다. ② rang는 조건을 적용시킬 셀 범위이고 sum_range는 합을 구하려는 실제 셀 범위이다. ③ sum_range를 생략하면 range에 있는 셀들을 더한다. ④ criteria는 숫자, 수식, 또는 문자열 형태의 찾을 조건이다.

실습 3-10

조건에 맞는 데이터의 합 구하기

	A	B	C	D	E	F
1	회사	제품명	판매량	조건		
2	A사	TV	40			
3	A사	전자레인지	36	3개사의 비디오 총 판매량은?		
4	A사	냉장고	18			
5	A사	식기세척기	6			77
6	B사	TV	35			
7	B사	전자레인지	55			
8	B사	냉장고	15	=SUMIF(B2:B13,"TV",C2:C13)		
9	B사	식기세척기	7			
10	C사	TV	2			
11	C사	전자레인지	58			
12	C사	냉장고	58			
13	C사	식기세척기	48			
14						

… | 함수4 | 함수5 | 함수6 | 함수7 | …

	A	B	C	D	E	F
15						
16	회사	제품명	판매량	조건		
17	A사	TV	40			
18	A사	전자레인지	36	TV의 개수는?		
19	A사	냉장고	18			
20	A사	식기세척기	6			3
21	B사	TV	35			
22	B사	전자레인지	55			
23	B사	냉장고	15			
24	B사	식기세척기	7	=COUNTIF(B17:B28,"TV")		
25	C사	TV	2			
26	C사	전자레인지	58			
27	C사	냉장고	58			
28	C사	식기세척기	48			
29						

… | 함수4 | 함수5 | 함수6 | 함수7 | …

3.14.2 문자열을 처리하는 함수

(1) LEFT() 함수

형 식	LEFT(text, num_chars)
기 능	① 문자열의 왼쪽으로부터 원하는 수만큼의 문자를 표시한다. ② num_chars는 추출할 문자수로 0보다 커야 하며 생략시 1로 간주된다. ③ num_chars가 문자열의 길이보다 크면 전체 문자열을 표시한다.

(2) RIGHT() 함수

형 식	RIGHT(text, num_chars)
기 능	① 문자열의 오른쪽으로부터 지정한 수만큼의 문자를 표시한다. ② num_chars는 추출할 문자수로 0보다 커야 하며 생략시 1로 간주된다. ③ num_chars가 문자열의 길이보다 크면 전체 문자열을 표시한다.

(3) MID() 함수

형 식	MID(text, start_num, num_chars)
기 능	① 문자열의 지정한 위치로부터 지정한 개수의 문자를 표시한다. ② start_num은 추출할 첫 문자의 위치로 문자열의 전체 길이보다 길게 지정되면 빈 문자열을 표시한다. ③ num_chars는 추출할 문자수로 남은 문자수보다 크면 마지막 자까지 표시한다.

실습 3-11

LEFT, RIGHT, MID 함수를 이용한 문자열 추출

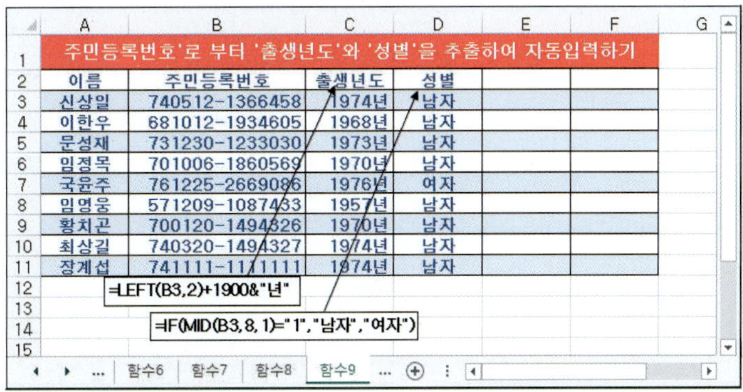

이름	주민등록번호	출생년도	성별
신상일	740512-1366458	1974년	남자
이한우	681012-1934605	1968년	남자
문성재	731230-1233030	1973년	남자
임정목	701006-1860569	1970년	남자
국윤주	761225-2669086	1976년	여자
임영웅	571209-1087433	1957년	남자
황치곤	700120-1494326	1970년	남자
최상길	740320-1494327	1974년	남자
장계섭	741111-1111111	1974년	남자

참고 IF 함수

IF 함수는 논리식의 참, 거짓 여부를 검사하여 해당 결과를 처리하는, 즉 논리식이 참이면 결과1을, 거짓이면 결과2를 실행하는 함수로 다음과 같은 구문 형식을 갖는다.

IF (논리식, 결과1, 결과2)

위 [실습 3-11]의 D4에 입력된 IF 함수는 MID 함수로 추출한 문자열이 "1"이면 "남자"를, 아니면 "여자"를 출력하라는 의미를 갖는다.

(4) EXACT() 함수

형 식	EXACT() 함수
기 능	① text1과 text2의 두 문자열을 비교하여 같으면 TRUE를, 같지 않으면 FALSE를 표시한다. ② 대소문자는 구분하여 비교하나 서식 차이는 무시한다.

(5) TRIM() 함수

형 식	TRIM(text)
기 능	단어 사이에 있는 한 칸의 공백을 제외한 나머지 모든 공백을 삭제한다.

실습 3-12

EXACT와 TRIM 함수를 이용한 문자열 처리

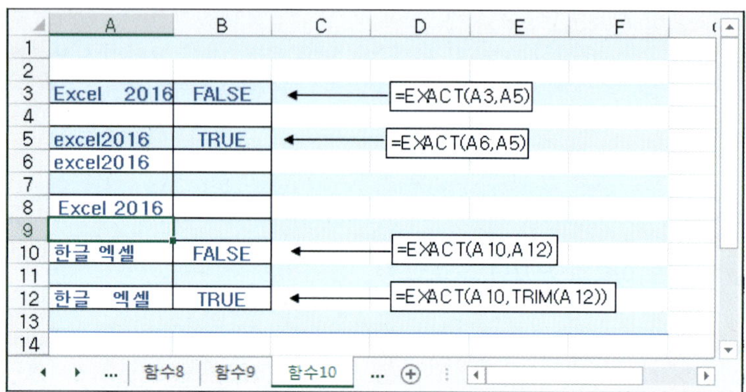

(6) LOWER() / UPPER() 함수

형 식	LOWER(text) / UPPER(text)
기 능	문자열 모두를 소문자/또는 대문자로 변환하다.

(7) PROPER() 함수

형 식	PROPER(text)
기 능	문자열 중 각 단어의 시작 문자와 영문자가 아닌 문자 다음에 오는 영문자를 대문자로 변환하고 나머지 문자는 소문자로 변환한다.

실습 3-13

LOWER, UPPER, PROPER 함수를 이용한 대소문자 변환

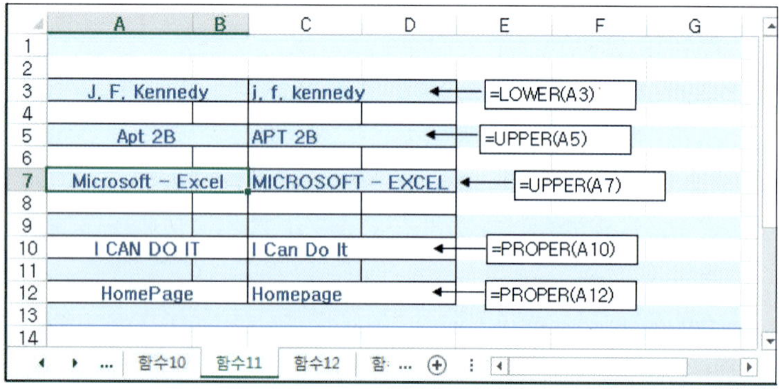

(8) TEXT() 함수

형 식	TEXT(value, format_text)
기 능	① 숫자를 지정한 표시 형식의 문자열로 변환한다. ② value는 수치값, 수치값으로 계산될 수식 등이 포함된다. ③ format_text는 '셀 서식' 대화상자의 [표시 형식] 탭에 있는 종류(C) 목록의 문자열 표시 형식이다.

실습 3-14

TEXT 함수를 이용한 숫자의 문자열 변환

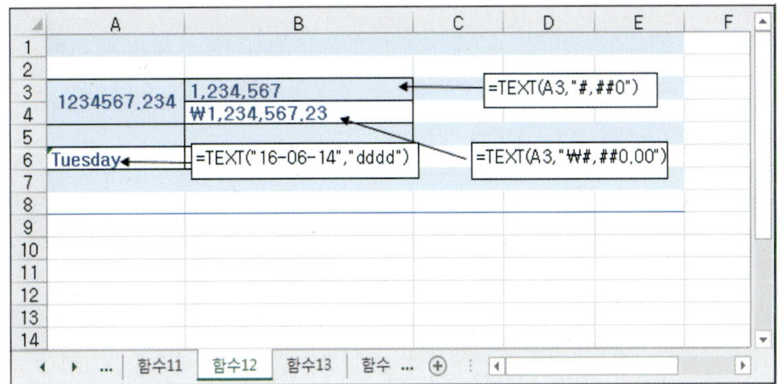

(9) LEN() / LENB() 함수

형 식	LEN(text) / LENB(text)
기 능	① 문자열의 문자수를 구한다(바이트 단위의 개수는 LENB 함수로 계산). ② 공백도 한 개의 문자로 계산된다.

참고 문자열 길이 계산

① 매크로에서 사용자가 입력하는 문자열의 길이를 제한하기 위해 사용한다.
② 문자열에서 추출을 원하는 문자의 개수가 일정하지 않을 경우에 사용한다.
예) LEFT("VTR350", LEN("VTR350")-3) = "VTR"
LEFT("TV450", LEN("TV450")-3) = "TV"

실습 3-15

LEN(또는 LENB) 함수를 이용한 문자열 길이 계산

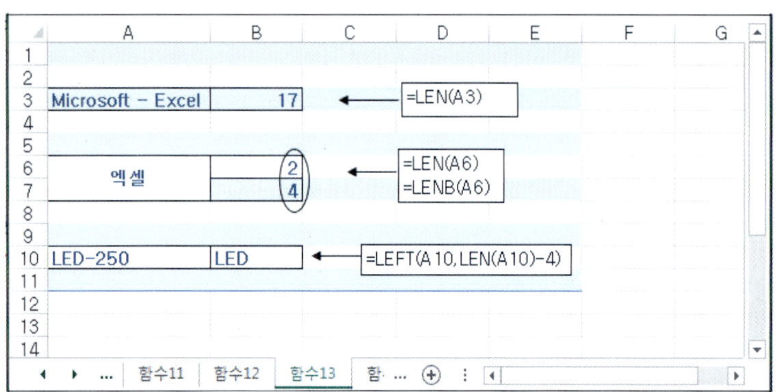

3.14.3 날짜와 시간 데이터를 처리하는 함수

날짜나 시간을 문자로 입력했을 경우 데이터를 일정한 수치, 즉 날짜 및 시간 연번으로 변환해야만 계산에 이용할 수 있으므로 주의해야 한다.

구분	내용
날짜 연번	① 1900년 1월 1일을 기준으로 지나간 날수를 수치로 나타낸다. 예) 1900년 1월 1일을 1로, 1900년 2월 1일은 32로 표시 ② 1900년 1월 1일부터 9999년 12월 31일까지를 나타낼 수 있다. ③ 날짜 연번은 소수점이 없는 정수로 표시한다.
시간 연번	① 0시를 0.0으로, 다음 0시를 1.0으로 하여 24시간으로 나누어 수치로 표시한다. 예) 자정은 X.0, 오전 6시는 X.25, 정오는 X.5로 표시 ② 시간 연번은 소수 이하 수치로만 표시한다.
날짜 시간 연번	① 소수점 이상은 날짜 연번으로, 소수점 이하는 시간 연번으로 표시한다.

(1) TODAY() 함수

형 식	TODAY()
기 능	① 현재 날짜를 날짜 연번으로 계산한다.

(2) DATE() 함수

형 식	DATE(year, month, day)
기 능	① 지정한 날짜에 해당하는 날짜 연번을 구한다. ② year은 1900에서 9999까지의 수치로 입력 가능하다. ③ month는 월을 표시하는 수로 12보다 크면 연도를 자동으로 더해주고 월은 month에서 12를 뺀 남은 수치로 사용한다.

(3) DATEVALUE() 함수

형 식	DATEVALUE(date_text)
기 능	① date_ text에 해당하는 날짜 연번을 구한다. ② date_ text는 엑셀의 기본 날짜 서식으로 입력한 내용만 가능하다. ③ date_ text에서 연도가 생략되면 사용 중인 컴퓨터의 현재 연도로 지정된다.

해당 날짜의 날짜 연번 계산

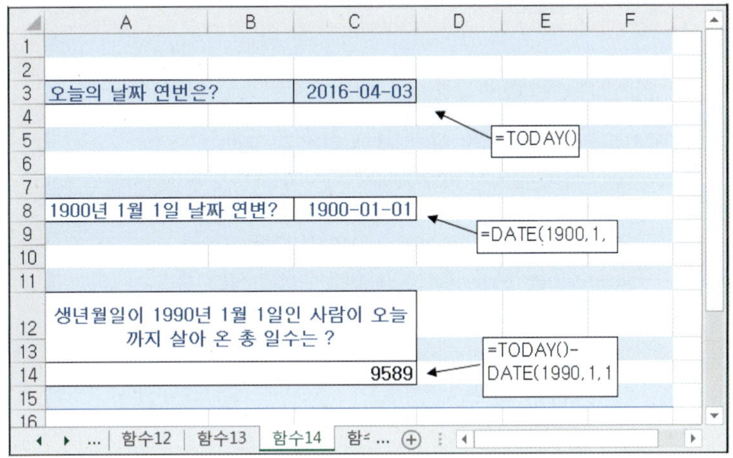

(4) YEAR() / MONTH() / DAY() 함수

형 식	YEAR(serial_number)/MONTH(serial_number)/MONTH(serial_number)
기 능	① serial_number 즉 날짜 연번에 해당하는 연도/월/일을 표시한다. ② serial_number 날짜와 시간을 구하기 위한 날짜-시간 코드로 숫자 대신 "4-15-1997" 또는 "15-Apr-1997" 같은 문자열 지정도 가능하다. ③ 연도는 1900에서 9999까지의 정수이고 월은 1에서 12, 일은 1에서 31까지의 정수로 표시된다.

(5) WEEKDAY() 함수

형 식	WEEKDAY(serial_number)
기 능	① serial_number로 지정한 날짜에 해당하는 요일을 계산한다. ② 요일은 1(일요일)에서 7(토요일)까지의 정수로 표시된다.

실습 3-17

날짜 데이터에서 해당 년, 월, 일, 요일 추출

	A	B	C	D	E	F
1						
2	2016년 06월 14일					
3		셀 A2값에서 연도 추출		2016	=YEAR(A2)	
4		셀 A2값에서 월 추출		6	=MONTH(A2)	
5		셀 A2값에서 일 추출		14	=DAY(A2)	
6		셀 A2값에서 요일 추출		3	=WEEKDAY(A2)	
7						
8	오늘의 월, 일을 추출하면?		11		=MONTH(TODAY())	
9			15		=DAY(TODAY())	
10						
11						

함수13 함수14 함수15 함수 ...

(6) TIME() 함수

형 식	TIME(hour, minute, second)
기 능	① 지정한 시간에 해당하는 시간 연번을 구한다. ② 시간 연번은 0에서 0.99999999까지의 소수로 0:00:00에서 23:59:59까지의 시간을 표시한다. - hour는 시간을 표시하는 0에서 23까지의 수 - minute는 분을 표시하는 0에서 59까지의 수 - second는 초를 표시하는 0에서 59까지의 수

(7) HOUR() / MINUTE() / SECOND() 함수

형 식	HOUR(serial_number)/MINUTE(serial_number)/SECOND(serial_number)
기 능	① serial_number 즉 시간 연번에 해당하는 시/분/초를 표시한다. ② serial_number는 날짜와 시간 계산에 사용되는 날짜 - 시간 코드로 숫자 대신 "16:48:00" 또는 "4:48:00 PM"과 같은 문자열 지정도 가능하다. ③ 시간은 0에서 23까지의 정수로 표시하고, 분과 초는 0에서 59까지의 정수로 표시된다.

실습 3-18

시간 연번 계산 및 해당 시간 데이터 추출

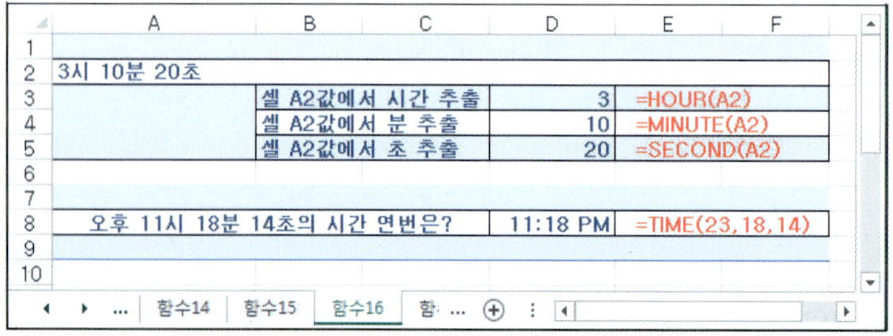

	A	B	C	D	E	F
1						
2	3시 10분 20초					
3		셀 A2값에서 시간 추출		3	=HOUR(A2)	
4		셀 A2값에서 분 추출		10	=MINUTE(A2)	
5		셀 A2값에서 초 추출		20	=SECOND(A2)	
6						
7						
8	오후 11시 18분 14초의 시간 연번은?			11:18 PM	=TIME(23,18,14)	
9						
10						

함수14 함수15 함수16 함 ...

3.14.4 조건 검색을 위한 논리 함수

(1) AND( ) 함수

형 식	AND(logical 1, logical 2, ...)
기 능	① 인수가 모두 참이면 TRUE를 표시하고, 인수 중 하나라도 거짓이 있으면 FALSE를 나타낸다. ② logical 1, logical 2는 참 또는 거짓으로 판정받는 논리값이거나 논리 값이 포함된 배열 또는 참조 영역으로 모두 30개까지 사용 가능하다

(2) OR( ) 함수

형 식	OR(logical 1, logical 2, ...)
기 능	① 인수 중 하나라도 참이면 TRUE를, 모두 거짓이면 FALSE을 나타낸다. ② logical 1. logical 2는 참 또는 거짓으로 판정 받는 논리값이거나 논리값이 포함된 배열 또는 참조 영역으로 모두 30개까지 사용 가능하다.

(3) IF( ) 함수

형 식	IF(조건식, 결과 1, 결과 2)
기 능	① 조건식을 검사하여 그 결과 값이 참이면 결과1을, 거짓이면 결과2를 수행한다. ② IF 함수는 모두 7개까지 중복하여 사용할 수 있다.

실습 3-19

논리 함수를 이용한 성적 결과 처리

- 판정1 : 세 과목 모두 60점 이상일 때만 합격을 표시
- 판정2 : 세 과목 중 하나라도 60점 미만이면 불합격을 표시
- 판정3 : 평균이 90점 이상이면 "우수", 70점 ~ 89점까지는 "양호", 70점 미만이면 "불만"을 표시

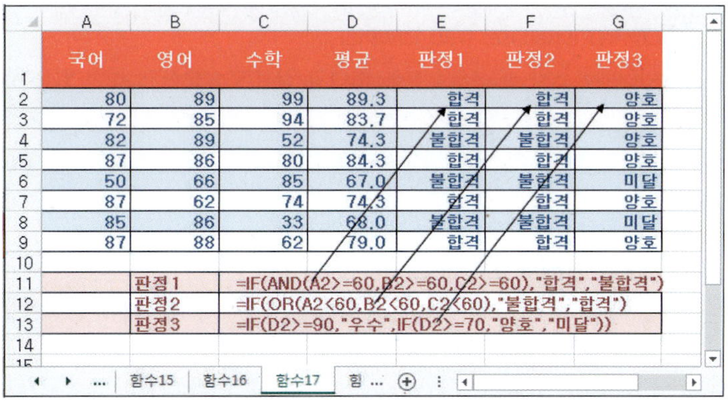

	A	B	C	D	E	F	G
1	국어	영어	수학	평균	판정1	판정2	판정3
2	80	89	99	89.3	합격	합격	양호
3	72	85	94	83.7	합격	합격	양호
4	82	89	52	74.3	불합격	불합격	양호
5	87	86	80	84.3	합격	합격	양호
6	50	66	85	67.0	불합격	불합격	미달
7	87	62	74	74.3	합격	합격	양호
8	85	86	33	68.0	불합격	불합격	미달
9	87	88	62	79.0	합격	합격	양호
10							
11		판정1	=IF(AND(A2>=60,B2>=60,C2>=60),"합격","불합격")				
12		판정2	=IF(OR(A2<60,B2<60,C2<60),"불합격","합격")				
13		판정3	=IF(D2>=90,"우수",IF(D2>=70,"양호","미달"))				
14							

함수15 | 함수16 | 함수17

3.14.5 데이터베이스 처리 함수

한글 엑셀 2016은 데이터베이스 계산에 사용하는 많은 워크시트 함수를 제공한다.

줄여서 D함수로 표시하는 이러한 데이터베이스 함수들은 공통적으로 database(데이터베이스 범위), field(필드), criteria(조건 범위)의 세 가지 인수를 사용한다.

Database (데이터베이스)	① 검색할 자료가 포함된 부분 전체를 말하는 것으로 자료가 입력된 셀 범위나 범위에 부여된 범위명을 사용할 수 있다. ② 데이터베이스로 사용되는 범위나 범위명에는 반드시 첫 행에 표시된 제목(필드명)을 포함하여야 한다.
Field (필드)	① 검색할 항목의 첫 번째 셀 주소 ② 검색할 항목의 필드명(데이터베이스의 첫 열에 정의된 필드 이름) ③ 검색할 항목의 항목 번호 - 데이터베이스의 첫 번째 항목 열 번호를 '1'번으로 간주한다.
Criteria (조건 범위)	① 데이터베이스 함수의 찾을 조건을 지정한 셀 범위로, 첫 번째 줄에는 데이터베이스 부분의 필드 이름과 동일한 제목이 있어야 한다. ② 조건 범위로 조건이 입력된 셀 범위나 부여된 범위 명을 지정할 경우에는 반드시 제목(필드명)이 포함되어야 한다.

(1) DSUM() 함수

형 식	DSUM(database, field, criteria)
기 능	데이터베이스 내용 중 조건과 일치하는 데이터베이스 필드 값의 합을 구한다.

(2) DAVERAGE() 함수

형 식	DAVERAGE(database, field, criteria)
기 능	데이터베이스에서 찾을 조건과 일치하는 데이터베이스 필드 값의 평균을 구한다.

(3) DCOUNT() 함수

형 식	DCOUNT(database, field, criteria)
기 능	데이터베이스의 필드에서 찾을 조건과 일치하는 숫자가 들어 있는 셀의 개수를 계산한다.

(4) DCOUNTA() 함수

형 식	DCOUNTA(database, field, criteria)
기 능	다른 데이터베이스 함수와 같은 형식을 사용하며 데이터베이스의 필드에서 찾을 조건과 일치하는 값이 들어있는 모든 셀의 개수를 계산한다.

실습 3-20

도서 관리를 위한 데이터베이스 함수 활용

	A	B	C	D	E	F
1	도서명	저자	출판사	출판년도	판매부수	판매총액
2	과학사	신상일	코리아씨넷출판사	2016	333	₩ 499,500
3	한국사	임정목	한국출판사	2000	552	₩ 828,000
4	미술사	장계섭	미국출판사	2016	312	₩ 468,000
5	세계사	최상길	스포츠출판사	2016	46	₩ 69,000
6	중국사	유병주	코리아씨넷 출판사	2016	556	₩ 834,000
7	음악사	정수형	에프티비출판사	2009	25	₩ 37,500
8	마술사	양홍운	코리아씨넷 출판사	2008	841	₩ 1,261,500
9	수학사	이한우	키노피아출판사	2016	568	₩ 852,000
10	연금술	국윤주	아시아출판사	2016	165	₩ 247,500
12	코리아씨넷 출판사 도서의 평균 판매부수는?				333	
14	코리아씨넷 출판사 전체도서의 판매총액은?				499,500	
16	2016년에 출판한 도서의 수는?				6	

조건범위(Criteria)	
출판사	출판년도
코리아씨넷출판사	2016

=DAVERAGE($A$1:F$10,5,$H$2:$H$3)

=DSUM($A$1:F$10,6,$H$2:$H$3)

=DCOUNT($A$1:$F$10,5,$I$2:$I$3)

함수16 | 함수17 | 함수18 | 함수19 | 함수20 | Sheet1 | Sheet21

3.14.6 추출 함수

(1) CHOOSE() 함수

형 식	CHOOSE(index_num, value 1, value 2,....)
기 능	① value 인수 목록 중 index_num으로 지정하는 위치에 있는 값을 구한다. ② index-num은 반드시 1에서 29사이의 수치이어야 한다. ③ index_num이 1이면 value1 값을, 2이면 value2 값을 나타낸다. ④ index-num이 1보다 작거나 목록의 수보다 많으면 #VALUE!를 표시한다.

실습 3-21

CHOOSE 함수를 이용한 요일 데이터 추출

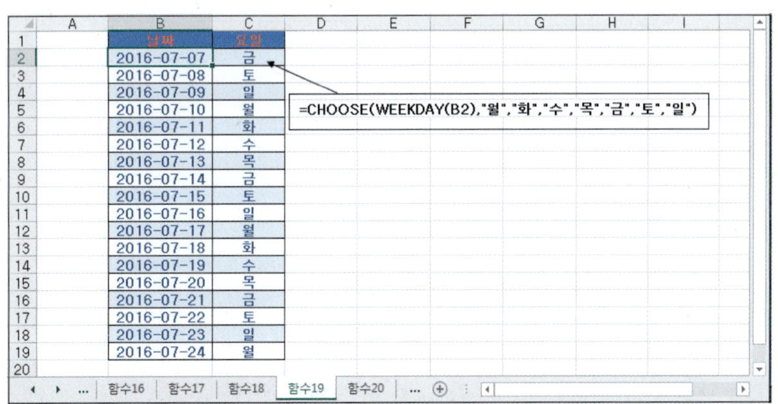

	B	C
1	날짜	요일
2	2016-07-07	금
3	2016-07-08	토
4	2016-07-09	일
5	2016-07-10	월
6	2016-07-11	화
7	2016-07-12	수
8	2016-07-13	목
9	2016-07-14	금
10	2016-07-15	토
11	2016-07-16	일
12	2016-07-17	월
13	2016-07-18	화
14	2016-07-19	수
15	2016-07-20	목
16	2016-07-21	금
17	2016-07-22	토
18	2016-07-23	일
19	2016-07-24	월

=CHOOSE(WEEKDAY(B2),"월","화","수","목","금","토","일")

함수16 | 함수17 | 함수18 | 함수19 | 함수20

(2) MATCH() 함수

형 식	MATCH(검색 데이터, 검색 범위, 검색 방법)
기능	① 검색 범위 중 지정한 검색 데이터에 해당하는 값을 지정한 방법으로 찾아 상대 위치를 표시한다. ② 항목 자체보다 항목의 위치를 추출하려 할 때 사용한다. ③ 검색 방법이 1이거나 생략되면 검색 데이터보다 작거나 같은 값 중 최대값을 찾는다. 이때 검색 범위는 반드시 오름차순으로 정렬되어 있어야 한다. ④ 검색 방법이 0이면 정확히 같은 첫째 값을 검색한다. ⑤ 검색 방법이 -1이면 검색 데이터보다 크거나 같은 값 중 최소값을 찾는다. 이때 검색 범위는 반드시 내림차순으로 정렬되어 있어야 한다.

(3) INDEX() 함수

형 식	INDEX(검색 배열, 행수, 열수)
기 능	① 검색 배열에서 지정한 행수와 열수가 교차하는 부분의 셀 내용을 추출한다. ② 단일 행이나 단일 열의 경우에는 행수나 열수를 생략할 수 있다.

실습 3-22

MATCH와 INDEX 함수를 이용한 특정 셀 범위로부터의 데이터 추출

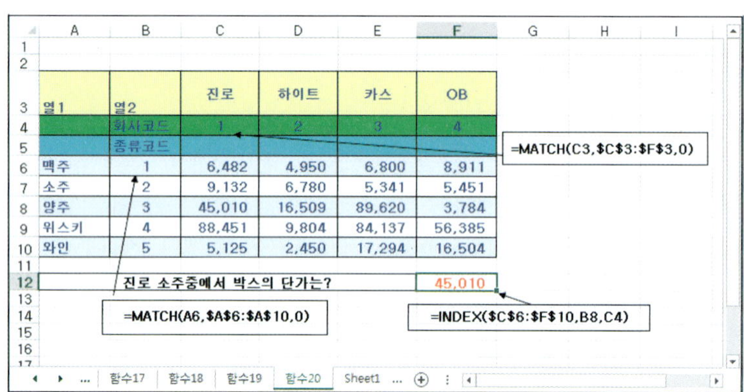

(4) VLOOKUP()/HLOOKUP() 함수

형 식	VLOOKUP(찾을 값, 범위, 열 번호, 옵션)
기 능	① 기준이 되는 데이터에서 값을 찾아 반환해주기 위해 사용한다. ② 찾을 값 : 데이터를 찾는 기준값 ③ 범위 : 데이터를 찾는 전체 범위 ④ 열 번호 : 범위에서 찾고자 하는 열의 값(열 범위가 A~D일 경우 B열은 2) ⑤ 옵션 : 0(False) = 정확하게 일치하는 값, 1(True) = 근사값까지 포함

실습 3-23

VLOOKUP 함수를 이용한 특정 셀범위로부터의 열의 항목값 추출

	A	B	C	D	E	F	G	H
1								
2								
3			술이름	단가				
4		맥주	하이트	4,950				
5		소주	처음처럼	2,560				
6		양주	윈저	26,500				
7								
8								
9			술이름	단가				
10		맥주	하이트	4,950				
11		소주	처음처럼	2,560				
12		양주	윈저	26,500	=VLOOKUP(B10,$B$4:$D$6,3,FALSE)			
13		소주	처음처럼	2,560				
14		맥주	하이트	4,950				
15		양주	윈저	26,500				
16								
17								

... 함수19 함수20 함수21 Sheet1 ...

형 식	HLOOKUP(찾을 값, 범위, 열 번호, 옵션)
기 능	① 기준이 되는 데이터에서 값을 찾아 반환해주기 위해 사용한다. ② 찾을 값 : 데이터를 찾는 기준값 ③ 범위 : 데이터를 찾는 전체 범위 ④ 행 번호 : 범위에서 찾고자 하는 행의 값(행 범위가 3~5일 경우 5행은 3) ⑤ 옵션 : 0(False) = 정확하게 일치하는 값, 1(True) = 근사값까지 포함

실습 3-24

HLOOKUP 함수를 이용한 특정 셀범위로부터의 행의 항목값 추출

	A	B	C	D	E	F	G	H
1								
2								
3			양주	소주	맥주			
4		술이름	윈저	처음처럼	하이트			
5		단가	26,500	2,560	4,950			
6								
7								
8			술이름	단가				
9		맥주	하이트	4,950				
10		소주	처음처럼	2,560				
11		양주	윈저	26,500	=HLOOKUP(B9,$C$3:$E$5,3,FALSE)			
12		소주	처음처럼	2,560				
13		맥주	하이트	4,950				
14		양주	윈저	26,500				
15								
16								
17								

... 함수20 함수21 함수22 Sheet1 ...

연습문제

01. 아래의 워크시트 내용을 완성한 후 '매출현황.xlsx'로 저장하시오.

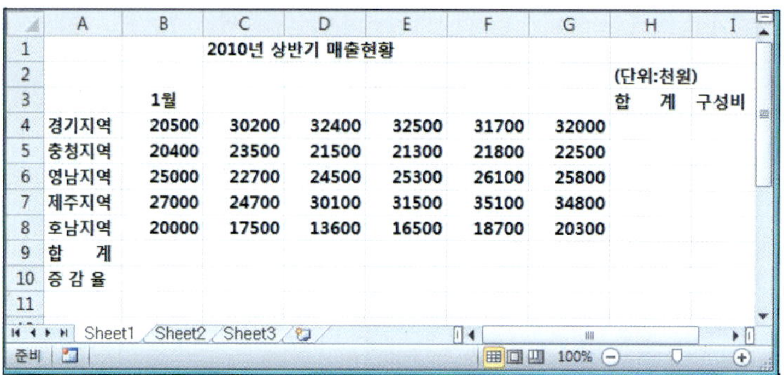

	A	B	C	D	E	F	G	H	I
1			2010년 상반기 매출현황						
2								(단위:천원)	
3		1월						합 계	구성비
4	경기지역	20500	30200	32400	32500	31700	32000		
5	충청지역	20400	23500	21500	21300	21800	22500		
6	영남지역	25000	22700	24500	25300	26100	25800		
7	제주지역	27000	24700	30100	31500	35100	34800		
8	호남지역	20000	17500	13600	16500	18700	20300		
9	합 계								
10	증 감 율								
11									

02. 아래의 워크시트 내용을 완성한 후 '판매우수자.xlsx'로 저장하시오.

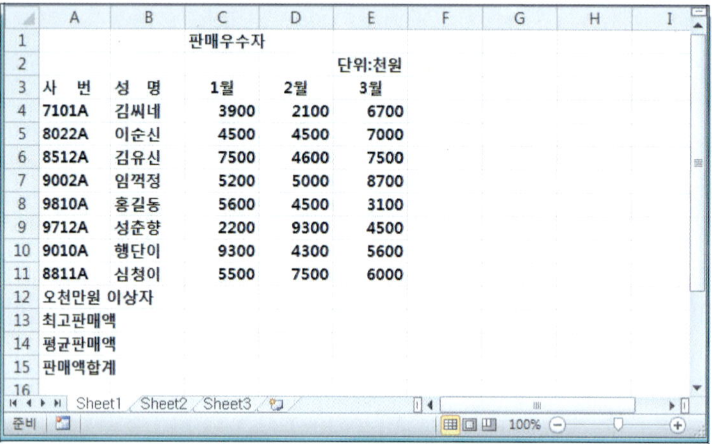

	A	B	C	D	E
1			판매우수자		
2					단위:천원
3	사 번	성 명	1월	2월	3월
4	7101A	김씨네	3900	2100	6700
5	8022A	이순신	4500	4500	7000
6	8512A	김유신	7500	4600	7500
7	9002A	임꺽정	5200	5000	8700
8	9810A	홍길동	5600	4500	3100
9	9712A	성춘향	2200	9300	4500
10	9010A	행단이	9300	4300	5600
11	8811A	심청이	5500	7500	6000
12	오천만원 이상자				
13	최고판매액				
14	평균판매액				
15	판매액합계				

03. 워크시트 함수를 사용하여 수식을 입력할 경우 얻을 수 있는 장점은?

04. 워크시트 함수의 구문 형식에 대해 설명하시오.

05. 함수 마법사를 이용하여 워크시트 함수를 입력하는 방법을 설명하시오.

06. COUNT()와 COUNTA() 함수의 기능 및 차이점에 대해 설명하시오.

07. RANK() 함수를 이용하여 순위를 입력할 경우 오름차순 방식을 지정하는 방법은?

08. LEN()과 LENB() 함수의 차이점을 설명하시오.

09. CHOOSE() 함수와 WEEKDAY() 함수를 이용하여 A10셀에 입력되어 있는 날짜의 요일을 "월요일", "화요일"과 같이 문자열로 출력하기 위한 방법은?

10. IF() 함수의 기능 및 구문 형식에 대해 설명하시오.

제4장

서식지정 및 통합문서

4.1 셀 서식 지정하기

입력한 데이터의 서식을 변경하려면 셀 블록 편집 기능을 이용하여 서식을 바꿀 대상을 셀 블록으로 지정한 후에 메뉴에서 [홈]⇨[맞춤]⇨[셀 서식]을 선택하거나, 단축키 Ctrl+1 키를 누르거나, 서식 도구모음에서 아이콘을 눌러서 서식을 지정한다.

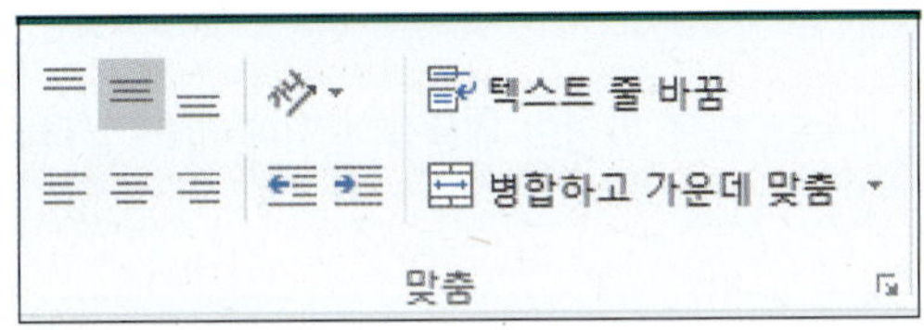

- [홈] ⇨ [글꼴] ⇨ [셀 서식 단추( )]를 선택한다.

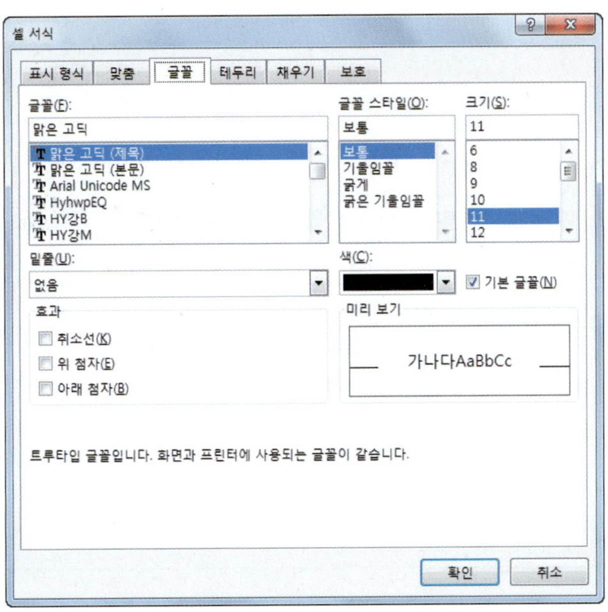

- 키보드 단축키 Ctrl+1 키를 누른다.
- 범위를 지정하고 마우스 오른쪽 단추를 클릭한 다음 [셀 서식]을 선택한다.

셀 서식 종류	내 용
표시형식	숫자나 통화, 백분율, 날짜 등의 다양한 데이터 표시 형식을 만든다.
맞 춤	입력된 문자열을 정렬하거나 문자열의 방향을 변경한다.
글 꼴	입력한 문자의 글꼴 종류, 크기, 색상 등을 변경한다.
테두리	워크시트의 특정 셀 범위에 괘선을 그린다.
채우기	셀에 다양한 색상과 패턴의 무늬를 만든다.
보 호	잠금 속성을 이용하여 시트 보호의 영향을 받을 것인지 결정한다.

4.1.1 표시 형식

숫자나 날짜 등의 데이터에 다양한 표현 형식을 만드는 셀 서식으로 주로 소수 이하 자리수 지정, 세 자리 콤마 유형, 백분율 표시, 통화 표시 등을 지정하는 경우에 많이 사용한다.

실습 4-1

계산표 작성의 기초 데이터로 사용할 다음 화면의 내용을 순서에 따라 입력하고, "판매현황.xlsx" 저장하여 보기로 한다.

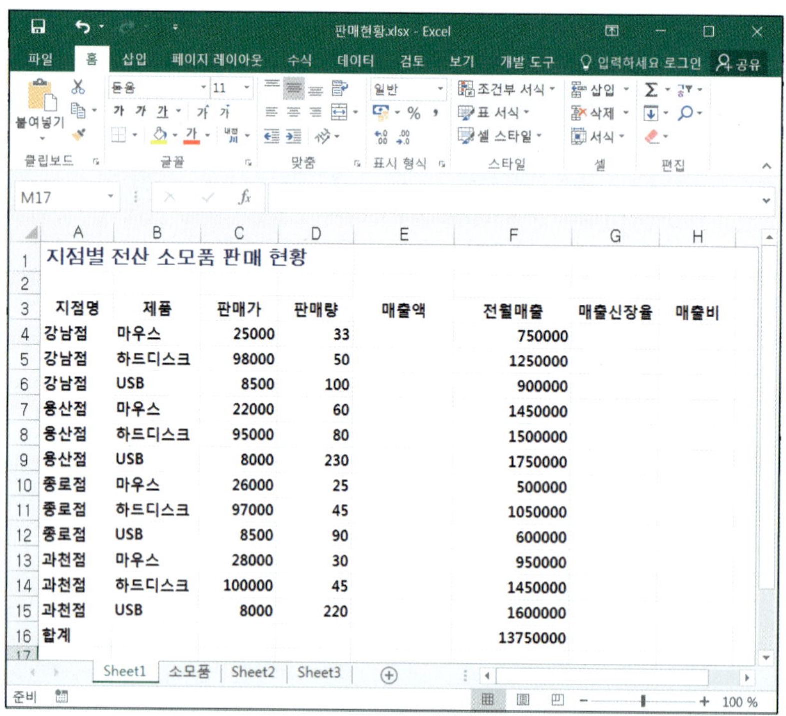

	A	B	C	D	E	F	G	H
1	지점별 전산 소모품 판매 현황							
2								
3	지점명	제품	판매가	판매량	매출액	전월매출	매출신장율	매출비
4	강남점	마우스	25000	33		750000		
5	강남점	하드디스크	98000	50		1250000		
6	강남점	USB	8500	100		900000		
7	용산점	마우스	22000	60		1450000		
8	용산점	하드디스크	95000	80		1500000		
9	용산점	USB	8000	230		1750000		
10	종로점	마우스	26000	25		500000		
11	종로점	하드디스크	97000	45		1050000		
12	종로점	USB	8500	90		600000		
13	과천점	마우스	28000	30		950000		
14	과천점	하드디스크	100000	45		1450000		
15	과천점	USB	8000	220		1600000		
16	합계					13750000		

4.1.2 수식 입력

수식은 '=', 숫자, 셀 주소, 함수, 연산자, 괄호, 특정 부호(, $ ₩) 등으로 구성되며, 각 요소를 가지고 수식을 구성하는 방법에 대해서는 이미 설명하였다.

따라서 여기서는 연산자의 종류 및 화면의 구성 요소 중 [수식 입력] 단추를 사용하여 수식을 작성하는 방법에 대해 알아 보기로 한다.

(1) 연산자의 종류

연산자에는 계산을 수행하기 위한 산술 연산자, 비교 및 조건 판단을 하기 위한 비교 연산자 및 문자열을 연결하는 문자열 연산자가 있다.

산술 연산자	의 미	사용 예
+	더하기	=A1+B1+100
-	빼 기	=A1-B1-100
*	곱하기	=A1*B1*100
/	나누기	=(A1+B1)/2
%	백분율	=(A1+B1)*20%
^	지수	=(A1+B1)^3

비교 연산자	의 미	사용 예
=	같다	A1 = B1
>	크다	A1 > B1
<	작다	A1 < B1
>=	크거나 같다	A1 >= B1
<=	작거나 같다	A1 <= B1
<>	같지 않다	A1 <> B1

문자열 연산자	의 미	사용 예
&	두 개의 문자열을 연결하여 하나의 문자열로 만든다.	"엑셀" & "2013"은 "엑셀 2013"로 연결된다.

(2) 수식 입력 방법

수식을 작성할 경우 원하는 셀을 선택한 다음 직접 '='를 입력하거나 수식 입력줄에 표시된 수식 입력 단추인 [=]을 누른다.

실습 4-2

앞에서 입력한 기초 데이터를 가지고 각 지점별 전산 소모품의 매출 현황을 분석하기 위한 수식을 작성, 복사하여 보기로 한다.

① E4셀을 선택한 다음 =C4*D4(매출액 = 판매가*판매량)를 입력한다.

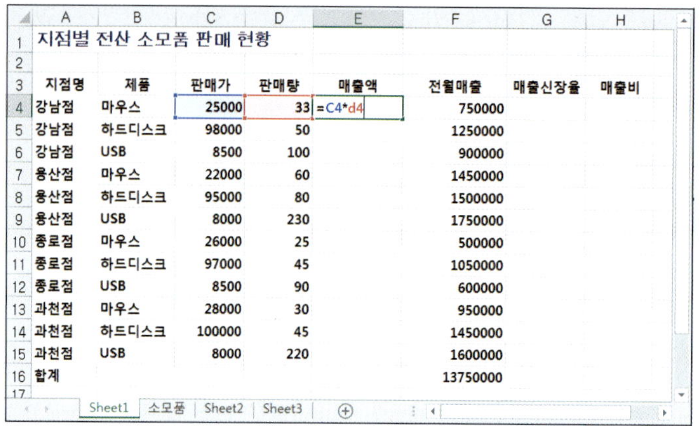

	A	B	C	D	E	F	G	H
1	지점별 전산 소모품 판매 현황							
2								
3	지점명	제품	판매가	판매량	매출액	전월매출	매출신장율	매출비
4	강남점	마우스	25000	33	=C4*d4	750000		
5	강남점	하드디스크	98000	50		1250000		
6	강남점	USB	8500	100		900000		
7	용산점	마우스	22000	60		1450000		
8	용산점	하드디스크	95000	80		1500000		
9	용산점	USB	8000	230		1750000		
10	종로점	마우스	26000	25		500000		
11	종로점	하드디스크	97000	45		1050000		
12	종로점	USB	8500	90		600000		
13	과천점	마우스	28000	30		950000		
14	과천점	하드디스크	100000	45		1450000		
15	과천점	USB	8000	220		1600000		
16	합계					13750000		

Sheet1 | 소모품 | Sheet2 | Sheet3

② G4셀을 선택한 다음 =(E4-F4)/F4(매출신장률 =(매출액-전월매출)/전월매출)를 입력한다.

③ E16셀을 선택한 다음 =SUM(E4:E15)(합계(E16) = 매출액의 총합계)를 입력한다. 또는 E4:E15의 셀 범위를 선택한 다음 [자동합계] 단추를 누른다.

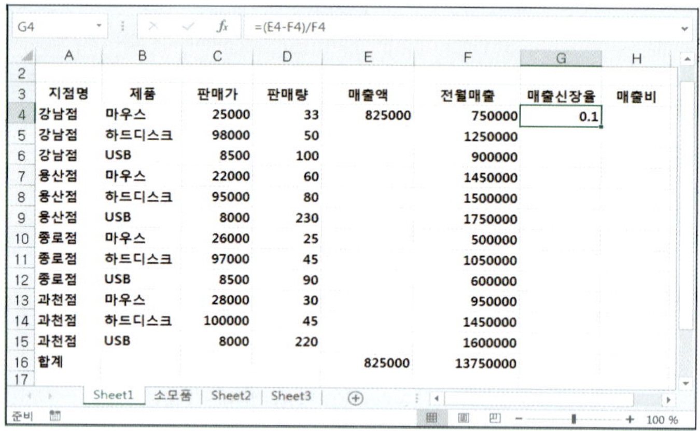

G4 | =(E4-F4)/F4

	A	B	C	D	E	F	G	H
2								
3	지점명	제품	판매가	판매량	매출액	전월매출	매출신장율	매출비
4	강남점	마우스	25000	33	825000	750000	0.1	
5	강남점	하드디스크	98000	50		1250000		
6	강남점	USB	8500	100		900000		
7	용산점	마우스	22000	60		1450000		
8	용산점	하드디스크	95000	80		1500000		
9	용산점	USB	8000	230		1750000		
10	종로점	마우스	26000	25		500000		
11	종로점	하드디스크	97000	45		1050000		
12	종로점	USB	8500	90		600000		
13	과천점	마우스	28000	30		950000		
14	과천점	하드디스크	100000	45		1450000		
15	과천점	USB	8000	220		1600000		
16	합계				825000	13750000		

Sheet1 | 소모품 | Sheet2 | Sheet3

준비 100 %

④ H4셀을 선택한 다음 =E4/E$16(매출비 = 제품별 매출액/매출액의 총합계)을 입력한다.

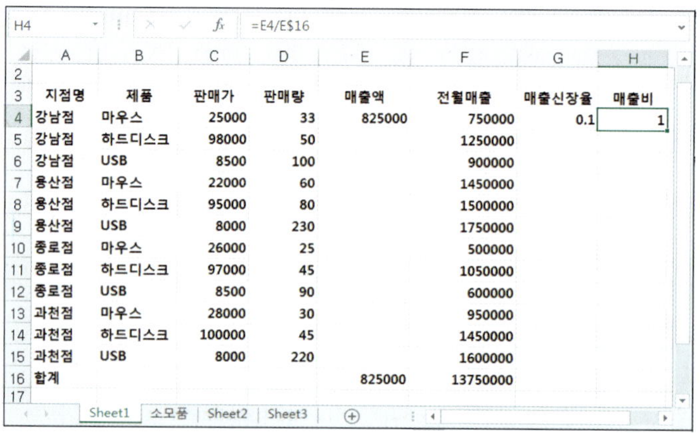

H4 | =E4/E$16

	A	B	C	D	E	F	G	H
2								
3	지점명	제품	판매가	판매량	매출액	전월매출	매출신장율	매출비
4	강남점	마우스	25000	33	825000	750000	0.1	1
5	강남점	하드디스크	98000	50		1250000		
6	강남점	USB	8500	100		900000		
7	용산점	마우스	22000	60		1450000		
8	용산점	하드디스크	95000	80		1500000		
9	용산점	USB	8000	230		1750000		
10	종로점	마우스	26000	25		500000		
11	종로점	하드디스크	97000	45		1050000		
12	종로점	USB	8500	90		600000		
13	과천점	마우스	28000	30		950000		
14	과천점	하드디스크	100000	45		1450000		
15	과천점	USB	8000	220		1600000		
16	합계				825000	13750000		

Sheet1 | 소모품 | Sheet2 | Sheet3

⑤ 수식을 입력한 각 셀(E4,G4,H4)의 채우기 핸들을 15행까지 마우스로 끌기하여 수식을 복사한다. 또한 매출액의 합계를 계산한 E16셀의 채우기 핸들을 G16까지 오른쪽으로 끌어 복사한다.

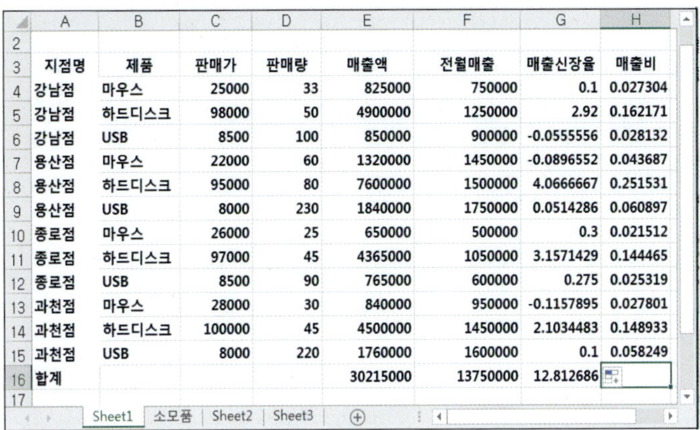

	A	B	C	D	E	F	G	H
2								
3	지점명	제품	판매가	판매량	매출액	전월매출	매출신장율	매출비
4	강남점	마우스	25000	33	825000	750000	0.1	0.027304
5	강남점	하드디스크	98000	50	4900000	1250000	2.92	0.162171
6	강남점	USB	8500	100	850000	900000	-0.0555556	0.028132
7	용산점	마우스	22000	60	1320000	1450000	-0.0896552	0.043687
8	용산점	하드디스크	95000	80	7600000	1500000	4.0666667	0.251531
9	용산점	USB	8000	230	1840000	1750000	0.0514286	0.060897
10	종로점	마우스	26000	25	650000	500000	0.3	0.021512
11	종로점	하드디스크	97000	45	4365000	1050000	3.1571429	0.144465
12	종로점	USB	8500	90	765000	600000	0.275	0.025319
13	과천점	마우스	28000	30	840000	950000	-0.1157895	0.027801
14	과천점	하드디스크	100000	45	4500000	1450000	2.1034483	0.148933
15	과천점	USB	8000	220	1760000	1600000	0.1	0.058249
16	합계				30215000	13750000	12.812686	
17								

Sheet1 | 소모품 | Sheet2 | Sheet3

4.2 글꼴 및 맞춤

4.2.1 셀 병합하고 가운데 맞춤

① A1부터 F1까지 셀 영역을 설정한다.

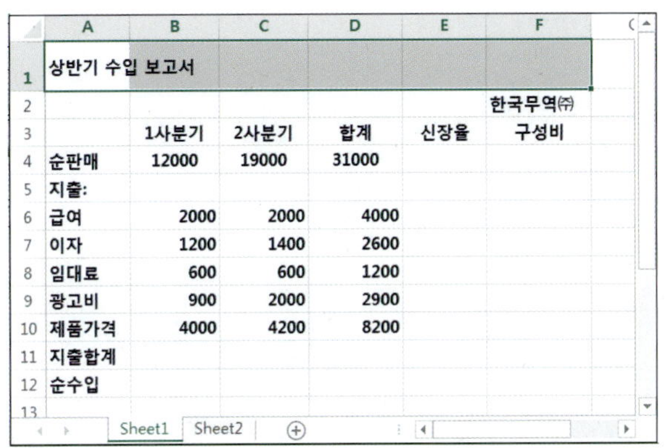

	A	B	C	D	E	F
1	상반기 수입 보고서					
2						한국무역㈜
3		1사분기	2사분기	합계	신장율	구성비
4	순판매	12000	19000	31000		
5	지출:					
6	급여	2000	2000	4000		
7	이자	1200	1400	2600		
8	임대료	600	600	1200		
9	광고비	900	2000	2900		
10	제품가격	4000	4200	8200		
11	지출합계					
12	순수입					
13						

Sheet1 | Sheet2

② 병합하고 가운데 맞춤 단추를 클릭한다.

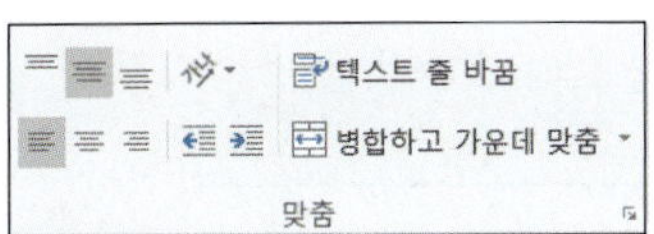

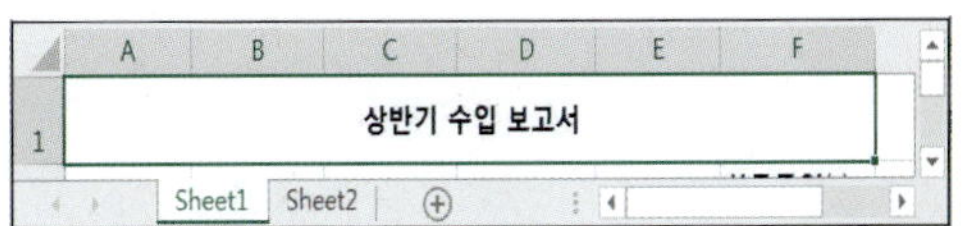

• 가운데 맞춤을 해제하기 위해서 병합하고 가운데 맞춤 단추를 다시 클릭하면 병합된 영역이 해제된다.

4.2.2 셀 색상 변경

① A1셀을 클릭한다.

② 서식 도구모음의 색 채우기 목록 단추( )를 클릭한다.

③ 원하는 색상을 클릭한다.

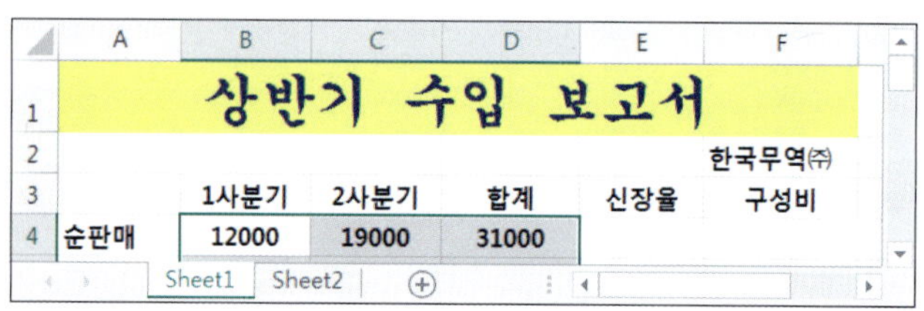

4.2.3 글자색 변경

① A1셀을 클릭한다.

② 서식 도구모음의 글꼴 색 목록 단추(가)를 클릭한다.

③ 원하는 색상을 클릭한다.

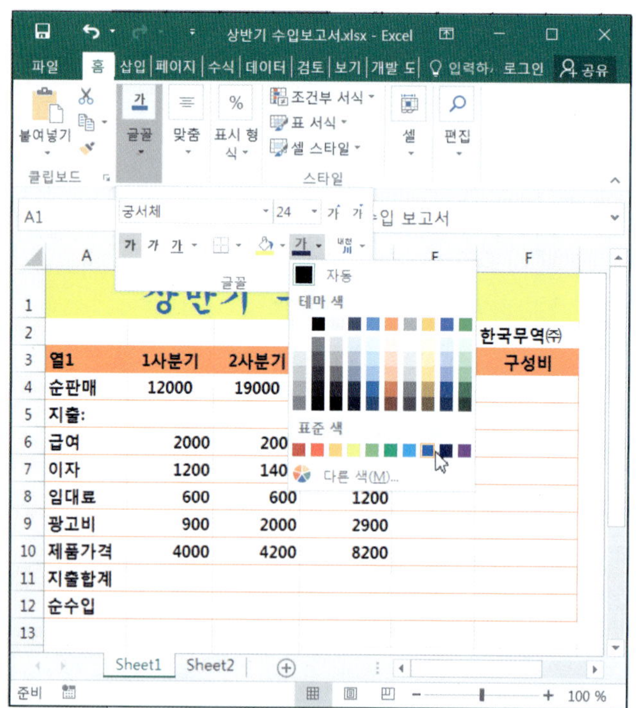

4.2.4 통화유형 적용

① 다음과 같이 셀 영역을 설정한다.

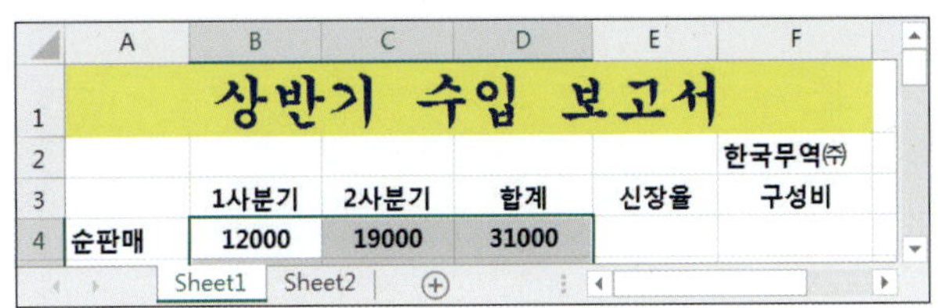

② 표시형식 리본에서 통화유형( ) 단추를 클릭한다.

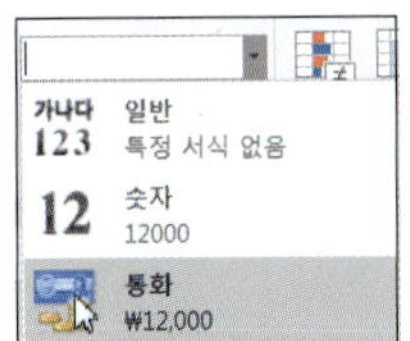

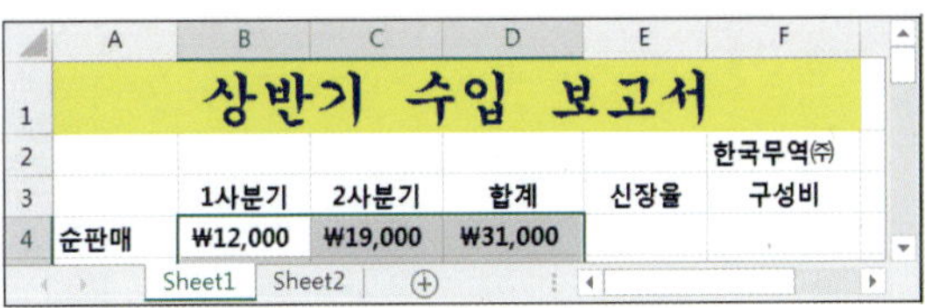

실습 4-3

다음 순서에 따라 판매가와 매출액, 전월매출 데이터에 통화 표시 형식을 적용한다.

① 먼저 통화 표시 형식의 셀 서식을 작성할 판매가(C4:C16)를 누르고 Ctrl 키를 누른 상태에서 매출액과 전월매출(E4:F16)의 셀 범위를 선택한다.

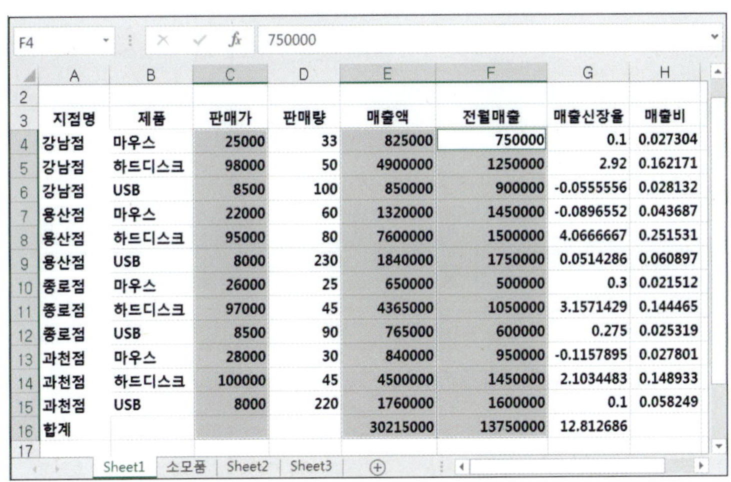

F4 750000

	A	B	C	D	E	F	G	H
2								
3	지점명	제품	판매가	판매량	매출액	전월매출	매출신장율	매출비
4	강남점	마우스	25000	33	825000	750000	0.1	0.027304
5	강남점	하드디스크	98000	50	4900000	1250000	2.92	0.162171
6	강남점	USB	8500	100	850000	900000	-0.0555556	0.028132
7	용산점	마우스	22000	60	1320000	1450000	-0.0896552	0.043687
8	용산점	하드디스크	95000	80	7600000	1500000	4.0666667	0.251531
9	용산점	USB	8000	230	1840000	1750000	0.0514286	0.060897
10	종로점	마우스	26000	25	650000	500000	0.3	0.021512
11	종로점	하드디스크	97000	45	4365000	1050000	3.1571429	0.144465
12	종로점	USB	8500	90	765000	600000	0.275	0.025319
13	과천점	마우스	28000	30	840000	950000	-0.1157895	0.027801
14	과천점	하드디스크	100000	45	4500000	1450000	2.1034483	0.148933
15	과천점	USB	8000	220	1760000	1600000	0.1	0.058249
16	합계				30215000	13750000	12.812686	
17								

Sheet1 | 소모품 | Sheet2 | Sheet3

② [표시형식]의 단추를 누르면 [셀서식] 대화상자가 나타나고, [표시형식]⇨[통화] 탭을 누른 후 [소수 자릿수(D)]는 0, [기호(S)]에서는 ₩, [음수(N)] 목록에서는 -₩1,234를 각각 선택한다.

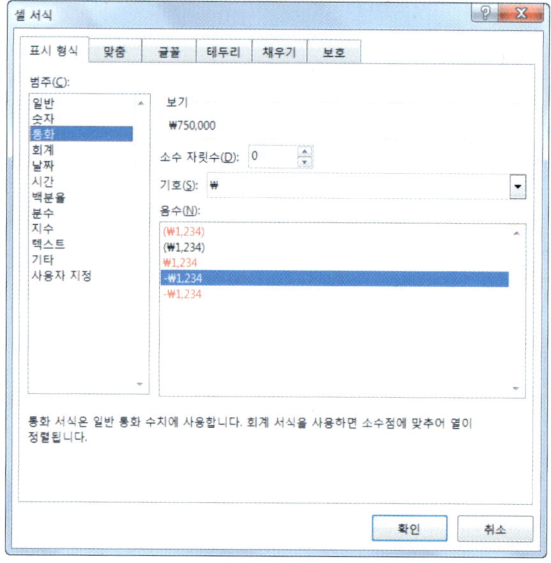

③ 대화상자에서 [확인] 단추를 누르면 다음과 같은 통화 표시 형식이 나타난다.

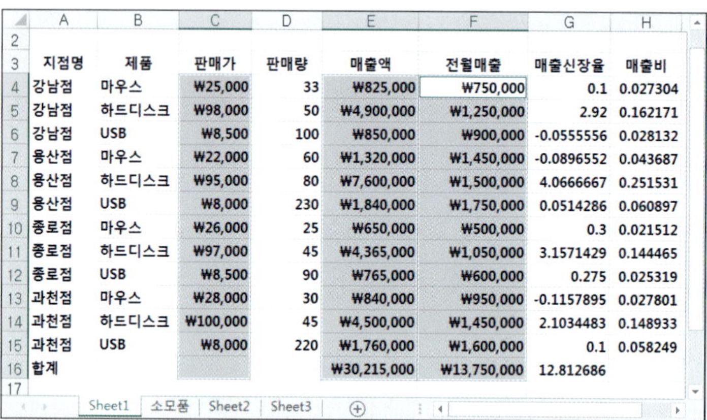

	A	B	C	D	E	F	G	H
2								
3	지점명	제품	판매가	판매량	매출액	전월매출	매출신장율	매출비
4	강남점	마우스	₩25,000	33	₩825,000	₩750,000	0.1	0.027304
5	강남점	하드디스크	₩98,000	50	₩4,900,000	₩1,250,000	2.92	0.162171
6	강남점	USB	₩8,500	100	₩850,000	₩900,000	-0.0555556	0.028132
7	용산점	마우스	₩22,000	60	₩1,320,000	₩1,450,000	-0.0896552	0.043687
8	용산점	하드디스크	₩95,000	80	₩7,600,000	₩1,500,000	4.0666667	0.251531
9	용산점	USB	₩8,000	230	₩1,840,000	₩1,750,000	0.0514286	0.060897
10	종로점	마우스	₩26,000	25	₩650,000	₩500,000	0.3	0.021512
11	종로점	하드디스크	₩97,000	45	₩4,365,000	₩1,050,000	3.1571429	0.144465
12	종로점	USB	₩8,500	90	₩765,000	₩600,000	0.275	0.025319
13	과천점	마우스	₩28,000	30	₩840,000	₩950,000	-0.1157895	0.027801
14	과천점	하드디스크	₩100,000	45	₩4,500,000	₩1,450,000	2.1034483	0.148933
15	과천점	USB	₩8,000	220	₩1,760,000	₩1,600,000	0.1	0.058249
16	합계				₩30,215,000	₩13,750,000	12.812686	
17								

Sheet1 | 소모품 | Sheet2 | Sheet3

4.2.5 백분율 적용

① 셀번지 E4를 지정하고 수식 =ABS((C4-B4)/B4)를 입력한다.

② 표시형식에서 % 단추를 누른다.

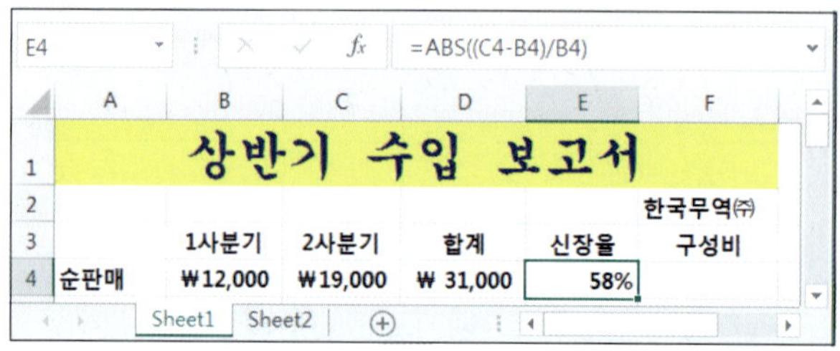

E4 =ABS((C4-B4)/B4)

	A	B	C	D	E	F
1	상반기 수입 보고서					
2						한국무역㈜
3		1사분기	2사분기	합계	신장율	구성비
4	순판매	₩12,000	₩19,000	₩ 31,000	58%	

Sheet1 | Sheet2

실습 4-4

다음으로 매출신장률과 매출비 데이터에 백분율 표시 형식을 작성하여 보기로 한다.

① 백분율 표시 형식을 작성할 매출신장률과 매출비 데이터의 셀 범위인 G4:H16을 선택한다.

	A	B	C	D	E	F	G	H
2								
3	지점명	제품	판매가	판매량	매출액	전월매출	매출신장율	매출비
4	강남점	마우스	₩25,000	33	₩825,000	₩750,000	0.1	0.027304
5	강남점	하드디스크	₩98,000	50	₩4,900,000	₩1,250,000	2.92	0.162171
6	강남점	USB	₩8,500	100	₩850,000	₩900,000	-0.0555556	0.028132
7	용산점	마우스	₩22,000	60	₩1,320,000	₩1,450,000	-0.0896552	0.043687
8	용산점	하드디스크	₩95,000	80	₩7,600,000	₩1,500,000	4.0666667	0.251531
9	용산점	USB	₩8,000	230	₩1,840,000	₩1,750,000	0.0514286	0.060897
10	종로점	마우스	₩26,000	25	₩650,000	₩500,000	0.3	0.021512
11	종로점	하드디스크	₩97,000	45	₩4,365,000	₩1,050,000	3.1571429	0.144465
12	종로점	USB	₩8,500	90	₩765,000	₩600,000	0.275	0.025319
13	과천점	마우스	₩28,000	30	₩840,000	₩950,000	-0.1157895	0.027801
14	과천점	하드디스크	₩100,000	45	₩4,500,000	₩1,450,000	2.1034483	0.148933
15	과천점	USB	₩8,000	220	₩1,760,000	₩1,600,000	0.1	0.058249
16	합계				₩30,215,000	₩13,750,000	12.812686	
17								

Sheet1 | 소모품 | Sheet2 | Sheet3

② 선택한 셀 범위에서 마우스의 오른쪽 버튼을 눌러 표시된 메뉴 중 [셀 서식] 명령을 선택하고, 대화상자에서 [표시형식] 탭을 누른다.

③ 다음과 같이 [범주(C)] 목록에서 백분율, [소수 자리수(D)]는 2를 각각 선택한다.

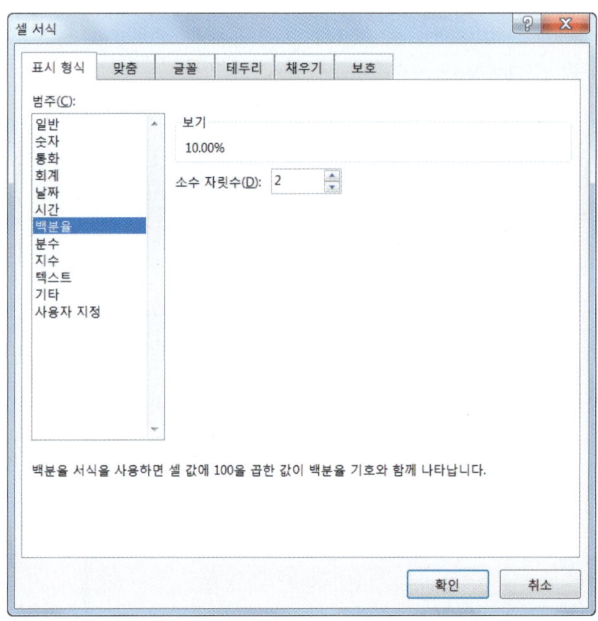

④ 대화상자에서 [확인] 단추를 누르면 다음과 같은 소수 이하 2자리까지 표시된 백분율 표시 형식이 나타난다.

	A	B	C	D	E	F	G	H
2								
3	지점명	제품	판매가	판매량	매출액	전월매출	매출신장율	매출비
4	강남점	마우스	₩25,000	33	₩825,000	₩750,000	10.00%	2.73%
5	강남점	하드디스크	₩98,000	50	₩4,900,000	₩1,250,000	292.00%	16.22%
6	강남점	USB	₩8,500	100	₩850,000	₩900,000	-5.56%	2.81%
7	용산점	마우스	₩22,000	60	₩1,320,000	₩1,450,000	-8.97%	4.37%
8	용산점	하드디스크	₩95,000	80	₩7,600,000	₩1,500,000	406.67%	25.15%
9	용산점	USB	₩8,000	230	₩1,840,000	₩1,750,000	5.14%	6.09%
10	종로점	마우스	₩26,000	25	₩650,000	₩500,000	30.00%	2.15%
11	종로점	하드디스크	₩97,000	45	₩4,365,000	₩1,050,000	315.71%	14.45%
12	종로점	USB	₩8,500	90	₩765,000	₩600,000	27.50%	2.53%
13	과천점	마우스	₩28,000	30	₩840,000	₩950,000	-11.58%	2.78%
14	과천점	하드디스크	₩100,000	45	₩4,500,000	₩1,450,000	210.34%	14.89%
15	과천점	USB	₩8,000	220	₩1,760,000	₩1,600,000	10.00%	5.82%
16	합계				₩30,215,000	₩13,750,000	119.75%	
17								

Sheet1 | 소모품 | Sheet2 | Sheet3

4.2.6 테두리와 무늬 서식 적용

- 셀 블록을 기준으로 위, 아래, 오른쪽, 왼쪽, 외곽선을 지정할 수 있다.

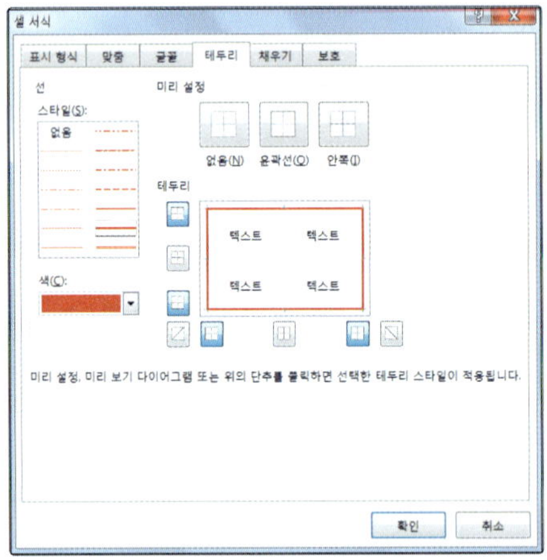

- 채우기는 셀의 배경색이나 무늬를 지정한다.

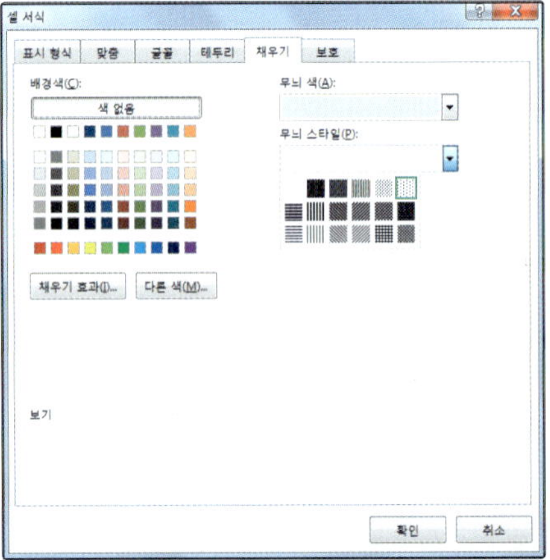

실습 4-5

다음 순서에 따라 제목을 확대하고 병합하고 가운데 맞춤을 지정한 다음 계산표의 외곽에 파란색의 이중선을 그려보기로 한다.

① A1셀을 지정하고 [표시 형식]⇨[셀 스타일]⇨[제목]을 지정하고, 글꼴을 24포인트로 지정한 다음, A1~H1까지 블록으로 설정한 후 병합하고 가운데 맞춤을 선택한다.

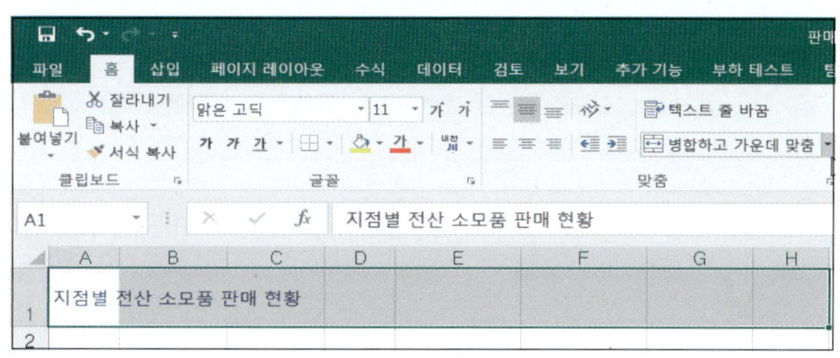

② 테두리를 그릴 계산표의 셀 범위인 A3:H16을 선택한 다음 마우스 오른쪽 단추를 누르고 [셀 서식]을 지정하고 다음과 같이 나타낸다.

③ 대화상자의 [선, 스타일(S)] 부분에서 이중선을 선택하고, [미리 설정]에서 윤곽선을 선택한다. 끝으로 [색(C)] 목록에서 파랑색을 선택한 다음 [확인] 단추를 누른다.

지점별 전산 소모품 판매 현황

지점명	제품	판매가	판매량	매출액	전월매출	매출신장율	매출비
강남점	마우스	₩25,000	33	₩825,000	₩750,000	10.00%	2.73%
강남점	하드디스크	₩98,000	50	₩4,900,000	₩1,250,000	292.00%	16.22%
강남점	USB	₩8,500	100	₩850,000	₩900,000	-5.56%	2.81%
용산점	마우스	₩22,000	60	₩1,320,000	₩1,450,000	-8.97%	4.37%
용산점	하드디스크	₩95,000	80	₩7,600,000	₩1,500,000	406.67%	25.15%
용산점	USB	₩8,000	230	₩1,840,000	₩1,750,000	5.14%	6.09%
종로점	마우스	₩26,000	25	₩650,000	₩500,000	30.00%	2.15%
종로점	하드디스크	₩97,000	45	₩4,365,000	₩1,050,000	315.71%	14.45%
종로점	USB	₩8,500	90	₩765,000	₩600,000	27.50%	2.53%
과천점	마우스	₩28,000	30	₩840,000	₩950,000	-11.58%	2.78%
과천점	하드디스크	₩100,000	45	₩4,500,000	₩1,450,000	210.34%	14.89%
과천점	USB	₩8,000	220	₩1,760,000	₩1,600,000	10.00%	5.82%
합계				₩30,215,000	₩13,750,000	119.75%	

Sheet1 | 소모품 | Sheet2 | Sheet3

4.3 자동 서식

자동 서식이란 표시 형식, 맞춤, 글꼴, 너비/높이, 괘선과 무늬 등의 셀 서식을 미리 만들어둔 다양한 종류의 '표 서식'을 말한다. 선택한 셀 범위에 간단한 셀 서식을 한 번에 작성할 수 있으며, 주로 괘선과 무늬 서식을 편리하게 작성하기 위해 사용한다.

자동 서식을 사용하려면 워크시트에서 서식을 적용할 셀 범위를 선택한 다음 [홈]⇨[표 서식] 명령을 실행하고 원하는 표 서식을 지정한다.

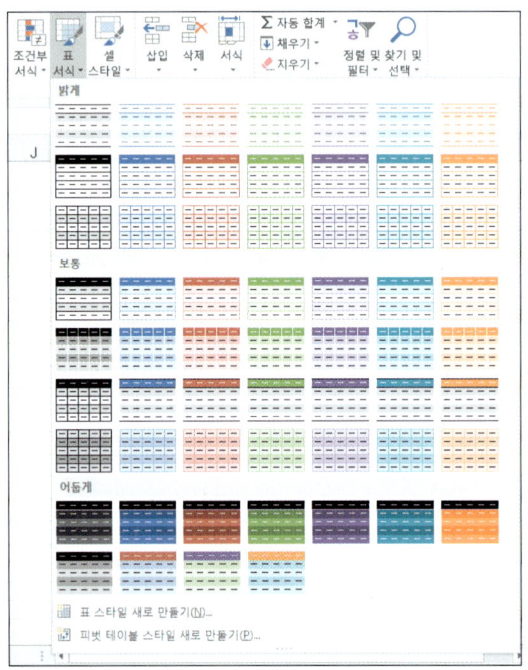

실습 4-6

다음 순서에 따라 A3:H16 데이터 범위에 표서식의 [표 스타일 보통 6] 자동 서식을 작성해 본다.

① '자동서식' 시트에서 A1:E16까지의 셀 범위를 선택한 다음 [홈]⇨[스타일]⇨[표 서식]을 지정하면 표 서식 대화상자가 나타나고, [표 스타일 보통 6]을 선택한다.

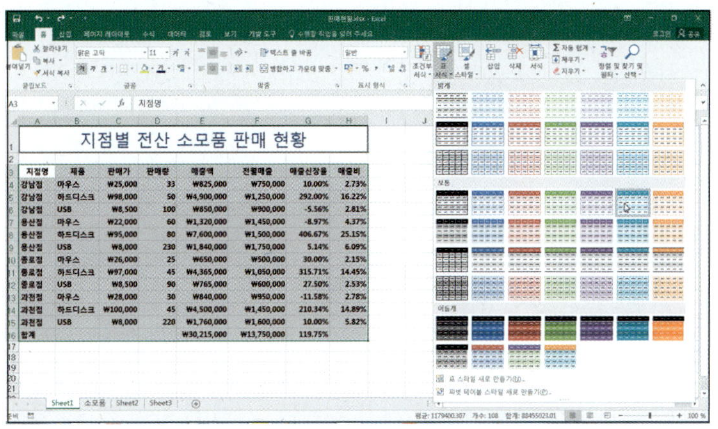

② 해당 [표 서식]을 클릭하면, 범위가 자동으로 지정되고, [확인]을 누르면 다음과 같이 표 서식이 지정되어 나타난다.

지점별 전산 소모품 판매 현황

지점명	제품	판매가	판매량	매출액	전월매출	매출신장율	매출비
강남점	마우스	₩25,000	33	₩825,000	₩750,000	10.00%	2.73%
강남점	하드디스크	₩98,000	50	₩4,900,000	₩1,250,000	292.00%	16.22%
강남점	USB	₩8,500	100	₩850,000	₩900,000	-5.56%	2.81%
용산점	마우스	₩22,000	60	₩1,320,000	₩1,450,000	-8.97%	4.37%
용산점	하드디스크	₩95,000	80	₩7,600,000	₩1,500,000	406.67%	25.15%
용산점	USB	₩8,000	230	₩1,840,000	₩1,750,000	5.14%	6.09%
종로점	마우스	₩26,000	25	₩650,000	₩500,000	30.00%	2.15%
종로점	하드디스크	₩97,000	45	₩4,365,000	₩1,050,000	315.71%	14.45%
종로점	USB	₩8,500	90	₩765,000	₩600,000	27.50%	2.53%
과천점	마우스	₩28,000	30	₩840,000	₩950,000	-11.58%	2.78%
과천점	하드디스크	₩100,000	45	₩4,500,000	₩1,450,000	210.34%	14.89%
과천점	USB	₩8,000	220	₩1,760,000	₩1,600,000	10.00%	5.82%
합계				₩30,215,000	₩13,750,000	119.75%	

③ 다시 A3:H16셀을 범위로 지정한 다음, 마우스 오른쪽 단추를 눌러서 [표]⇨[범위로 변환]을 지정한다.

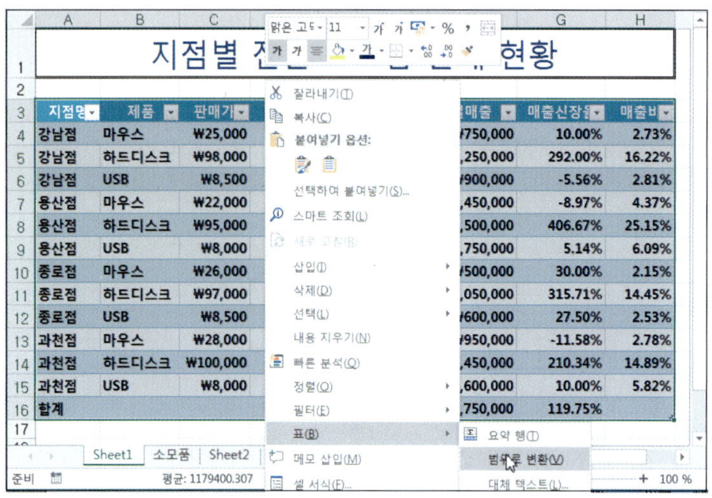

④ 표를 정상적으로 변환 여부를 묻는 대화상자가 나타나고 [예]를 누르면 표 서식이 적용되어 나타난다.

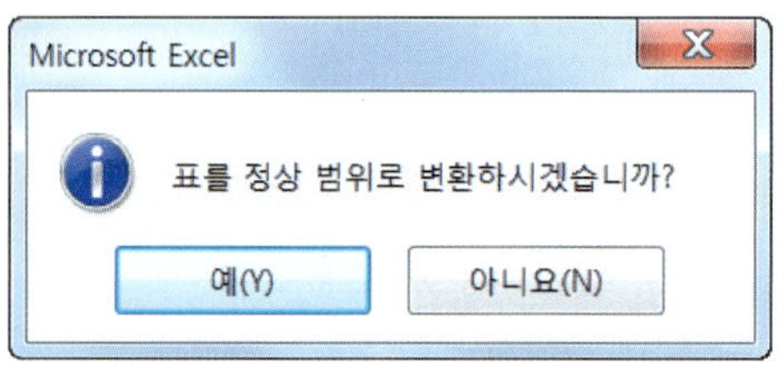

지점명	제품	판매가	판매량	매출액	전월매출	매출신장율	매출비
강남점	마우스	₩25,000	33	₩825,000	₩750,000	10.00%	2.73%
강남점	하드디스크	₩98,000	50	₩4,900,000	₩1,250,000	292.00%	16.22%
강남점	USB	₩8,500	100	₩850,000	₩900,000	-5.56%	2.81%
용산점	마우스	₩22,000	60	₩1,320,000	₩1,450,000	-8.97%	4.37%
용산점	하드디스크	₩95,000	80	₩7,600,000	₩1,500,000	406.67%	25.15%
용산점	USB	₩8,000	230	₩1,840,000	₩1,750,000	5.14%	6.09%
종로점	마우스	₩26,000	25	₩650,000	₩500,000	30.00%	2.15%
종로점	하드디스크	₩97,000	45	₩4,365,000	₩1,050,000	315.71%	14.45%
종로점	USB	₩8,500	90	₩765,000	₩600,000	27.50%	2.53%
과천점	마우스	₩28,000	30	₩840,000	₩950,000	-11.58%	2.78%
과천점	하드디스크	₩100,000	45	₩4,500,000	₩1,450,000	210.34%	14.89%
과천점	USB	₩8,000	220	₩1,760,000	₩1,600,000	10.00%	5.82%
합계				₩30,215,000	₩13,750,000	119.75%	

4.4 조건부 서식 작성

4.4.1 조건부 서식의 정의

조건부 서식을 사용하면 특정 조건에 해당하는 셀이나 셀 범위가 강조 표시되고, 특수한 값이 강조되고, 데이터가 데이터 막대, 색조, 아이콘 집합 등으로 시각화되므로 원하는 사항을 쉽게 확인할 수 있다.

조건부 서식은 특정 조건이나 기준에 따라 셀 범위의 모양을 변경한다.

4.4.2 조건부 서식의 종류

한글 엑셀 2016의 조건부 서식 종류는 다음과 같다.

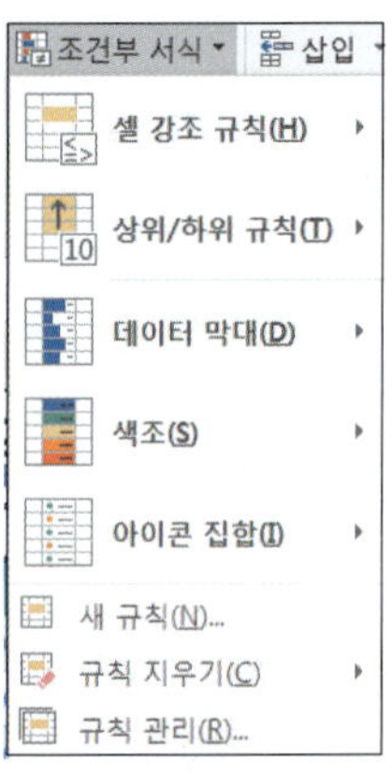

서식 종류	서식의 설명
셀 강조 규칙	특정한 값과 셀을 비교하여 서식을 적용한다.
상위/하위 규칙	상위와 하위의 셀에 대하여 조건에 의해 서식을 지정한다.
데이터 막대	셀에 색이 지정된 데이터 막대를 표시한다.
색조	셀 범위에 지정된 다양한 색의 그라데이션을 표시한다.
아이콘 집합	각 셀에 아이콘 집합의 아이콘을 표시한다.
새 규칙	조건부 서식에 새로운 규칙을 지정한다.
규칙 지우기	선택한 셀이나 전체 셀에 지정된 규칙을 지운다.
규칙 관리	조건부 서식 규칙에 우선 순위를 관리 한다.

4.4.3 조건부 서식 작성

조건부 서식을 작성하려는 셀 범위를 선택한 다음 [홈]⇨[조건부 서식]을 지정한다.

다음으로 '조건부 서식' 대화상자에서 조건부 서식의 세부 목록을 지정하고, 원하는 셀 값의 조건 및 그에 따른 서식 변경 내용을 작성하면 된다.

실습 4-7

다음 순서에 따라 작성한 시트에서 매출 신장률이 0% 미만인 경우 "진한 빨강색 텍스트가 있는 연한 빨강색 채우기"로 표시하는 조건부 서식을 작성한다.

지점별 전산 소모품 판매 현황

지점명	제품	판매가	판매량	매출액	전월매출	매출신장율	매출비
강남점	마우스	₩25,000	33	₩825,000	₩750,000	10.00%	2.73%
강남점	하드디스크	₩98,000	50	₩4,900,000	₩1,250,000	292.00%	16.22%
강남점	USB	₩8,500	100	₩850,000	₩900,000	-5.56%	2.81%
용산점	마우스	₩22,000	60	₩1,320,000	₩1,450,000	-8.97%	4.37%
용산점	하드디스크	₩95,000	80	₩7,600,000	₩1,500,000	406.67%	25.15%
용산점	USB	₩8,000	230	₩1,840,000	₩1,750,000	5.14%	6.09%
종로점	마우스	₩26,000	25	₩650,000	₩500,000	30.00%	2.15%
종로점	하드디스크	₩97,000	45	₩4,365,000	₩1,050,000	315.71%	14.45%
종로점	USB	₩8,500	90	₩765,000	₩600,000	27.50%	2.53%
과천점	마우스	₩28,000	30	₩840,000	₩950,000	-11.58%	2.78%
과천점	하드디스크	₩100,000	45	₩4,500,000	₩1,450,000	210.34%	14.89%
과천점	USB	₩8,000	220	₩1,760,000	₩1,600,000	10.00%	5.82%
합계				₩30,215,000	₩13,750,000	119.75%	

① 매출 신장률이 들어있는 데이터 범위인 G4:G16을 선택한다.

② [홈]⇨[조건부 서식]⇨[셀 강조 규칙]⇨[보다 작음] 명령을 선택하면 [보다 작음] 대화상자가 나타나고, 0%를 입력하고 [확인]을 클릭한다.

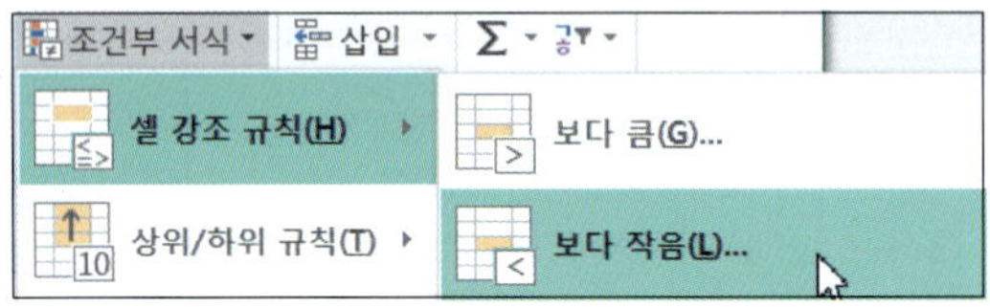

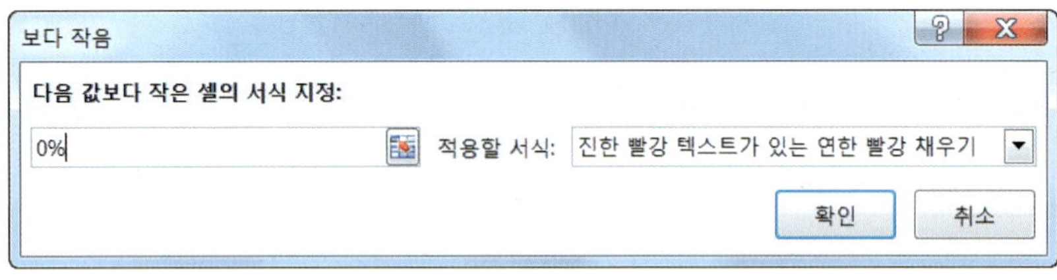

지점별 전산 소모품 판매 현황

지점명	제품	판매가	판매량	매출액	전월매출	매출신장율	매출비
강남점	마우스	₩25,000	33	₩825,000	₩750,000	10.00%	2.73%
강남점	하드디스크	₩98,000	50	₩4,900,000	₩1,250,000	292.00%	16.22%
강남점	USB	₩8,500	100	₩850,000	₩900,000	-5.56%	2.81%
용산점	마우스	₩22,000	60	₩1,320,000	₩1,450,000	-8.97%	4.37%
용산점	하드디스크	₩95,000	80	₩7,600,000	₩1,500,000	406.67%	25.15%
용산점	USB	₩8,000	230	₩1,840,000	₩1,750,000	5.14%	6.09%
종로점	마우스	₩26,000	25	₩650,000	₩500,000	30.00%	2.15%
종로점	하드디스크	₩97,000	45	₩4,365,000	₩1,050,000	315.71%	14.45%
종로점	USB	₩8,500	90	₩765,000	₩600,000	27.50%	2.53%
과천점	마우스	₩28,000	30	₩840,000	₩950,000	-11.58%	2.78%
과천점	하드디스크	₩100,000	45	₩4,500,000	₩1,450,000	210.34%	14.89%
과천점	USB	₩8,000	220	₩1,760,000	₩1,600,000	10.00%	5.82%
합계				₩30,215,000	₩13,750,000	119.75%	

4.4.4 조건부 서식 삭제

지정한 조건부 서식을 삭제하려면 일단 서식이 작성된 셀 범위를 선택한 다음 [홈]⇨[조건부 서식]⇨[규칙 지우기]⇨[선택한 셀의 규칙 지우기]을 실행하면, 지정된 조건이 자동으로 삭제된다.

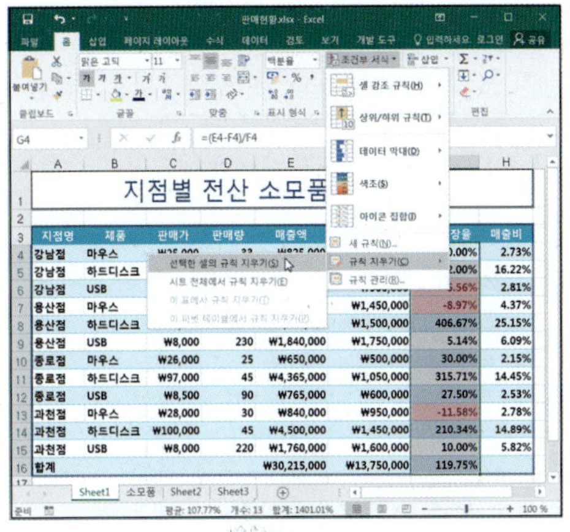

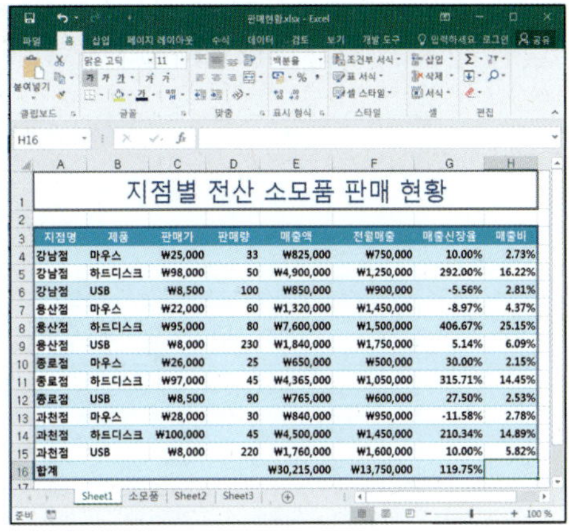

실습 4-8

다음 순서에 따라 시트에서 매출 신장률의 [데이터 막대]를 이용하여 양수는 녹색으로 음수는 빨강으로 표시하는 조건부 서식을 작성한다.

① 매출 신장률이 들어있는 데이터 범위인 G4:G16을 선택한다.

② [홈]⇨[조건부 서식]⇨[데이터 막대]⇨[녹색 데이터 막대]를 선택한다.

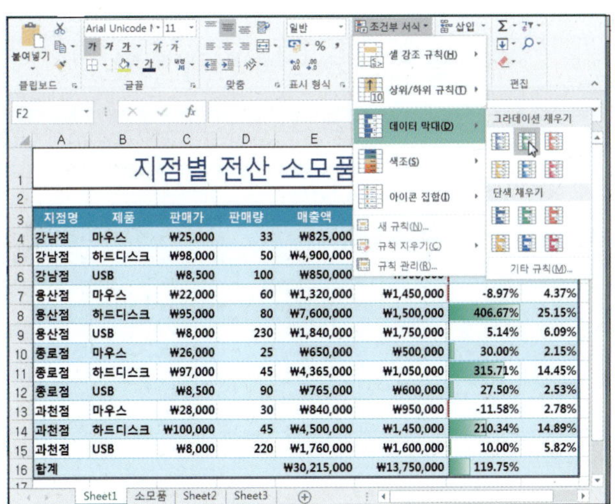

실습 4-9

다음 순서에 따라 '소모품' 시트에서 매출 신장률의 값에 색조와 도형을 지정하여 나타내어 보자.

① 매출 신장률이 들어있는 데이터 범위인 G4:G16을 선택한다.

② [홈]⇨[조건부 서식]⇨[색조]⇨[빨강 노랑 녹색 색조]를 선택한다.

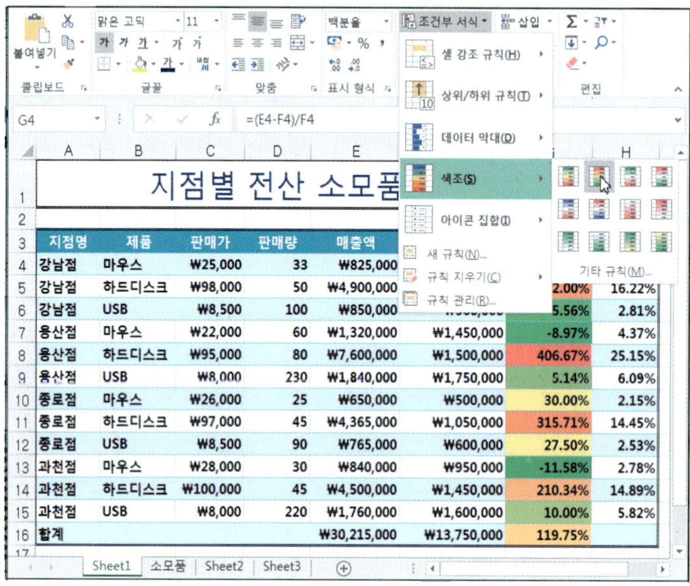

③ 다시 범위를 지정한 다음 [홈]⇨[조건부 서식]⇨[아이콘 집합]⇨[5 방향 화살표(칼라)]를 선택한다.

4.5 워크시트 분석도구

4.5.1 [수식 분석] 도구 모음

[수식]⇨[수식 분석]⇨[수식 표시] 명령을 선택하면 다음과 같은 [수식 분석] 도구 모음이 화면에 표시된다.

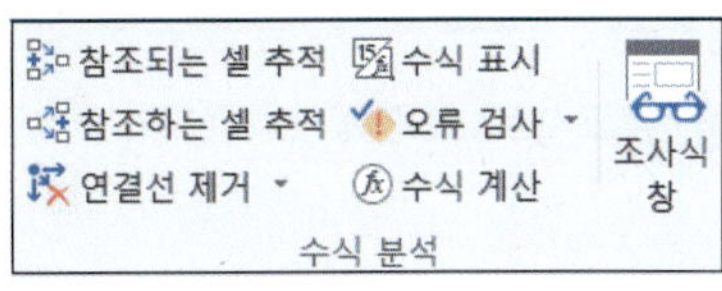

	A	B	C	D	E	F	G	H
1	지점별 전산 소모품 판매 현황							
2								
3	지점명	제품	판매가	판매량	매출액	전월매출	매출신장율	매출비
4	강남점	마우스	25000	33	=C4*D4	750000	=(E4-F4)/F4	=E4/E$16
5	강남점	하드디스크	98000	50	=C5*D5	1250000	=(E5-F5)/F5	=E5/E$16
6	강남점	USB	8500	100	=C6*D6	900000	=(E6-F6)/F6	=E6/E$16
7	용산점	마우스	22000	60	=C7*D7	1450000	=(E7-F7)/F7	=E7/E$16
8	용산점	하드디스크	95000	80	=C8*D8	1500000	=(E8-F8)/F8	=E8/E$16
9	용산점	USB	8000	230	=C9*D9	1750000	=(E9-F9)/F9	=E9/E$16
10	종로점	마우스	26000	25	=C10*D10	500000	=(E10-F10)/F10	=E10/E$16
11	종로점	하드디스크	97000	45	=C11*D11	1050000	=(E11-F11)/F11	=E11/E$16
12	종로점	USB	8500	90	=C12*D12	600000	=(E12-F12)/F12	=E12/E$16
13	과천점	마우스	28000	30	=C13*D13	950000	=(E13-F13)/F13	=E13/E$16
14	과천점	하드디스크	100000	45	=C14*D14	1450000	=(E14-F14)/F14	=E14/E$16
15	과천점	USB	8000	220	=C15*D15	1600000	=(E15-F15)/F15	=E15/E$16
16	합계				=SUM(E4:E15)	=SUM(F4:F15)	=(E16-F16)/F16	

Sheet1 | 소모품 | Sheet2 | Sheet3

워크시트 분석을 위해 주로 사용하는 명령 단추의 종류와 기능은 다음과 같다.

종 류	아이콘	기 능
오류 검사		시트 전체에 대한 수식의 오류 검사를 진행한다.
참조하는 셀 추적		현재 선택한 수식 입력 셀이 참조하는 셀을 표시한다.
참조하는 셀 연결선 제거		참조하는 셀 연결선 표시를 없앤다.
참조되는 셀 추적		현재 선택한 셀을 참조하고 있는 수식 입력 셀을 표시한다.
참조되는 셀 연결선 제거		참조되는 셀 연결선 표시를 없앤다.
연결선 제거		참조하는/참조되는 셀 연결선 표시를 모두 없앤다.
오류 추적		현재 셀의 수식에 대한 오류값을 추적한다.
조사식 창 표시		조사식 창의 대화상자를 나타낸다.
수식 계산		수식 계산을 위한 대화상자가 나타난다.

4.5.2 분석 도구 모음의 사용

판매현황.xlsx 시트에서 [분석] 도구 모음에 들어 있는 명령 단추를 이용하여 워크시트를 분석하는 방법에 대해 알아 본다.

(1) 참조하는 셀 추적

현재 셀지시자가 위치하고 있는 수식과 관련된 셀이 화살표로 연결되어 나타난다.

실습 4-10

시트에서 매출액의 합계가 입력되어 있는 E16셀이 참조하고 있는 셀을 워크시트 화면에 표시한다.

① '소모품' 시트에서 E16셀을 선택한다.

② 화면에 표시한 [분석] 도구에서 [참조하는 셀 추적] 단추를 누른다.

③ 다음과 같이 E16셀이 참조하는 셀에 연결선이 표시된다.

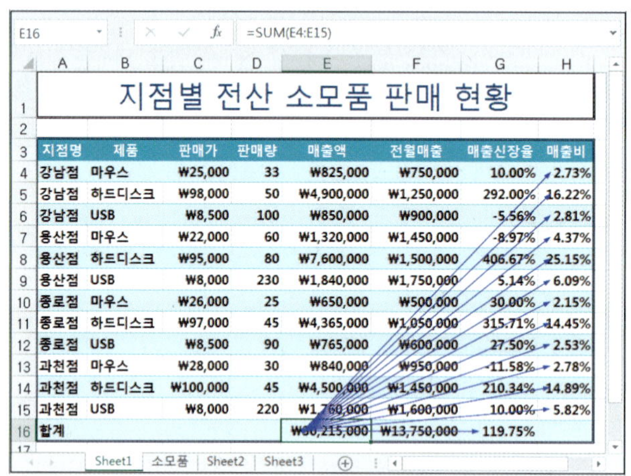

E16 =SUM(E4:E15)

지점별 전산 소모품 판매 현황

지점명	제품	판매가	판매량	매출액	전월매출	매출신장율	매출비
강남점	마우스	₩25,000	33	₩825,000	₩750,000	10.00%	2.73%
강남점	하드디스크	₩98,000	50	₩4,900,000	₩1,250,000	292.00%	16.22%
강남점	USB	₩8,500	100	₩850,000	₩900,000	-5.56%	2.81%
용산점	마우스	₩22,000	60	₩1,320,000	₩1,450,000	-8.97%	4.37%
용산점	하드디스크	₩95,000	80	₩7,600,000	₩1,500,000	406.67%	25.15%
용산점	USB	₩8,000	230	₩1,840,000	₩1,750,000	5.14%	6.09%
종로점	마우스	₩26,000	25	₩650,000	₩500,000	30.00%	2.15%
종로점	하드디스크	₩97,000	45	₩4,365,000	₩1,050,000	315.71%	14.45%
종로점	USB	₩8,500	90	₩765,000	₩600,000	27.50%	2.53%
과천점	마우스	₩28,000	30	₩840,000	₩950,000	-11.58%	2.78%
과천점	하드디스크	₩100,000	45	₩4,500,000	₩1,450,000	210.34%	14.89%
과천점	USB	₩8,000	220	₩1,760,000	₩1,600,000	10.00%	5.82%
합계				₩[illegible],215,000	₩13,750,000	119.75%	

Sheet1 소모품 Sheet2 Sheet3

(2) 참조되는 셀 추적

현재 셀지시자가 위치하고 있는 수식에 연관된 셀이 화살표로 연결되어 나타난다.

실습 4-11

시트에서 매출액의 합계가 입력되어 있는 E16셀을 참조하고 있는 수식입력 셀을 워크시트 화면에 표시한다.

① 시트에서 E16셀을 선택한다.

② [분석] 도구 모음 중 [참조되는 셀 추적] 단추를 누른다.

③ 다음과 같이 E16셀을 참조하고 있는 매출비 전체 셀 및 매출 신장률 합계 셀에 연결선이 표시된다.

지점별 전산 소모품 판매 현황

지점명	제품	판매가	판매량	매출액	전월매출	매출신장율	매출비
강남점	마우스	₩25,000	33	₩825,000	₩750,000	10.00%	2.73%
강남점	하드디스크	₩98,000	50	₩4,900,000	₩1,250,000	292.00%	16.22%
강남점	USB	₩8,500	100	₩850,000	₩900,000	-5.56%	2.81%
용산점	마우스	₩22,000	60	₩1,320,000	₩1,450,000	-8.97%	4.37%
용산점	하드디스크	₩95,000	80	₩7,600,000	₩1,500,000	406.67%	25.15%
용산점	USB	₩8,000	230	₩1,840,000	₩1,750,000	5.14%	6.09%
종로점	마우스	₩26,000	25	₩650,000	₩500,000	30.00%	2.15%
종로점	하드디스크	₩97,000	45	₩4,365,000	₩1,050,000	315.71%	14.45%
종로점	USB	₩8,500	90	₩765,000	₩600,000	27.50%	2.53%
과천점	마우스	₩28,000	30	₩840,000	₩950,000	-11.58%	2.78%
과천점	하드디스크	₩100,000	45	₩4,500,000	₩1,450,000	210.34%	14.89%
과천점	USB	₩8,000	220	₩1,760,000	₩1,600,000	10.00%	5.82%
합계				₩30,215,000	₩13,750,000	119.75%	

④ [분석] 도구 모음에 있는 [연결선 제거] 단추를 누르면 현재 화면에 표시된 연결선이 모두 삭제된다.

실습 4-12

"상반기 수입 보고서.xlsx"로 작성하고 신장률과 구성비를 작성하여 나타내어 본다.

- 신장률 = 절대값((2사분기-1사분기)/1사분기)*100
- 구성비 = (합계/지출합계)*100

	1사분기	2사분기	합계	신장율	한국무역㈜ 구성비
순판매	12000	19000	31000	58.3	
지출:					
급여	2000	2000	4000	0.0	21%
이자	1200	1400	2600	16.7	14%
임대료	600	600	1200	0.0	6%
광고비	900	2000	2900	122.2	15%
제품가격	4000	4200	8200	5.0	43%
지출합계	8700	10200	18900	17.2	100%
순수입	3300	8800	12100	166.7	

실습 4-13

<실습 4-11>의 내용에서 다음과 같이 적절한 서식을 적용하여 나타내어 본다.

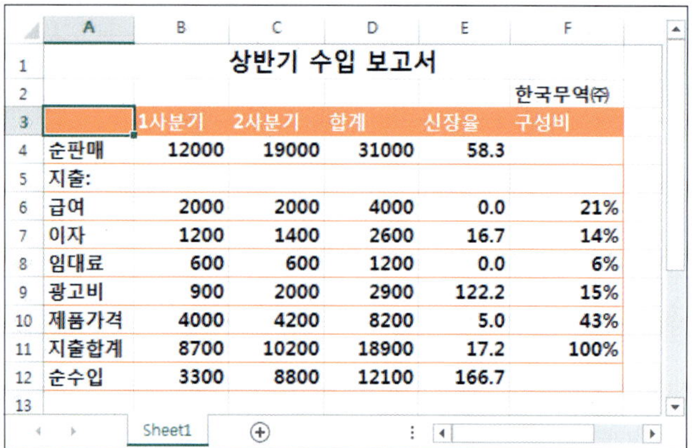

	A	B	C	D	E	F
1	상반기 수입 보고서					
2						한국무역㈜
3		1사분기	2사분기	합계	신장율	구성비
4	순판매	12000	19000	31000	58.3	
5	지출:					
6	급여	2000	2000	4000	0.0	21%
7	이자	1200	1400	2600	16.7	14%
8	임대료	600	600	1200	0.0	6%
9	광고비	900	2000	2900	122.2	15%
10	제품가격	4000	4200	8200	5.0	43%
11	지출합계	8700	10200	18900	17.2	100%
12	순수입	3300	8800	12100	166.7	
13						

연습문제

01. 수식의 구성 요소에 대해 간단히 설명하시오.

02. 수식 작성시 사용되는 연산자의 종류에는 어떤 것이 있는가?

03. 수식 입력 단추([=])를 이용하여 수식을 작성하는 방법에 대해 설명하시오.

04. 자동 합계 및 자동 계산 기능에 대해 간단히 설명하시오.

05. 상대 참조 및 절대 참조 방식에 의해 수식이 참조한 셀을 복사할 경우 어떻게 달라지는가?

06. 한글 엑셀 2016 프로그램의 통합 문서에 포함될 수 있는 시트의 종류는?

07. 현재 선택한 시트 앞에 새로운 워크시트를 삽입하는 방법은?

08. 현재 선택한 시트를 다른 통합 문서로 이동하는 방법에 대해 설명하시오.

09. 워크시트 셀 서식의 종류에는 어떤 것이 있는가?

10. 백분율 표시 형식이란 선택한 셀의 내용을 어떤 방법으로 표시하는가?

11. 자동 서식에서 사용자가 원하는 서식의 종류만을 선택하는 방법은?

12. 조건부 서식이란 무엇인가?

13. 워크시트 셀에 미리 복사해 둔 수식의 결과값이 0으로 표시된 경우 0값을 화면에 나타내지 않기 위한 방법은?

14. [분석] 도구 모음에 포함된 [참조하는 셀 추적] 단추의 기능은 무엇인가?

15. [검토] 도구 모음에 포함된 [새 메모] 단추의 기능은 무엇인가?

16. 현재 시트를 인쇄할 경우, 셀 무늬를 인쇄하지 않기 위한 방법은?

제5장

차 트

한글 엑셀 2016에서는 차트의 작성이 이전 버전 보다 더욱 간편하게 작성할 수 있도록 변경되었다. 엑셀 2016에서 특징이라고 할 수 있는 계층구조차트(선버스트, 트리맵)을 적용할 수 있고, 메뉴에서 손쉽게 선택하면 곧바로 완성된 차트가 적용되어 나타난다.

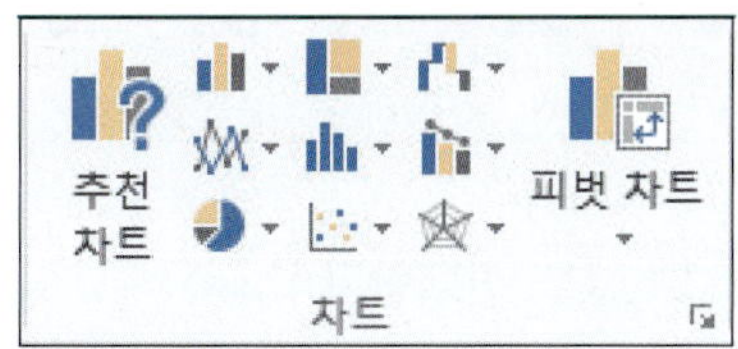

차트의 종류를 선택할 경우 차트를 작성할 범위를 선택한 다음 [삽입]⇨[차트]⇨[ ]를 지정하면 다음과 같은 차트 종류의 대화상자가 나타나고 먼저 원하는 차트를 선택하고 다음으로 상세한 항목을 지정하여 나타낼 수 있다.

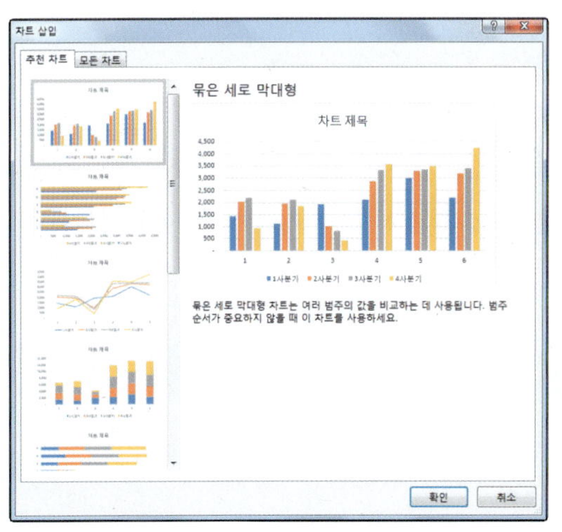

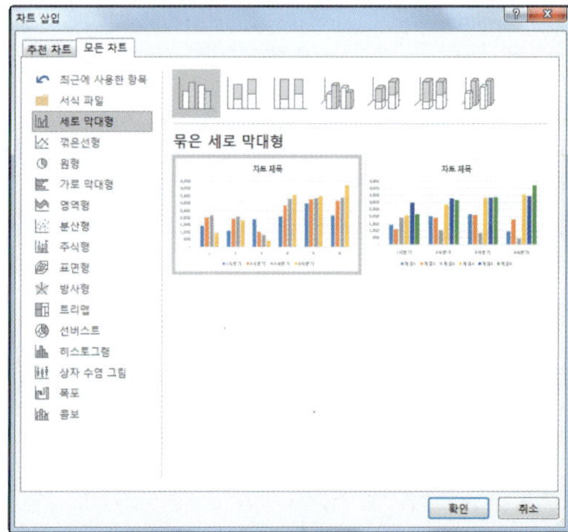

5.1 기능 키 F11을 이용한 차트 작성

① 다음의 워크시트를 입력한다.

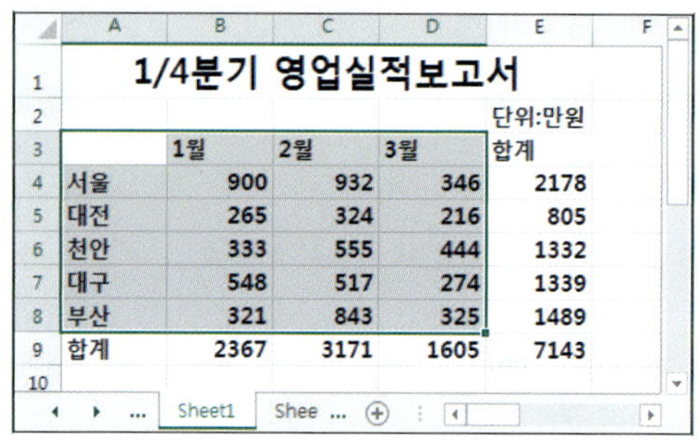

	A	B	C	D	E	F
1	1/4분기 영업실적보고서					
2					단위:만원	
3		1월	2월	3월	합계	
4	서울	900	932	346	2178	
5	대전	265	324	216	805	
6	천안	333	555	444	1332	
7	대구	548	517	274	1339	
8	부산	321	843	325	1489	
9	합계	2367	3171	1605	7143	
10						

Sheet1 | Shee ...

② 차트를 만들 데이터 영역인 A3:D8셀을 선택한다.

③ F11 키를 누른다.

④ 새로운 차트 시트 'Chart1'이 작성된다.

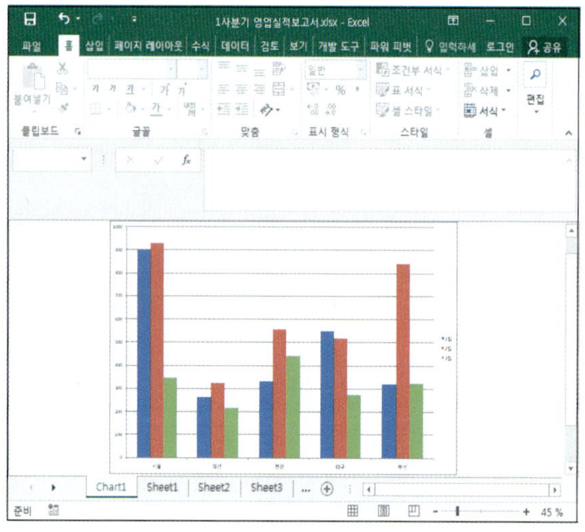

⑤ 메뉴의 [파일]⇨[다른 이름으로 저장]을 선택하여 파일이름에 "1사분기 영업실적보고서"를 입력한 후 [저장] 단추를 클릭한다.

차트시트에 작성된 차트는 이동하거나 크기를 변경할 수 없다.

5.2 차트 도구모음을 이용한 작성

① 차트를 만들 데이터 영역인 A3:D8셀을 선택한다.

② 메뉴의 [삽입]⇨[차트]⇨[ ]를 선택한다.

③ '차트 삽입' 대화상자에서 [모든 차트] 탭을 클릭하고, "세로 막대형"에서 '묶은 세로 막대형 차트'를 선택한다.

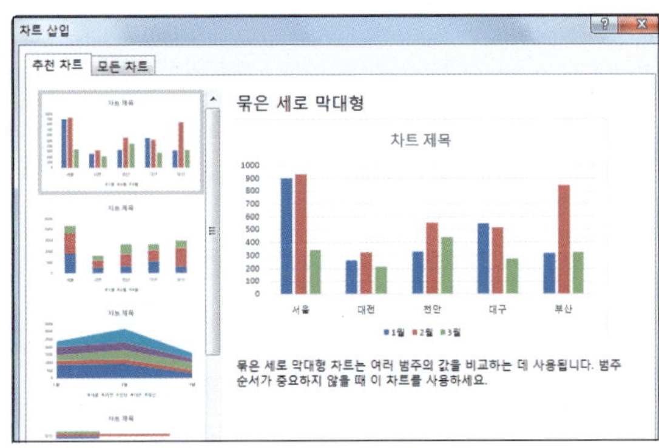

④ 워크시트에 포함된 차트가 작성된다.

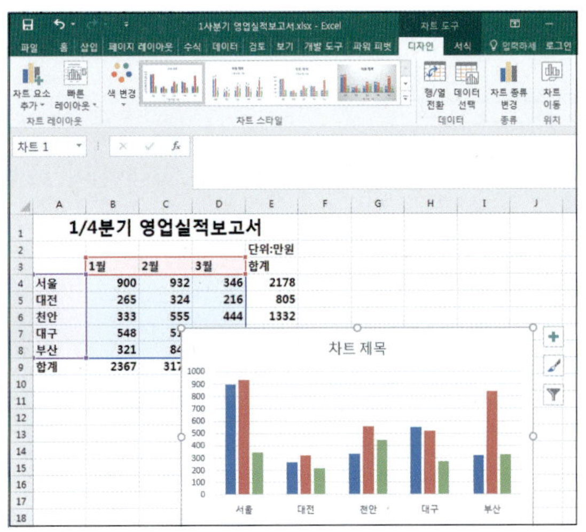

워크시트에 삽입된 차트는 이동하거나 크기를 변경할 수 있다.

5.3 레이아웃 지정

5.3.1 추천 차트

기본적으로 작성된 차트를 엑셀 2016에서 추천차트 아이콘( )을 클릭하여 곧바로 상세한 차트를 작성할 수 있다.

① 차트작성 대상 블록을 지정하고, [추천차트] 아이콘을 클릭하면 다음과 같은 차트의 종류들이 나타나고 원하고자 하는 차트를 선택한다.

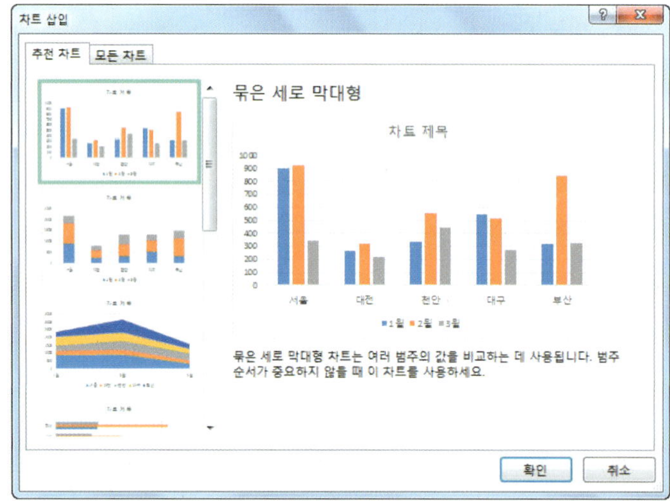

② 지정된 레이아웃에 의해 기본적인 차트 모양(누적 세로 막대형)이 나타난다.

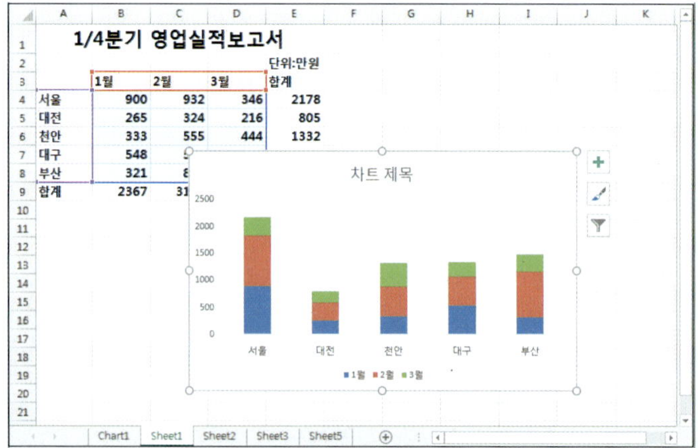

5.3.2 차트 레이아웃

기본적으로 작성된 차트를 사용자가 원하는 방식으로 차트를 상세하게 변경할 수 있다. 차트 레이아웃을 지정하기 위해 이미 나타난 차트를 선택하고 [차트 도구]⇨[차트 레이아웃]⇨[차트 요소 추가]를 지정하면, 다음과 같은 차트 메뉴가 나타난다.

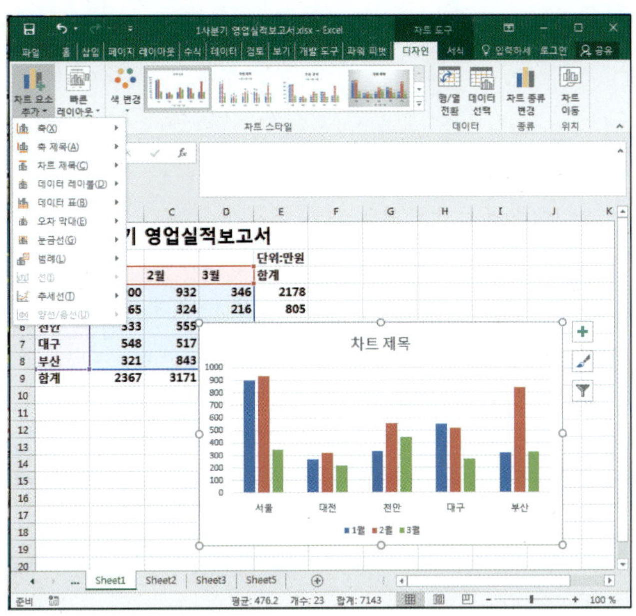

레이아웃의 리본들을 지정하면 상세하게 각각의 항목들에 대한 차트의 레이아웃들을 변경할 수 있다.

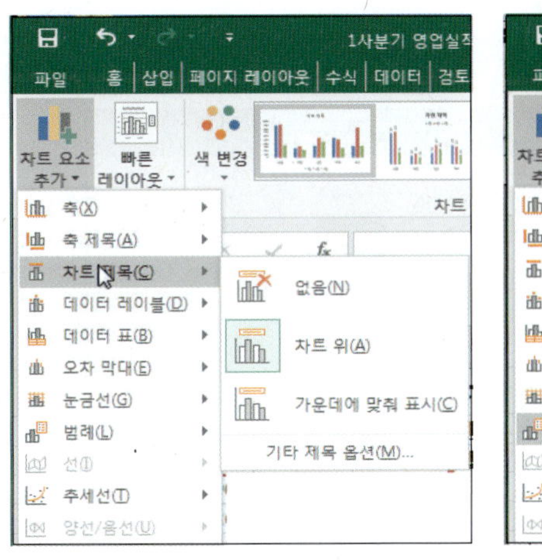

또한 이미 나타난 차트의 오른쪽 상단에 나타나는 차트 요소, 스타일, 값 단추를 누르면 즉석에서 차트 요소를 손쉽게 수정할 수 있다.

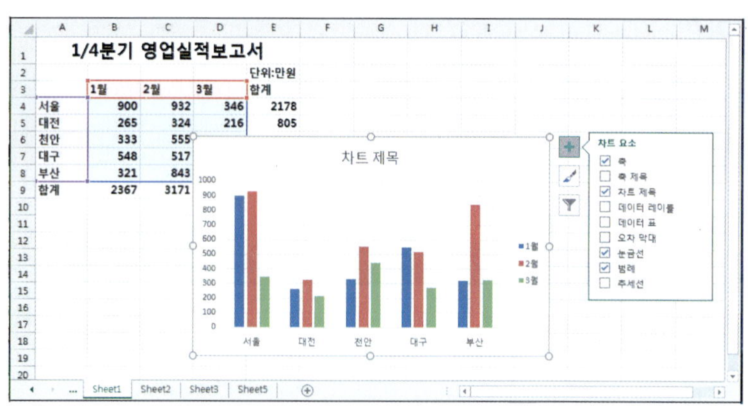

5.4 차트 스타일 지정

① [차트 스타일]을 클릭하면 다음과 같은 세로막대형의 빠른 스타일 종류 대화상자가 나타난다.

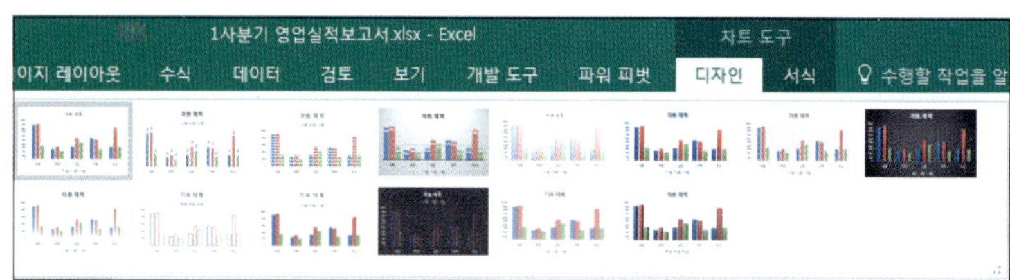

② 위의 빠른 스타일 대화상자에서 원하는 스타일을 선택하면 다음과 변경되어 나타난다.

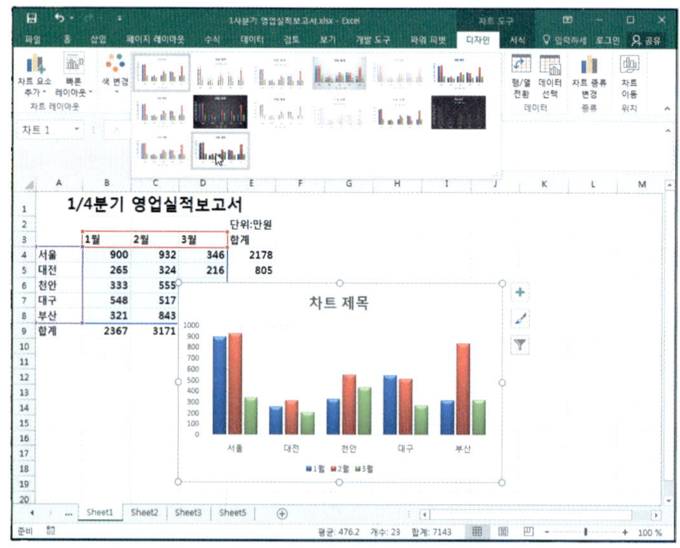

5.5 도형 스타일 지정

도형 스타일은 지정된 차트에 일괄적으로 선택된 도형 스타일로 윤곽선과 배경색과 글자색을 일괄하여 나타내어 준다.

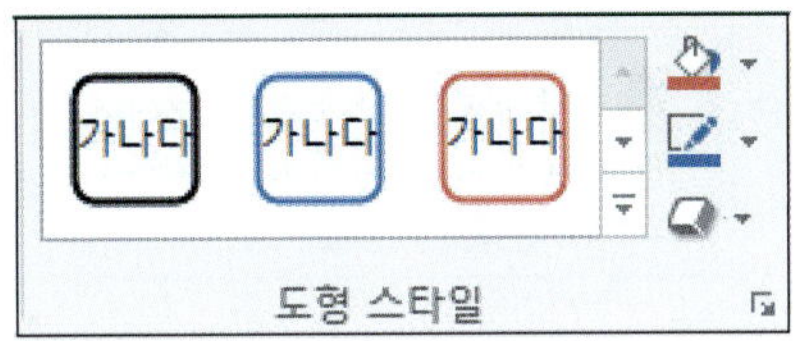

① [차트 도구] ⇨ [서식] ⇨ [도형 스타일]에서 자세히( ) 단추를 누르면 다양한 도형 스타일의 종류 상자가 나타난다.

② 나타난 도형 스타일에 마우스를 이동하면 사전에 변화된 차트의 모양이 나타나고 클릭하면 배경색과 문자 모양이 지정되어 나타난다.

5.6 WordArt 스타일

WordArt 스타일은 차트내의 글자를 지정된 글자 모양으로 전체 또는 지정된 항목으로 구분하여 나타낼 수 있다.

① [차트 도구] ⇨ [서식] ⇨ [WordArt 스타일]에서 자세히( ) 단추를 누르면 다양한 WordArt 스타일의 종류상자가 나타난다.

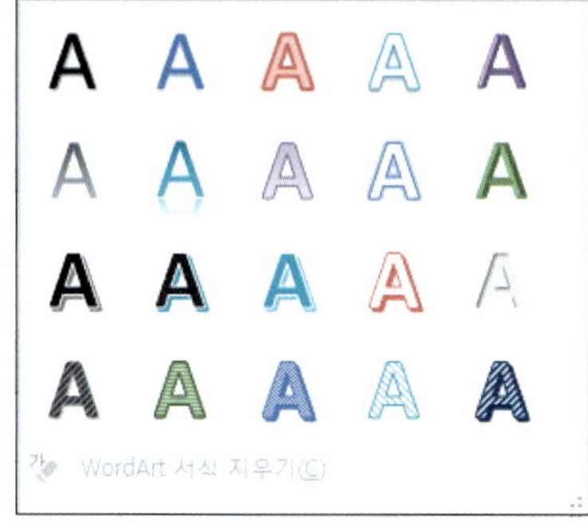

② 나타난 WordArt 스타일에 마우스를 이동하면 사전에 변화된 차트의 글자모양이 나타나고 클릭하면 글자 모양이 지정되어 나타난다.

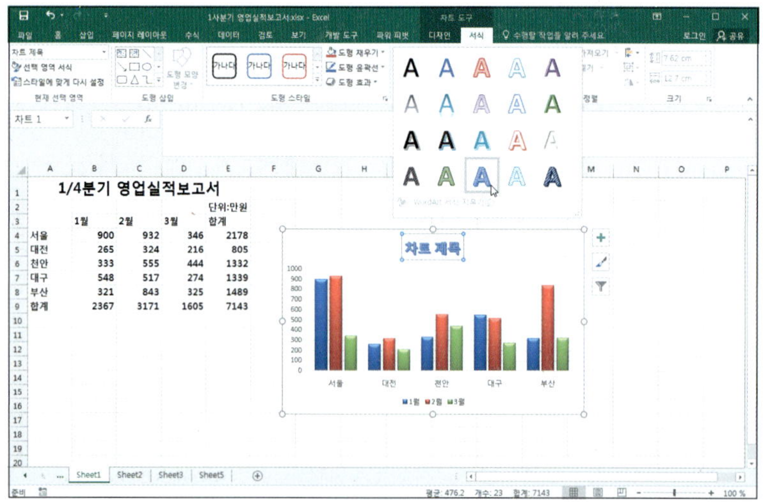

5.7 차트 종류 변경

① "1사분기 영업실적보고서" 워크시트 중 차트를 클릭한다.

② 메뉴의 [차트 도구]⇨[디자인]⇨[차트 종류 변경]을 선택한다.

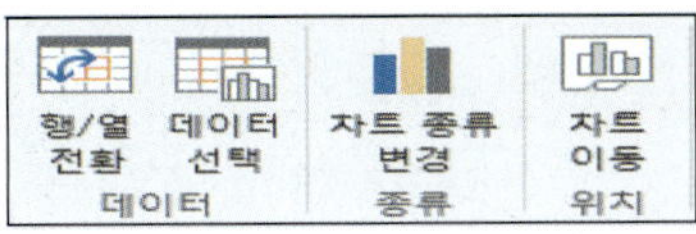

③ 차트 종류 변경 대화상자에서 '표식이 있는 꺾은선형(▨)'을 선택한 후 [확인] 단추를 클릭한다.

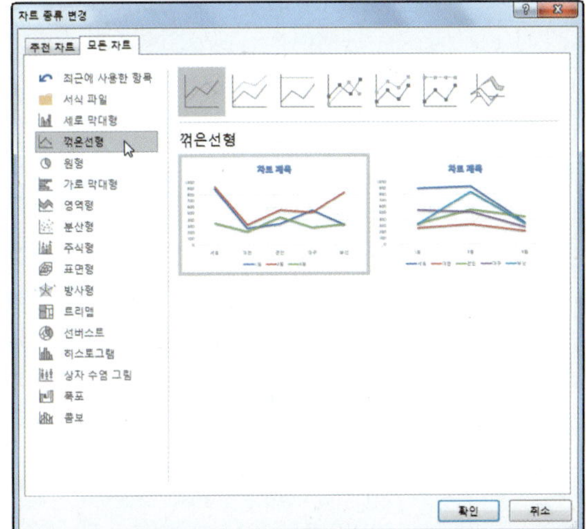

④ 차트 스타일에서 "선버스트"를 선택한다.

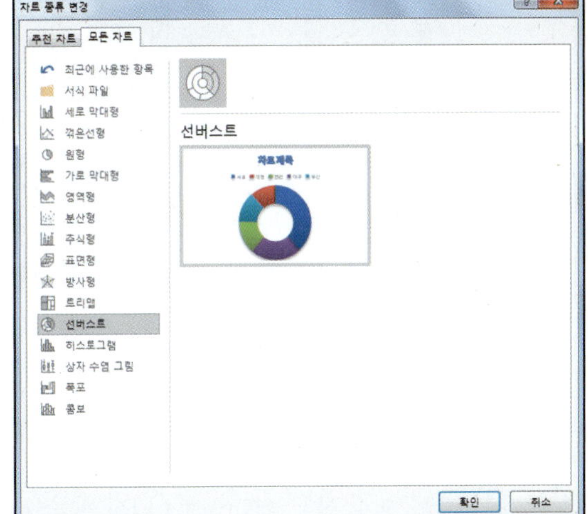

⑤ 차트 종류를 '가로막대형, 원형, 영역형'으로 변경하여 보자.

⑥ 차트 종류를 '세로막대형'으로 변경하여 보자.

5.8 차트 이동 및 크기 변경

① "1사분기 영업실적보고서" 워크시트 중 세로 막대형 차트를 클릭한다.

② 차트 영역 위로 마우스를 이동한다.

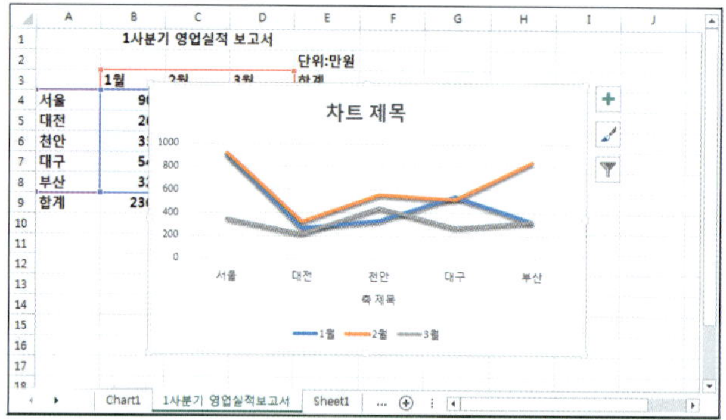

③ 이동하고자 하는 위치로 끌기한다.

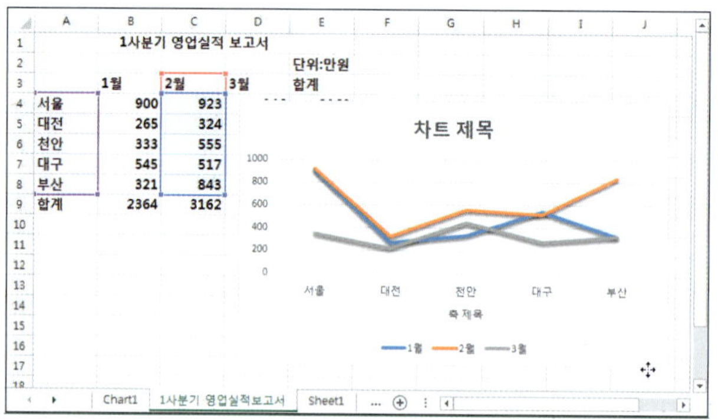

④ 차트의 크기를 변경하려면 차트 주위의 8개의 검은색 점 중 한곳을 끌기하면 된다.

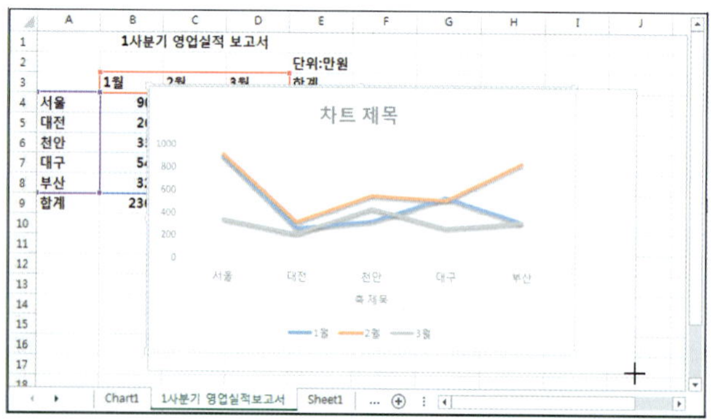

참고 차트의 위치를 다른 워크시트 또는 새로운 시트로 옮길 경우 [차트 도구]⇨[디자인]⇨[차트이동] 아이콘을 지정하면 이동 대화상자가 나타나고 이동할 워크시트를 선택하고 [확인]을 클릭한다.

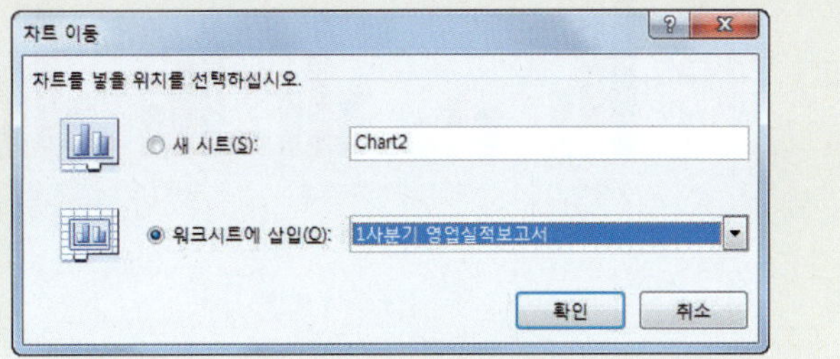

5.9 차트 구성요소 삽입 및 삭제

① “1사분기 영업실적보고서” 워크시트 중 세로 막대형 차트를 클릭한다.

② [차트 도구]⇨[차트 요소 추가]⇨[축 제목]⇨[기본 가로]⇨[축 아래 제목]을 지정하고 “영업소” 내용을 입력한다.

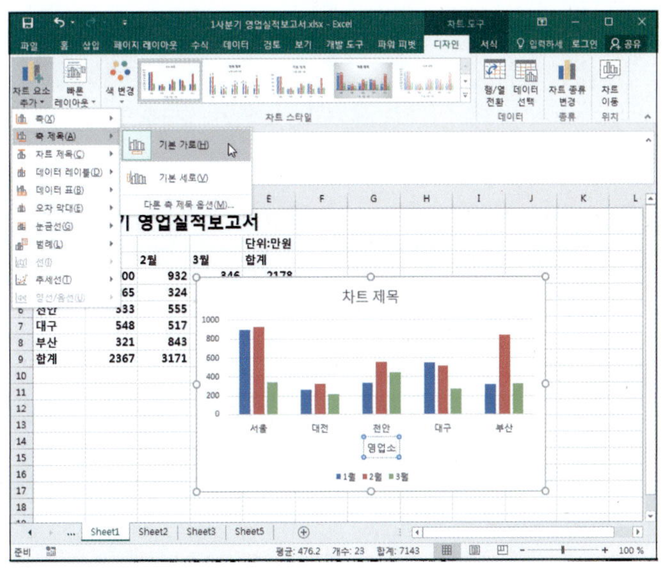

③ ‘영업소’라는 항목 축 제목을 삭제하려면 ‘영업소’를 클릭한 후 Del 키를 누른다.

④ 차트의 제목을 지정하고 제목 내용을 “1사분기 영업실적보고서”로 수정한다.

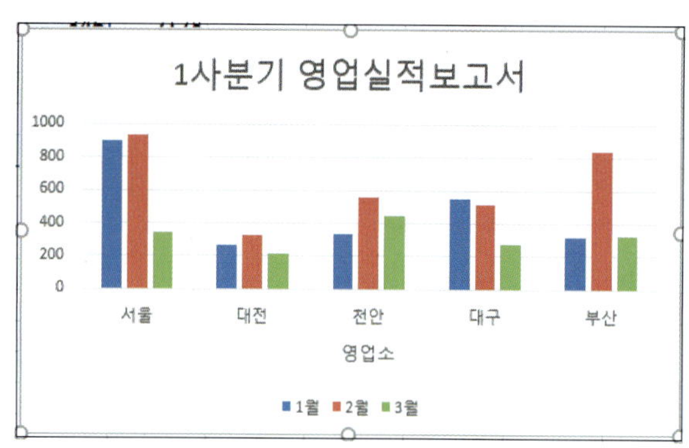

5.10 원본 데이터 변경

① "1시분기 영업실적보고시" 워크시트 중에서 B4셀을 지정한다.

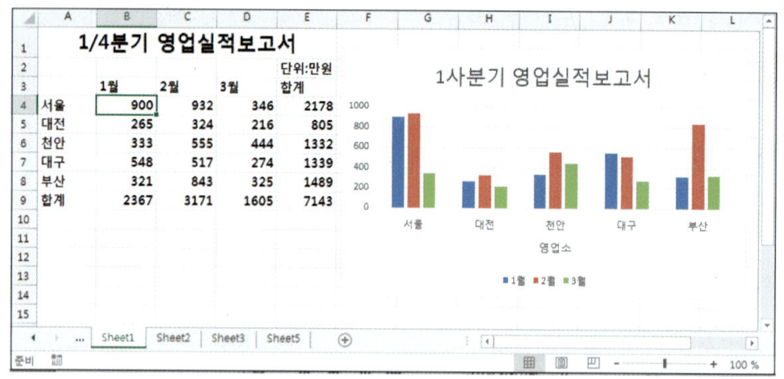

	A	B	C	D	E
1	1/4분기 영업실적보고서				
2					단위:만원
3		1월	2월	3월	합계
4	서울	900	932	346	2178
5	대전	265	324	216	805
6	천안	333	555	444	1332
7	대구	548	517	274	1339
8	부산	321	843	325	1489
9	합계	2367	3171	1605	7143

② "서울"의 1월 실적을 "1000"으로 변경한다.

③ 차트 데이터가 변경된다.

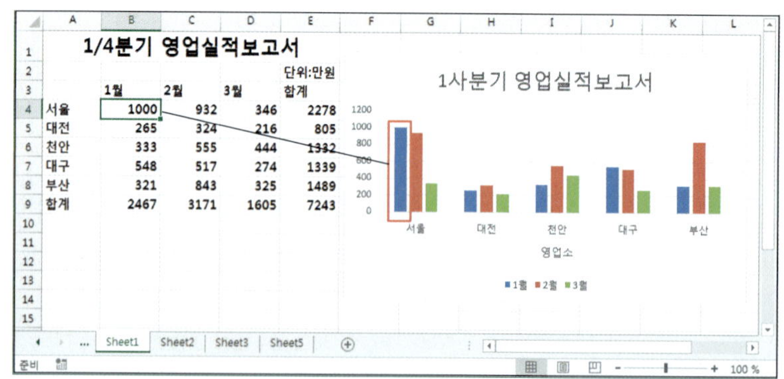

	A	B	C	D	E
1	1/4분기 영업실적보고서				
2					단위:만원
3		1월	2월	3월	합계
4	서울	1000	932	346	2278
5	대전	265	324	216	805
6	천안	333	555	444	1332
7	대구	548	517	274	1339
8	부산	321	843	325	1489
9	합계	2467	3171	1605	7243

5.11 차트 데이터 영역 삽입 삭제

① [8행] 단추 위에서 마우스 오른쪽 단추를 클릭하여 [삽입]을 선택한다.

② 다음과 같은 데이터를 추가하면 차트에 그 내용이 추가된다.

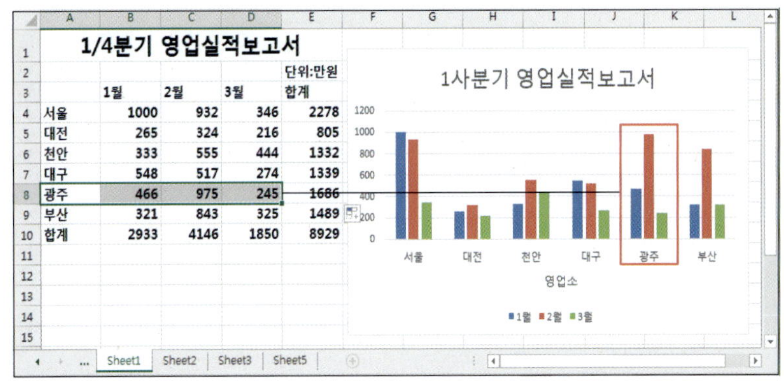

	1월	2월	3월	합계
서울	1000	932	346	2278
대전	265	324	216	805
천안	333	555	444	1332
대구	548	517	274	1339
광주	466	975	245	1686
부산	321	843	325	1489
합계	2933	4146	1850	8929

③ [8행] 단추 위에서 마우스 오른쪽 단추를 클릭하여 [삭제]를 선택하면 차트에 그 내용이 삭제된다.

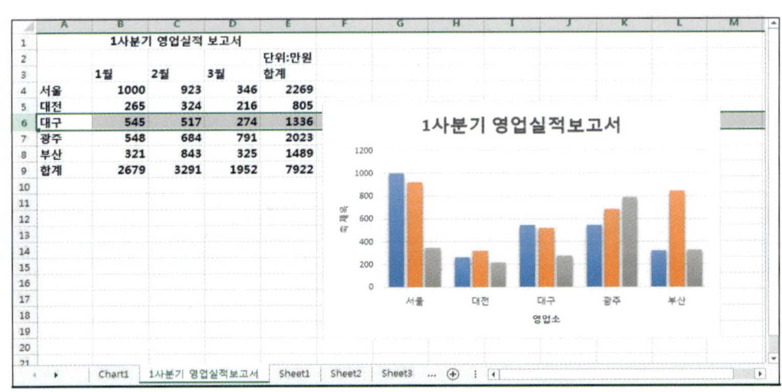

	1월	2월	3월	합계
서울	1000	923	346	2269
대전	265	324	216	805
대구	545	517	274	1336
광주	548	684	791	2023
부산	321	843	325	1489
합계	2679	3291	1952	7922

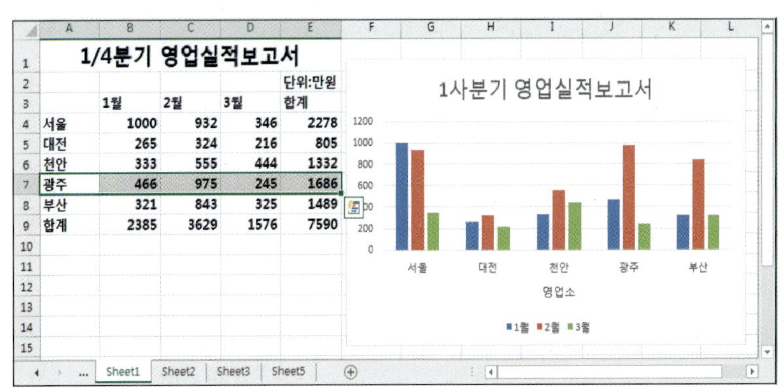

	1월	2월	3월	합계
서울	1000	932	346	2278
대전	265	324	216	805
천안	333	555	444	1332
광주	466	975	245	1686
부산	321	843	325	1489
합계	2385	3629	1576	7590

④ 그래프에서 '3월'에 해당되는 계열 막대 중 하나를 클릭한다.

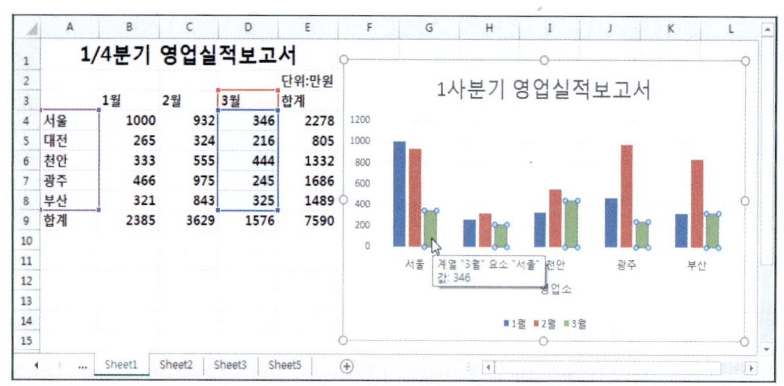

⑤ Del 키를 누르면 "3월" 그래프가 삭제되어 나타난다.

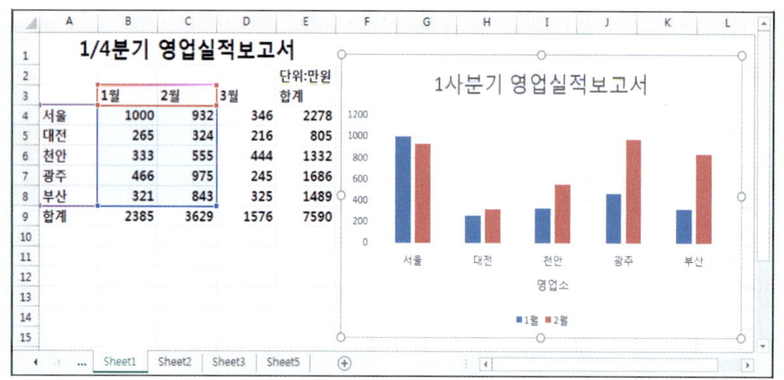

5.12 차트 구성요소 편집

(1) 차트 구성 요소 추가

차트를 구성하는 각 요소를 추가하려면 차트 영역 또는 그림 영역을 오른쪽 단추로 클릭한 후 [차트 도구] ⇨ [디자인] ⇨ [차트 요소 추가]를 지정하고 나타나는 리본의 구성요소를 지정해서 나타낼 수 있다.

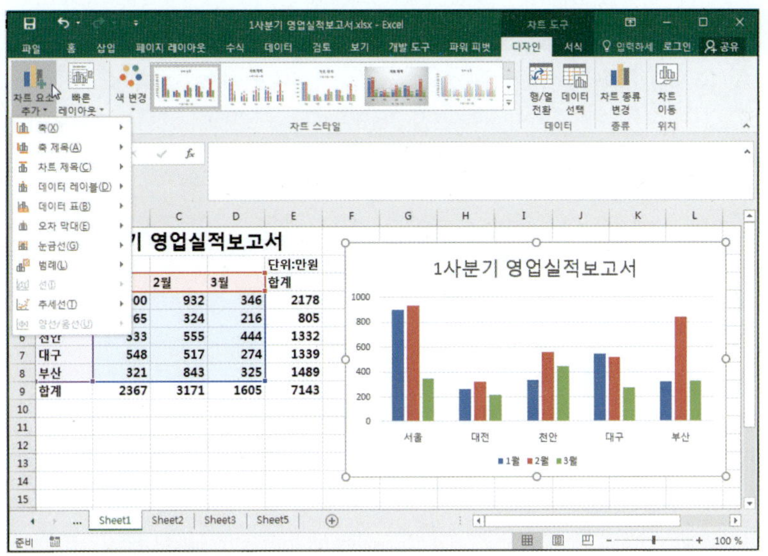

(2) 구성 요소 삭제

삭제하려는 차트의 구성 요소를 오른쪽 단추로 클릭하여 [삭제] 명령을 선택한다.

- 삭제하려는 구성요소를 클릭한 후 Delete 키를 누른다.

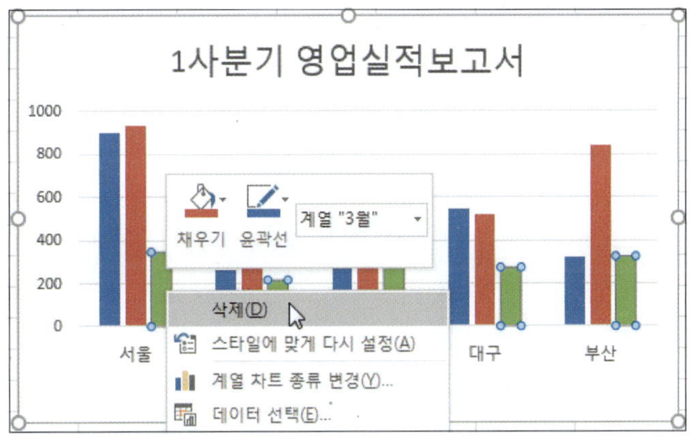

(3) 차트의 요소 선택방법

- 선택하려는 요소를 클릭한다.
- [차트 요소 추가]에서 [데이터 레이블]을 선택하면 해당 개체의 축서식 화면이 나타나서 손쉽게 수정할 수 있다.

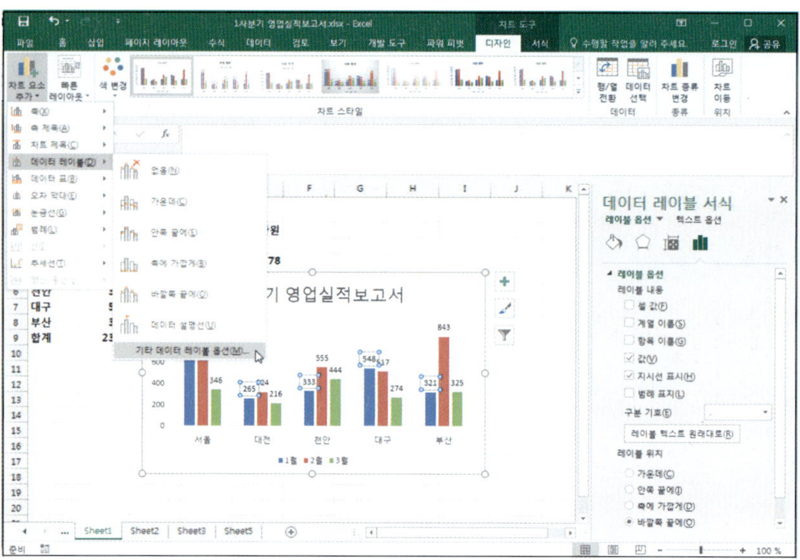

(4) 제목 추가

① 차트를 마우스 오른쪽 단추로 클릭하여 지정한다.

② [차트 도구] ⇨ [디자인] ⇨ [차트 요소 추가] ⇨ [차트 제목] ⇨ [차트 위]를 선택한다.

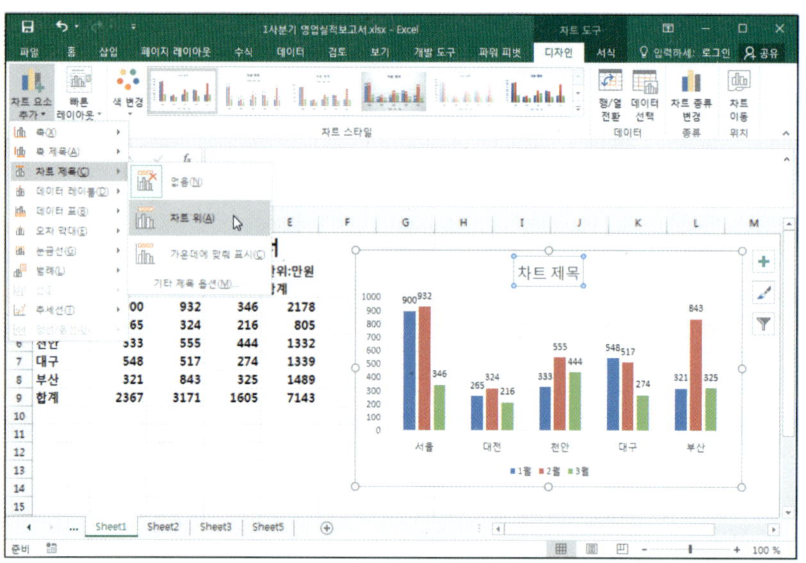

③ 차트의 제목 영역에 차트 제목 이라고 기본적으로 나타난다.

④ 원하는 문자열을 [차트제목] 란에 입력하면 차트제목이 차트 위에 나타난다.

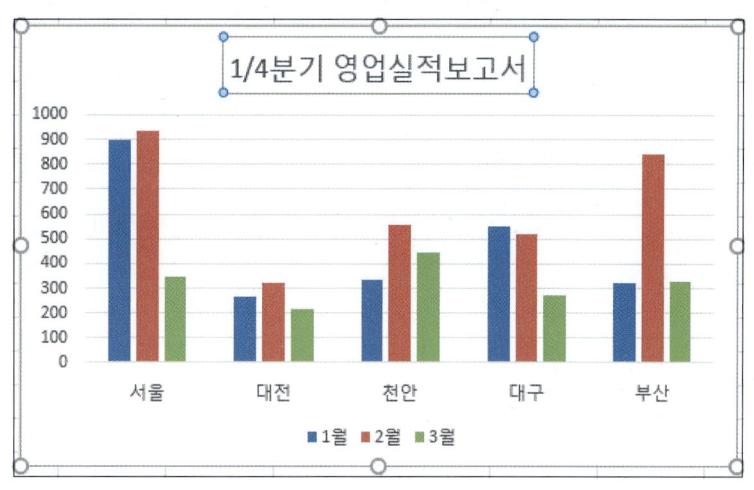

5.13 차트 영역 서식 변경

① 차트 영역을 클릭하면 워크시트 오른쪽에 차트영역서식 목록이 나타난다.

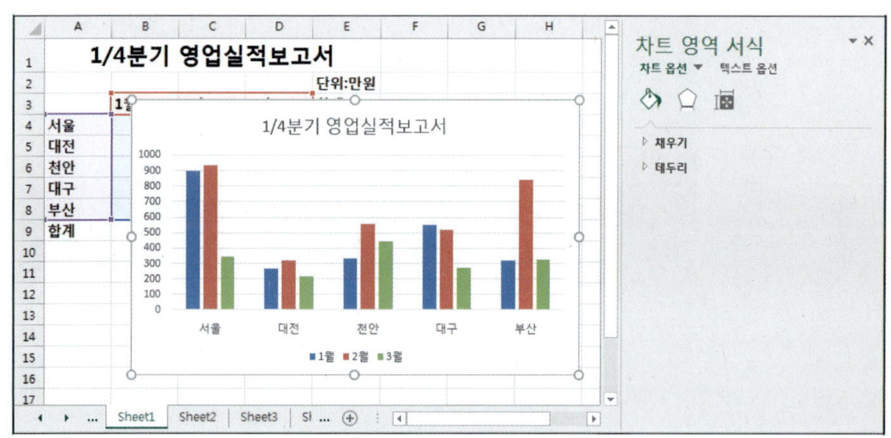

② [효과( )] ⇨ [그림자] ⇨ [미리 설정] ⇨ [ ]을 선택한다.

③ [채우기( )] ⇨ [테두리] 항목에서 '둥근 모서리'를 클릭한다.

④ 차트 영역에 색상을 지정하기 위해 [채우기] ⇨ [단색 채우기]를 선택하여 색상 항목에서 원하는 색상을 지정한다.

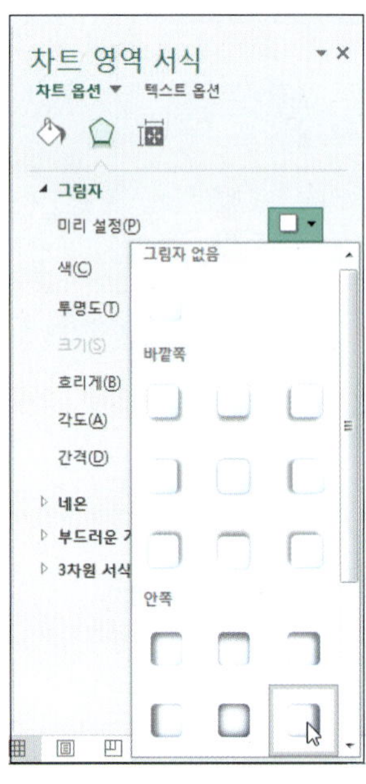

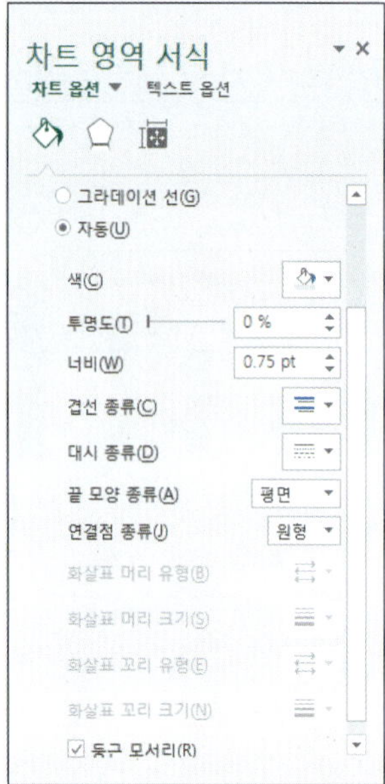

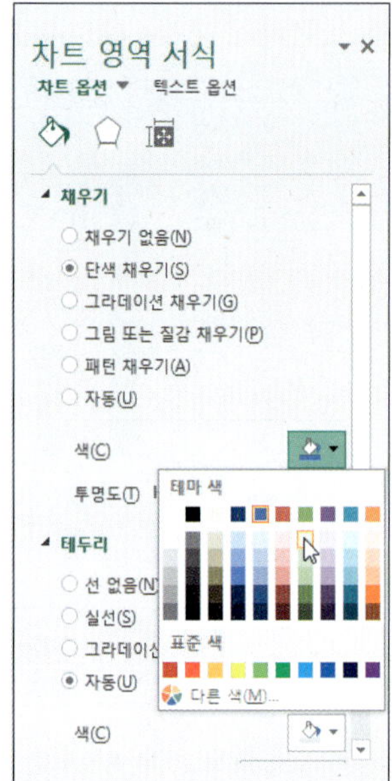

⑤ 결과는 다음과 같이 나타난다.

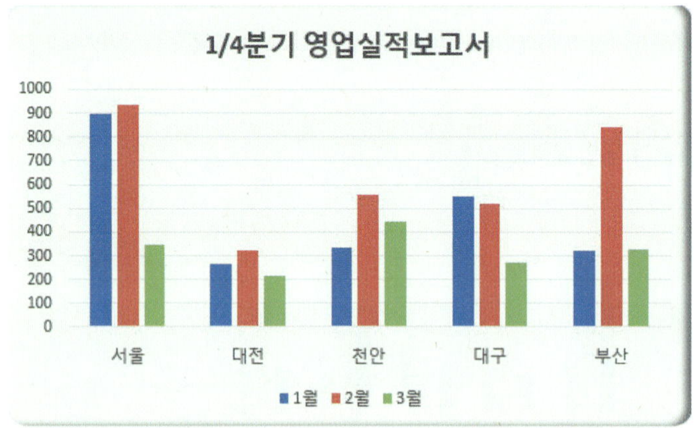

5.14 그림 영역 서식 변경

① 차트 영역을 클릭한다.

② 차트 도구 모음의 차트 개체 항목의 목록 단추를 누른 후 '그림 영역'을 클릭한다.

③ 차트 도구 모음에서 [그림 영역 서식]을 지정한다.

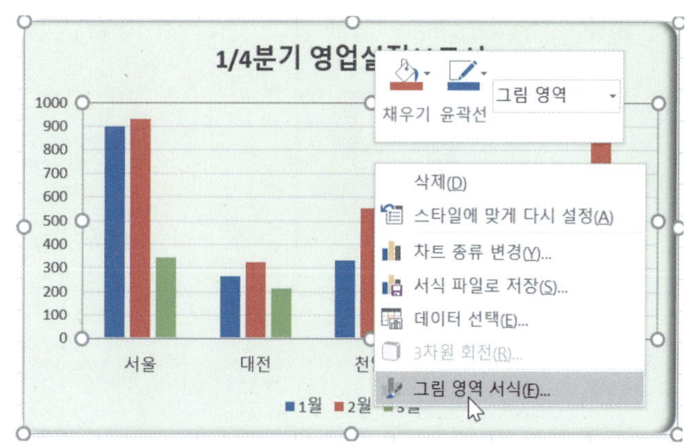

④ [그림 영역 서식]에서 '그라데이션 채우기'를 지정하면 우아한 모양을 나타낼 수 있다.

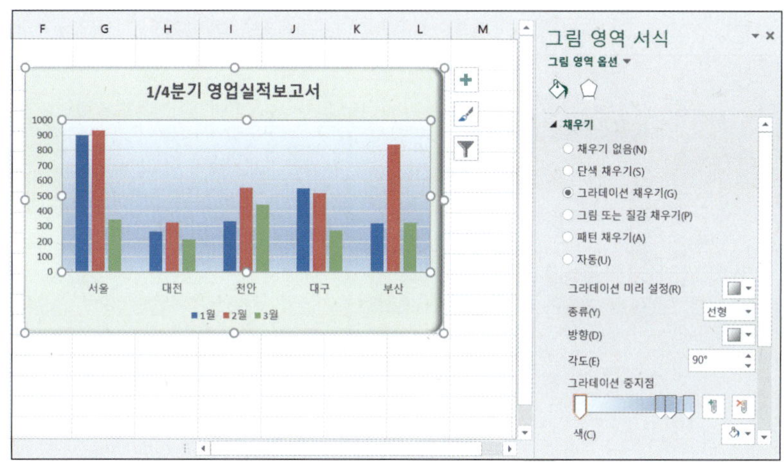

5.15 제목 추가와 서식

① 차트 제목을 지정하고 마우스 오른쪽 단추를 눌러 [차트 제목 서식]을 선택한 후 "그라데이션 채우기"와 종류는 "선형"을 지정한다.

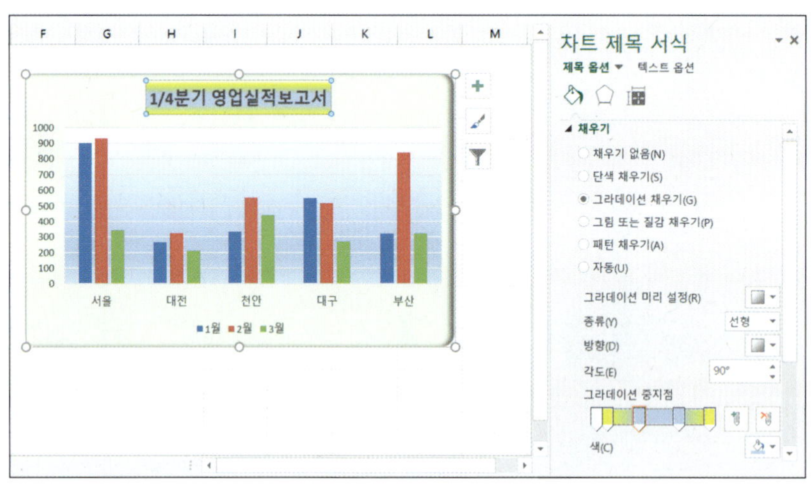

② 세로 축 제목을 입력하기 위해 [축제목]⇨[기본 세로]를 지정하고, "단위:만원"을 입력한 다음 [텍스트 옵션] ⇨ [텍스트 방향]에서 '가로'를 선택하면 틀이 수정되어 나타난다.

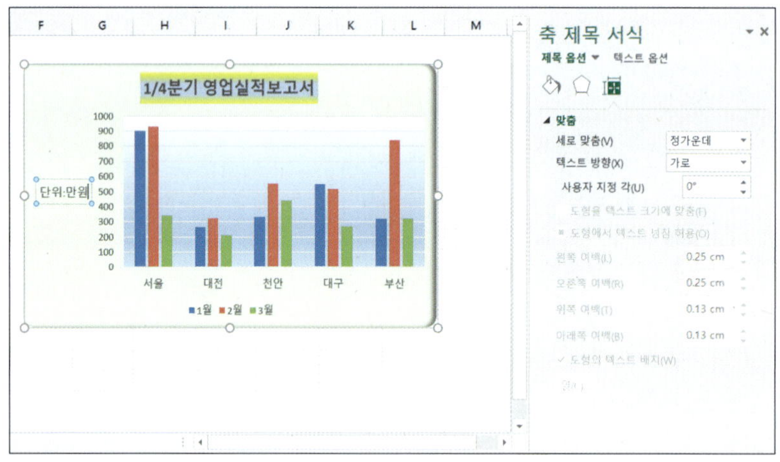

5.16 그림 영역 크기 변경

① 차트 영역을 클릭한 후 가운데 막대그래프 안의 [그림 영역]을 선택한다.

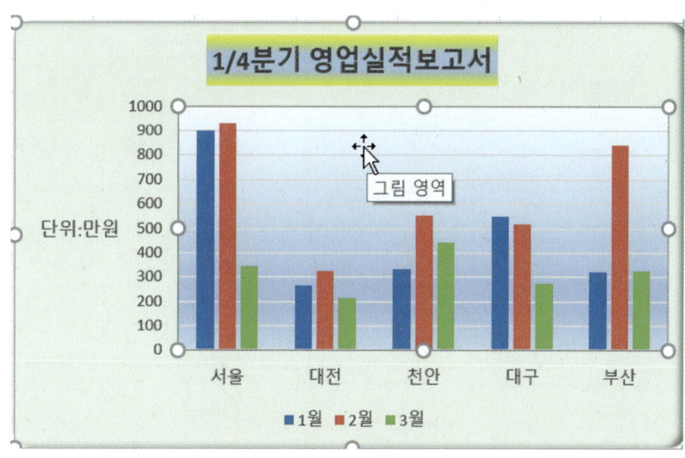

② 왼쪽 아래 모서리에 있는 핸들을 왼쪽 아래 방향으로 드래그한다.

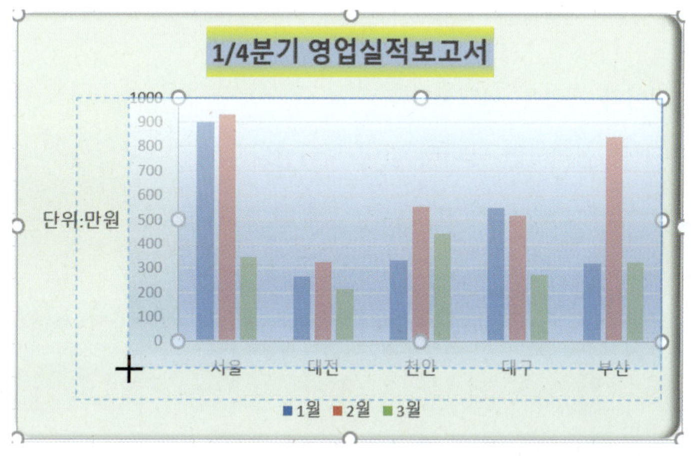

5.17 범례 옵션에서 위치 변경

① 범례 문자열 영역을 클릭한다.

② [범례 서식]에서 [범례 옵션] 탭을 클릭한다.

③ 배치 항목에서 '위쪽'을 클릭한다.

④ 범례의 위치가 차트 제목 아래로 이동한다.

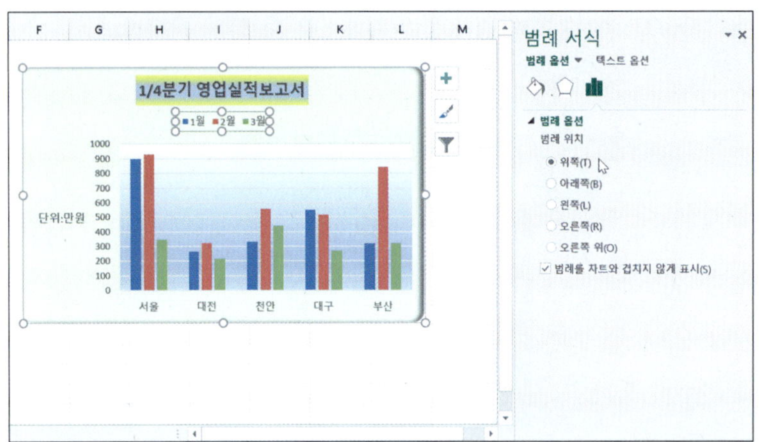

5.18 데이터 계열 수정하기

① 값을 표시하려는 데이터 계열을 선택한다.

② [데이터 레이블 추가]를 선택하면 데이터 값이 나타난다.

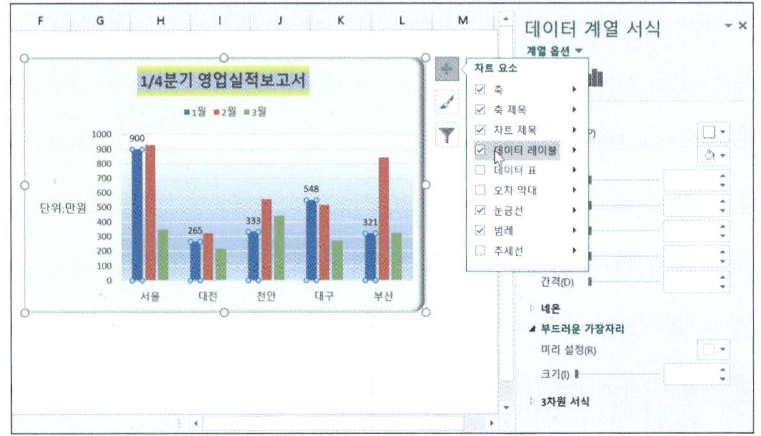

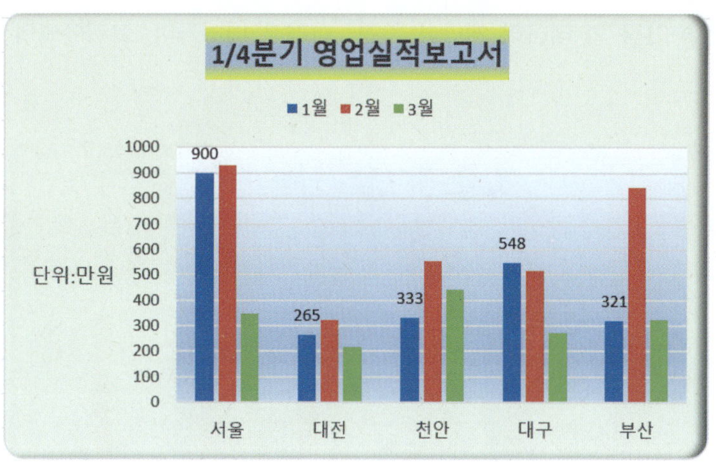

③ 이번에는 데이터 계열을 이동하기 위해 마우스 오른쪽 단추를 누르고 [데이터 선택]을 지정하면 다음과 같이 데이터 원본 선택 대화상자가 나타난다.

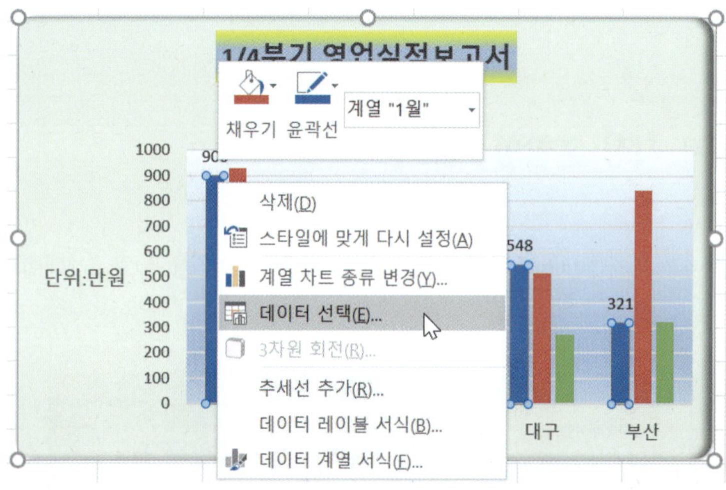

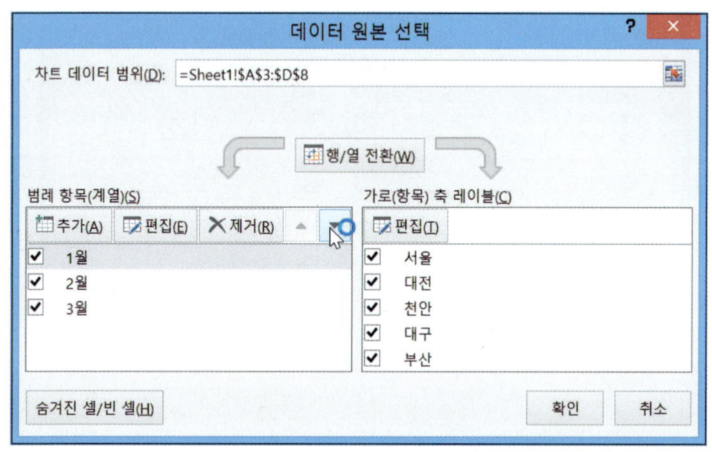

④ ▼ 단추를 누르면 "1월"의 데이터 계열이 "2월" 아래로 내려가며, 그림영역의 데이터 계열이 바뀌어서 나타난다.

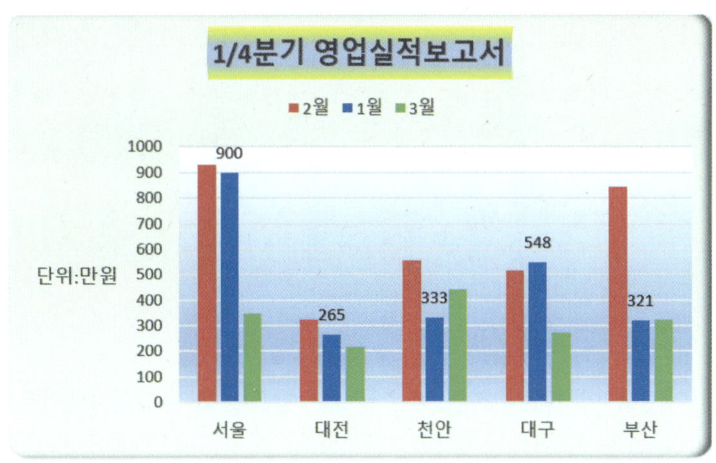

5.19 사용자 지정 혼합형 차트

① "합계" 데이터를 추가하기 위해 그림영역을 마우스 오른쪽 단추를 누르고 [데이터 선택]을 지정한다.

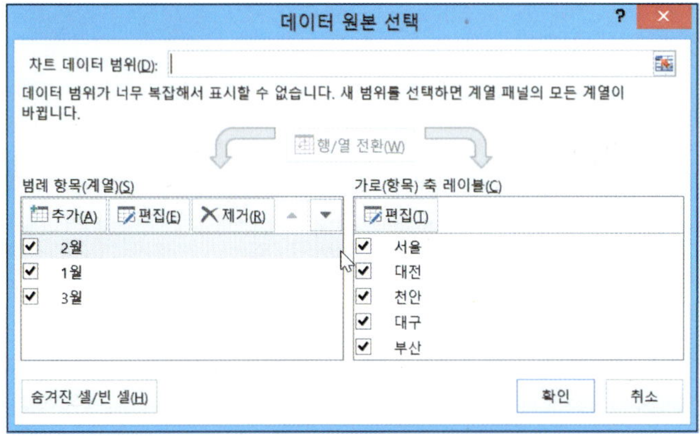

② [차트 데이터 범위]의 단추를 눌러서 합계를 포함한 범위를 다시 지정하고 Enter↵ 키를 누른다.

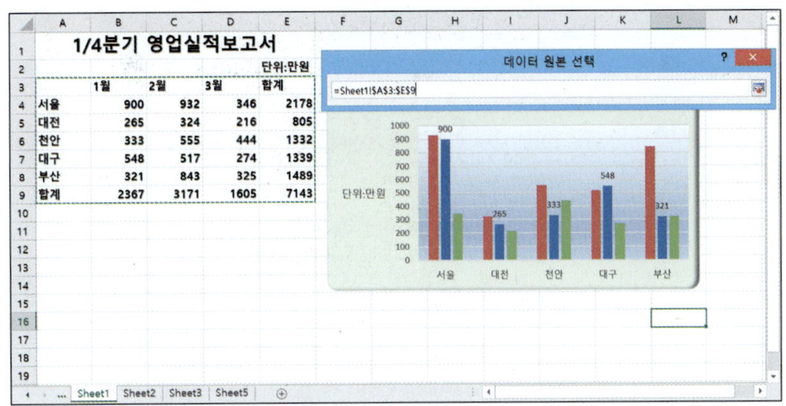

③ 합계를 포함한 데이터 선택이 다시 설정되어 나타난다.

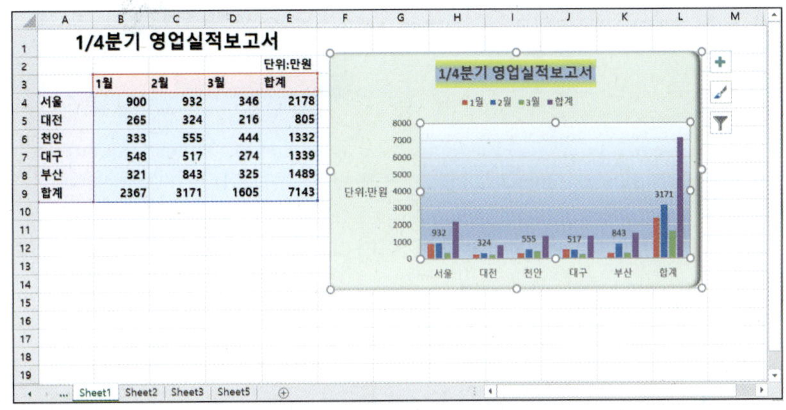

④ 차트의 종류를 변경하려는 "합계" 데이터 막대를 오른쪽 단추로 클릭하고, [계열 차트 종류 변경]을 선택한다.

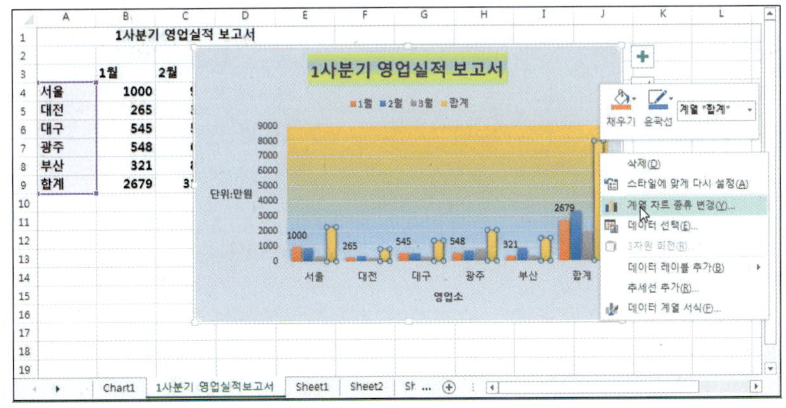

⑤ 차트종류 변경에서 다음과 같이 지정한다.

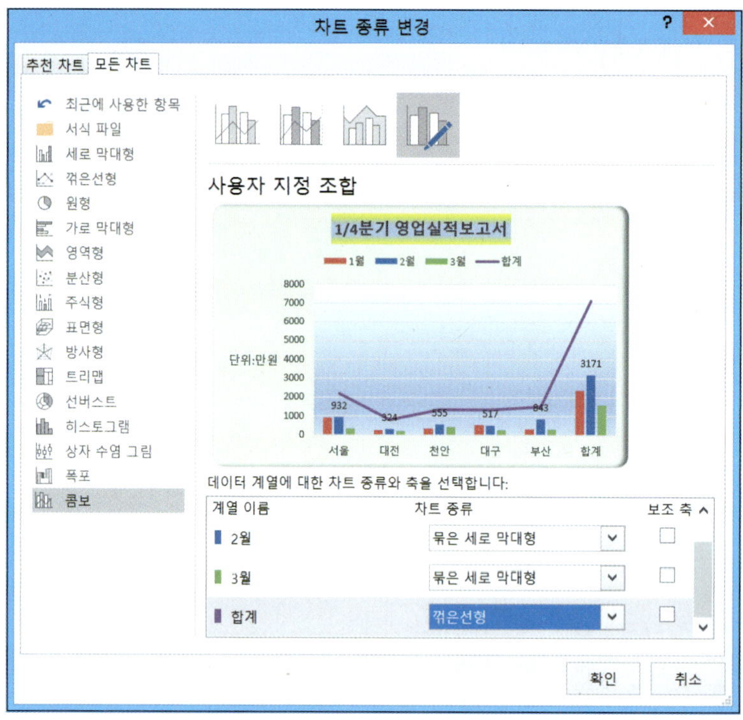

⑥ [확인] 단추를 누르면 "합계"의 꺾은선 목록이 나타나고 다음으로 꺾은선을 선택한 다음 [데이터 레이블 서식]에서 값을 지정하여 나타낸다.

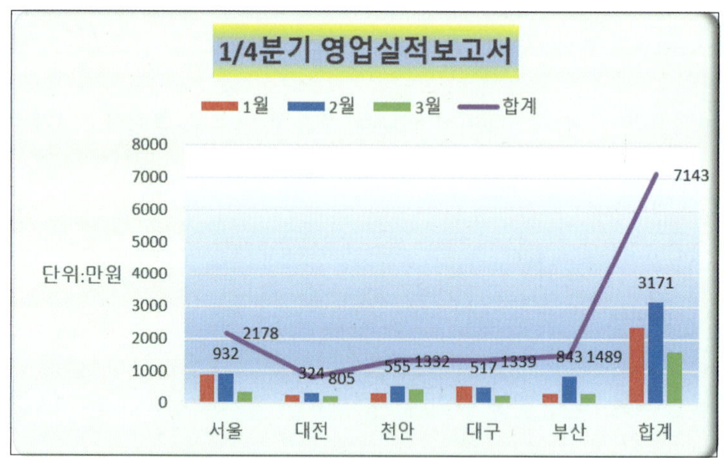

5.20 스파크라인 작성

스파크라인은 해당 항목의 데이터 변화 추이를 셀 하나에 그래프로 그려서 보여주는 기능이다.

항목을 선택하여 블록을 설정한 다음, 메뉴에서 [삽입]⇨[스파크라인]을 선택하고, 추이선을 넣을 셀 위치를 선택하면 추이선이 삽입된다.

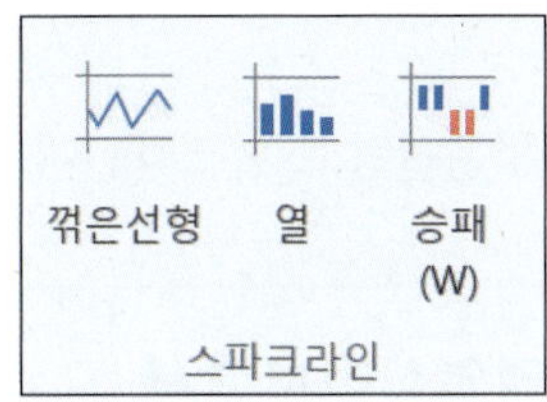

꺾은선형, 열, 승패(w) 등 3가지 그래프 형식을 제공한다. 스파크라인을 활용하면 셀 하나에서 해당 데이터 수치 변화를 한눈에 볼 수 있어 편리하다. 셀 크기를 바꾸면 스파크라인 추이선 크기도 따라 바뀌어 나타난다.

① 스파크라인 그래프를 추가하기 위해 "1/4분기 영업실적보고서"의 F3셀에 다음과 같이 제목을 작성하고 F4셀로 셀 지시자를 위치한다.

	A	B	C	D	E	F	G
1	1/4분기 영업실적보고서						
2					단위:만원		
3		1월	2월	3월	합계	월별 증감내역	
4	서울	900	932	346	2178		
5	대전	265	324	216	805		
6	천안	333	555	444	1332		
7	대구	548	517	274	1339		
8	부산	321	843	325	1489		
9	합계	2367	3171	1605	7143		
10							

Sheet1 | 스파크라인 | Sheet2

② [삽입]⇨[스파크라인]⇨[꺾은선형]을 지정하면 [스파크라인 만들기] 대화상자가 나타나고, 범위를 지정한 다음 [확인]을 클릭한다.

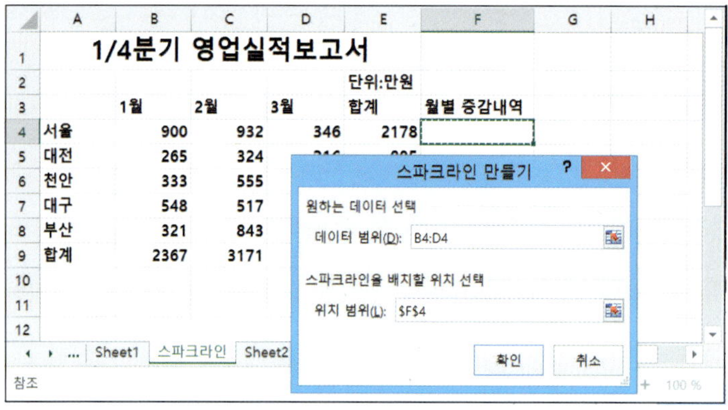

	A	B	C	D	E	F
1	1/4분기 영업실적보고서					
2					단위:만원	
3		1월	2월	3월	합계	월별 증감내역
4	서울	900	932	346	2178	
5	대전	265	324			
6	천안	333	555			
7	대구	548	517			
8	부산	321	843			
9	합계	2367	3171			

③ F4셀에 1월~3월 추이를 나타내는 꺾은선형 스파크라인이 나타난다.

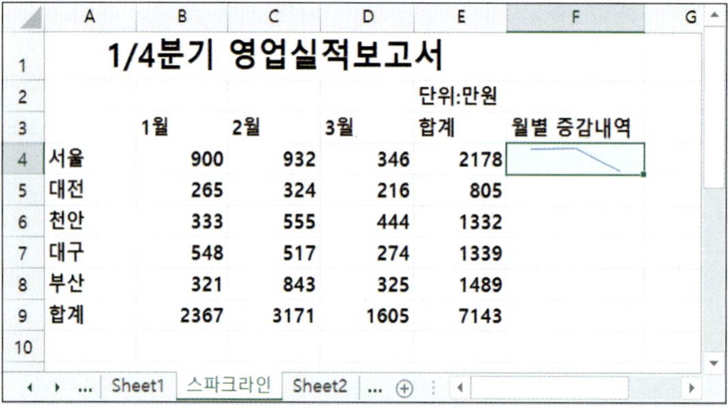

	A	B	C	D	E	F
1	1/4분기 영업실적보고서					
2					단위:만원	
3		1월	2월	3월	합계	월별 증감내역
4	서울	900	932	346	2178	
5	대전	265	324	216	805	
6	천안	333	555	444	1332	
7	대구	548	517	274	1339	
8	부산	321	843	325	1489	
9	합계	2367	3171	1605	7143	

④ F4셀의 스파크라인을 F5~F10까지 복사하여 나타낸다.

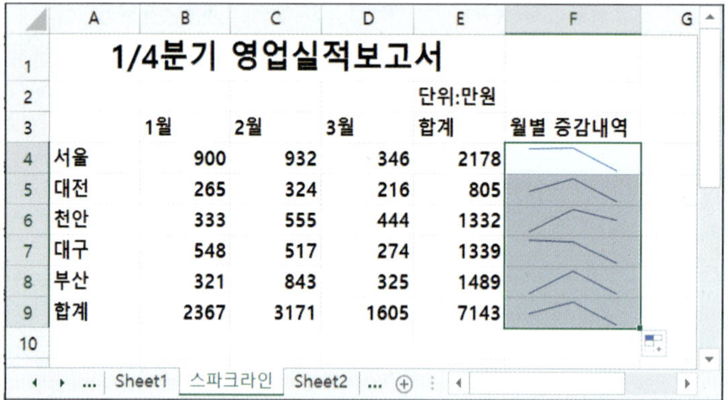

	A	B	C	D	E	F
1	1/4분기 영업실적보고서					
2					단위:만원	
3		1월	2월	3월	합계	월별 증감내역
4	서울	900	932	346	2178	
5	대전	265	324	216	805	
6	천안	333	555	444	1332	
7	대구	548	517	274	1339	
8	부산	321	843	325	1489	
9	합계	2367	3171	1605	7143	

실습 5-1

"성적표.xlsx" 파일의 [중간평가] 시트를 다음과 같이 가로 막대형 차트로 작성하여 나타내어 보자.

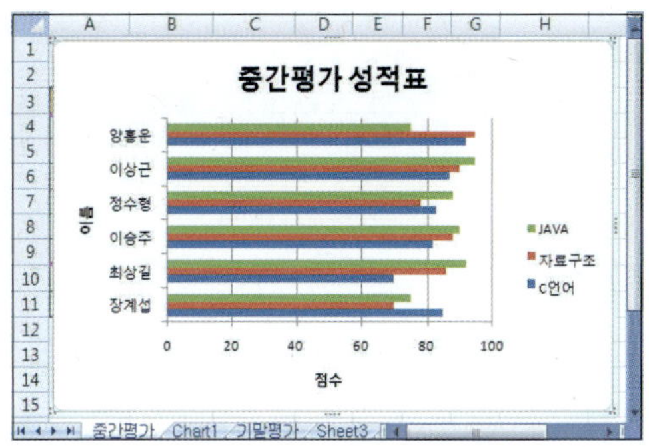

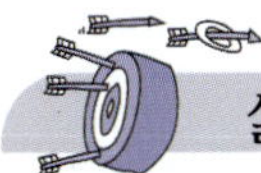

실습 5-2

"매출실적표.xlsx" 파일을 열고, 다음과 같이 영역형 차트를 작성하여 보자.

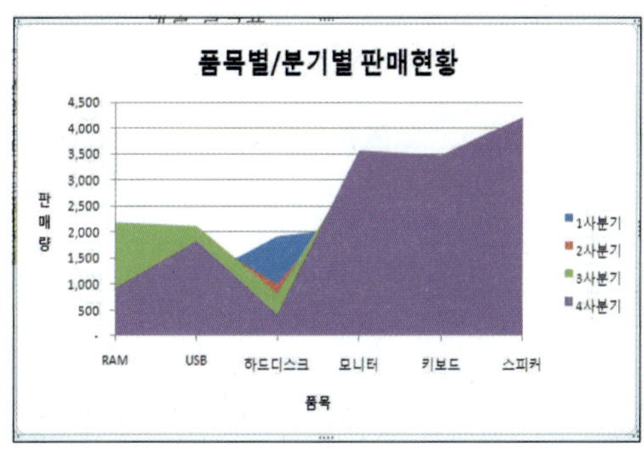

실습 5-3

"급여현황.xlsx" 파일을 열고, 다음과 같이 꺾은선형 차트를 작성하여 보자.

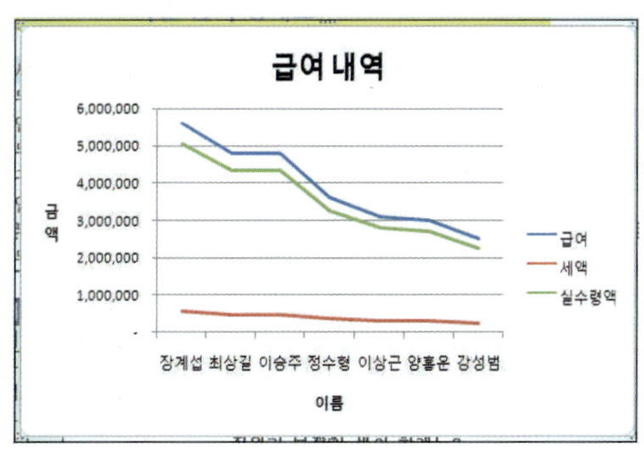

실습 5-4

"선호도조사.xlsx" 파일을 작성하고, 다음과 같이 원형 차트를 작성하여 보자.

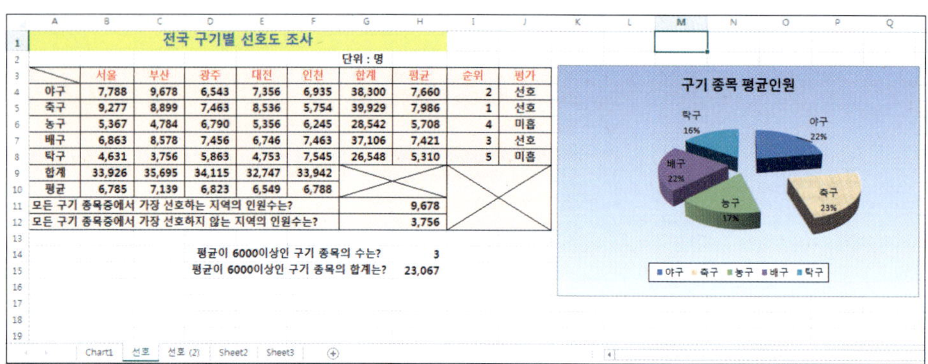

전국 구기별 선호도 조사

단위 : 명

	서울	부산	광주	대전	인천	합계	평균	순위	평가
야구	7,788	9,678	6,543	7,356	6,935	38,300	7,660	2	선호
축구	9,277	8,899	7,463	8,536	5,754	39,929	7,986	1	선호
농구	5,367	4,784	6,790	5,356	6,245	28,542	5,708	4	미흡
배구	6,863	8,578	7,456	6,746	7,463	37,106	7,421	3	선호
탁구	4,631	3,756	5,863	4,753	7,545	26,548	5,310	5	미흡
합계	33,926	35,695	34,115	32,747	33,942				
평균	6,785	7,139	6,823	6,549	6,788				
모든 구기 종목중에서 가장 선호하는 지역의 인원수는?						9,678			
모든 구기 종목중에서 가장 선호하지 않는 지역의 인원수는?						3,756			

평균이 6000이상인 구기 종목의 수는? 3

평균이 6000이상인 구기 종목의 합계는? 23,067

실습 5-5

"매출실적표(스파크라인).xlsx" 파일을 작성하고, 다음과 같이 오른쪽에 스파크라인(열)을 작성하여 보자.

매출 실적표

	1사분기	2사분기	3사분기	4사분기	합계	분기별 증감내역
RAM	1,439	2,039	2,193	928	6,599	
USB	1,104	1,938	2,119	1,832	6,993	
하드디스크	1,928	1,003	823	421	4,175	
모니터	2,109	2,849	3,329	3,572	11,859	
키보드	3,005	3,291	3,349	3,479	13,124	
스피커	2,195	3,195	3,397	4,219	13,006	
합계	11,780	14,315	15,210	14,451	55,756	

실습 5-6

"매출현황(스파크라인).xlsx" 파일을 작성하고, 다음과 같이 오른쪽에 스파크라인(꺽은선)을 작성하여 보자.

2010년 상반기 매출현황

	1월	2월	3월	4월	5월	6월	월별 추이
경기지역	20,500	30,200	32,400	32,500	31,700	32,000	
충청지역	20,400	23,500	21,500	21,300	21,800	22,500	
영남지역	25,000	22,700	24,500	25,300	26,100	25,800	
제주지역	27,000	24,700	30,100	31,500	35,100	34,800	
호남지역	20,000	17,500	13,600	16,500	18,700	20,300	
합 계	112,900	118,600	122,100	127,100	133,400	135,400	

연습문제

01. 다양한 종류의 차트 작성을 위해 사용할 워크시트 데이터를 작성하고 데이터를 작성한 새 통합 문서를 '차트.xlsx'라는 이름으로 저장한다.

	A	B	C	D	E	F
1		한국 자동차 분기별 판매 현황				
2			1분기	2분기	3분기	4분기
3		HAN-800	350	300	330	350
4		HAN-1300	400	350	400	320
5		HAN-1500	250	300	220	200
6		HAN-2000	350	400	450	400
7		합계	1350	1350	1400	1270

02. 차트 마법사를 이용하여 1번에서 작성된 데이터를 가지고 분기별 각 제품의 판매 수량을 세로 막대형 차트로 작성해 보자.

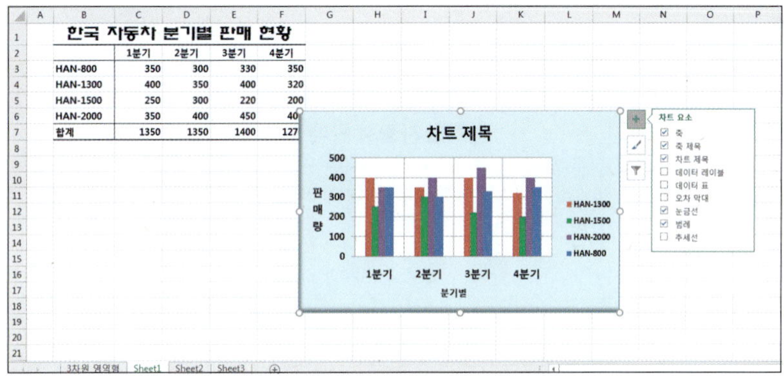

03. 2번에서 작성된 차트의 크기를 좀 더 크게 조절해 보자.

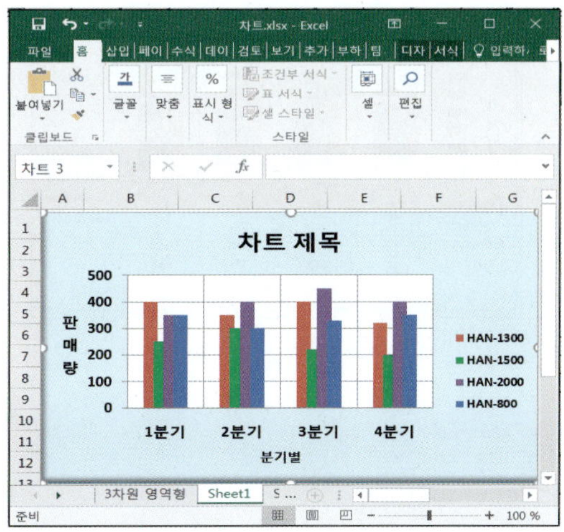

04. 3번에서 작성한 차트 제목을 '분기별 자동차 판매량'으로 변경시켜 보자.

05. 작성된 세로 막대형 차트에 X 축 기본 눈금선을 표시해 보자.

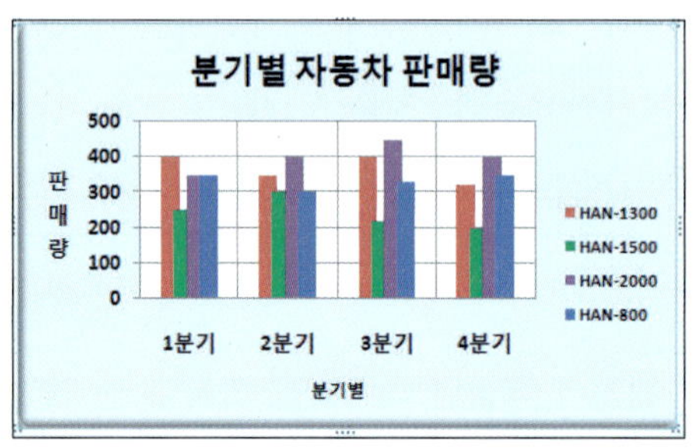

06. 5번의 워크시트의 각 데이터 값을 데이터 이름표로 차트에 삽입해 보자.

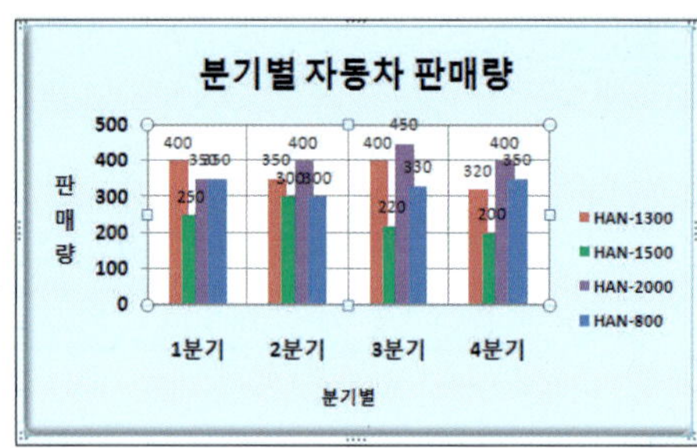

07. 6번에서 작성된 차트를 작성한 워크시트의 데이터 테이블을 차트 안에 삽입해 보자.

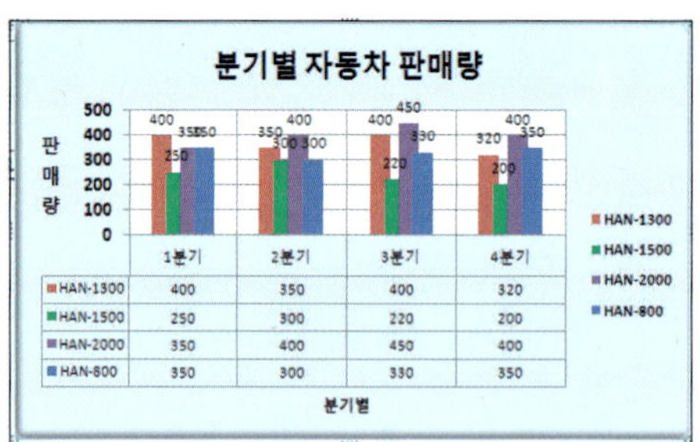

	1분기	2분기	3분기	4분기
HAN-1300	400	350	400	320
HAN-1500	250	300	220	200
HAN-2000	350	400	450	400
HAN-800	350	300	330	350

제6장

데이터 관리

6.1 목록

목록은 필드명, 필드, 레코드를 갖는 데이터베이스 영역이다. 이 목록 중 한 셀에 셀 포인터를 놓고 데이터베이스와 관련된 명령을 실행하면 연속된 셀 영역을 자동적으로 설정한다.

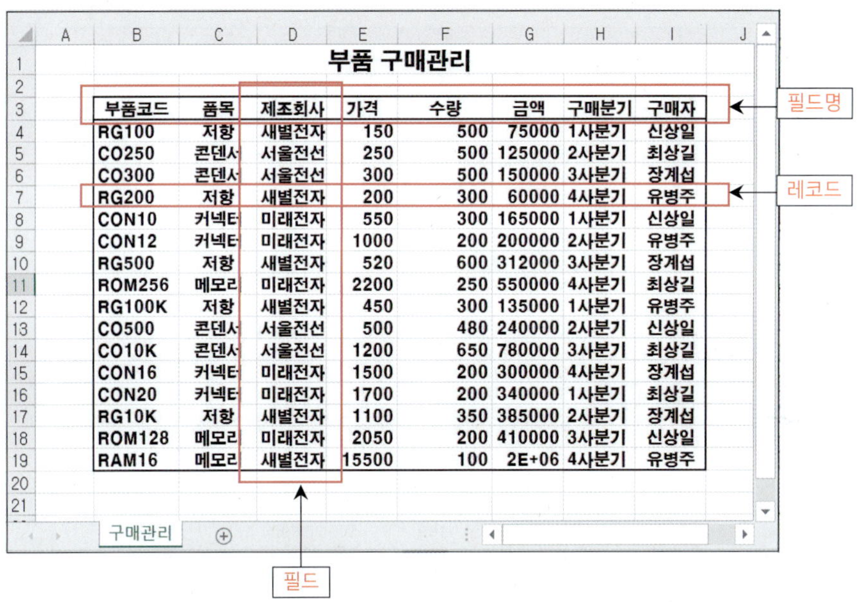

부품 구매관리

부품코드	품목	제조회사	가격	수량	금액	구매분기	구매자
RG100	저항	새별전자	150	500	75000	1사분기	신상일
CO250	콘덴서	서울전선	250	500	125000	2사분기	최상길
CO300	콘덴서	서울전선	300	500	150000	3사분기	장계섭
RG200	저항	새별전자	200	300	60000	4사분기	유병주
CON10	커넥터	미래전자	550	300	165000	1사분기	신상일
CON12	커넥터	미래전자	1000	200	200000	2사분기	유병주
RG500	저항	새별전자	520	600	312000	3사분기	장계섭
ROM256	메모리	미래전자	2200	250	550000	4사분기	최상길
RG100K	저항	새별전자	450	300	135000	1사분기	유병주
CO500	콘덴서	서울전선	500	480	240000	2사분기	신상일
CO10K	콘덴서	서울전선	1200	650	780000	3사분기	최상길
CON16	커넥터	미래전자	1500	200	300000	4사분기	장계섭
CON20	커넥터	미래전자	1700	200	340000	1사분기	최상길
RG10K	저항	새별전자	1100	350	385000	2사분기	장계섭
ROM128	메모리	미래전자	2050	200	410000	3사분기	신상일
RAM16	메모리	새별전자	15500	100	2E+06	4사분기	유병주

하나의 목록으로 인식하려면 목록 내부에 빈 행이나 빈 열이 포함되지 않도록 주의한다. 빈 행이나 빈 열은 별도의 데이터베이스 영역으로 인식한다.

6.1.1 레코드

레코드는 정의된 필드에 맞게 채워진 데이터 묶음으로 행 단위로 입력한다.

한 행에는 하나의 레코드만을 표시할 수 있고 한 시트에 기록할 수 있는 레코드의 숫자는 1,048,576행 중에서 첫 행을 필드로 사용하고 나머지 1,048,576행에 레코드를 입력할 수 있다.

6.1.2 필드

필드는 데이터베이스 목록을 구성하는 열을 말한다.

데이터베이스의 각 필드 구분은 최대한 구분하는 것이 좋다.

6.1.3 필드명

각 필드의 내용을 구분할 수 있도록 하기 위해 데이터베이스 목록의 첫 행에 기록된 내용을 말한다.

하나의 목록 안에서 같은 필드명을 사용할 수 없다.

6.2 레코드 입력

① 필드명을 입력한다.

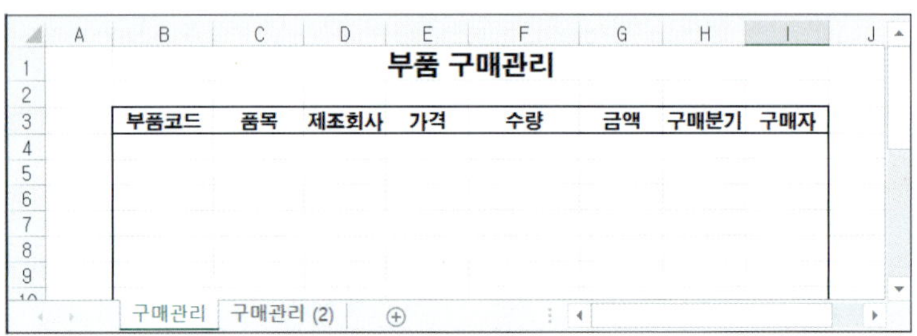

부품 구매관리

부품코드	품목	제조회사	가격	수량	금액	구매분기	구매자

② 다음 데이터를 입력한다.

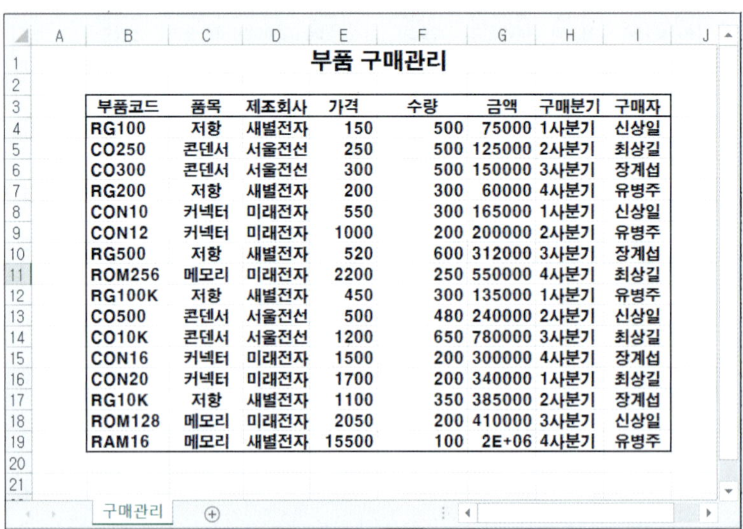

부품 구매관리

부품코드	품목	제조회사	가격	수량	금액	구매분기	구매자
RG100	저항	새별전자	150	500	75000	1사분기	신상일
CO250	콘덴서	서울전선	250	500	125000	2사분기	최상길
CO300	콘덴서	서울전선	300	500	150000	3사분기	장계섭
RG200	저항	새별전자	200	300	60000	4사분기	유병주
CON10	커넥터	미래전자	550	300	165000	1사분기	신상일
CON12	커넥터	미래전자	1000	200	200000	2사분기	유병주
RG500	저항	새별전자	520	600	312000	3사분기	장계섭
ROM256	메모리	미래전자	2200	250	550000	4사분기	최상길
RG100K	저항	새별전자	450	300	135000	1사분기	유병주
CO500	콘덴서	서울전선	500	480	240000	2사분기	신상일
CO10K	콘덴서	서울전선	1200	650	780000	3사분기	최상길
CON16	커넥터	미래전자	1500	200	300000	4사분기	장계섭
CON20	커넥터	미래전자	1700	200	340000	1사분기	최상길
RG10K	저항	새별전자	1100	350	385000	2사분기	장계섭
ROM128	메모리	미래전자	2050	200	410000	3사분기	신상일
RAM16	메모리	새별전자	15500	100	2E+06	4사분기	유병주

③ [파일]⇨[다른 이름으로 저장]⇨[Excel 통합 문서]를 선택한다.

④ 파일 이름에 “구매관리”를 입력한 후 [저장] 단추를 클릭한다.

6.3 표 서식

미리 정의된 표 스타일을 선택하여 셀 범위의 서식을 빠르게 지정하고 데이터베이스 관리에 원활하게 나타내기 위해서 표로 변환한다.

① “구매관리” 시트를 구매관리(표서식) 시트로 복사한다.

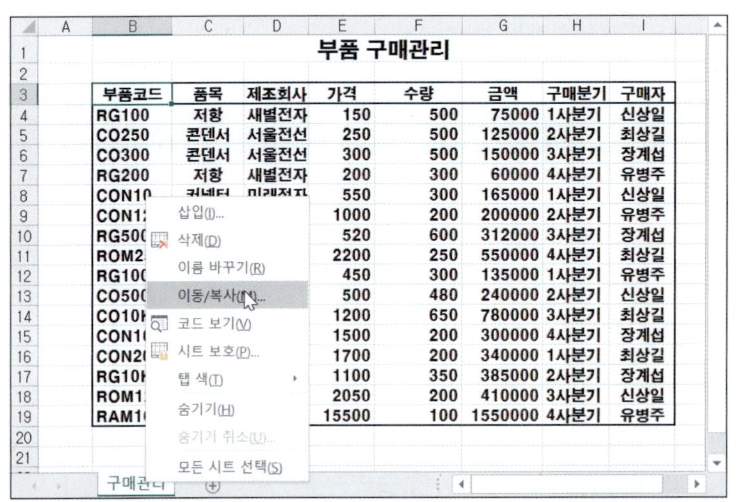

부품 구매관리

부품코드	품목	제조회사	가격	수량	금액	구매분기	구매자
RG100	저항	새별전자	150	500	75000	1사분기	신상일
CO250	콘덴서	서울전선	250	500	125000	2사분기	최상길
CO300	콘덴서	서울전선	300	500	150000	3사분기	장계섭
RG200	저항	새별전자	200	300	60000	4사분기	유병주
CON10	[illegible]	[illegible]	550	300	165000	1사분기	신상일
CON1			1000	200	200000	2사분기	유병주
RG500			520	600	312000	3사분기	장계섭
ROM2			2200	250	550000	4사분기	최상길
RG100			450	300	135000	1사분기	유병주
CO500			500	480	240000	2사분기	신상일
CO10			1200	650	780000	3사분기	최상길
CON1			1500	200	300000	4사분기	장계섭
CON2			1700	200	340000	1사분기	최상길
RG10			1100	350	385000	2사분기	장계섭
ROM1			2050	200	410000	3사분기	신상일
RAM1			15500	100	1550000	4사분기	유병주

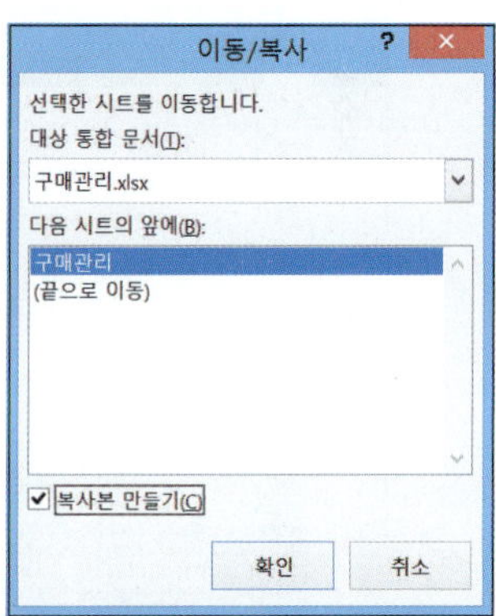

② “구매관리” 시트가 복사되면 “구매관리 (2)” 시트 이름으로 복사되어 나타나고, 시트 이름을 더블 클릭하여 “구매관리(표서식)으로 수정한다.

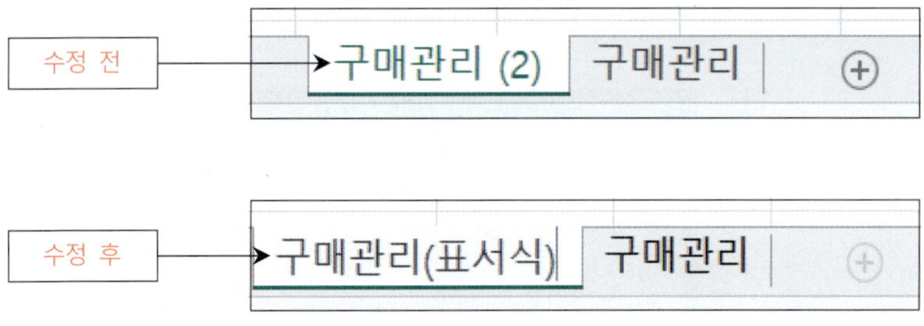

③ “구매관리(표서식)” 시트에서 B3:I19의 범위를 지정한다.

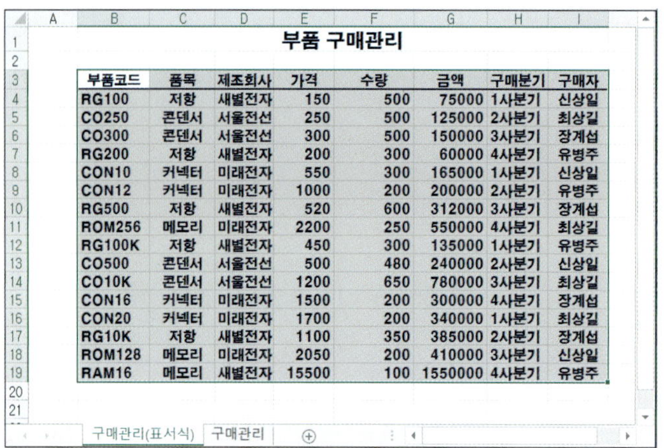

부품 구매관리

부품코드	품목	제조회사	가격	수량	금액	구매분기	구매자
RG100	저항	새별전자	150	500	75000	1사분기	신상일
CO250	콘덴서	서울전선	250	500	125000	2사분기	최상길
CO300	콘덴서	서울전선	300	500	150000	3사분기	장계섭
RG200	저항	새별전자	200	300	60000	4사분기	유병주
CON10	커넥터	미래전자	550	300	165000	1사분기	신상일
CON12	커넥터	미래전자	1000	200	200000	2사분기	유병주
RG500	저항	새별전자	520	600	312000	3사분기	장계섭
ROM256	메모리	미래전자	2200	250	550000	4사분기	최상길
RG100K	저항	새별전자	450	300	135000	1사분기	유병주
CO500	콘덴서	서울전선	500	480	240000	2사분기	신상일
CO10K	콘덴서	서울전선	1200	650	780000	3사분기	최상길
CON16	커넥터	미래전자	1500	200	300000	4사분기	장계섭
CON20	커넥터	미래전자	1700	200	340000	1사분기	최상길
RG10K	저항	새별전자	1100	350	385000	2사분기	장계섭
ROM128	메모리	미래전자	2050	200	410000	3사분기	신상일
RAM16	메모리	새별전자	15500	100	1550000	4사분기	유병주

④ [표 서식] 을 지정하면 다음과 같이 표 서식 종류 대화상자가 나타난다.

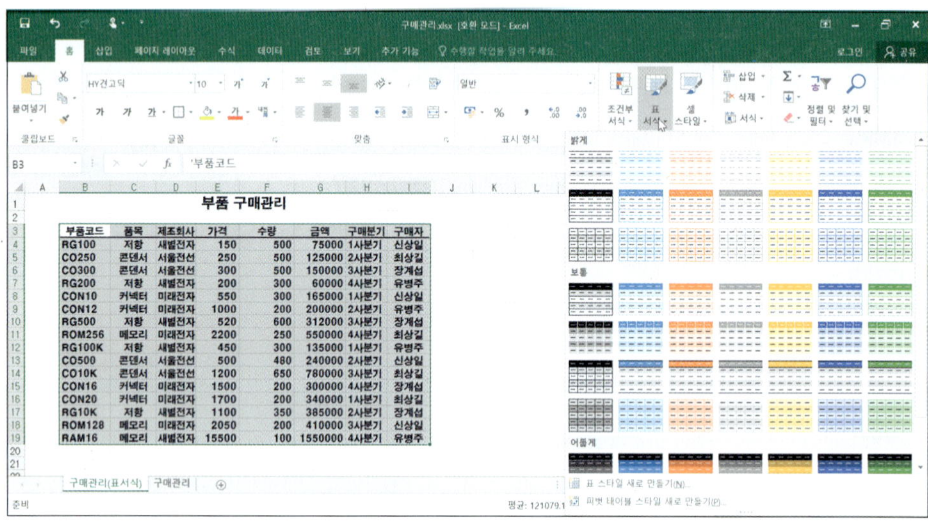

⑤ 원하는 서식(표 스타일 밝게 12)을 선택하면 다음과 같이 표 서식 대화상자가 나타난다.

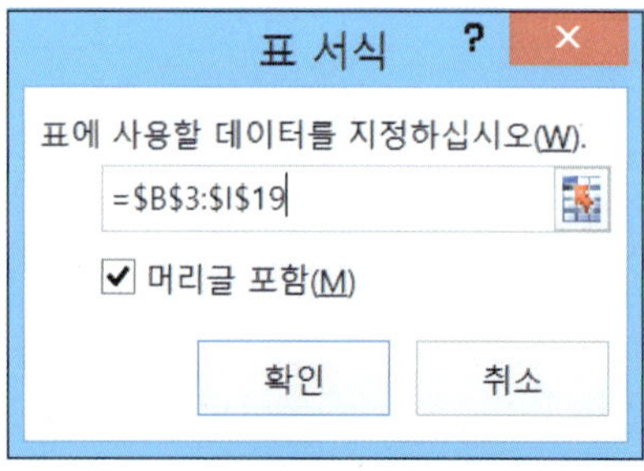

⑥ [확인]을 누르면 필터 단추(▾)와 함께 다음과 같이 나타난다.

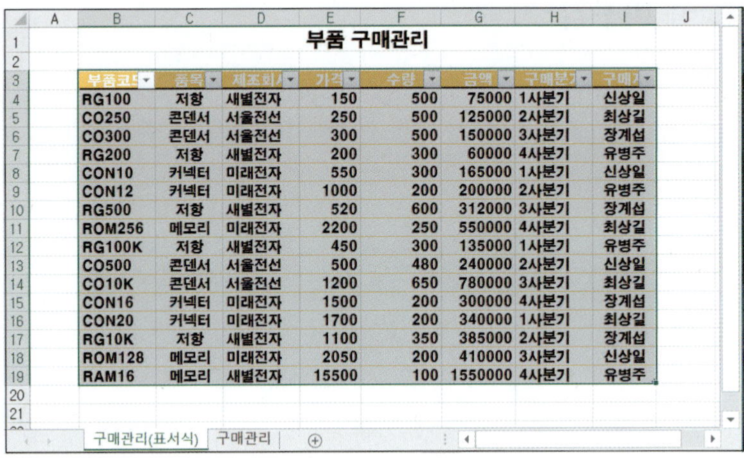

부품 구매관리

부품코드	품목	제조회사	가격	수량	금액	구매분기	구매자
RG100	저항	새별전자	150	500	75000	1사분기	신상일
CO250	콘덴서	서울전선	250	500	125000	2사분기	최상길
CO300	콘덴서	서울전선	300	500	150000	3사분기	장계섭
RG200	저항	새별전자	200	300	60000	4사분기	유병주
CON10	커넥터	미래전자	550	300	165000	1사분기	신상일
CON12	커넥터	미래전자	1000	200	200000	2사분기	유병주
RG500	저항	새별전자	520	600	312000	3사분기	장계섭
ROM256	메모리	미래전자	2200	250	550000	4사분기	최상길
RG100K	저항	새별전자	450	300	135000	1사분기	유병주
CO500	콘덴서	서울전선	500	480	240000	2사분기	신상일
CO10K	콘덴서	서울전선	1200	650	780000	3사분기	최상길
CON16	커넥터	미래전자	1500	200	300000	4사분기	장계섭
CON20	커넥터	미래전자	1700	200	340000	1사분기	최상길
RG10K	저항	새별전자	1100	350	385000	2사분기	장계섭
ROM128	메모리	미래전자	2050	200	410000	3사분기	신상일
RAM16	메모리	새별전자	15500	100	1550000	4사분기	유병주

구매관리(표서식) | 구매관리

⑦ 다시 [표 스타일]을 지정하면 위와 같은 목록이 나타나고, 마우스를 임의의 서식에 올려놓으면 미리보기 형식으로 지정되어 나타난다.

⑧ 만약 필터 단추(▾)를 안 나타나게 하기 위해 [필터 단추]를 지정하면 워크시트에서 사라져서 나타난다.

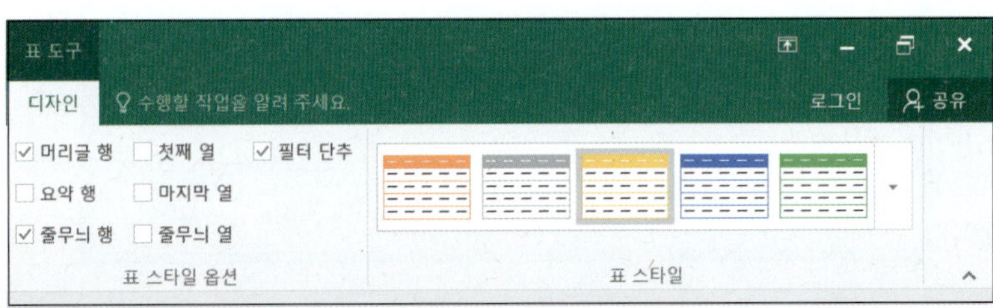

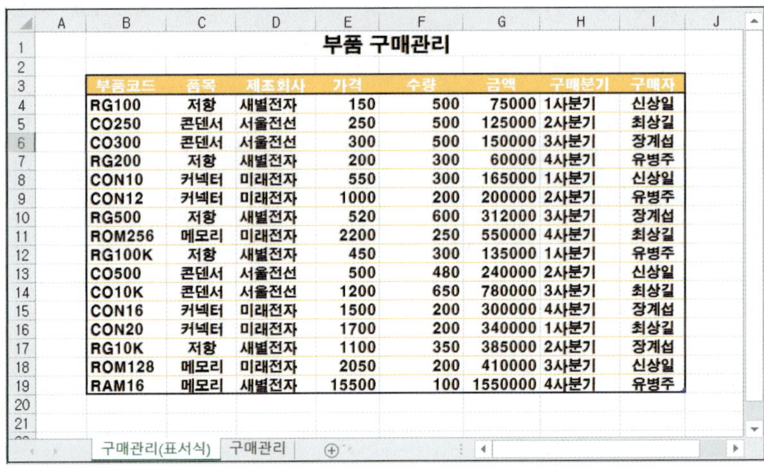

부품 구매관리

부품코드	품목	제조회사	가격	수량	금액	구매분기	구매자
RG100	저항	새별전자	150	500	75000	1사분기	신상일
CO250	콘덴서	서울전선	250	500	125000	2사분기	최상길
CO300	콘덴서	서울전선	300	500	150000	3사분기	장계섭
RG200	저항	새별전자	200	300	60000	4사분기	유병주
CON10	커넥터	미래전자	550	300	165000	1사분기	신상일
CON12	커넥터	미래전자	1000	200	200000	2사분기	유병주
RG500	저항	새별전자	520	600	312000	3사분기	장계섭
ROM256	메모리	미래전자	2200	250	550000	4사분기	최상길
RG100K	저항	새별전자	450	300	135000	1사분기	유병주
CO500	콘덴서	서울전선	500	480	240000	2사분기	신상일
CO10K	콘덴서	서울전선	1200	650	780000	3사분기	최상길
CON16	커넥터	미래전자	1500	200	300000	4사분기	장계섭
CON20	커넥터	미래전자	1700	200	340000	1사분기	최상길
RG10K	저항	새별전자	1100	350	385000	2사분기	장계섭
ROM128	메모리	미래전자	2050	200	410000	3사분기	신상일
RAM16	메모리	새별전자	15500	100	1550000	4사분기	유병주

구매관리(표서식) | 구매관리

6.4 찾기 및 바꾸기

워크시트의 특정 텍스트, 서식 또는 정보 종류를 선택하거나 새로운 텍스트 또는 서식으로 바꿀 수 있다.

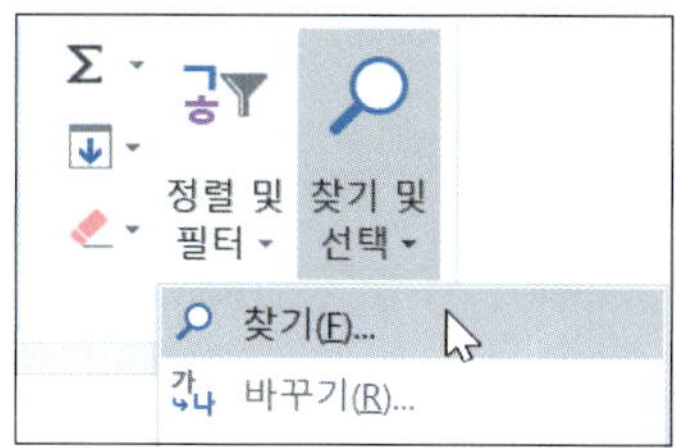

① [찾기 및 선택] ⇨ [찾기]를 지정하면 다음과 같은 대화상자가 나타난다.

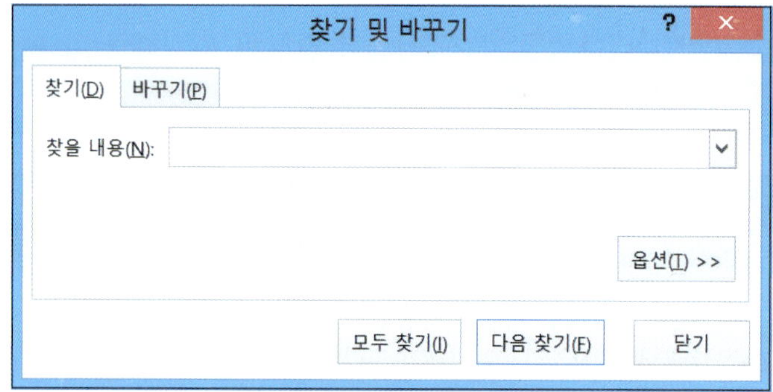

② [찾을 내용]에 "신상일"을 입력하고 [다음 찾기]를 누르면 첫 번째 데이터를 지정하여 나타난다.

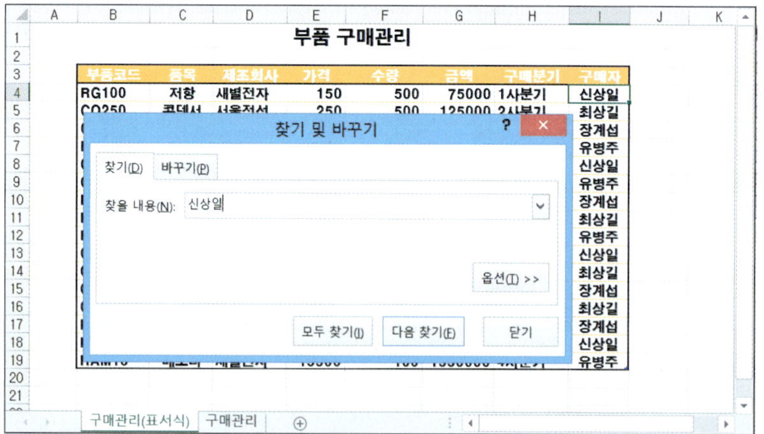

③ [모두 찾기]를 누르면 찾는 데이터 정보가 다음과 같이 나타난다.

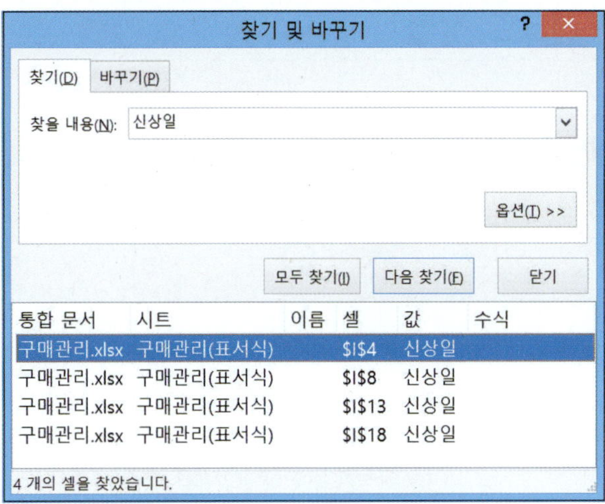

④ [바꾸기] 탭을 누르고 [바꿀 내용]에 데이터를 입력한 다음, [모두 바꾸기]를 누르면 워크시트에 있는 대상의 데이터가 바뀌어서 나타나고 결과 메시지가 별도로 나타난다.

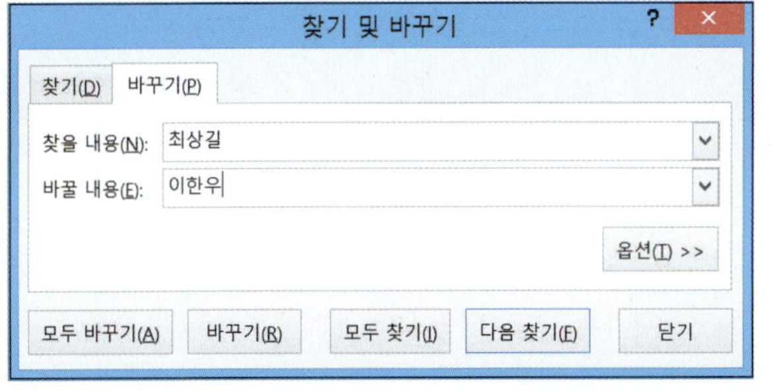

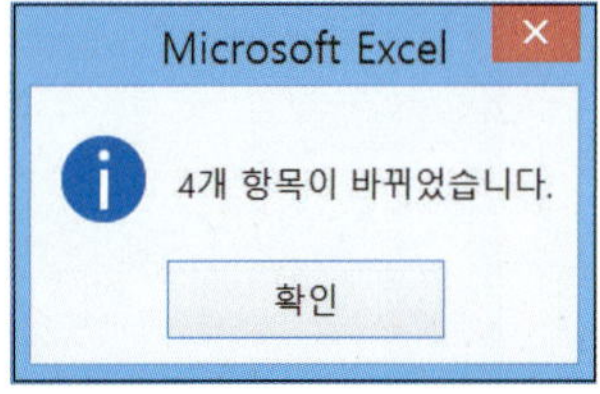

⑤ 바꾸기 결과는 다음과 같다.

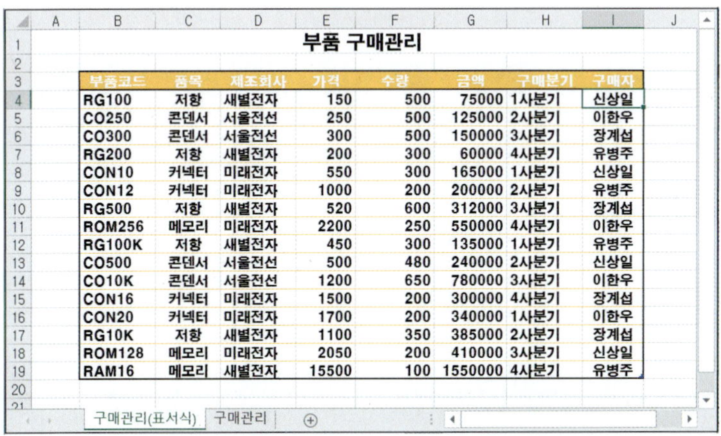

부품 구매관리

부품코드	품목	제조회사	가격	수량	금액	구매분기	구매자
RG100	저항	새별전자	150	500	75000	1사분기	신상일
CO250	콘덴서	서울전선	250	500	125000	2사분기	이한우
CO300	콘덴서	서울전선	300	500	150000	3사분기	장계섭
RG200	저항	새별전자	200	300	60000	4사분기	유병주
CON10	커넥터	미래전자	550	300	165000	1사분기	신상일
CON12	커넥터	미래전자	1000	200	200000	2사분기	유병주
RG500	저항	새별전자	520	600	312000	3사분기	장계섭
ROM256	메모리	미래전자	2200	250	550000	4사분기	이한우
RG100K	저항	새별전자	450	300	135000	1사분기	유병주
CO500	콘덴서	서울전선	500	480	240000	2사분기	신상일
CO10K	콘덴서	서울전선	1200	650	780000	3사분기	이한우
CON16	커넥터	미래전자	1500	200	300000	4사분기	장계섭
CON20	커넥터	미래전자	1700	200	340000	1사분기	이한우
RG10K	저항	새별전자	1100	350	385000	2사분기	장계섭
ROM128	메모리	미래전자	2050	200	410000	3사분기	신상일
RAM16	메모리	새별전자	15500	100	1550000	4사분기	유병주

구매관리(표서식) 구매관리

6.5 일반적인 레코드 정렬

① B3셀을 클릭하여 데이터베이스 영역 안으로 셀 포인터를 이동한다.

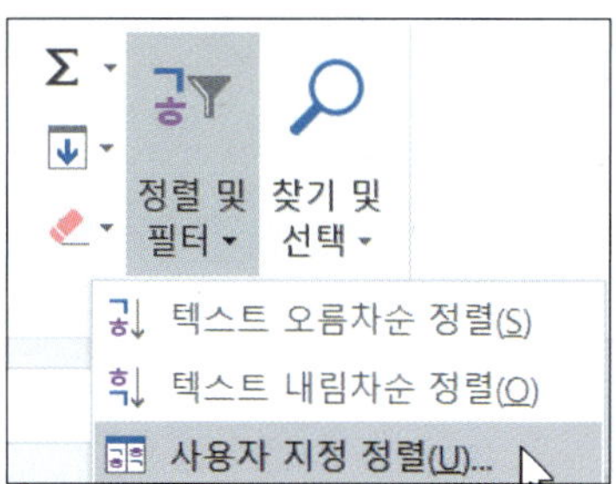

② 메뉴의 [정렬 및 필터]⇨[사용자 지정 정렬]을 선택한다.

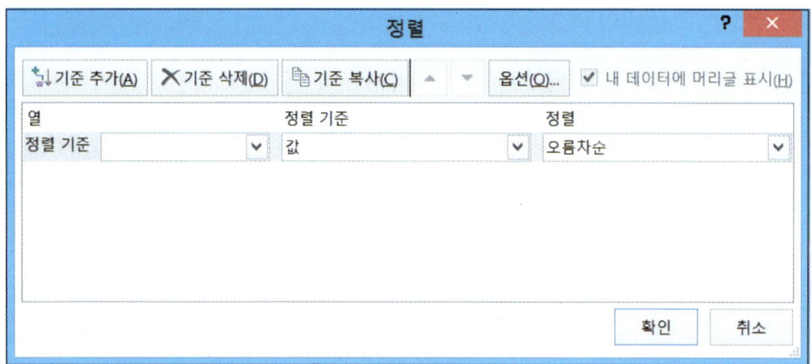

③ 정렬 대화상자의 첫 번째 기준은 '부품코드' 및 "오름차순"으로 두 번째 기준은 '제조회사' 및 "오름차순"으로 지정한다.

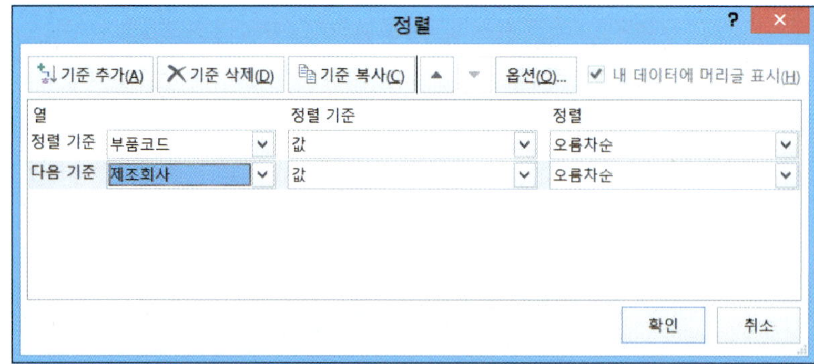

④ [확인] 단추를 클릭한다.

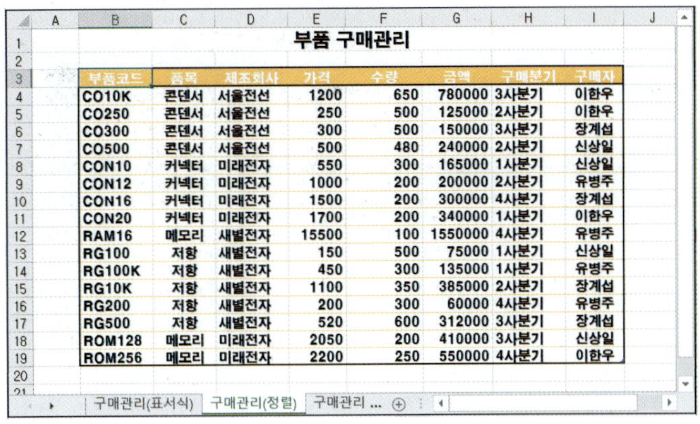

부품 구매관리

부품코드	품목	제조회사	가격	수량	금액	구매분기	구매자
CO10K	콘덴서	서울전선	1200	650	780000	3사분기	이한우
CO250	콘덴서	서울전선	250	500	125000	2사분기	이한우
CO300	콘덴서	서울전선	300	500	150000	3사분기	장계섭
CO500	콘덴서	서울전선	500	480	240000	2사분기	신상일
CON10	커넥터	미래전자	550	300	165000	1사분기	신상일
CON12	커넥터	미래전자	1000	200	200000	2사분기	유병주
CON16	커넥터	미래전자	1500	200	300000	4사분기	장계섭
CON20	커넥터	미래전자	1700	200	340000	1사분기	이한우
RAM16	메모리	새별전자	15500	100	1550000	4사분기	유병주
RG100	저항	새별전자	150	500	75000	1사분기	신상일
RG100K	저항	새별전자	450	300	135000	1사분기	유병주
RG10K	저항	새별전자	1100	350	385000	2사분기	장계섭
RG200	저항	새별전자	200	300	60000	4사분기	유병주
RG500	저항	새별전자	520	600	312000	3사분기	장계섭
ROM128	메모리	미래전자	2050	200	410000	3사분기	신상일
ROM256	메모리	미래전자	2200	250	550000	4사분기	이한우

- 정렬은 '숫자 ⇨ 문자열 ⇨ 논리값 ⇨ 오류값 ⇨ 빈 셀' 순위로 정렬된다.
- 정렬이 사용자의 의도로 되지 않았을 경우 [편집] ⇨ [정렬 취소]를 선택한다.

> 데이터베이스 목록에서 정렬하려는 필드에 셀 포인터를 놓고 도구 모음에서 정렬 단추 (-오름차순, -내림차순)를 누른다. 도구 모음 단추로는 기준을 여러 개 지정할 수 없다.

6.6 사용자 지정 목록을 이용한 정렬

여러 열 또는 행 기준 정렬, 기타 정렬 옵션을 사용할 수 있는 [정렬] 대화상자를 표시하여 지정할 수 있다.

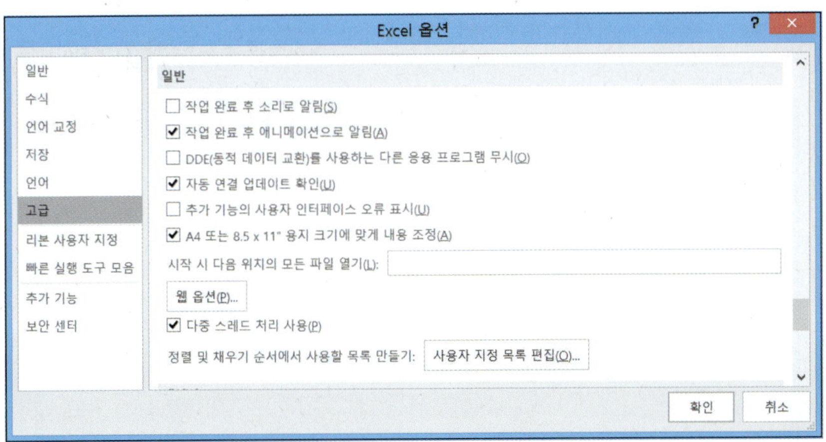

① [파일]⇨[옵션]⇨[고급]⇨[일반]의 '사용자 지정 목록 편집'에 '미래전자, 새별전자, 서울전선' 순으로 등록하고 [확인]을 클릭한다.

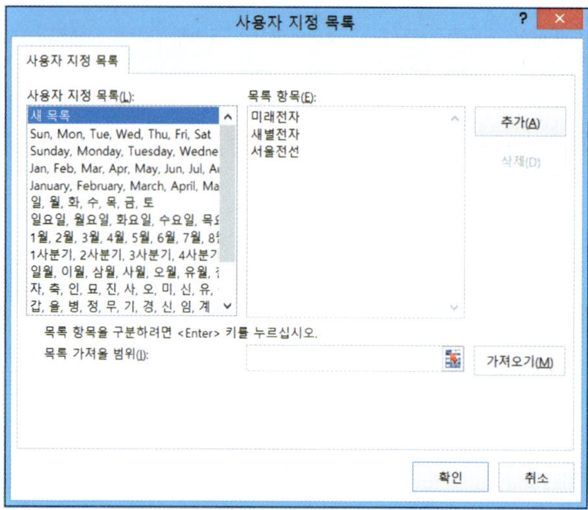

② 메뉴의 [정렬 및 필터]⇨[사용자 지정 정렬]을 선택한다.

③ 정렬 대화상자의 첫 번째 기준을 '제조회사'로 선택한다.

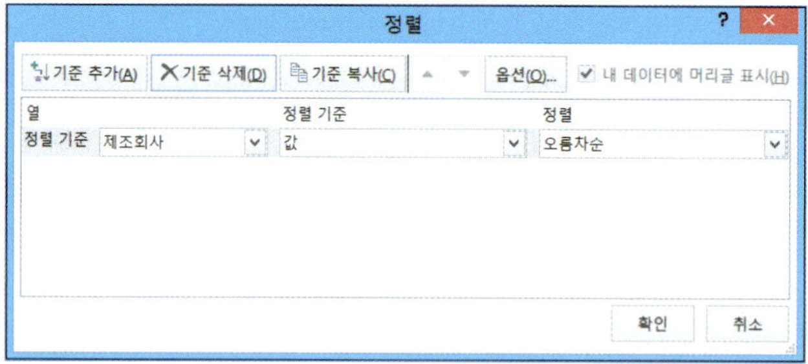

④ [정렬]을 지정하고 [사용자 지정 정렬]을 선택하면 사용자 지정 목록이 나타나고, 정렬옵션 대화상자의 사용자 정의 정렬 순서를 '미래전자, 새별전자, 서울전선' 순을 선택한다.

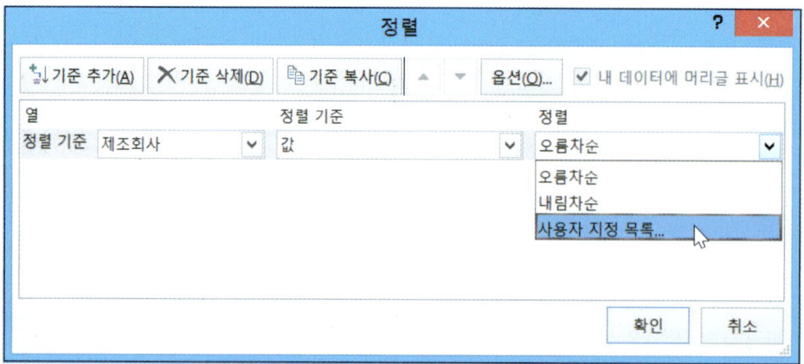

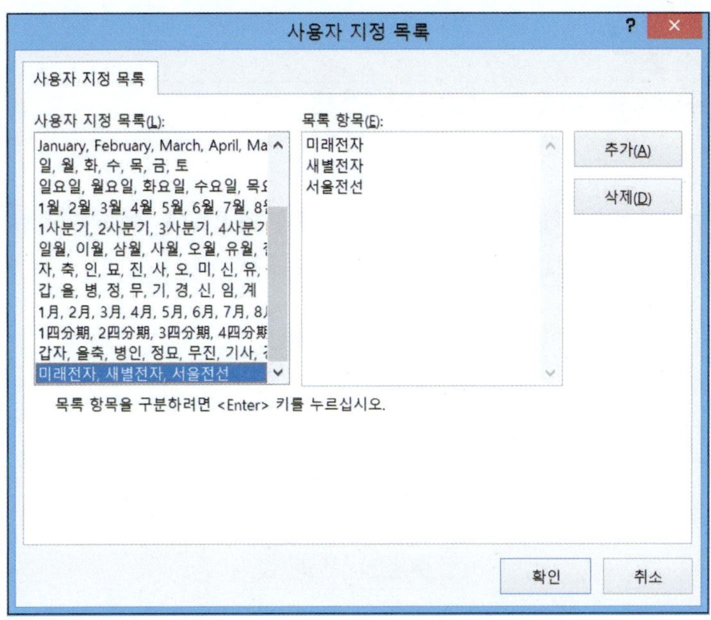

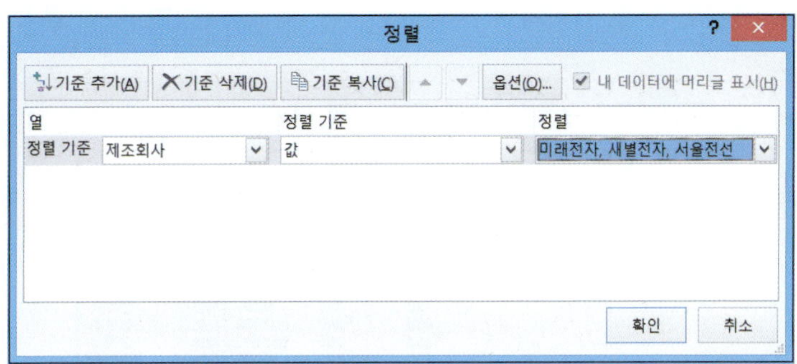

⑤ [확인] 단추를 클릭하면 제조회사 순으로 정렬되어 나타난다.

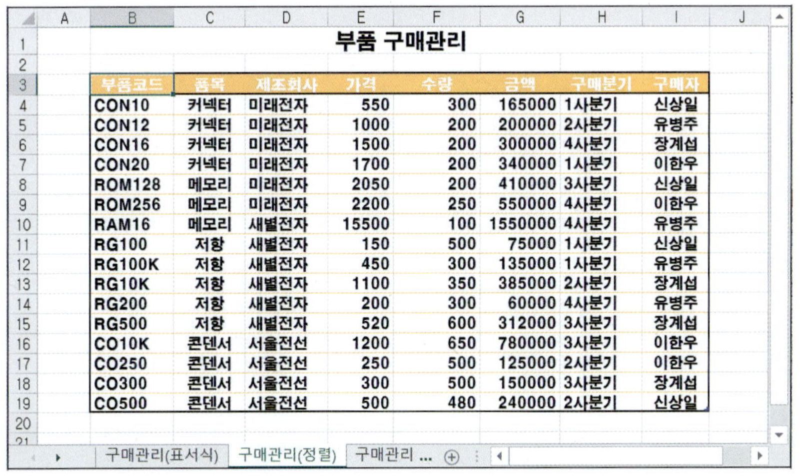

부품 구매관리

부품코드	품목	제조회사	가격	수량	금액	구매분기	구매자
CON10	커넥터	미래전자	550	300	165000	1사분기	신상일
CON12	커넥터	미래전자	1000	200	200000	2사분기	유병주
CON16	커넥터	미래전자	1500	200	300000	4사분기	장계섭
CON20	커넥터	미래전자	1700	200	340000	1사분기	이한우
ROM128	메모리	미래전자	2050	200	410000	3사분기	신상일
ROM256	메모리	미래전자	2200	250	550000	4사분기	이한우
RAM16	메모리	새별전자	15500	100	1550000	4사분기	유병주
RG100	저항	새별전자	150	500	75000	1사분기	신상일
RG100K	저항	새별전자	450	300	135000	1사분기	유병주
RG10K	저항	새별전자	1100	350	385000	2사분기	장계섭
RG200	저항	새별전자	200	300	60000	4사분기	유병주
RG500	저항	새별전자	520	600	312000	3사분기	장계섭
CO10K	콘덴서	서울전선	1200	650	780000	3사분기	이한우
CO250	콘덴서	서울전선	250	500	125000	2사분기	이한우
CO300	콘덴서	서울전선	300	500	150000	3사분기	장계섭
CO500	콘덴서	서울전선	500	480	240000	2사분기	신상일

6.7 자동필터를 이용한 데이터 검색

자동 필터는 필드명에서 사용자가 원하는 조건을 선택하거나 입력하여 데이터를 검색하거나 추출한다.

① B3셀을 클릭하여 데이터베이스 영역 안으로 셀 포인터를 이동한다.

② 메뉴의 [정렬 및 필터] ⇨ [필터]를 선택한다.

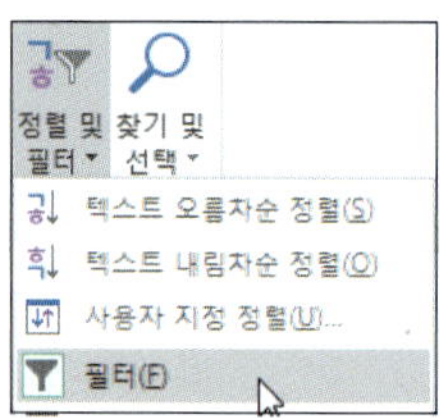

③ "제조회사" 필드의 ▾ 단추를 클릭하여 "미래전자"만 체크하고 [확인]을 클릭한다.

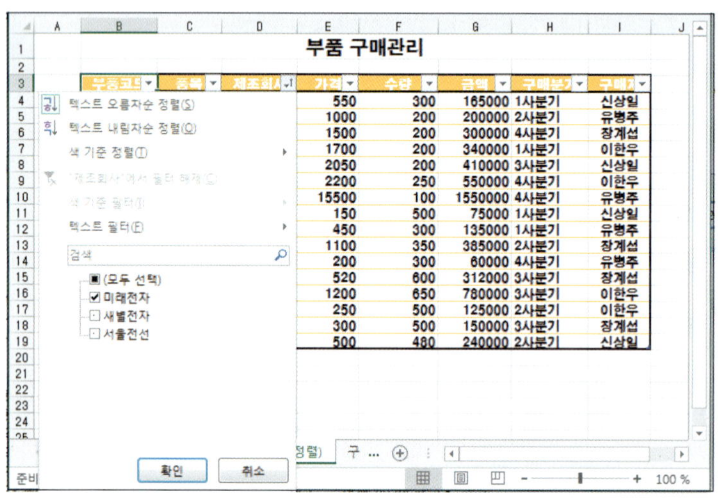

④ "미래전자" 레코드만 나타난다.

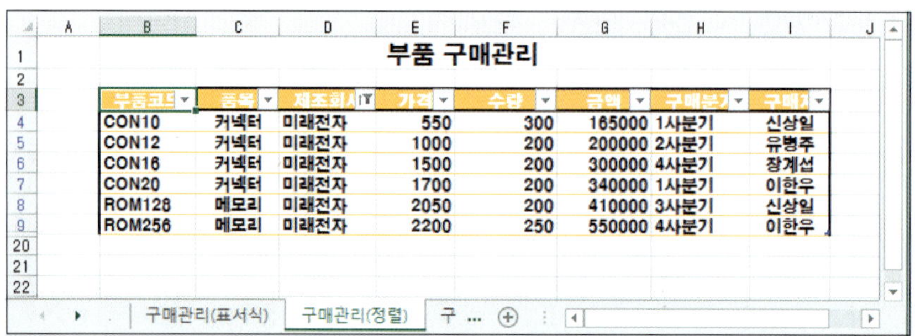

부품 구매관리

부품코드	품목	제조회사	가격	수량	금액	구매분기	구매자
CON10	커넥터	미래전자	550	300	165000	1사분기	신상일
CON12	커넥터	미래전자	1000	200	200000	2사분기	유병주
CON16	커넥터	미래전자	1500	200	300000	4사분기	장계섭
CON20	커넥터	미래전자	1700	200	340000	1사분기	이한우
ROM128	메모리	미래전자	2050	200	410000	3사분기	신상일
ROM256	메모리	미래전자	2200	250	550000	4사분기	이한우

• 필터 메뉴에서 [정렬 및 필터] ⇨ [지우기]를 선택하면 전체 레코드가 모두 나타난다.

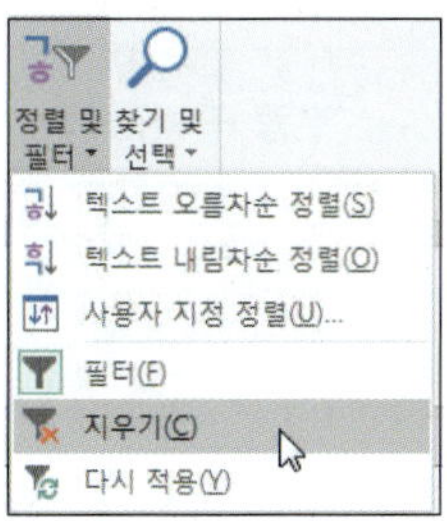

6.8 사용자 지정 자동필터

① B3셀을 클릭하여 데이터베이스 영역 안으로 셀 포인터를 이동한다.

② 메뉴의 [정렬 및 필터] ⇨ [필터]를 선택한다.

③ "금액" 필드의 ▾ 단추를 클릭하여 [숫자 필터] ⇨ [사용자 지정 필터]를 클릭한다.

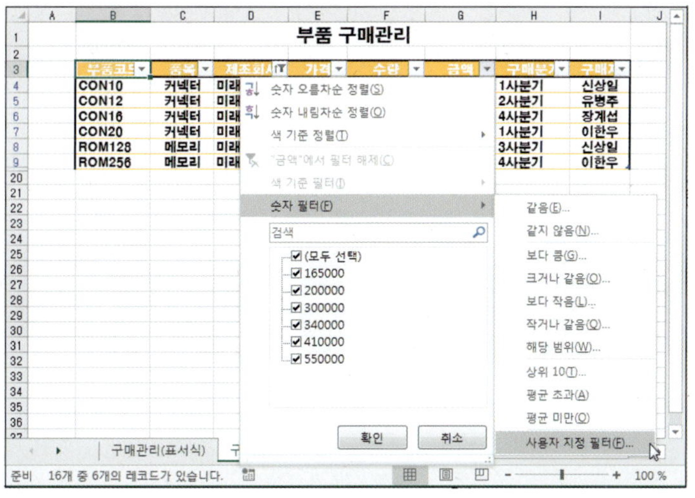

④ '사용자 지정 필터' 대화상자의 찾을 조건에 금액은 "<1000000", "그리고", ">500000"을 지정하고 [확인] 단추를 클릭한다.

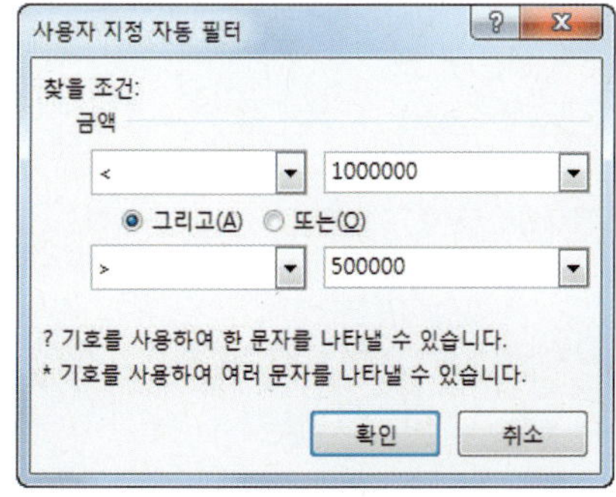

⑤ 금액이 500000보다 크고 1000000보다 작은 값들의 목록이 검색된다.

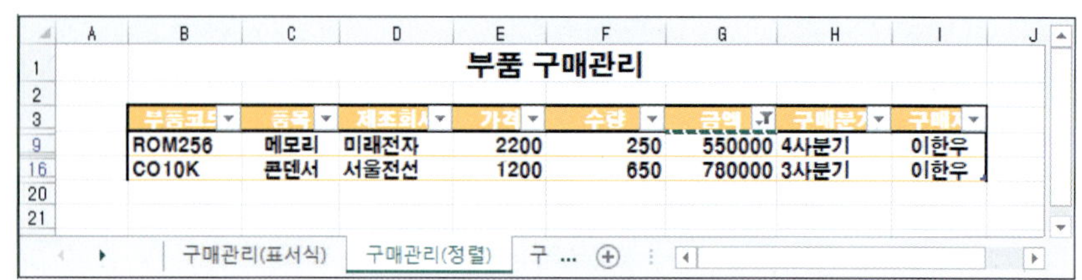

목록사용	예 제	설 명
=		같다
< >		같지 않다
>		보다 크다
>=		보다 크거나 같다
<		보다 작다
<=		보다 작거나 같다
시작 문자	=비*	첫 문자가 "비"로 시작하는 데이터
제외할 시작 문자	<>삼*	첫 문자가 "삼"으로 시작하지 않는 데이터
끝 문자	=*오	마지막 문자가 "오"인 데이터
제외할 끝 문자	<>*삼	마지막 문자가 "삼"으로 끝나지 않는 데이터
포함하는 문자	=*디*	"디"라는 문자열이 포함된 데이터
포함하지 않는 문자	<>*디*	"디"라는 문자열을 포함하지 않는 데이터
한 문자 대표	?????	한 문자를 대표(다섯 글자 이내)

⑥ 본래 데이터 표시로 돌아가기 위해 [정렬 및 필터]⇨[지우기]를 선택한다.

6.9 고급필터

- 한 필드에 여러 가지 조건을 동시에 지정 가능
- 두 개 이상의 조건을 AND나 OR로 다양하게 결합 가능
- 계산식 형태의 조건 지정이 가능
- 다른 위치에 추출 결과 기록 가능
- 추출 필드 지정 가능

① "구매관리.xlsx"을 열기한다.

② K3셀에 "제조회사" K4셀에 "미래전자"를 입력한다.

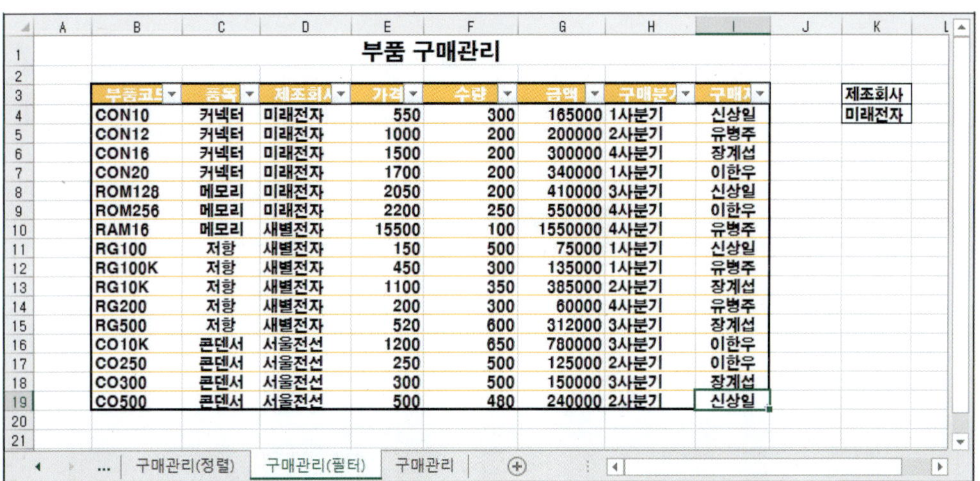

부품 구매관리

부품코드	품목	제조회사	가격	수량	금액	구매분기	구매자
CON10	커넥터	미래전자	550	300	165000	1사분기	신상일
CON12	커넥터	미래전자	1000	200	200000	2사분기	유병주
CON16	커넥터	미래전자	1500	200	300000	4사분기	장계섭
CON20	커넥터	미래전자	1700	200	340000	1사분기	이한우
ROM128	메모리	미래전자	2050	200	410000	3사분기	신상일
ROM256	메모리	미래전자	2200	250	550000	4사분기	이한우
RAM16	메모리	새별전자	15500	100	1550000	4사분기	유병주
RG100	저항	새별전자	150	500	75000	1사분기	신상일
RG100K	저항	새별전자	450	300	135000	1사분기	유병주
RG10K	저항	새별전자	1100	350	385000	2사분기	장계섭
RG200	저항	새별전자	200	300	60000	4사분기	유병주
RG500	저항	새별전자	520	600	312000	3사분기	장계섭
CO10K	콘덴서	서울전선	1200	650	780000	3사분기	이한우
CO250	콘덴서	서울전선	250	500	125000	2사분기	이한우
CO300	콘덴서	서울전선	300	500	150000	3사분기	장계섭
CO500	콘덴서	서울전선	500	480	240000	2사분기	신상일

제조회사
미래전자

③ [데이터] ⇨ [고급]을 선택하면 [고급 필터] 대화상자가 나타난다.

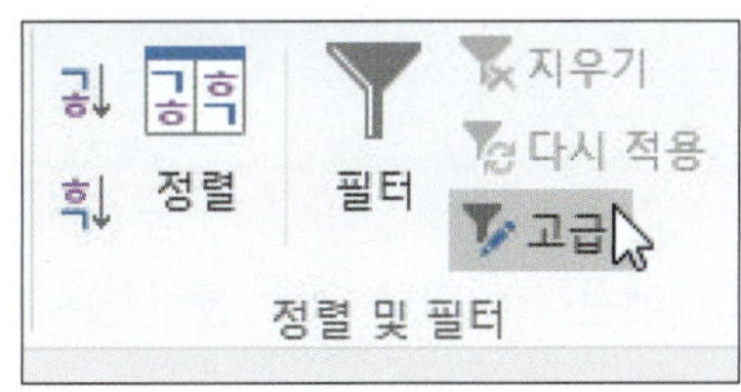

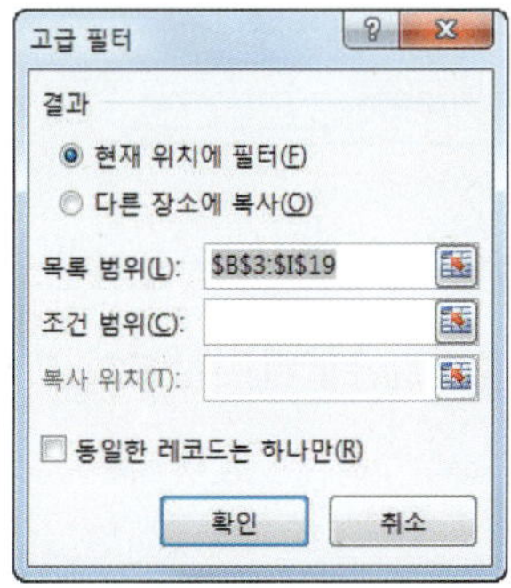

④ '다른 장소에 복사'를 클릭한다.

⑤ '목록 범위' 영역의 아이콘을 클릭한 후 "구매관리(필터)" 탭의 B3셀에서 드래그하여 I19까지 셀 영역을 선택한 후 [고급필터]⇨[데이터 범위:] 대화상자의 아이콘을 클릭한다.

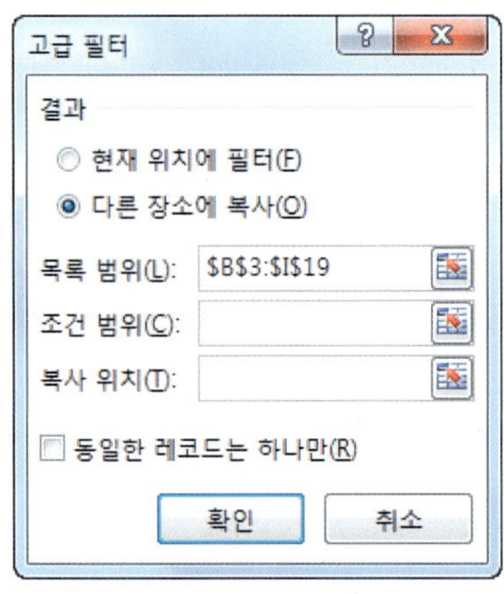

⑥ '조건 범위' 영역의 아이콘을 클릭한 후 "구매관리(필터)" 탭을 클릭한 후 K1셀에서 드래그하여 K2까지 셀 영역을 선택한 후 [고급필터]⇨[조건 범위:] 대화상자의 아이콘을 클릭한다.

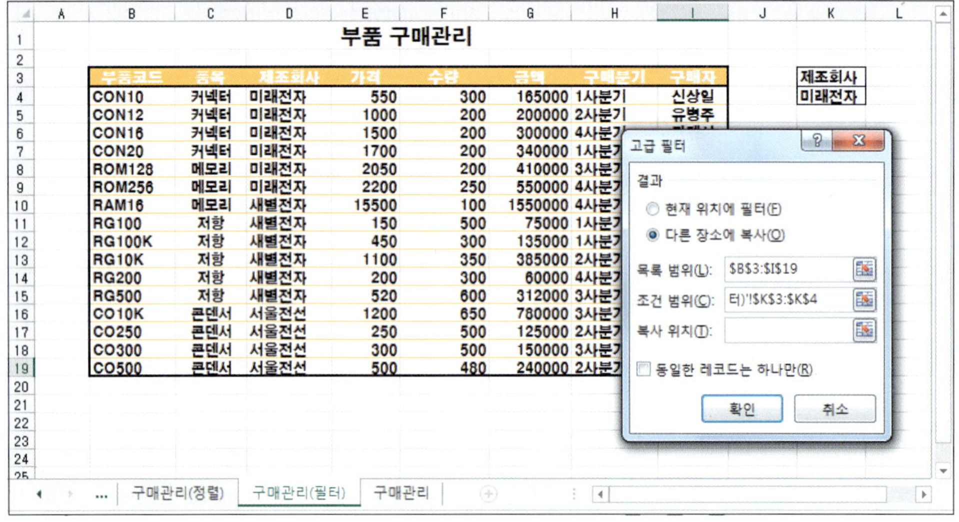

부품 구매관리

부품코드	종목	제조회사	가격	수량	금액	구매분기	구매자
CON10	커넥터	미래전자	550	300	165000	1사분기	신상일
CON12	커넥터	미래전자	1000	200	200000	2사분기	유병주
CON16	커넥터	미래전자	1500	200	300000	4사분기	
CON20	커넥터	미래전자	1700	200	340000	1사분기	
ROM128	메모리	미래전자	2050	200	410000	3사분기	
ROM256	메모리	미래전자	2200	250	550000	4사분기	
RAM16	메모리	새별전자	15500	100	1550000	4사분기	
RG100	저항	새별전자	150	500	75000	1사분기	
RG100K	저항	새별전자	450	300	135000	1사분기	
RG10K	저항	새별전자	1100	350	385000	2사분기	
RG200	저항	새별전자	200	300	60000	4사분기	
RG500	저항	새별전자	520	600	312000	3사분기	
CO10K	콘덴서	서울전선	1200	650	780000	3사분기	
CO250	콘덴서	서울전선	250	500	125000	2사분기	
CO300	콘덴서	서울전선	300	500	150000	3사분기	
CO500	콘덴서	서울전선	500	480	240000	2사분기	

제조회사
미래전자

⑦ '복사 위치' 영역의 아이콘을 클릭한 후 "구매관리(필터)" 탭을 클릭한다.

⑧ K6셀을 선택한 후 [고급필터]⇨[복사 위치:] 대화상자의 아이콘을 클릭한다.

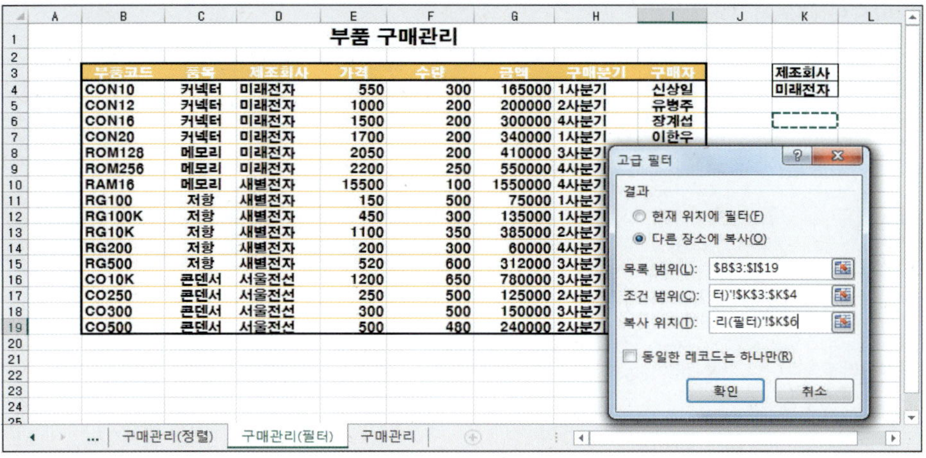

부품 구매관리

부품코드	품목	제조회사	가격	수량	금액	구매분기	구매자
CON10	커넥터	미래전자	550	300	165000	1사분기	신상일
CON12	커넥터	미래전자	1000	200	200000	2사분기	유병주
CON16	커넥터	미래전자	1500	200	300000	4사분기	장계섭
CON20	커넥터	미래전자	1700	200	340000	1사분기	이한우
ROM128	메모리	미래전자	2050	200	410000	3사분기	
ROM256	메모리	미래전자	2200	250	550000	4사분기	
RAM16	메모리	새별전자	15500	100	1550000	4사분기	
RG100	저항	새별전자	150	500	75000	1사분기	
RG100K	저항	새별전자	450	300	135000	1사분기	
RG10K	저항	새별전자	1100	350	385000	2사분기	
RG200	저항	새별전자	200	300	60000	4사분기	
RG500	저항	새별전자	520	600	312000	3사분기	
CO10K	콘덴서	서울전선	1200	650	780000	3사분기	
CO250	콘덴서	서울전선	250	500	125000	2사분기	
CO300	콘덴서	서울전선	300	500	150000	3사분기	
CO500	콘덴서	서울전선	500	480	240000	2사분기	

제조회사
미래전자

⑨ [확인] 단추를 클릭하면 결과가 나타난다.

금액	구매분기	구매자
165000	1사분기	신상일
200000	2사분기	유병주
300000	4사분기	장계섭
340000	1사분기	이한우
410000	3사분기	신상일
550000	4사분기	이한우
1550000	4사분기	유병주
75000	1사분기	신상일
135000	1사분기	유병주
385000	2사분기	장계섭
60000	4사분기	유병주
312000	3사분기	장계섭
780000	3사분기	이한우
125000	2사분기	이한우
150000	3사분기	장계섭
240000	2사분기	신상일

제조회사
미래전자

부품코드	품목	제조회사	가격	수량	금액	구매분기	구매자
CON10	커넥터	미래전자	550	300	165000	1사분기	신상일
CON12	커넥터	미래전자	1000	200	200000	2사분기	유병주
CON16	커넥터	미래전자	1500	200	300000	4사분기	장계섭
CON20	커넥터	미래전자	1700	200	340000	1사분기	이한우
ROM128	메모리	미래전자	2050	200	410000	3사분기	신상일
ROM256	메모리	미래전자	2200	250	550000	4사분기	이한우

구매관리(정렬) 구매관리(필터) 구매관리

6.10 고급필터 조건 지정

검색 조건은 첫 행에는 원본 데이터 목록의 필드명(수식으로 조건을 입력하는 경우는 제외)이 입력되고, 각 조건을 AND로 결합하고자 하는 경우는 각 필드명 아래 같은 행에 조건을 입력하고 OR로 결합하고자 하는 경우는 다른 행에 조건을 기록한다.

- 두 개 이상의 조건을 AND로 결합

금액	제조회사
>300000	미래전자

• 두 개 이상의 조건을 OR로 결합

금액	제조회사
>300000	
	미래전자

• 한 필드를 이용한 두 조건을 OR로 결합

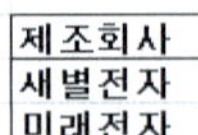

제조회사
새별전자
미래전자

6.11 추출 필드 지정

① 다음과 같이 조건과 결과에 나타날 필드를 입력한다.

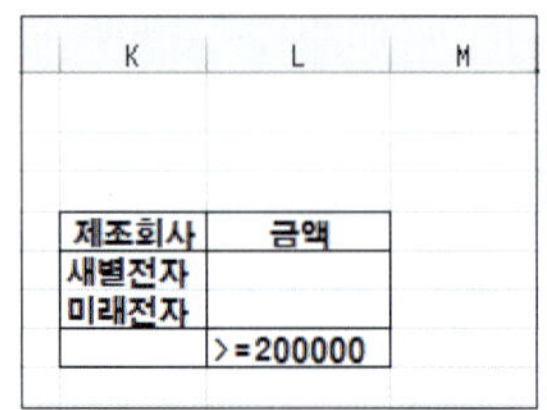

제조회사	금액
새별전자	
미래전자	
	>=200000

② 셀 포인터를 "구매관리"의 데이터 목록 영역 안에 놓는다.

③ [데이터]⇨[필터]⇨[고급]을 실행한다.

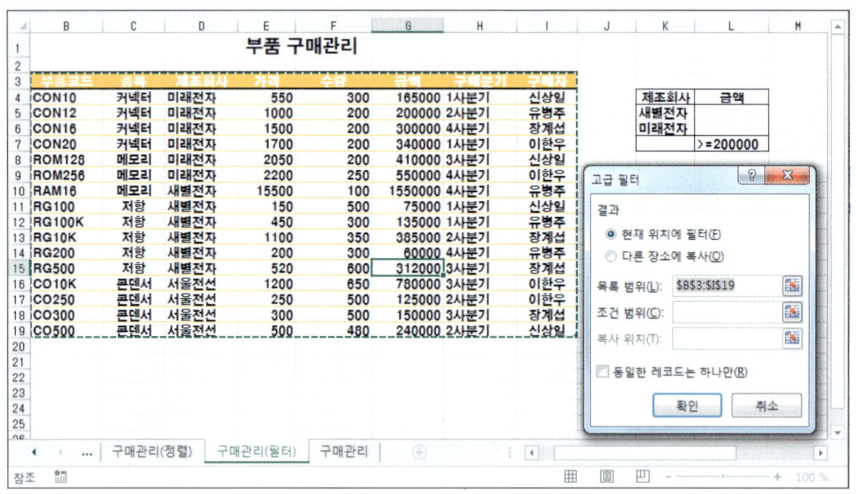

부품 구매관리

부품코드	품목	제조회사	가격	수량	금액	구매분기	구매자
CON10	커넥터	미래전자	550	300	165000	1사분기	신상일
CON12	커넥터	미래전자	1000	200	200000	2사분기	유병주
CON16	커넥터	미래전자	1500	200	300000	4사분기	장계섭
CON20	커넥터	미래전자	1700	200	340000	1사분기	이한우
ROM128	메모리	미래전자	2050	200	410000	3사분기	신상일
ROM256	메모리	미래전자	2200	250	550000	4사분기	이한우
RAM16	메모리	새별전자	15500	100	1550000	4사분기	유병주
RG100	저항	새별전자	150	500	75000	1사분기	신상일
RG100K	저항	새별전자	450	300	135000	1사분기	유병주
RG10K	저항	새별전자	1100	350	385000	2사분기	장계섭
RG200	저항	새별전자	200	300	60000	4사분기	유병주
RG500	저항	새별전자	520	600	312000	3사분기	장계섭
CO10K	콘덴서	서울전선	1200	650	780000	3사분기	이한우
CO250	콘덴서	서울전선	250	500	125000	2사분기	이한우
CO300	콘덴서	서울전선	300	500	150000	3사분기	장계섭
CO500	콘덴서	서울전선	500	480	240000	2사분기	신상일

④ "다른 장소에 복사"를 선택한 후 찾을 조건 범위 영역을 마우스로 클릭한다.

⑤ 조건범위에서 고급 필터 대화상자를 그대로 두고 조건이 입력되어 있는 K4에서 L7까지 드래그한다.

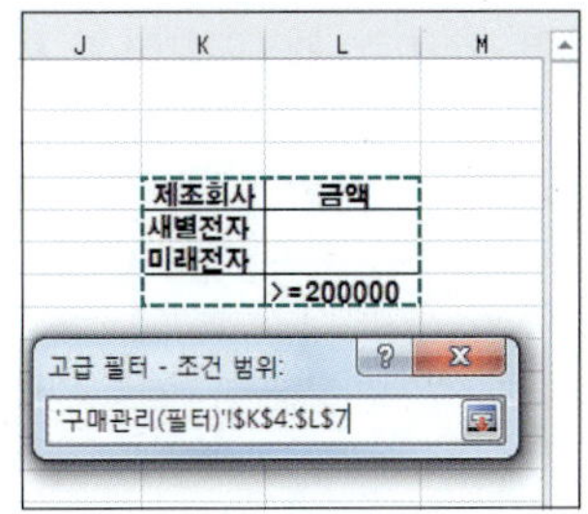

⑥ [복사위치]를 K9로 지정하고 [확인] 단추를 누르면 해당 범위의 데이터가 추출되어 나타난다.

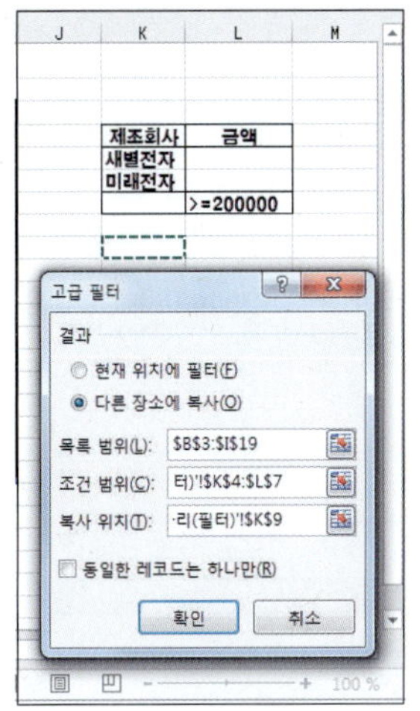

제조회사	금액
새별전자	
미래전자	
	>=200000

부품코드	품목	제조회사	가격	수량	금액	구매분기	구매자
CON10	커넥터	미래전자	550	300	165000	1사분기	신상일
CON12	커넥터	미래전자	1000	200	200000	2사분기	유병주
CON16	커넥터	미래전자	1500	200	300000	4사분기	장계섭
CON20	커넥터	미래전자	1700	200	340000	1사분기	이한우
ROM128	메모리	미래전자	2050	200	410000	3사분기	신상일
ROM256	메모리	미래전자	2200	250	550000	4사분기	이한우
RAM16	메모리	새별전자	15500	100	1550000	4사분기	유병주
RG100	저항	새별전자	150	500	75000	1사분기	신상일
RG100K	저항	새별전자	450	300	135000	1사분기	유병주
RG10K	저항	새별전자	1100	350	385000	2사분기	장계섭
RG200	저항	새별전자	200	300	60000	4사분기	유병주
RG500	저항	새별전자	520	600	312000	3사분기	장계섭
CO10K	콘덴서	서울전선	1200	650	780000	3사분기	이한우
CO500	콘덴서	서울전선	500	480	240000	2사분기	신상일

6.12 부분합 계산

① "구매관리.xlsx"의 워크시트 "구매관리(부분합)" 탭을 클릭한다.

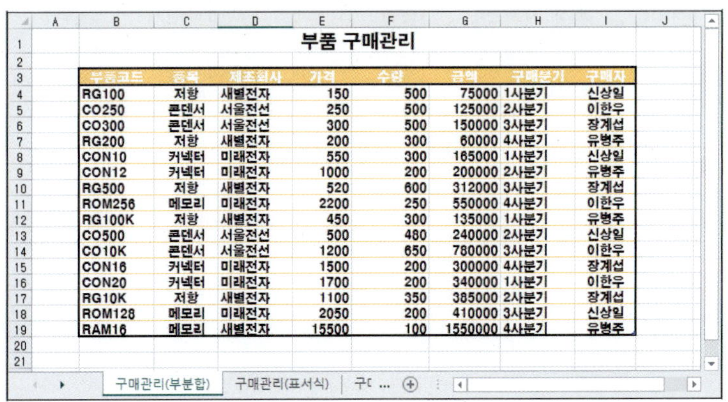

부품 구매관리

부품코드	품목	제조회사	가격	수량	금액	구매분기	구매자
RG100	저항	새별전자	150	500	75000	1사분기	신상일
CO250	콘덴서	서울전선	250	500	125000	2사분기	이한우
CO300	콘덴서	서울전선	300	500	150000	3사분기	장계섭
RG200	저항	새별전자	200	300	60000	4사분기	유병주
CON10	커넥터	미래전자	550	300	165000	1사분기	신상일
CON12	커넥터	미래전자	1000	200	200000	2사분기	유병주
RG500	저항	새별전자	520	600	312000	3사분기	장계섭
ROM256	메모리	미래전자	2200	250	550000	4사분기	이한우
RG100K	저항	새별전자	450	300	135000	1사분기	유병주
CO500	콘덴서	서울전선	500	480	240000	2사분기	신상일
CO10K	콘덴서	서울전선	1200	650	780000	3사분기	이한우
CON16	커넥터	미래전자	1500	200	300000	4사분기	장계섭
CON20	커넥터	미래전자	1700	200	340000	1사분기	이한우
RG10K	저항	새별전자	1100	350	385000	2사분기	장계섭
ROM128	메모리	미래전자	2050	200	410000	3사분기	신상일
RAM16	메모리	새별전자	15500	100	1550000	4사분기	유병주

② B4셀을 클릭하여 데이터베이스 영역 안으로 셀 포인터를 이동한 후 메뉴의 [데이터]⇨[정렬]을 선택한다.

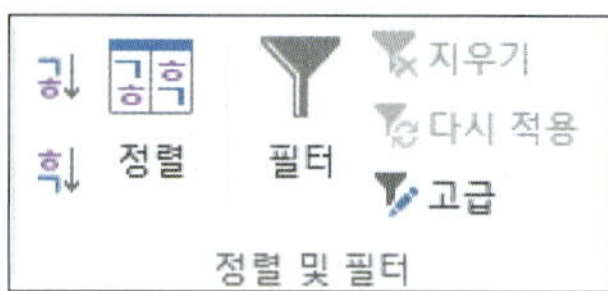

③ 정렬 대화상자의 첫 번째 기준은 '제조회사' 및 오름차순으로 두 번째 기준은 '품목' 및 내림차순으로 지정한다.

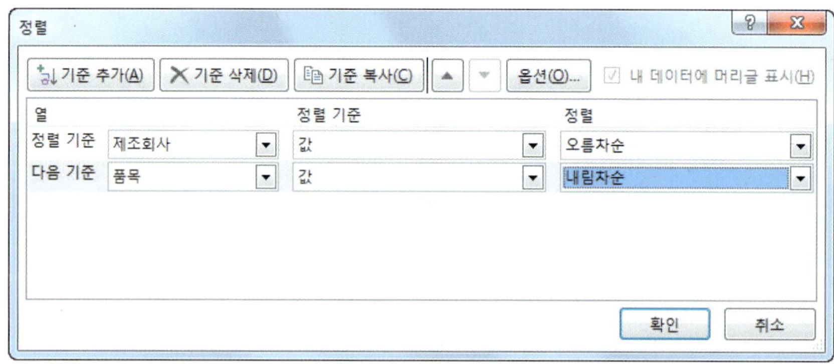

④ [확인] 단추를 클릭하면 다음과 같은 결과가 나타난다.

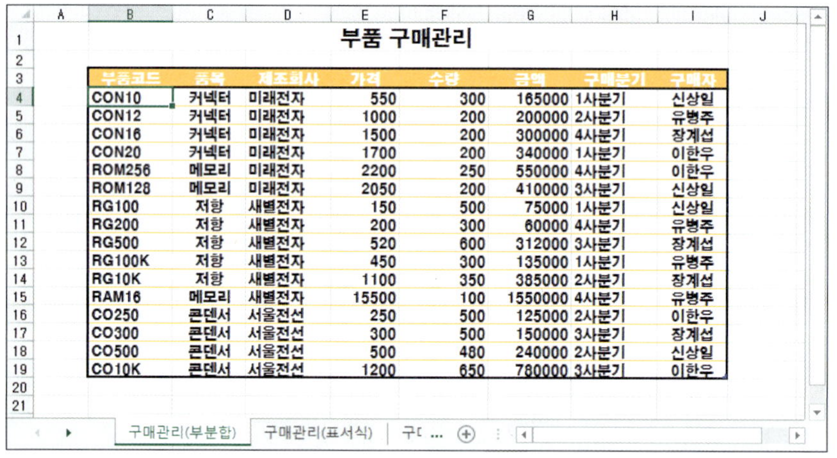

부품 구매관리

부품코드	품목	제조회사	가격	수량	금액	구매분기	구매자
CON10	커넥터	미래전자	550	300	165000	1사분기	신상일
CON12	커넥터	미래전자	1000	200	200000	2사분기	유병주
CON16	커넥터	미래전자	1500	200	300000	4사분기	장계섭
CON20	커넥터	미래전자	1700	200	340000	1사분기	이한우
ROM256	메모리	미래전자	2200	250	550000	4사분기	이한우
ROM128	메모리	미래전자	2050	200	410000	3사분기	신상일
RG100	저항	새별전자	150	500	75000	1사분기	신상일
RG200	저항	새별전자	200	300	60000	4사분기	유병주
RG500	저항	새별전자	520	600	312000	3사분기	장계섭
RG100K	저항	새별전자	450	300	135000	1사분기	유병주
RG10K	저항	새별전자	1100	350	385000	2사분기	장계섭
RAM16	메모리	새별전자	15500	100	1550000	4사분기	유병주
CO250	콘덴서	서울전선	250	500	125000	2사분기	이한우
CO300	콘덴서	서울전선	300	500	150000	3사분기	장계섭
CO500	콘덴서	서울전선	500	480	240000	2사분기	신상일
CO10K	콘덴서	서울전선	1200	650	780000	3사분기	이한우

⑤ 메뉴의 [데이터]⇨[부분합]을 선택하는데 부분합 아이콘이 비활성화 되어 있는 경우 부분합 범위를 블록으로 지정하고 마우스 오른쪽 단추를 눌러서 [표]⇨[범위로 변환]을 지정한다.

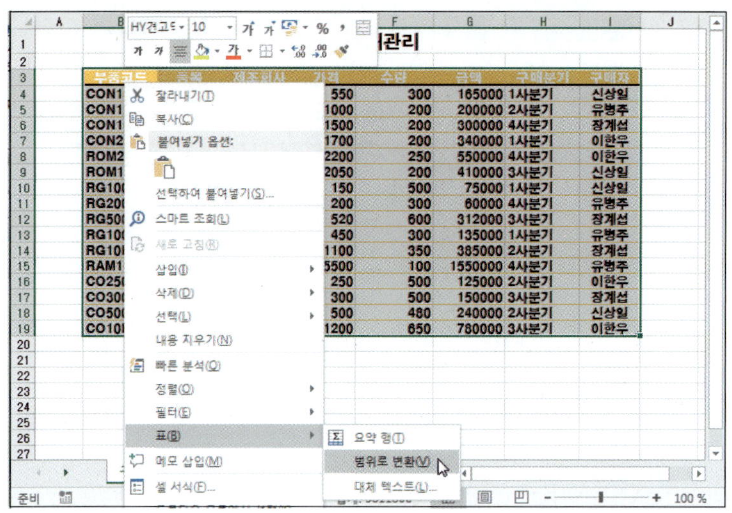

⑥ 부분합 아이콘이 활성화된 경우 부분합 대화상자를 불러서 '그룹화 할 항목' ⇨ "제조회사", '사용 할 함수' ⇨ "합계", '부분합 계산 항목' ⇨ "금액"을 지정한다.

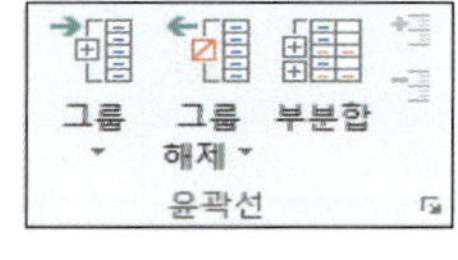

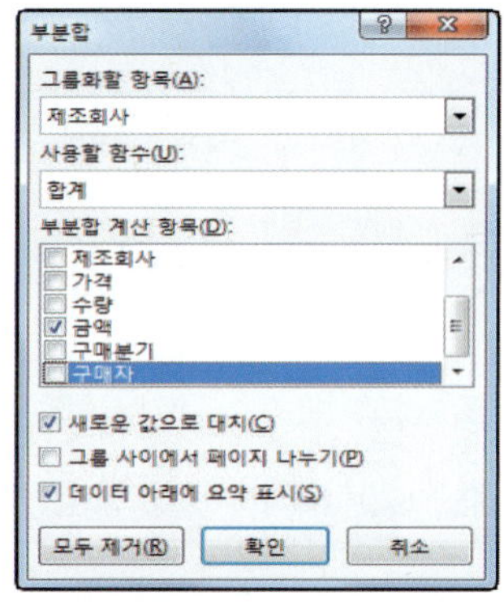

⑦ [확인] 단추를 클릭하면 부분합의 결과 값이 나타난다.

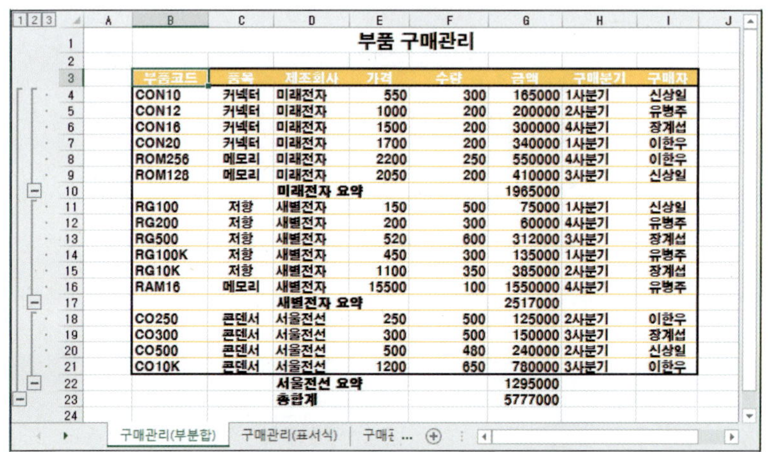

부품 구매관리

부품코드	품목	제조회사	가격	수량	금액	구매분기	구매자
CON10	커넥터	미래전자	550	300	165000	1사분기	신상일
CON12	커넥터	미래전자	1000	200	200000	2사분기	유병주
CON16	커넥터	미래전자	1500	200	300000	4사분기	장계섭
CON20	커넥터	미래전자	1700	200	340000	1사분기	이한우
ROM256	메모리	미래전자	2200	250	550000	4사분기	이한우
ROM128	메모리	미래전자	2050	200	410000	3사분기	신상일
		미래전자 요약			1965000		
RG100	저항	새별전자	150	500	75000	1사분기	신상일
RG200	저항	새별전자	200	300	60000	4사분기	유병주
RG500	저항	새별전자	520	600	312000	3사분기	장계섭
RG100K	저항	새별전자	450	300	135000	1사분기	유병주
RG10K	저항	새별전자	1100	350	385000	2사분기	장계섭
RAM16	메모리	새별전자	15500	100	1550000	4사분기	유병주
		새별전자 요약			2517000		
CO250	콘덴서	서울전선	250	500	125000	2사분기	이한우
CO300	콘덴서	서울전선	300	500	150000	3사분기	장계섭
CO500	콘덴서	서울전선	500	480	240000	2사분기	신상일
CO10K	콘덴서	서울전선	1200	650	780000	3사분기	이한우
		서울전선 요약			1295000		
		총합계			5777000		

⑧ 화면 왼쪽의 윤곽기호 1 2 3 중 2를 클릭하면 요약항목만 추출되어 나타난다

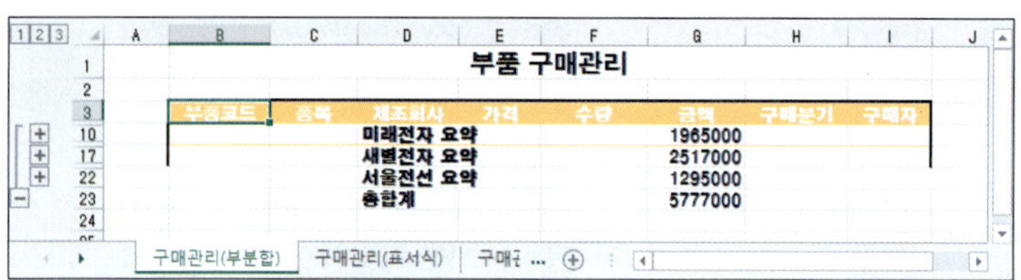

⑨ 부분합 기능을 해제하려면 메뉴의 [데이터] ⇨ [부분합...]을 선택한 후 모두 제거(R) 단추를 클릭한다.

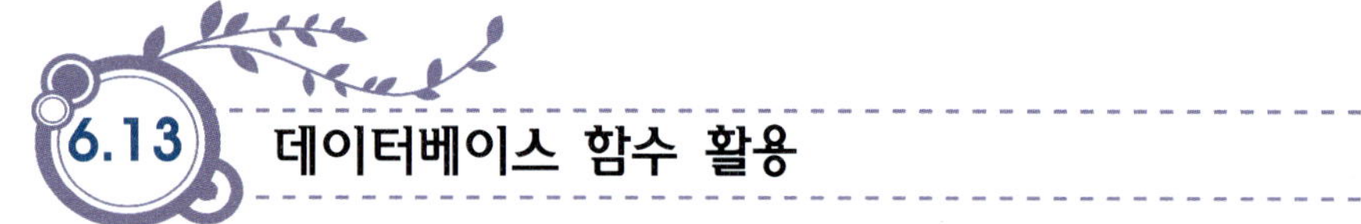

6.13 데이터베이스 함수 활용

① "구매관리(데이터베이스)" 시트에서 그림과 같이 데이터를 입력한 후 합계를 나타내기 위해서 L5 셀을 클릭한다.

부품 구매관리

부품코드	품목	제조회사	가격	수량	금액	구매분기	구매자
RG100	저항	새별전자	150	500	75000	1사분기	신상일
CO250	콘덴서	서울전선	250	500	125000	2사분기	이한우
CO300	콘덴서	서울전선	300	500	150000	3사분기	장계섭
RG200	저항	새별전자	200	300	60000	4사분기	유병주
CON10	커넥터	미래전자	550	300	165000	1사분기	신상일
CON12	커넥터	미래전자	1000	200	200000	2사분기	유병주
RG500	저항	새별전자	520	600	312000	3사분기	장계섭
ROM256	메모리	미래전자	2200	250	550000	4사분기	이한우
RG100K	저항	새별전자	450	300	135000	1사분기	유병주
CO500	콘덴서	서울전선	500	480	240000	2사분기	신상일
CO10K	콘덴서	서울전선	1200	650	780000	3사분기	이한우
CON16	커넥터	미래전자	1500	200	300000	4사분기	장계섭
CON20	커넥터	미래전자	1700	200	340000	1사분기	이한우
RG10K	저항	새별전자	1100	350	385000	2사분기	장계섭
ROM128	메모리	미래전자	2050	200	410000	3사분기	신상일
RAM16	메모리	새별전자	15500	100	1550000	4사분기	유병주

	제조회사
	미래전자
평 균	
합 계	

② 메뉴의 [수식] ⇨ [함수 삽입]을 실행하여 '범주 선택' ⇨ "데이터베이스", '함수 선택' ⇨ "DAVERAGE"를 선택한 후 [확인] 단추를 클릭한다.

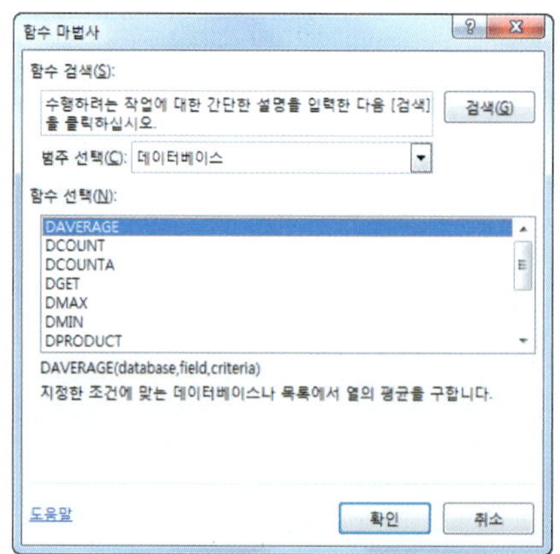

③ 함수 인수 대화상자에서 Database 영역의 아이콘을 클릭하여 B3셀에서 I19까지 셀 영역을 선택한 후 아이콘을 클릭한다.

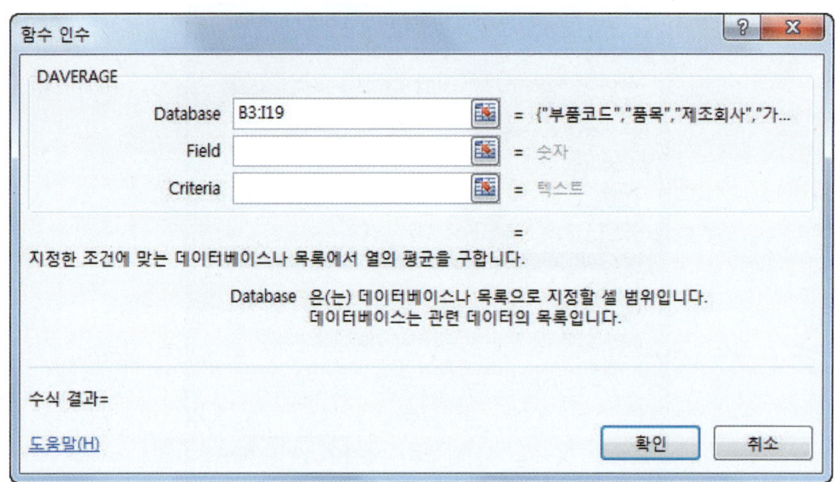

④ Field 영역에 6(금액 필드의 열 값)을 입력하고 아이콘을 클릭한다.

⑤ Criteria 영역의 아이콘을 클릭하여 L3:L4까지 셀 영역을 선택한 후 아이콘을 클릭한다. [확인] 단추를 클릭한다.

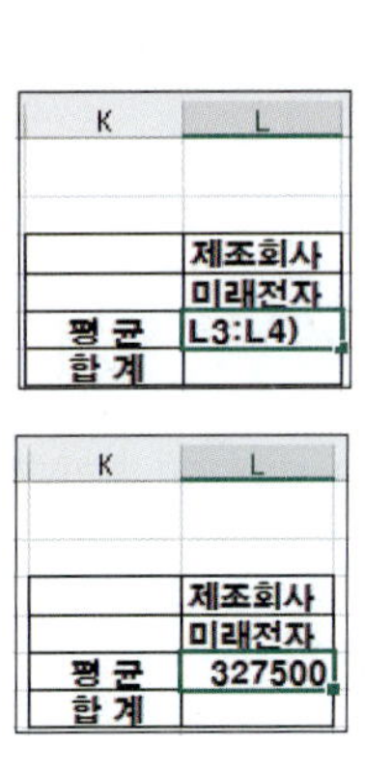

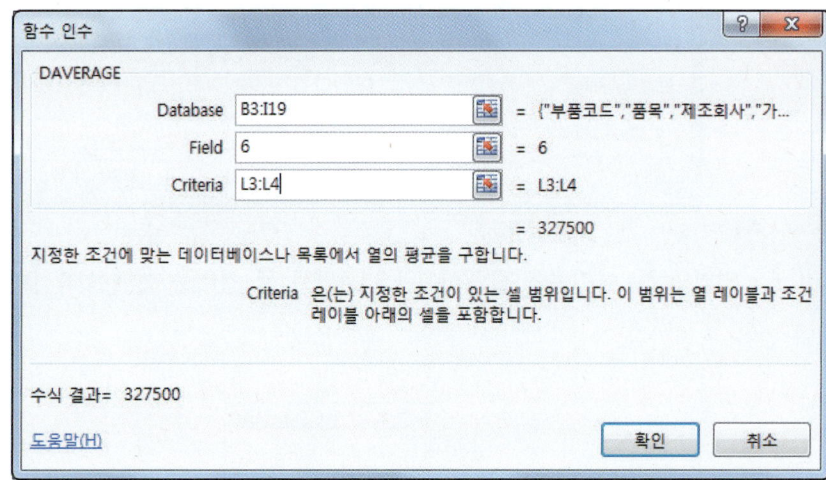

⑥ L6셀을 클릭한 후 메뉴의 [수식]⇨[함수 삽입]을 선택한다. '함수 종류' ⇨ "데이터베이스", '함수 이름' ⇨ "DSUM"를 선택한 후 [확인] 단추를 클릭한다.

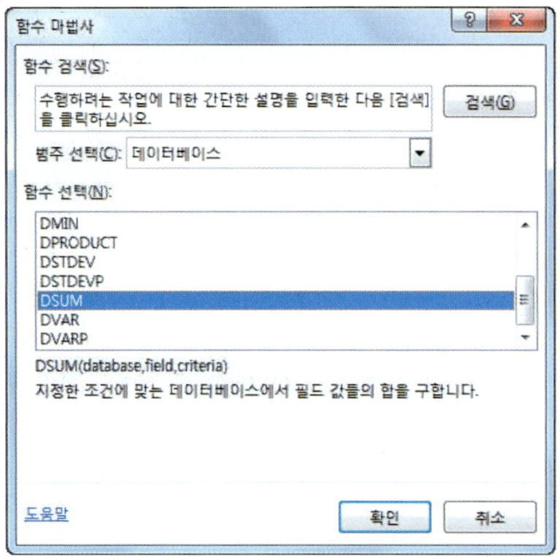

⑦ Database 영역의 아이콘을 클릭하여 B3:I19까지 셀 영역을 선택한 후 아이콘을 클릭한다.

⑧ Field 영역의 아이콘을 클릭하여 6(Field 번호)을 선택한 후 아이콘을 클릭한다.

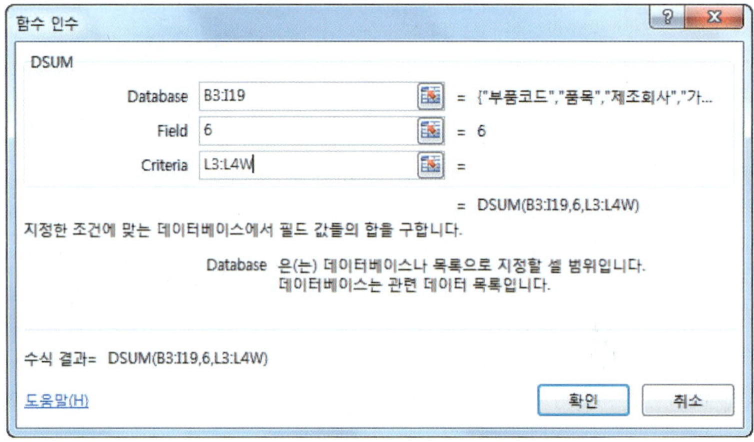

⑨ Criteria 영역의 아이콘을 클릭하여 L3:L4까지 셀 영역을 선택한 후 [확인] 단추를 클릭한다.

⑩ 결과 값을 확인한다.

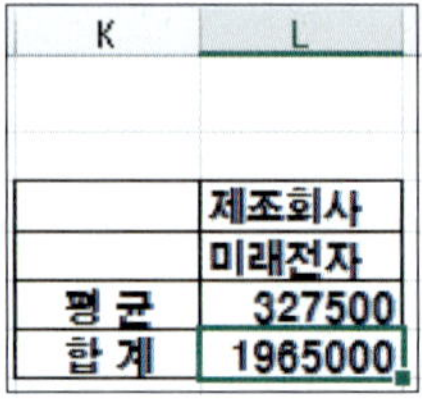

K	L
	제조회사
	미래전자
평 균	327500
합 계	1965000

6.14 피벗 테이블

워크시트에 작성된 2차원적인 평면적 데이터 형태인 원본 목록을 다양한 각도에서 데이터를 분석할 수 있는 형태로 작성한 것을 '피벗 테이블'이라고 한다. 즉 원본 목록에서 사용자가 원하는 필드만을 선택하여 피벗 테이블로 작성하면 원본의 많은 데이터를 보다 쉽고 빠르게 분석, 처리할 수 있다.

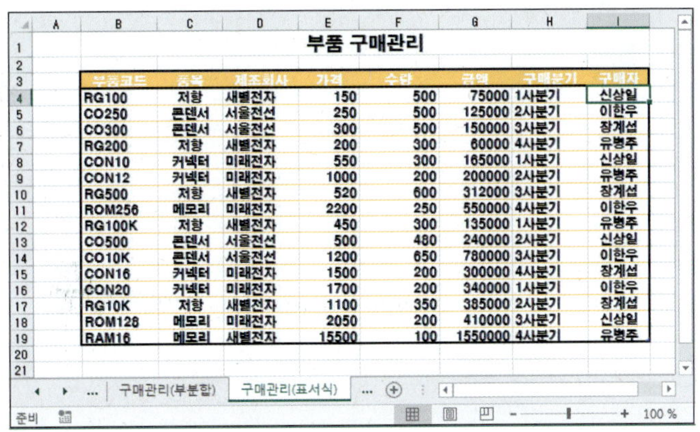

부품 구매관리

부품코드	종류	제조회사	가격	수량	금액	구매분기	구매자
RG100	저항	새벽전자	150	500	75000	1사분기	신상일
CO250	콘덴서	서울전선	250	500	125000	2사분기	이한우
CO300	콘덴서	서울전선	300	500	150000	3사분기	장계섭
RG200	저항	새벽전자	200	300	60000	4사분기	유병주
CON10	커넥터	미래전자	550	300	165000	1사분기	신상일
CON12	커넥터	미래전자	1000	200	200000	2사분기	유병주
RG500	저항	새벽전자	520	600	312000	3사분기	장계섭
ROM256	메모리	미래전자	2200	250	550000	4사분기	이한우
RG100K	저항	새벽전자	450	300	135000	1사분기	유병주
CO500	콘덴서	서울전선	500	480	240000	2사분기	신상일
CO10K	콘덴서	서울전선	1200	650	780000	3사분기	이한우
CON16	커넥터	미래전자	1500	200	300000	4사분기	장계섭
CON20	커넥터	미래전자	1700	200	340000	1사분기	이한우
RG10K	저항	새벽전자	1100	350	385000	2사분기	장계섭
ROM128	메모리	미래전자	2050	200	410000	3사분기	신상일
RAM16	메모리	새벽전자	15500	100	1550000	4사분기	유병주

① "구매관리(표서식)" 시트의 B3셀을 클릭하여 표 영역 안으로 셀 포인터를 이동한다.

② 메뉴의 [삽입] ⇨ [피벗 테이블] ⇨ [피벗 테이블]을 선택한다.

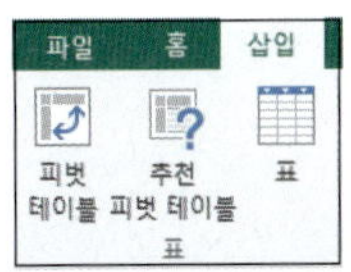

③ 범위가 자동으로 지정되고, [피벗 테이블 만들기] 대화상자가 나타나며, [기존 워크시트]를 지정한 다음 K3 번지를 클릭한다.

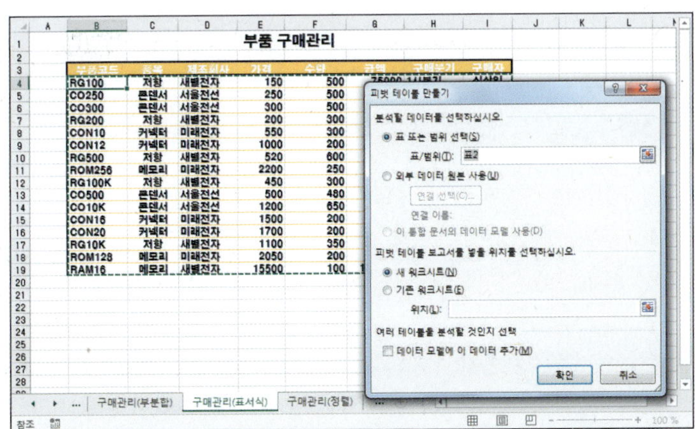

④ [확인]을 클릭하면 다음과 같은 피벗 테이블 작성을 위한 윤곽 화면이 나타나고, 시트 이름을 "구매관리(피벗테이블)"로 수정한다.

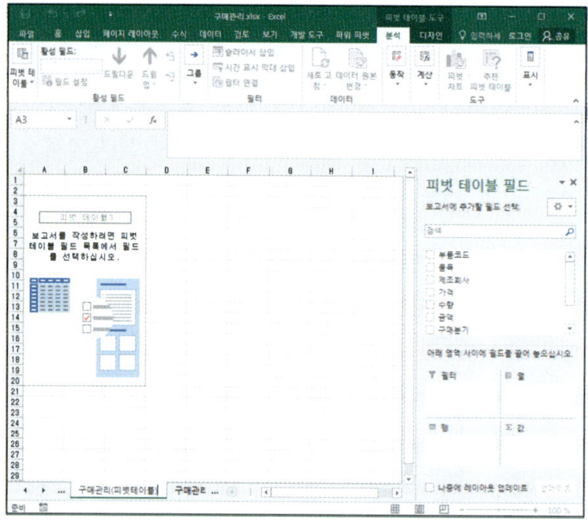

⑤ 레이아웃 대화상자가 나타나면 [보고서에 추가할 필드 선택]안의 목록을 마우스로 지정하여 아래 영역의 필드에 각각 끌어 놓는다.

⑥ 제일 먼저 [열 레이블]에 [구매분기]를 드래그한다.

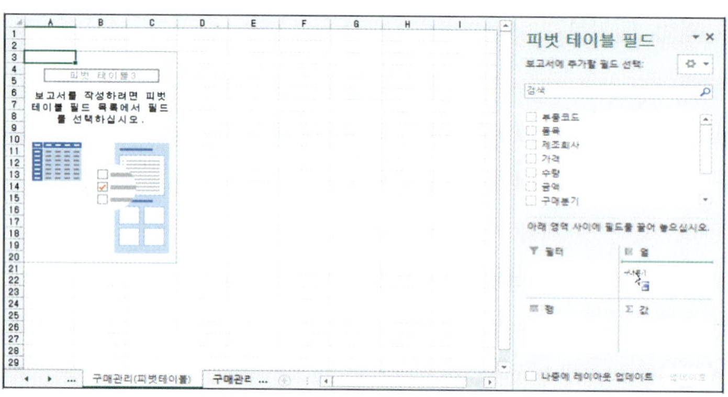

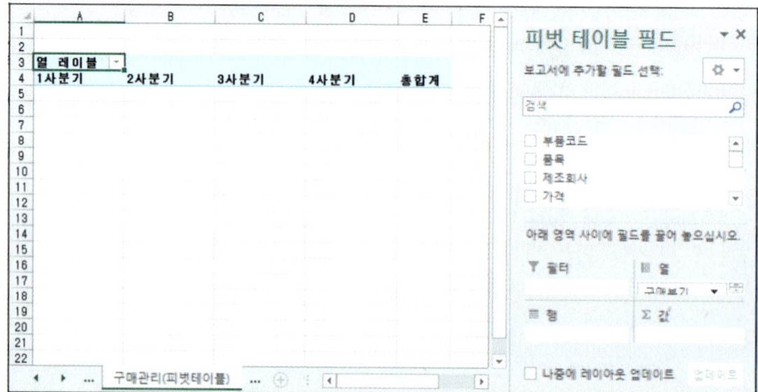

⑦ [행 레이블]에 [품목]을 드래그한다.

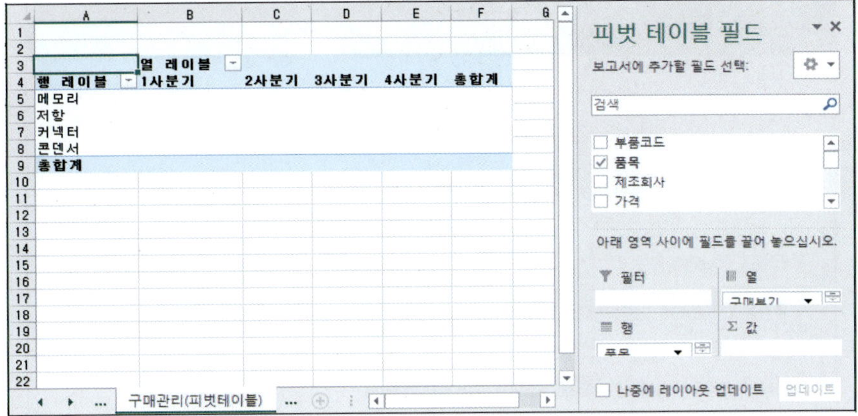

	A	B	C	D	E	F
3		열 레이블				
4	행 레이블	1사분기	2사분기	3사분기	4사분기	총합계
5	메모리					
6	저항					
7	커넥터					
8	콘덴서					
9	총합계					

⑧ [값 필드]에 [금액]을 드래그한다.

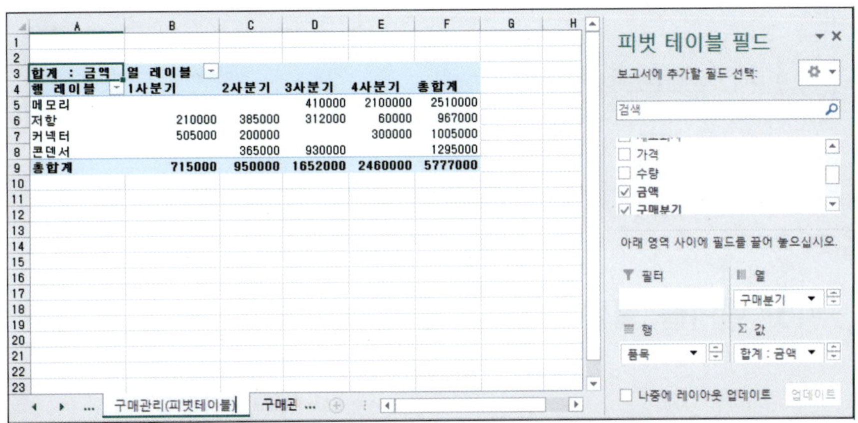

	A	B	C	D	E	F
3	합계 : 금액	열 레이블				
4	행 레이블	1사분기	2사분기	3사분기	4사분기	총합계
5	메모리			410000	2100000	2510000
6	저항	210000	385000	312000	60000	967000
7	커넥터	505000	200000		300000	1005000
8	콘덴서		365000	930000		1295000
9	총합계	715000	950000	1652000	2460000	5777000

⑨ [필터]에 [제조회사]를 드래그한다.

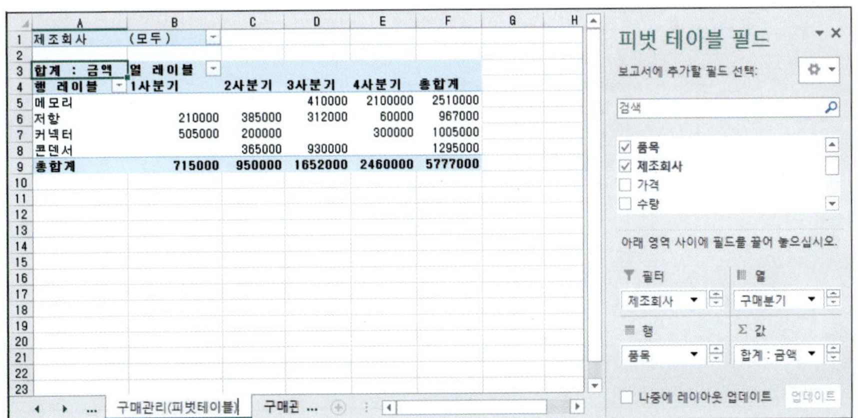

	A	B	C	D	E	F
1	제조회사	(모두)				
3	합계 : 금액	열 레이블				
4	행 레이블	1사분기	2사분기	3사분기	4사분기	총합계
5	메모리			410000	2100000	2510000
6	저항	210000	385000	312000	60000	967000
7	커넥터	505000	200000		300000	1005000
8	콘덴서		365000	930000		1295000
9	총합계	715000	950000	1652000	2460000	5777000

⑩ 작성된 피벗 테이블의 결과는 다음과 같다.

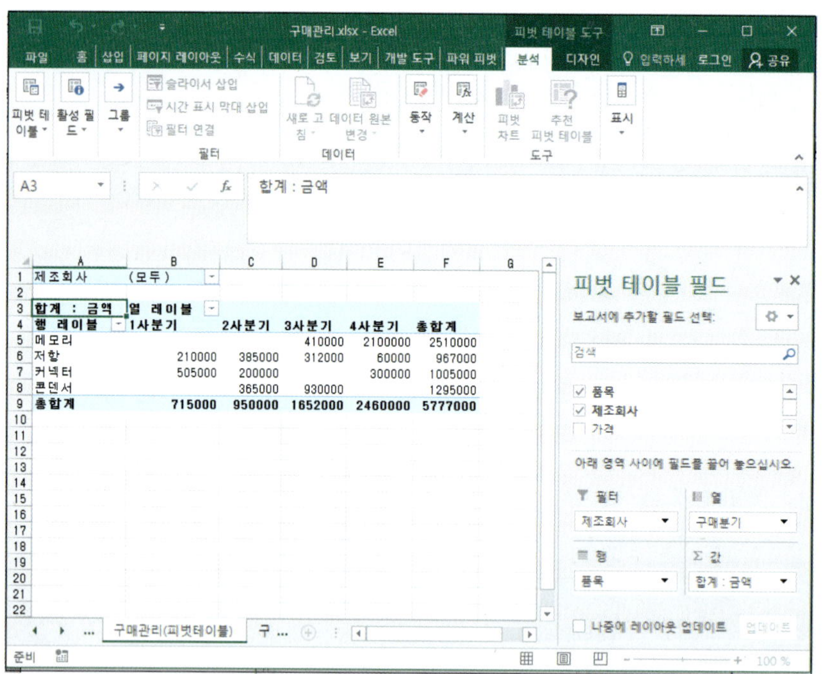

6.15 피벗 테이블 필터

① 제조회사 이름표 오른쪽에 있는 [목록] 단추를 누른다.

② '미래전자'를 클릭한다.

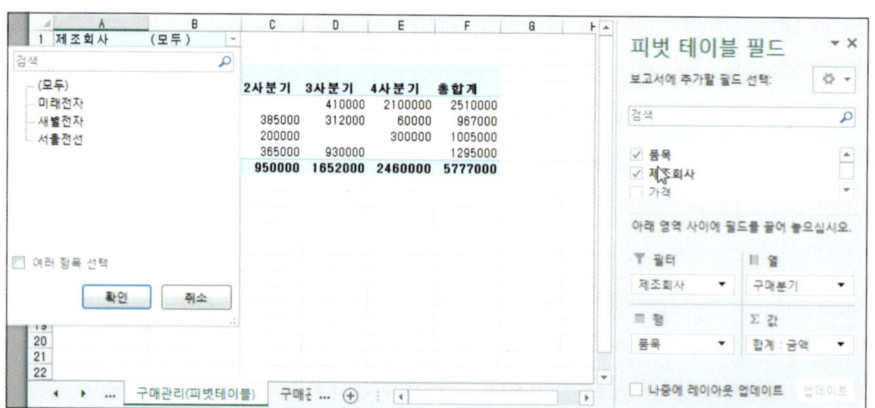

③ 보고서의 데이터는 “미래전자”의 데이터 내용으로 변한다.

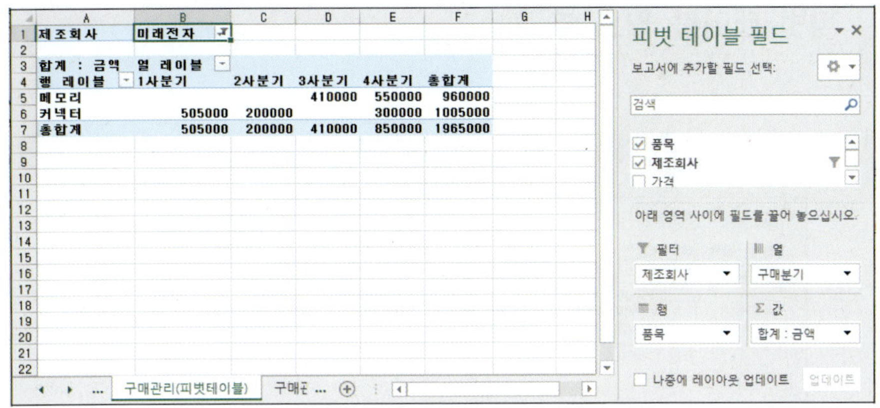

6.16 피벗 테이블 그룹화 편집

6.16.1 피벗 테이블 일부 영역 편집

피벗 테이블 전체를 대상으로 지우거나 편집하는 작업 외에는 화면에 나타난 피벗 테이블의 각 구성 요소를 작업 영역 상에서 사용자가 임의로 편집할 수 없다.

6.16.2 피벗 테이블 데이터 새로 고치기

피벗 테이블은 원본 데이터 영역과 연결된 상태에서 존재하나 원본 데이터 영역의 내용이나 영역이 바뀌는 경우에 그 변경 결과를 피벗 테이블에 자동적으로 반영시키지 않는다.

따라서 원본 데이터 영역의 내용이 바뀐 경우 피벗 테이블에 반영하려면 [데이터 새로 고침]을 실행해야 한다.

- 피벗 테이블 보고서 영역을 오른쪽 단추로 클릭하여 단축메뉴에서 [데이터 새로 고침] 선택
- 피벗 테이블 도구모음에서 데이터 새로 고침 단추(!)를 누른다.
- [데이터] ⇨ [모두 새로 고침]을 선택한다.

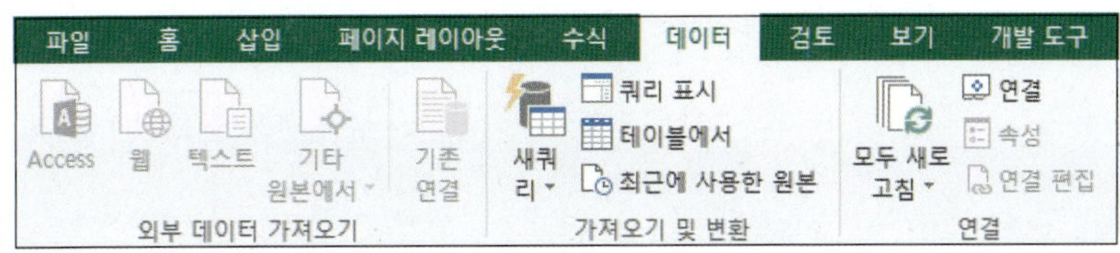

6.17 피벗 테이블 필드 추가

① 추가하려는 필드(수량)를 추가하려는 값 부분에 끌어놓는다.

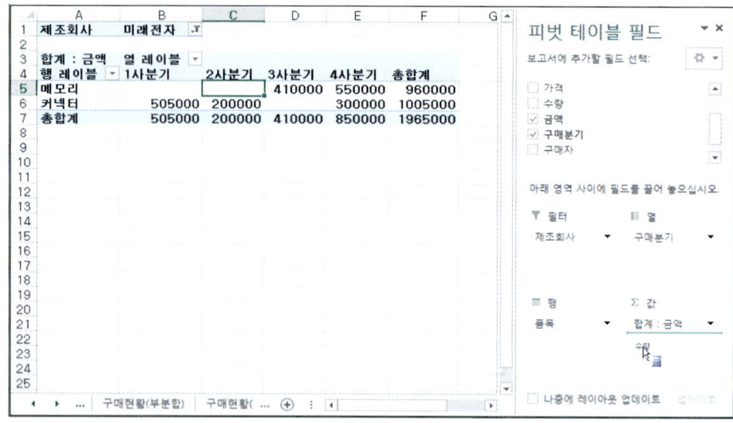

② 피벗 테이블 보고서의 내용이 변경되어 나타난다.

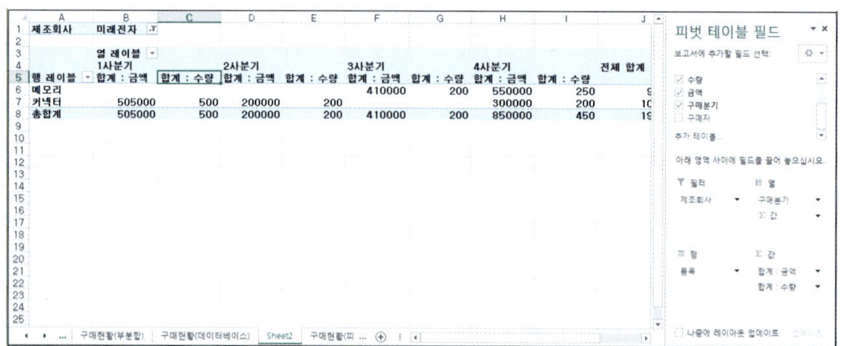

• 행 필드, 열 필드, 쪽 필드간의 이동은 원하는 필드 이름을 누른 상태로 새로운 위치로 드래그한다.

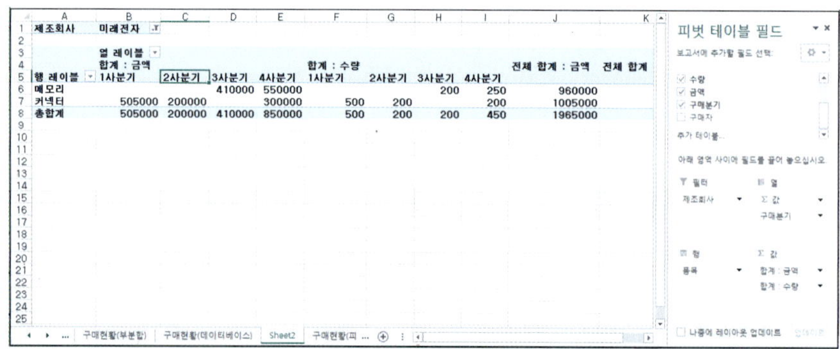

③ 필드 내 위치 이동

- 행이나 열에 두 개 이상의 필드를 사용하는 경우 이 필드들 간의 수준을 변경하는 것은 말한다.
- 행에 두 개의 필드가 있다면 왼쪽에 있는 필드가 상위 수준이고 오른쪽에 있는 필드는 하위 수준이다.
- 이때 필드이름을 드래그하여 위치를 바꾸면 수준이 변경된다.

④ 피벗 테이블 필드삭제

- 삭제하려는 필드(값의 수량)를 지정하고 오른쪽 단추를 눌러서 [필드제거]를 선택한다.

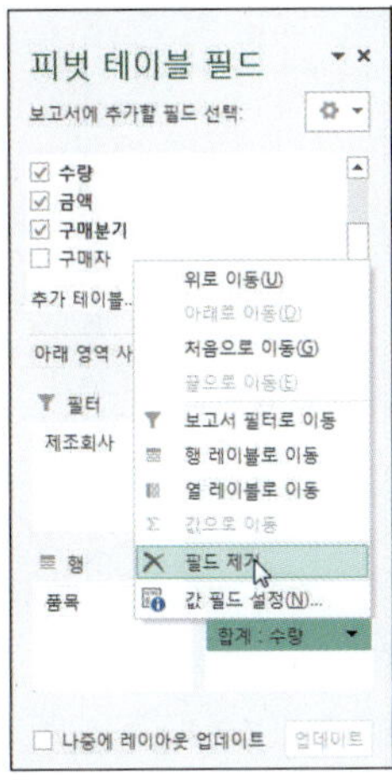

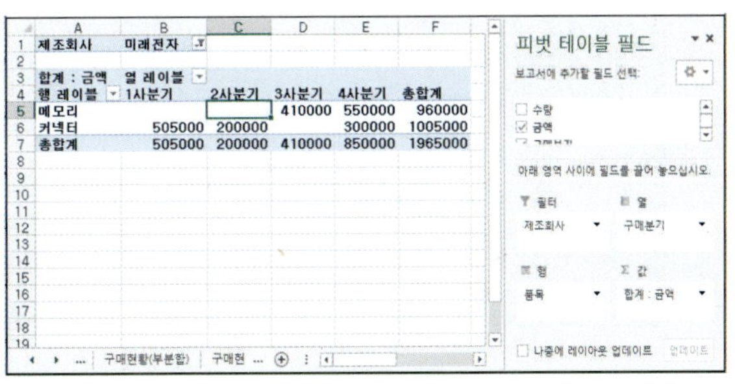

6.18 피벗 차트

이미 만들어진 피벗 테이블을 이용하여 피벗 차트 보고서를 만들 수 있으며, 피벗 차트는 일반 차트와 비교하여 즉석에서 필드를 지정하여 차트를 변경할 수 있다.

① A3셀을 클릭하여 데이터베이스 영역 안으로 셀 포인터를 이동한다.

② 메뉴의 [삽입]⇨[차트]⇨[피벗 차트]⇨[피벗 차트]를 선택한다.

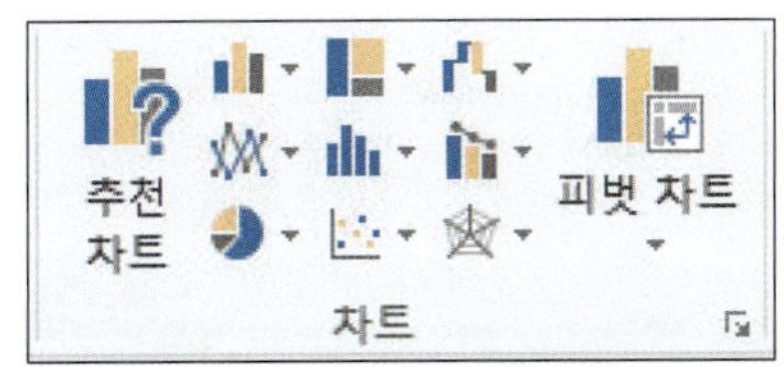

③ 곧바로 차트 삽입 대화상자가 나타나고 [세로 막대형]을 선택한다.

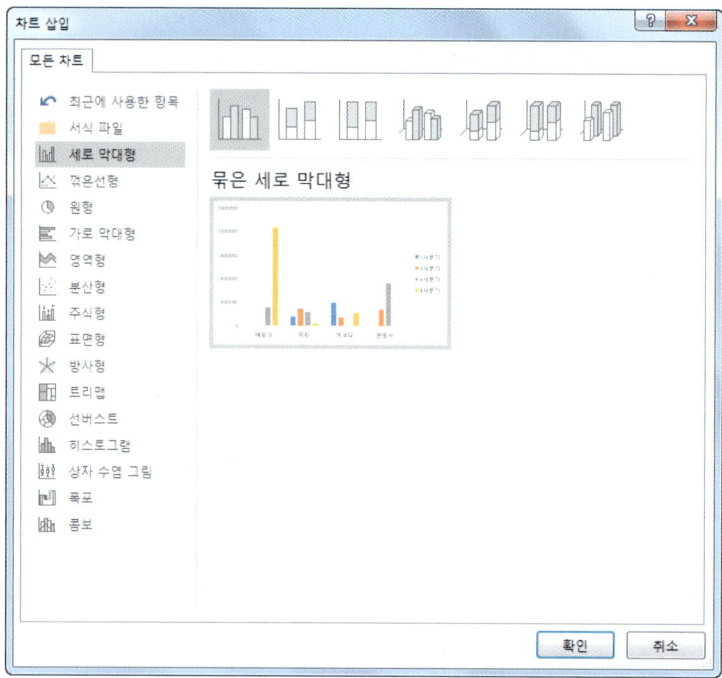

④ [확인]을 클릭하면 다음과 같은 피벗 차트가 작성되어 나타난다.

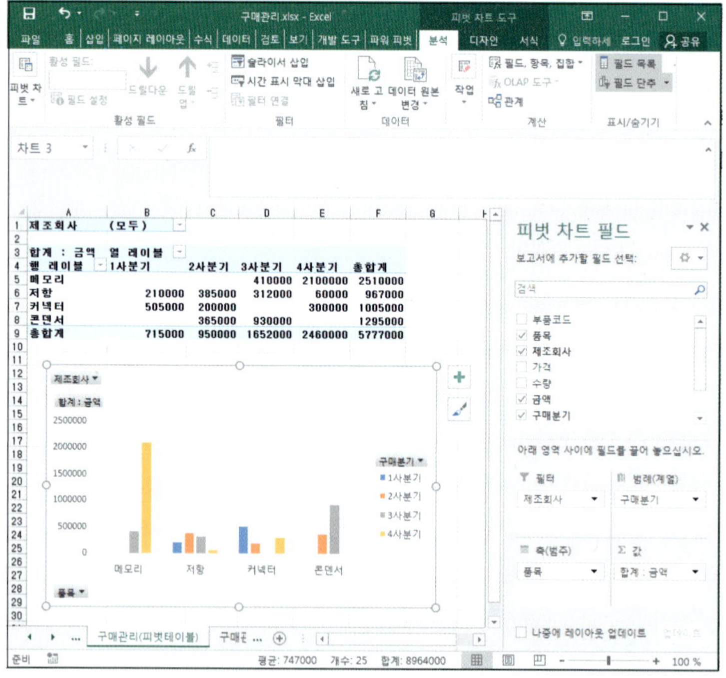

6.19 추천 피벗 테이블 표

이미 만들어진 표에서 엑셀이 추천하는 피벗테이블을 한 번에 작성할 수 있다.

① A3셀을 클릭하여 데이터베이스 영역 안으로 셀 포인터를 이동한다.

부품 구매관리

부품코드	품목	제조회사	가격	수량	금액	구매분기	구매자
RG100	저항	새별전자	150	500	75000	1사분기	신상일
CO250	콘덴서	서울전선	250	500	125000	2사분기	이한우
CO300	콘덴서	서울전선	300	500	150000	3사분기	장계섭
RG200	저항	새별전자	200	300	60000	4사분기	유병주
CON10	커넥터	미래전자	550	300	165000	1사분기	신상일
CON12	커넥터	미래전자	1000	200	200000	2사분기	유병주
RG500	저항	새별전자	520	600	312000	3사분기	장계섭
ROM256	메모리	미래전자	2200	250	550000	4사분기	이한우
RG100K	저항	새별전자	450	300	135000	1사분기	유병주
CO500	콘덴서	서울전선	500	480	240000	2사분기	신상일
CO10K	콘덴서	서울전선	1200	650	780000	3사분기	이한우
CON16	커넥터	미래전자	1500	200	300000	4사분기	장계섭
CON20	커넥터	미래전자	1700	200	340000	1사분기	이한우
RG10K	저항	새별전자	1100	350	385000	2사분기	장계섭
ROM128	메모리	미래전자	2050	200	410000	3사분기	신상일
RAM16	메모리	새별전자	15500	100	1550000	4사분기	유병주

구매관리(표서식) | 구매관리(정렬) | 구매...

② 메뉴의 [삽입]⇨[표]⇨[추천 피벗 테이블 표]를 선택한다.

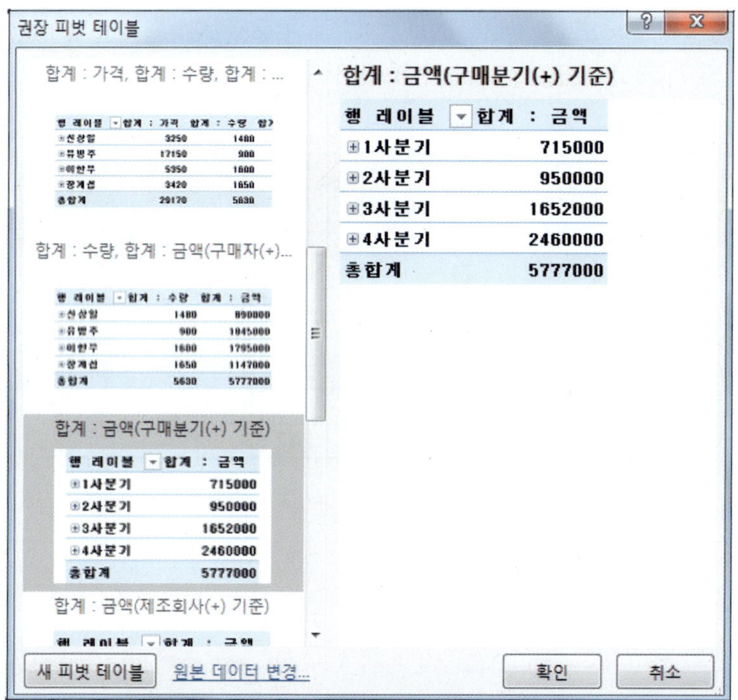

실습 6-1

"2016년 매출현황.xlsx" 파일을 작성하고, 사용자 지정 필터를 이용하여 순이익이 100,000 이상인 품목을 작성하여 보자.

	A	B	C	D	E	F	G	H
1		2016년 매출현황						
2								
3								
4		품목	단가	수량	원가	판매액	순이익	
5		모니터	230,000	5	1,150,000	1,322,500	172,500	
6		키보드	20,000	10	200,000	230,000	30,000	
7		USB	15,000	25	375,000	431,250	56,250	
8		HDD	220,000	44	9,680,000	11,132,000	1,452,000	
9		마우스	15,000	43	645,000	741,750	96,750	
10		스피커	50,000	23	1,150,000	1,322,500	172,500	

2016년 매출현황 | Sheet3

실습 6-2

"성적표.xlsx" 파일을 열고, "기말평가" 시트에서 석차를 오름차순으로 지정하고, 순위가 같을 경우 C언어 점수를 내림차순으로 지정하여 나타내어 보자.

	A	B	C	D	E	F	G	H
1	2016 기말평가 성적표							
2								
3	성 명	C언어	자료구조	JAVA	총점	평균	석차	평가
4	장계섭	87	99	95	281	93.7	1	우수
5	최상길	75	77	95	247	82.3	6	우수
6	이승주	95	71	85	251	83.7	4	우수
7	정수형	68	89	91	248	82.7	5	우수
8	이상근	92	85	95	272	90.7	3	우수
9	양홍운	95	95	88	278	92.7	2	우수
10	최대값	95	99	95	281	93.7		
11	최소값	68	71	85	247	82.3		
12								

중간평가 | 기말평가 ...

실습 6-3

"급여현황.xlsx" 파일을 열고, 직위가 "부장"인 데이터를 필터링하여 나타내어 보자.

사원 급여 명세표						
부서코드	부서명	성명	직위	급여	세액	실수령액
A-1	총무팀	장계섭	전무	5,600,000	560,000	5,040,000
B-1	영업팀	최상길	상무	4,800,000	480,000	4,320,000
C-1	재무팀	이승주	상무	4,800,000	480,000	4,320,000
D-1	연구소	정수형	이사	3,600,000	360,000	3,240,000
B-1	영업팀	이상근	부장	3,100,000	310,000	2,790,000
C-1	재무팀	양홍운	부장	3,000,000	300,000	2,700,000
C-1	재무팀	강성범	과장	2,500,000	250,000	2,250,000

코드/부서	
부서코드	부서명
A-1	총무팀
B-1	영업팀
C-1	재무팀
D-1	연구소

급여현황 Sheet2 Sheet3

실습 6-4

"급여현황.xlsx" 파일을 열고 다음 조건으로 부서별 부분합을 나타내어 보자.

- [데이터] ⇨ [부분합]을 지정하고, [그룹화 할 항목]에서 "부서명"을 선택
- [사용할 함수]에서 "합계"를 지정
- 계산 항목을 "급여", "세액", "실수령액"으로 지정
- 왼쪽 상단의 [1][2][3]에서 [2]를 눌러서 부분합의 부서별 합계만을 표현

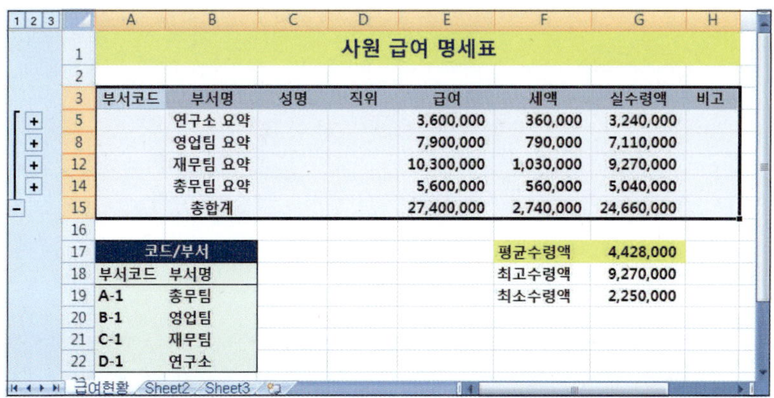

사원 급여 명세표							
부서코드	부서명	성명	직위	급여	세액	실수령액	비고
	연구소 요약			3,600,000	360,000	3,240,000	
	영업팀 요약			7,900,000	790,000	7,110,000	
	재무팀 요약			10,300,000	1,030,000	9,270,000	
	총무팀 요약			5,600,000	560,000	5,040,000	
	총합계			27,400,000	2,740,000	24,660,000	

코드/부서	
부서코드	부서명
A-1	총무팀
B-1	영업팀
C-1	재무팀
D-1	연구소

평균수령액	4,428,000
최고수령액	9,270,000
최소수령액	2,250,000

급여현황 Sheet2 Sheet3

실습 6-5

"매출실적표.xlsx" 파일을 열고, 비고를 기준으로 하여 합계의 부분합을 나타내어 보자.

- 비고를 기준으로 오름차순으로 정렬
- 사용할 함수는 평균을 지정

매출 실적표

	1사분기	2사분기	3사분기	4사분기	합계	비고
RAM	1,439	2,039	2,193	928	6,599	미흡
USB	1,104	1,938	2,119	1,832	6,993	미흡
하드디스크	1,928	1,003	823	421	4,175	미흡
모니터	2,109	2,849	3,329	3,572	11,859	양호
키보드	3,005	3,291	3,349	3,479	13,124	양호
스피커	2,195	3,195	3,397	4,219	13,006	양호
평균	1,963	2,386	2,535	2,409	9,293	
최대값	3,005	3,291	3,397	4,219	13,124	
최소값	1,104	1,003	823	421	4,175	

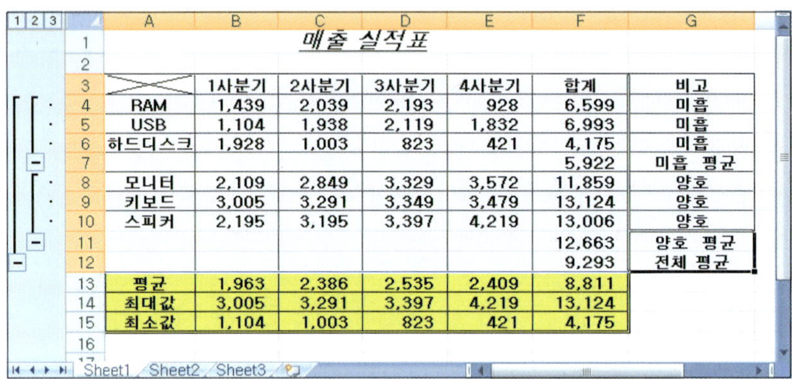

매출 실적표

	1사분기	2사분기	3사분기	4사분기	합계	비고
RAM	1,439	2,039	2,193	928	6,599	미흡
USB	1,104	1,938	2,119	1,832	6,993	미흡
하드디스크	1,928	1,003	823	421	4,175	미흡
					5,922	미흡 평균
모니터	2,109	2,849	3,329	3,572	11,859	양호
키보드	3,005	3,291	3,349	3,479	13,124	양호
스피커	2,195	3,195	3,397	4,219	13,006	양호
					12,663	양호 평균
					9,293	전체 평균
평균	1,963	2,386	2,535	2,409	8,811	
최대값	3,005	3,291	3,397	4,219	13,124	
최소값	1,104	1,003	823	421	4,175	

실습 6-6

"급여지급액(피벗테이블).xlsx" 파일을 작성하고, 아래와 같이 피벗테이블을 작성하여 보자.

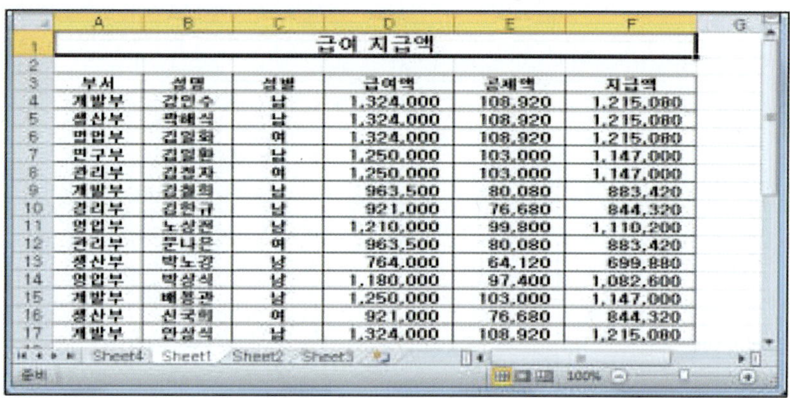

급여 지급액

부서	성명	성별	급여액	공제액	지급액
개발부	강민수	남	1,324,000	108,920	1,215,080
생산부	박해식	남	1,324,000	108,920	1,215,080
영업부	김일화	여	1,324,000	108,920	1,215,080
연구부	김일환	남	1,250,000	103,000	1,147,000
관리부	김정자	여	1,250,000	103,000	1,147,000
개발부	김철희	남	963,500	80,080	883,420
경리부	김현규	남	921,000	76,680	844,320
영업부	노상진	남	1,210,000	99,800	1,110,200
관리부	문나은	여	963,500	80,080	883,420
생산부	박노강	남	764,000	64,120	699,880
영업부	박상식	남	1,180,000	97,400	1,082,600
개발부	배용관	남	1,250,000	103,000	1,147,000
생산부	신국희	여	921,000	76,680	844,320
개발부	안상식	남	1,324,000	108,920	1,215,080

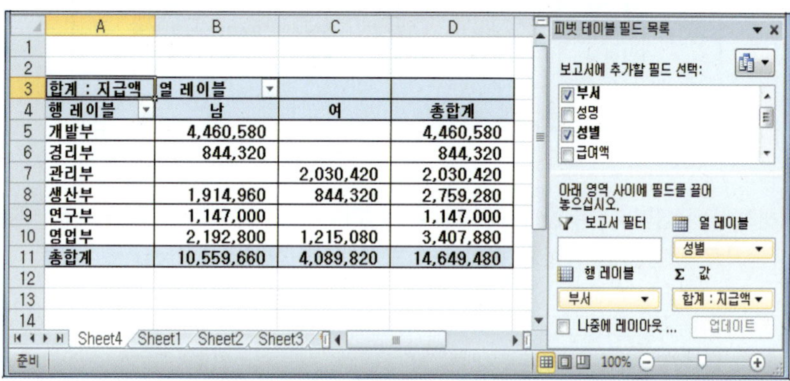

합계 : 지급액	열 레이블		
행 레이블	남	여	총합계
개발부	4,460,580		4,460,580
경리부	844,320		844,320
관리부		2,030,420	2,030,420
생산부	1,914,960	844,320	2,759,280
연구부	1,147,000		1,147,000
영업부	2,192,800	1,215,080	3,407,880
총합계	10,559,660	4,089,820	14,649,480

연습문제

01. 다음 워크시트를 작성하고 평균 점수순으로 내림차순 정렬을 하되, 평균 점수가 같은 경우에는 국어 점수순으로 내림차순 정렬을 작성하여 나타내어 보자('성적표(정렬).xlsx'로 저장).

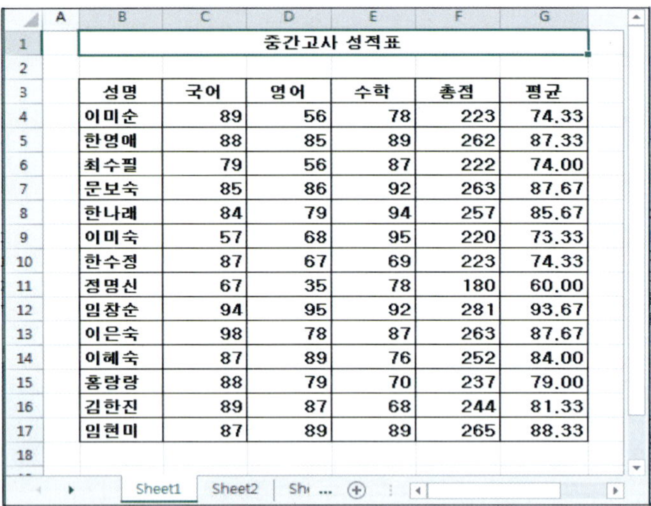

중간고사 성적표

성명	국어	영어	수학	총점	평균
이미순	89	56	78	223	74.33
한영애	88	85	89	262	87.33
최수필	79	56	87	222	74.00
문보숙	85	86	92	263	87.67
한나래	84	79	94	257	85.67
이미숙	57	68	95	220	73.33
한수정	87	67	69	223	74.33
정명신	67	35	78	180	60.00
임창순	94	95	92	281	93.67
이은숙	98	78	87	263	87.67
이혜숙	87	89	76	252	84.00
홍랑랑	88	79	70	237	79.00
김한진	89	87	68	244	81.33
임현미	87	89	89	265	88.33

02. 다음 워크시트를 작성하고 "부장 - 차장 - 과장 - 대리 - 사원" 순으로 정렬을 하되, 직위가 같은 경우에는 성명 순으로 오름차순 정렬을 나타내어 보자('사원 신상명세표.xlsx'로 저장).

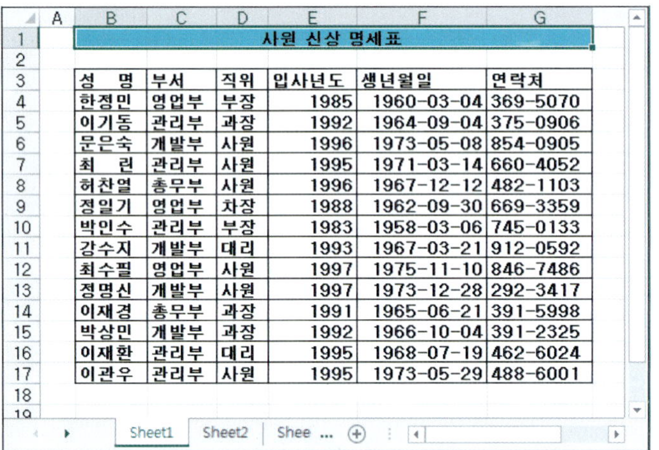

사원 신상 명세표

성 명	부서	직위	입사년도	생년월일	연락처
한정민	영업부	부장	1985	1960-03-04	369-5070
이기동	관리부	과장	1992	1964-09-04	375-0906
문은숙	개발부	사원	1996	1973-05-08	854-0905
최 련	관리부	사원	1995	1971-03-14	660-4052
허찬열	총무부	사원	1996	1967-12-12	482-1103
정일기	영업부	차장	1988	1962-09-30	669-3359
박인수	관리부	부장	1983	1958-03-06	745-0133
강수지	개발부	대리	1993	1967-03-21	912-0592
최수필	영업부	사원	1997	1975-11-10	846-7486
정명신	개발부	사원	1997	1973-12-28	292-3417
이재경	총무부	과장	1991	1965-06-21	391-5998
박상민	개발부	과장	1992	1966-10-04	391-2325
이재환	관리부	대리	1995	1968-07-19	462-6024
이관우	관리부	사원	1995	1973-05-29	488-6001

03. 다음 워크시트를 작성하고 면접시험 결과가 "A"인 응시자만 필터링하여 나타내어 보자('면접시험결과(A).xlsx'로 저장한다).

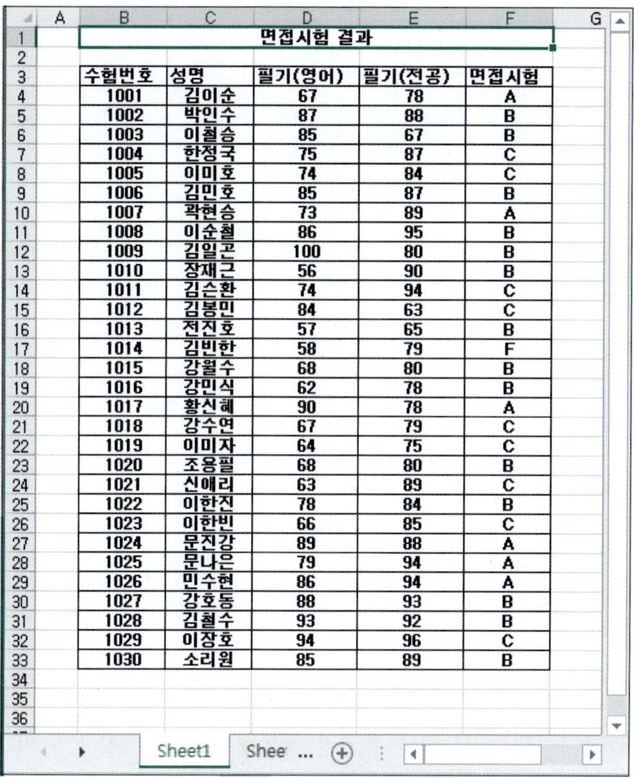

면접시험 결과

수험번호	성명	필기(영어)	필기(전공)	면접시험
1001	김이순	67	78	A
1002	박인수	87	88	B
1003	이철승	85	67	B
1004	한정국	75	87	C
1005	이미호	74	84	C
1006	김민호	85	87	B
1007	곽현승	73	89	A
1008	이순철	86	95	B
1009	김일곤	100	80	B
1010	장재근	56	90	B
1011	김순환	74	94	C
1012	김봉민	84	63	C
1013	전진호	57	65	B
1014	김빈한	58	79	F
1015	강월수	68	80	B
1016	강민식	62	78	B
1017	황신혜	90	78	A
1018	강수연	67	79	C
1019	이미자	64	75	C
1020	조용필	68	80	B
1021	신애리	63	89	C
1022	이한진	78	84	B
1023	이한빈	66	85	C
1024	문진강	89	88	A
1025	문나은	79	94	A
1026	민수현	86	94	A
1027	강호동	88	93	B
1028	김철수	93	92	B
1029	이장호	94	96	C
1030	소리원	85	89	B

04. 위의 '면접시험결과.xlsx'에서 필기(전공)의 결과가 "필기(영어)가 80점 이상이거나, 면접시험 결과가 B 이상"인 응시자만 필터링하여 고급 필터로 나타내어 보자.

05. 다음 워크시트를 작성하고 국가별 수출 수량의 부분합을 나타내어 보자('6월수출현황.xlsx'로 저장).

	A	B	C	D	E	F
1	6월 수출 현황					
2	월/일	국가	품목	수량	단가($)	금액($)
3	6월 1일	대만	15 " 모니터	1100	110.25	121275
4	6월 2일	일본	17 " 모니터	2000	325.32	650640
5	6월 4일	미국	15 " 모니터	700	110.25	77175
6	6월 4일	태국	17 " 모니터	1300	325.32	422916
7	6월 5일	미국	17 " 모니터	800	325.32	260256
8	6월 5일	일본	15 " 모니터	1500	110.25	165375
9	6월 7일	일본	17 "모니터	1700	325.32	553044
10	6월 9일	캐나다	21 " 모니터	500	521.15	260575
11	6월 10일	일본	17 " 모니터	600	325.32	195192
12	6월 10일	일본	21 " 모니터	1200	521.15	625380
13	6월 10일	태국	17 " 모니터	500	325.32	162660
14	6월 11일	미국	19 " 모니터	600	89.75	53850
15	6월 11일	캐나다	19 " 모니터	1300	89.75	116675
16	6월 13일	대만	17 " 모니터	700	325.32	227724
17	6월 15일	태국	15 " 모니터	500	110.25	55125
18	6월 17일	브라질	15 " 모니터	1200	110.25	132300
19	6월 18일	브라질	15 " 모니터	200	110.25	22050
20	6월 18일	일본	21 " 모니터	1500	521.15	781725
21	6월 19일	호주	19 " 모니터	800	89.75	71800
22	6월 20일	일본	15 " 모니터	700	110.25	77175
23	6월 20일	호주	19 " 모니터	700	89.75	62825
24	6월 21일	브라질	15 " 모니터	1200	110.25	132300
25	6월 23일	캐나다	19 " 모니터	200	89.75	17950
26	6월 23일	태국	21 " 모니터	1300	521.15	677495
27	6월 24일	대만	19 " 모니터	300	89.75	26925
28	6월 26일	미국	17 " 모니터	600	325.32	195192
29	6월 26일	태국	15 " 모니터	320	110.25	35280
30	6월 27일	브라질	15 " 모니터	730	110.25	80482.5
31	6월 28일	미국	15 " 모니터	120	110.25	13230
32	6월 28일	일본	21 " 모니터	500	521.15	260575
33						

06. 다음 "급여지급액.xlsx"의 워크시트를 작성하고 부분합 명령을 이용하여 각 부서별 총지급액 및 평균 지급액을 나타내어 보자('급여지급액(부분합).xlsx'로 저장).

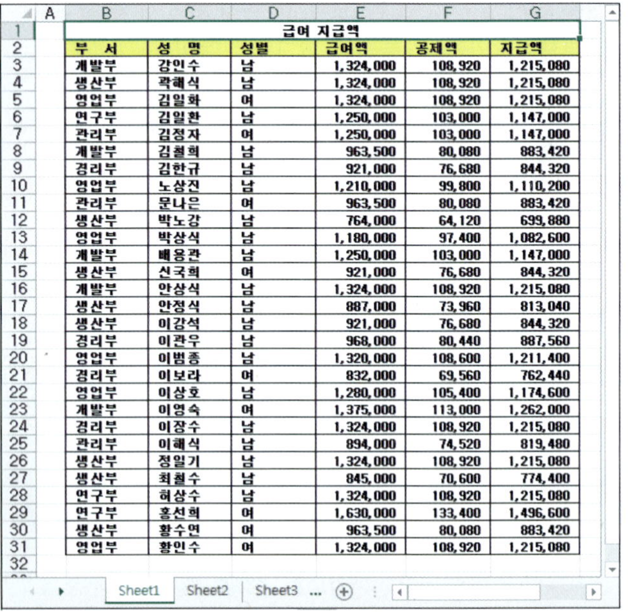

	A	B	C	D	E	F	G
1		급여 지급액					
2		부 서	성 명	성별	급여액	공제액	지급액
3		개발부	강인수	남	1,324,000	108,920	1,215,080
4		생산부	곽해식	남	1,324,000	108,920	1,215,080
5		영업부	김일화	여	1,324,000	108,920	1,215,080
6		연구부	김일환	남	1,250,000	103,000	1,147,000
7		관리부	김정자	여	1,250,000	103,000	1,147,000
8		개발부	김철희	남	963,500	80,080	883,420
9		경리부	김한규	남	921,000	76,680	844,320
10		영업부	노상진	남	1,210,000	99,800	1,110,200
11		관리부	문나은	여	963,500	80,080	883,420
12		생산부	박노강	남	764,000	64,120	699,880
13		영업부	박상식	남	1,180,000	97,400	1,082,600
14		개발부	배용관	남	1,250,000	103,000	1,147,000
15		생산부	신국희	여	921,000	76,680	844,320
16		개발부	안상식	남	1,324,000	108,920	1,215,080
17		생산부	안정식	남	887,000	73,960	813,040
18		생산부	이강석	남	921,000	76,680	844,320
19		경리부	이관우	남	968,000	80,440	887,560
20		영업부	이범종	남	1,320,000	108,600	1,211,400
21		경리부	이보라	여	832,000	69,560	762,440
22		영업부	이상호	남	1,280,000	105,400	1,174,600
23		개발부	이영숙	여	1,375,000	113,000	1,262,000
24		경리부	이장수	남	1,324,000	108,920	1,215,080
25		관리부	이해식	남	894,000	74,520	819,480
26		생산부	정일기	남	1,324,000	108,920	1,215,080
27		생산부	최철수	남	845,000	70,600	774,400
28		연구부	허상수	남	1,324,000	108,920	1,215,080
29		연구부	홍선희	여	1,630,000	133,400	1,496,600
30		생산부	황수연	여	963,500	80,080	883,420
31		영업부	황인수	여	1,324,000	108,920	1,215,080
32							

Sheet1 Sheet2 Sheet3 ...

07. 다음 워크시트를 작성하고 2010년부터 2012년까지 3월 제품 출고 현황은 각각의 시트(시트 이름 -2010년, 2011년, 2012년)에 포함하고 있다. 이들 데이터를 하나의 피벗 테이블로 통합하고, "지점"을 쪽 필드로 하여 연도별, 품목별 출고금액의 합계를 나타내는 피벗 테이블을 작성하여 나타내어 보자('3월제품출고현황.xlsx'로 저장).

2010년 3월

지점	coffee	tea(ab)	cream	tea(jin)
용산	13,425,000	7,640,000	5,219,500	8,867,000
성북	20,490,000	10,395,000	7,165,000	7,158,000
강남	13,286,000	33,567,000	5,231,000	8,213,000
종로	15,290,000	12,438,000	9,360,000	6,231,000
마포	9,534,000	8,210,000	4,130,000	5,386,000

2010년 | 2011년 | 2012년 | Sh ...

2011년 3월

지점	coffee	tea(ab)	cream	tea(jin)
용산	9,640,000	8,534,000	4,120,000	10,953,000
성북	13,296,000	9,328,000	6,329,000	9,320,000
강남	12,540,000	21,750,000	4,387,000	10,395,000
종로	13,850,000	15,263,000	8,743,000	8,219,000
마포	8,426,400	10,934,000	3,195,000	7,452,000

2010년 | 2011년 | 2012년 | Sh ...

2012년 3월

지점	coffee	tea(ab)	cream	tea(jin)
용산	14,260,000	6,243,000	9,932,000	10,294,300
성북	15,275,000	8,943,000	10,932,900	8,832,000
강남	12,753,000	32,195,000	5,231,000	9,315,000
종로	14,295,000	13,285,600	4,439,500	10,295,000
마포	9,932,000	12,380,000	6,231,900	5,230,400

2010년 | 2011년 | 2012년 | Sh ...

08. 다음 워크시트를 작성하고 대리점별, 품목별 피벗 차트를 나타내어 보자('피벗차트.xlsx'로 저장한다).

피벗 테이블

대리점	구 분	제품명	목표수량	판매단가	판매수량	판매금액	목표달성율
서울점	통신	핸드폰	15	320,000	34	10,880,000	226.7%
부산점	가전	VTR	10	585,000	8	4,680,000	80.0%
광주점	가전	TV	5	1,170,000	7	8,190,000	140.0%
대구점	통신	핸드폰	5	320,000	4	1,280,000	80.0%
대구점	가전	TV	10	1,170,000	7	8,190,000	70.0%
부산점	통신	핸드폰	10	320,000	13	4,160,000	130.0%
대전점	가전	냉장고	15	840,000	20	16,800,000	133.3%
서울점	가전	TV	20	1,170,000	24	28,080,000	120.0%
광주점	가전	TV	10	1,170,000	13	15,210,000	130.0%
부산점	통신	핸드폰	20	320,000	23	7,360,000	115.0%
대구점	가전	VTR	20	585,000	19	11,115,000	95.0%
광주점	가전	냉장고	20	840,000	20	16,800,000	100.0%
대전점	통신	VTR	15	585,000	17	9,945,000	113.3%
서울점	통신	냉장고	15	840,000	13	10,920,000	86.7%
합 계			190		222		116.8%

Sheet1 | Sheet2 | Sheet3

09. 통합 문서의 Sheet1에 데이터 관리 연습(본사급여관리.xlsx)을 위한 다음과 같은 데이터를 입력한다.

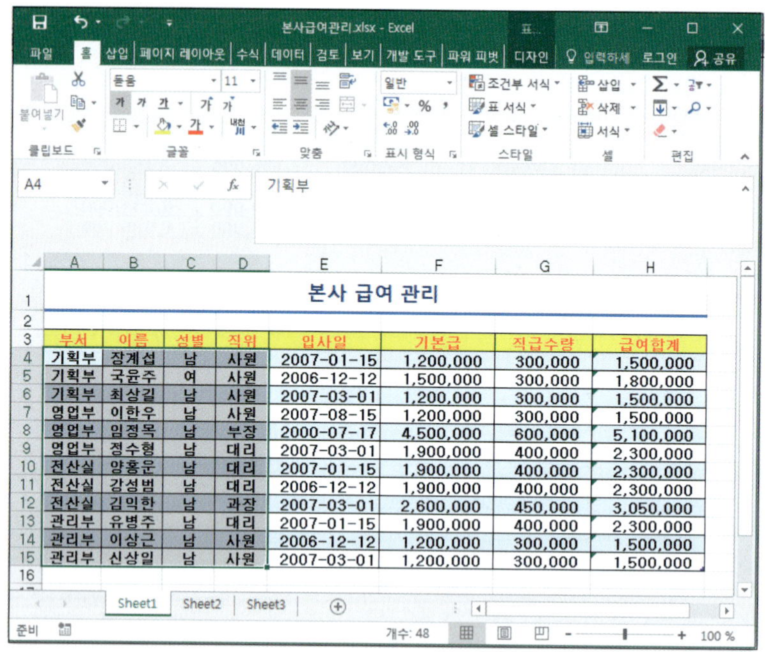

본사 급여 관리

부서	이름	성별	직위	입사일	기본급	직급수당	급여합계
기획부	장계섭	남	사원	2007-01-15	1,200,000	300,000	1,500,000
기획부	국윤주	여	사원	2006-12-12	1,500,000	300,000	1,800,000
기획부	최상길	남	사원	2007-03-01	1,200,000	300,000	1,500,000
영업부	이한우	남	사원	2007-08-15	1,200,000	300,000	1,500,000
영업부	임정목	남	부장	2000-07-17	4,500,000	600,000	5,100,000
영업부	정수형	남	대리	2007-03-01	1,900,000	400,000	2,300,000
전산실	양홍운	남	대리	2007-01-15	1,900,000	400,000	2,300,000
전산실	강성범	남	대리	2006-12-12	1,900,000	400,000	2,300,000
전산실	김익한	남	과장	2007-03-01	2,600,000	450,000	3,050,000
관리부	유병주	남	대리	2007-01-15	1,900,000	400,000	2,300,000
관리부	이상근	남	사원	2006-12-12	1,200,000	300,000	1,500,000
관리부	신상일	남	사원	2007-03-01	1,200,000	300,000	1,500,000

10. '급여합계' 필드에는 기본급과 직급수당을 더한 수식을 입력한다. 또한 Sheet1의 이름을 '데이터 관리'로 변경한 다음 새 통합 문서를 '목록.xlsx'라는 파일 이름으로 저장한다.

11. 다음 레코드를 목록의 끝에 추가한다.

<부서>	<이름>	<성별>	<직위>	<입사일>	<기본급>	<직급 수당>
영업부,	강성범,	여,	대리,	2008-11-16,	950000,	100000,

12. 목록의 레코드를 부서명 순으로 부서명이 같으면 총액순(내림차순)으로 정렬한다.

13. 자동 필터 기능을 이용하여 직위가 사원인 레코드만 표시한 후 Sheet2에 복사한다. 복사가 끝나면 자동 필터 기능을 해제한다.

14. 고급 필터 기능을 이용하여 직위가 사원이면서 기본급이 600000원 이상인 레코드의 부서, 이름, 성별, 급여합계, 입사일을 현재 목록의 뒷부분에 출력한다.

15. 다음과 같은 형식의 피벗 테이블을 작성하여 Sheet3의 B3셀부터 출력한다.

- 행 - 부서, 열 - 직위, 데이터 - 급여합계, 페이지 - 성별

16. 부분합 기능을 이용하여 부서별로 기본급, 직급수당, 총액 필드의 합계 및 평균을 목록에 삽입한다.

17. 다음 '면접시험결과.xlsx'에서 필기(영어)의 결과가 상위 5등 이내인 응시자만 필터링하여 나타내어 보자.

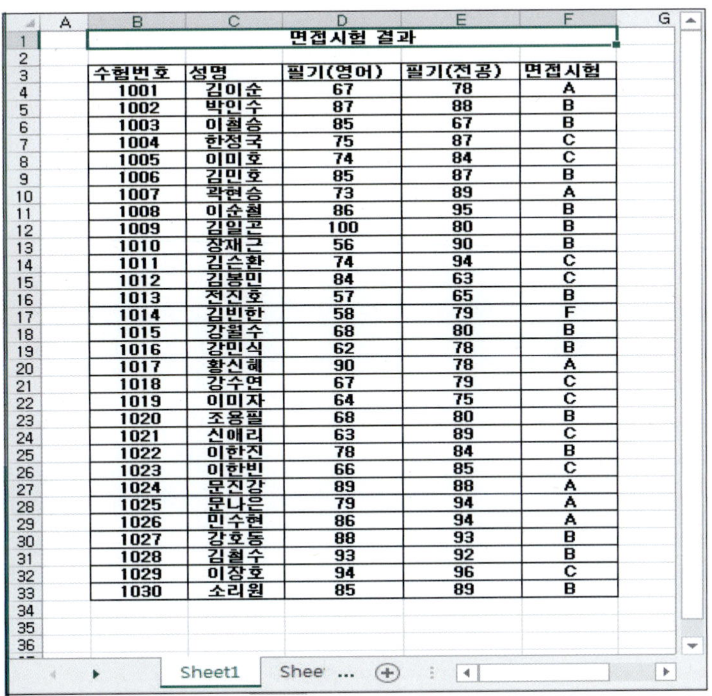

면접시험 결과

수험번호	성명	필기(영어)	필기(전공)	면접시험
1001	김이순	67	78	A
1002	박인수	87	88	B
1003	이철승	85	67	B
1004	한정국	75	87	C
1005	이미호	74	84	C
1006	김민호	85	87	B
1007	곽현승	73	89	A
1008	이순철	86	95	B
1009	김일곤	100	80	B
1010	장재근	56	90	B
1011	김슨환	74	94	C
1012	김봉민	84	63	C
1013	전진호	57	65	B
1014	김빈한	58	79	F
1015	강월수	68	80	B
1016	강민식	62	78	B
1017	황신혜	90	78	A
1018	강수연	67	79	C
1019	이미자	64	75	C
1020	조용필	68	80	B
1021	신애리	63	89	C
1022	이한진	78	84	B
1023	이한빈	66	85	C
1024	문진강	89	88	A
1025	문나은	79	94	A
1026	민수현	86	94	A
1027	강호동	88	93	B
1028	김철수	93	92	B
1029	이장호	94	96	C
1030	소리원	85	89	B

제7장

인쇄 및 문서작업

7.1 인쇄

엑셀 2016로 통합 문서를 작성하는 목표는 작성된 워크시트를 종이에 출력하는 것이라고도 할 수 있으므로 인쇄란 엑셀에서 배울 수 있는 가장 중요한 작업이라고 할 수 있다.

- [파일] ⇨ [인쇄]를 선택한다.

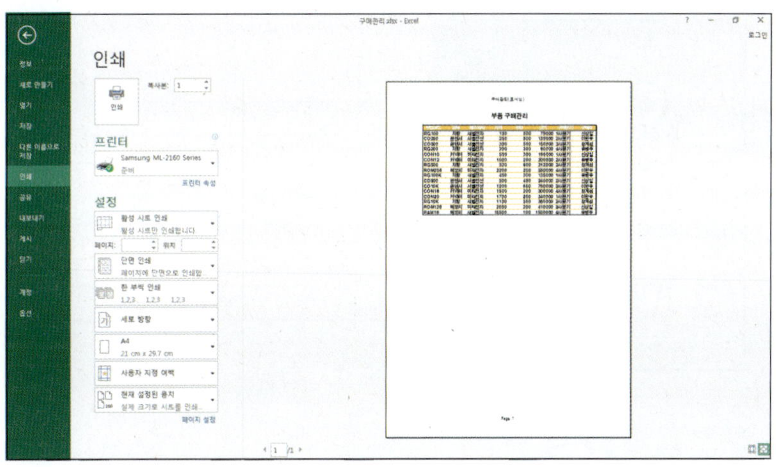

- 단축키 Ctrl+P를 누른다.

7.1.1 인쇄 설정

출력하기 전에 출력할 워크시트의 출력 설정을 하고, [인쇄] 버튼을 누르면 프린터에 출력된다.

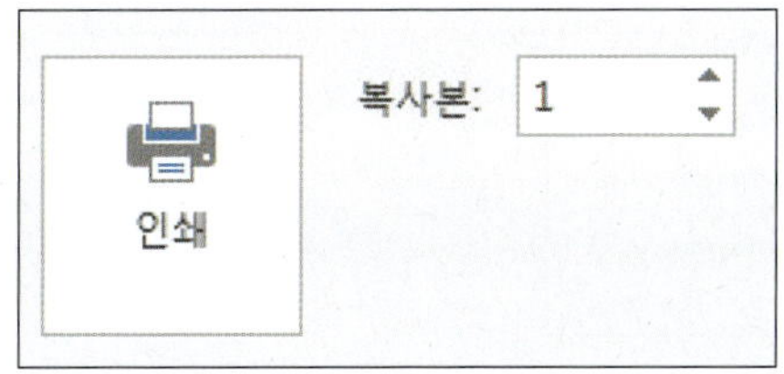

• 출력할 프린터를 설정한다.

• 현재 활성화된 워크시트와 연결된 차트, 그리기 개체를 출력한다.

• 출력할 시트의 페이지를 설정한다.

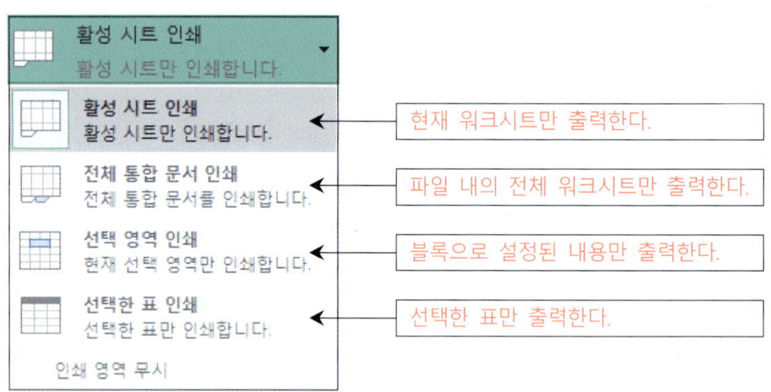

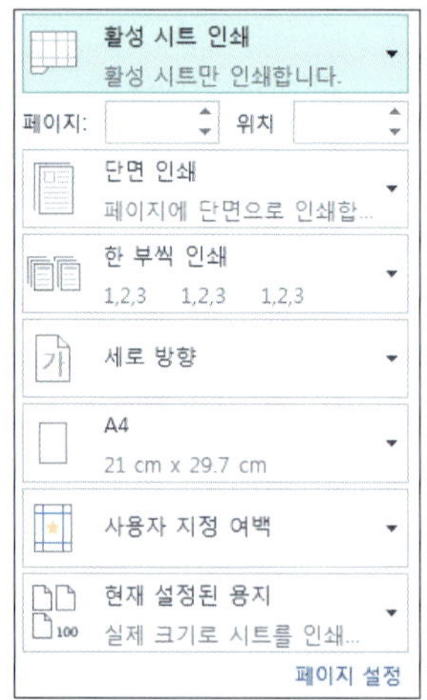

7.1.2 인쇄 미리 보기

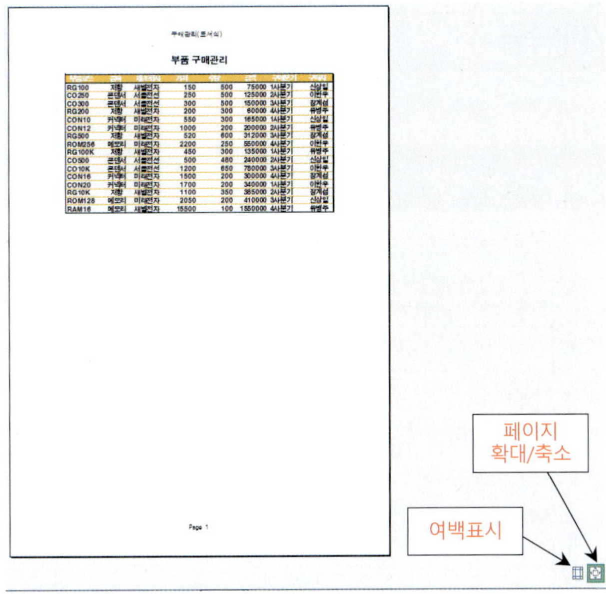

- 인쇄될 모습을 화면으로 보여주는 기능이다. 실제로 인쇄를 하기 전에 대략적으로 어떻게 인쇄가 되어 나올지 확인할 수 있다.

7.1.3 페이지 설정

인쇄 화면 하단에서 [페이지 설정] 단추를 누르면 인쇄할 워크시트의 페이지를 설정할 수 있다.

- 페이지 : 인쇄할 쪽의 용지 방향, 축소/확대 배율, 용지크기, 인쇄품질 등을 설정한다.
- 여백 : 용지의 여백 및 페이지 맞추기 등을 설정한다.
- 머리글/바닥글 : 인쇄할 쪽의 위와 아래에 쓰이는 머리글과 바닥글을 설정할 수 있다.
- 시트 : 워크시트의 인쇄 영역, 셀 구분선, 셀 무늬 표시, 행/열 머리글과 인쇄 우선순위 등을 설정할 수 있다.

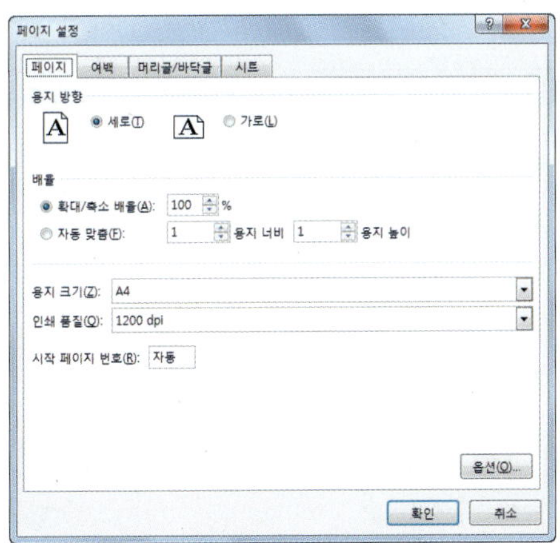

7.2 머리글/바닥글

머리글은 인쇄할 때 페이지 위쪽에 표시되는 정보이고, 바닥글은 페이지의 아래쪽에 표시되는 것이다. 각각은 왼쪽, 가운데, 오른쪽의 세 부분으로 구성된다.

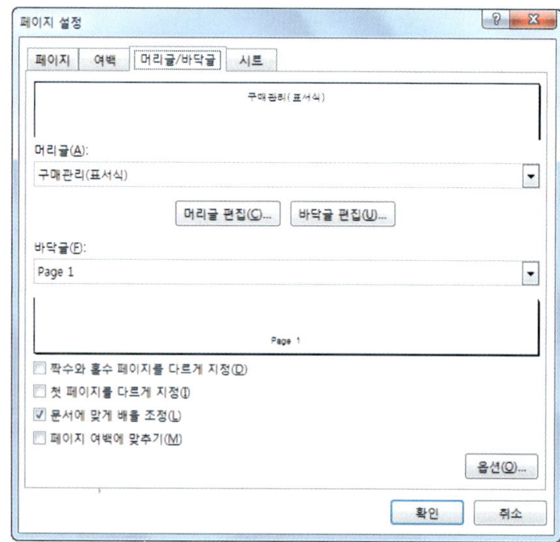

머리글(바닥글)을 사용자가 직접 입력하려면 [머리글 편집] 단추를 누른 다음, 원하는 위치를 선택한 후 내용을 입력한다.

머리글 대화상자 중간에 나타난 명령 단추를 이용하면 쪽 번호, 날짜, 시간, 파일 이름 등을 쉽게 입력할 수 있다.

① [페이지 설정]⇨[머리글/바닥글]을 선택한다.

② [머리글 편집] 단추를 누른다.

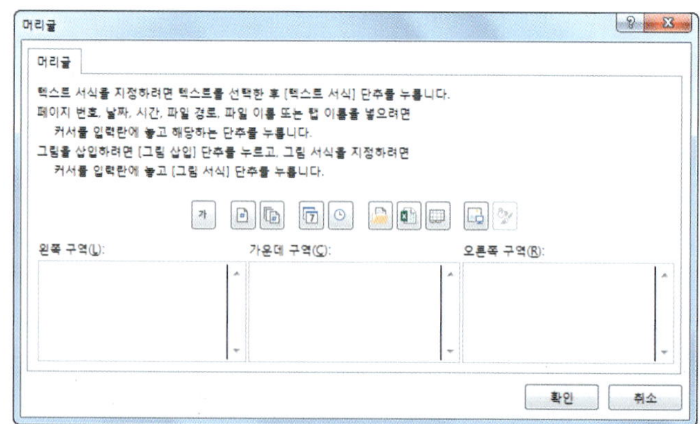

③ [가운데 구역]의 여백을 클릭하고, [페이지 번호 삽입](　) 단추를 누른다.

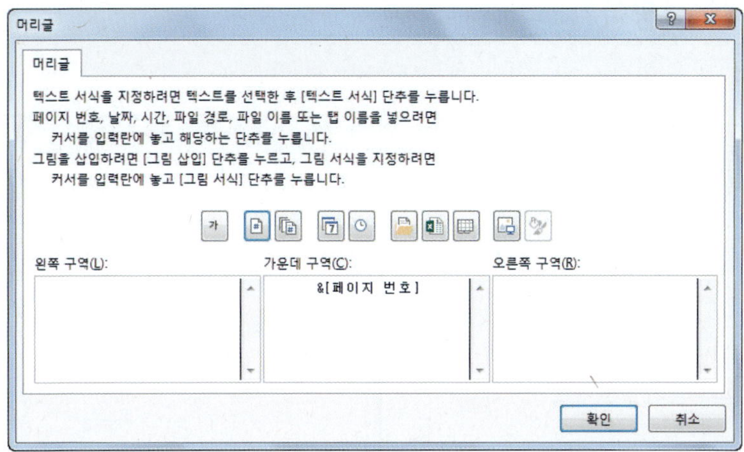

④ [확인] 단추를 누른다.

- 머리글이나 바닥글 아래에 있는 목록을 이용하면 더욱 편리하게 입력할 수 있다.

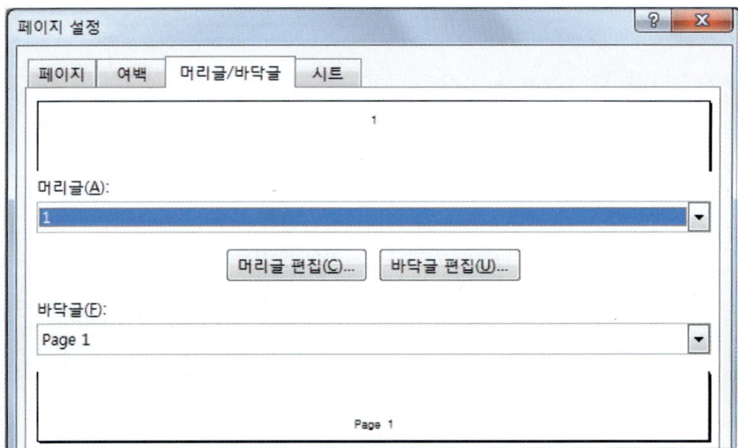

7.3 여백 설정하기

① [페이지 설정] ⇨ [여백]을 클릭한다.

② 여백 탭을 클릭한다.

③ 왼쪽은 1.78, 오른쪽은 1.37을 입력한다.

④ [확인] 단추를 누른다.

• 미리 보기 창에서 [여백] 단추를 누른다. 이때 여백 선이 나타나면 마우스로 이 선들을 드래그하여 여백을 조절한다.

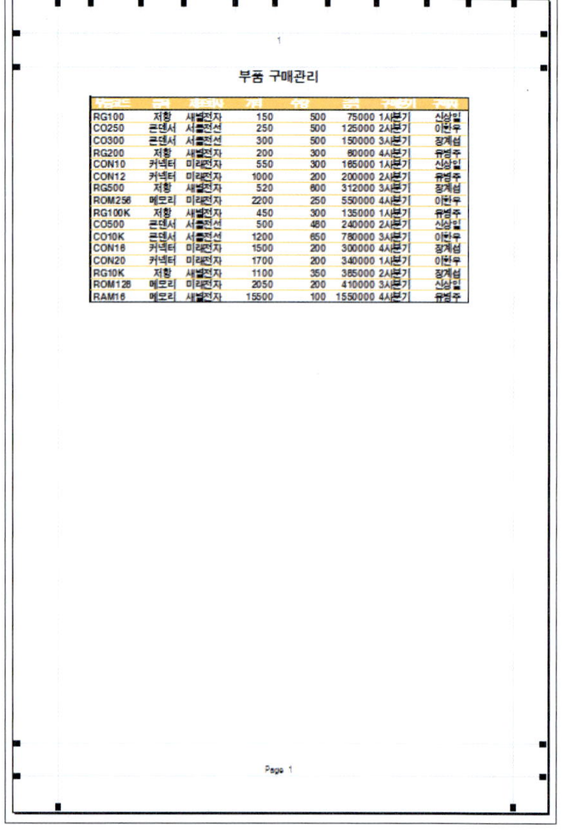

부품 구매관리

[illegible]	[illegible]	[illegible]	가격	수량	[illegible]	[illegible]	[illegible]
RG100	저항	새별전자	150	500	75000	1사분기	신상일
CO250	콘덴서	서울전선	250	500	125000	2사분기	이한우
CO300	콘덴서	서울전선	300	500	150000	3사분기	장계섭
RG200	저항	새별전자	200	300	60000	4사분기	유병주
CON10	커넥터	미래전자	550	300	165000	1사분기	신상일
CON12	커넥터	미래전자	1000	200	200000	2사분기	유병주
RG500	저항	새별전자	520	600	312000	3사분기	장계섭
ROM256	메모리	미래전자	2200	250	550000	4사분기	이한우
RG100K	저항	새별전자	450	300	135000	1사분기	유병주
CO500	콘덴서	서울전선	500	480	240000	2사분기	신상일
CO10K	콘덴서	서울전선	1200	650	780000	3사분기	이한우
CON16	커넥터	미래전자	1500	200	300000	4사분기	장계섭
CON20	커넥터	미래전자	1700	200	340000	1사분기	이한우
RG10K	저항	새별전자	1100	350	385000	2사분기	장계섭
ROM128	메모리	미래전자	2050	200	410000	3사분기	신상일
RAM16	메모리	새별전자	15500	100	1550000	4사분기	유병주

편집 내용을 페이지 가운데 이동하기

① [페이지 설정] ⇨ [페이지] ⇨ [가로]를 실행한다.

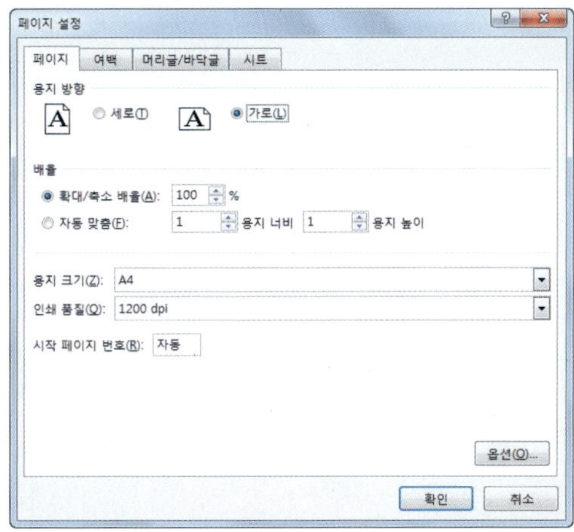

② 다음으로 [여백] 탭을 눌러서 [페이지 가운데 맞춤] ⇨ [가로][세로]를 체크한다.

③ [확인]을 클릭하면 다음과 같이 페이지의 정중간에 시트내용이 나타난다.

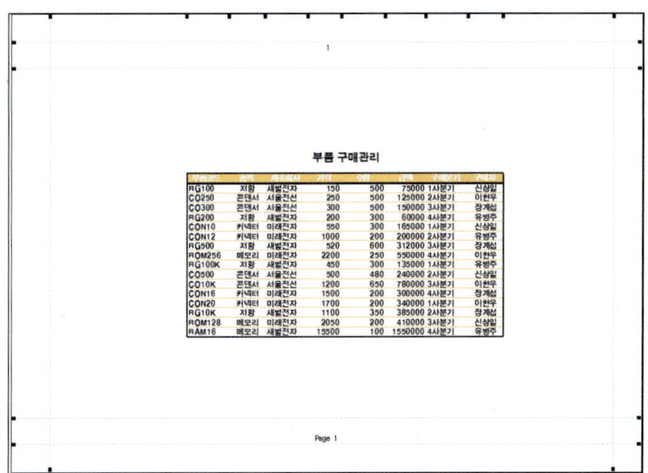
1

부품 구매관리

부품코드	품목	제조회사	가격	수량	금액	구매분기	구매자
RG100	저항	새별전자	150	500	75000	1사분기	신상일
CO250	콘덴서	서울전선	250	500	125000	2사분기	이한우
CO300	콘덴서	서울전선	300	500	150000	3사분기	장계섭
RG200	저항	새별전자	200	300	60000	4사분기	유병주
CON10	커넥터	미래전자	550	300	165000	1사분기	신상일
CON12	커넥터	미래전자	1000	200	200000	2사분기	유병주
RG500	저항	새별전자	520	600	312000	3사분기	장계섭
ROM256	메모리	미래전자	2200	250	550000	4사분기	이한우
RG100K	저항	새별전자	450	300	135000	1사분기	유병주
CO500	콘덴서	서울전선	500	480	240000	2사분기	신상일
CO10K	콘덴서	서울전선	1200	650	780000	3사분기	이한우
CON16	커넥터	미래전자	1500	200	300000	4사분기	장계섭
CON20	커넥터	미래전자	1700	200	340000	1사분기	이한우
RG10K	저항	새별전자	1100	350	385000	2사분기	장계섭
ROM128	메모리	미래전자	2050	200	410000	3사분기	신상일
RAM16	메모리	새별전자	15500	100	1550000	4사분기	유병주

Page 1

7.5 일부분만 인쇄

① 인쇄할 영역을 블록으로 설정한다.

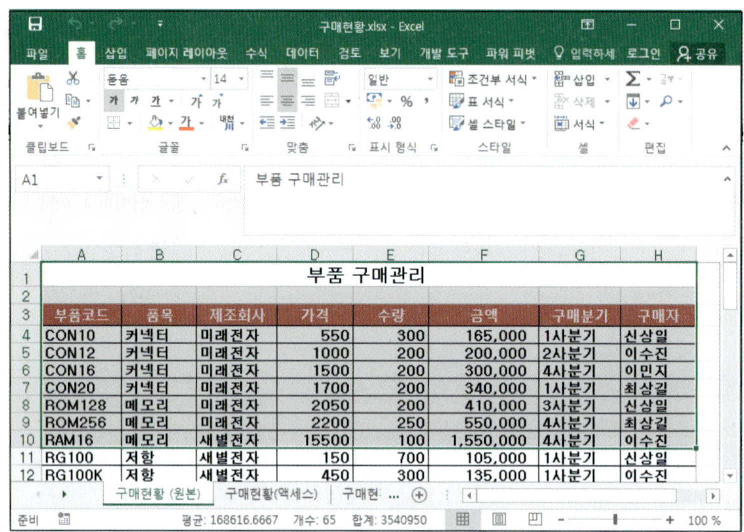

② [파일] ⇨ [인쇄] ⇨ [설정] ⇨ [선택 영역 인쇄]을 선택한다.

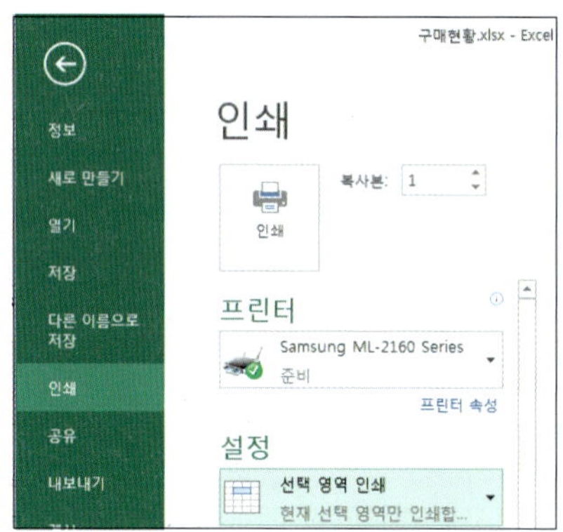

③ 인쇄 미리보기를 확인한다.

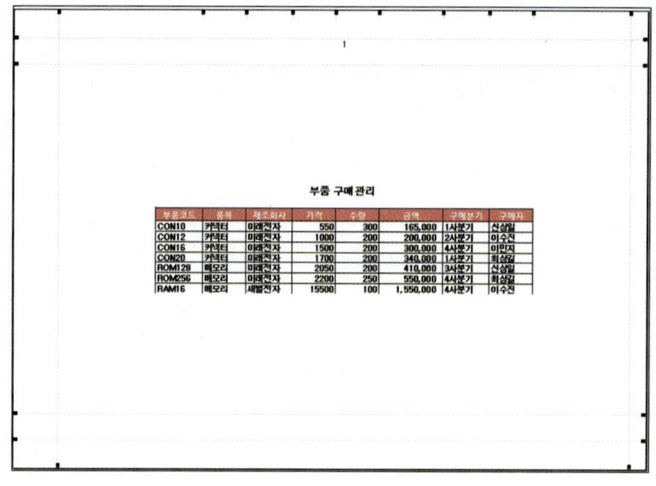

부품 구매관리

부품코드	품목	제조회사	가격	수량	금액	구매분기	구매자
CON10	커넥터	미래전자	550	300	165,000	1사분기	신상일
CON12	커넥터	미래전자	1000	200	200,000	2사분기	이수진
CON16	커넥터	미래전자	1500	200	300,000	4사분기	이민지
CON20	커넥터	미래전자	1700	200	340,000	1사분기	최상길
ROM128	메모리	미래전자	2050	200	410,000	3사분기	신상일
ROM256	메모리	미래전자	2200	250	550,000	4사분기	최상길
RAM16	메모리	새별전자	15500	100	1,550,000	4사분기	이수진

④ 출력하려면 인쇄 화면에서 [인쇄] 단추를 클릭한다.

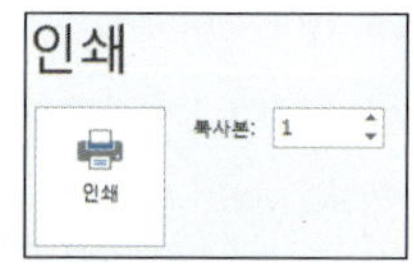

7.6 페이지 제목 인쇄하기

데이터가 여러 장에 나눠 인쇄될 때 필드이름이 첫 행에만 나오고 다음 페이지에는 데이터만 나오게 된다. 이때 매 페이지의 첫 행에 필드명을 반복 인쇄하기 위한 기능이다.

	A	B	C	D	E	F	G	H
1	부품 구매관리							
2								
3	부품코드	품목	제조회사	가격	수량	금액	구매분기	구매자
4	CON10	커넥터	미래전자	550	300	165,000	1사분기	신상일
5	CON12	커넥터	미래전자	1000	200	200,000	2사분기	유병주
6	CON16	커넥터	미래전자	1500	200	300,000	4사분기	강성범
7	CON20	커넥터	미래전자	1700	200	340,000	1사분기	최상길
8	ROM128	메모리	미래전자	2050	200	410,000	3사분기	신상일
9	ROM256	메모리	미래전자	2200	250	550,000	4사분기	최상길
10	RAM16	메모리	새별전자	15500	100	1,550,000	4사분기	유병주
11	RG100	저항	새별전자	150	700	105,000	1사분기	신상일
12	RG100K	저항	새별전자	450	300	135,000	1사분기	유병주
13	RG10K	저항	새별전자	1100	350	385,000	2사분기	강성범
14	RG200	저항	새별전자	200	300	60,000	4사분기	유병주
15	RG500	저항	새별전자	520	600	312,000	3사분기	강성범
16	CO10K	콘덴서	서울전선	1200	650	780,000	3사분기	최상길
17	CO250	콘덴서	서울전선	250	500	125,000	2사분기	최상길
18	CO300	콘덴서	서울전선	300	500	150,000	3사분기	강성범
19	CO500	콘덴서	서울전선	500	480	240,000	2사분기	신상일
20	CON10	커넥터	미래전자	550	300	165,000	1사분기	신상일
21	CON12	커넥터	미래전자	1000	200	200,000	2사분기	유병주
22	CON16	커넥터	미래전자	1500	200	300,000	4사분기	강성범
23	CON20	커넥터	미래전자	1700	200	340,000	1사분기	최상길
24	ROM128	메모리	미래전자	2050	200	410,000	3사분기	신상일
25	ROM256	메모리	미래전자	2200	250	550,000	4사분기	최상길
26	RAM16	메모리	새별전자	15500	100	1,550,000	4사분기	유병주
27	RG100	저항	새별전자	150	700	105,000	1사분기	신상일

구매현황 (원본) | 구매현황(액세스) | 구매현! ...

① “구매현황.xlsx”를 지정하여 [페이지 레이아웃] ⇨ [페이지 설정] ⇨ [인쇄 제목]을 누른다.

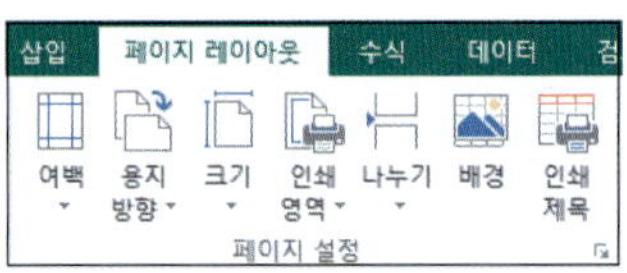

② [페이지 설정] 대화상자가 나타나고 [시트] 탭을 지정한다.

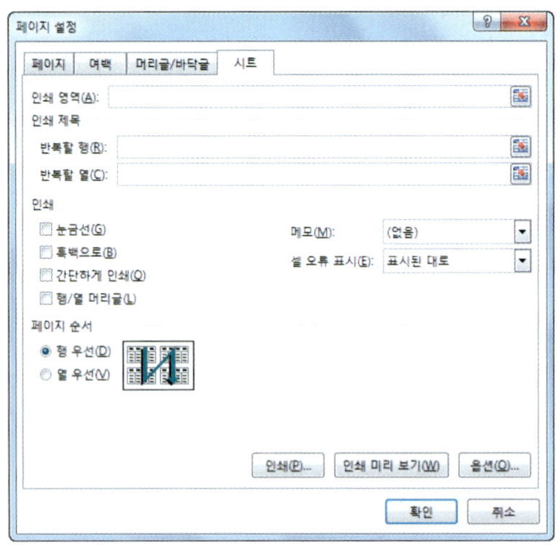

③ 반복할 행에서 단추를 눌러서 영역으로 지정한다.

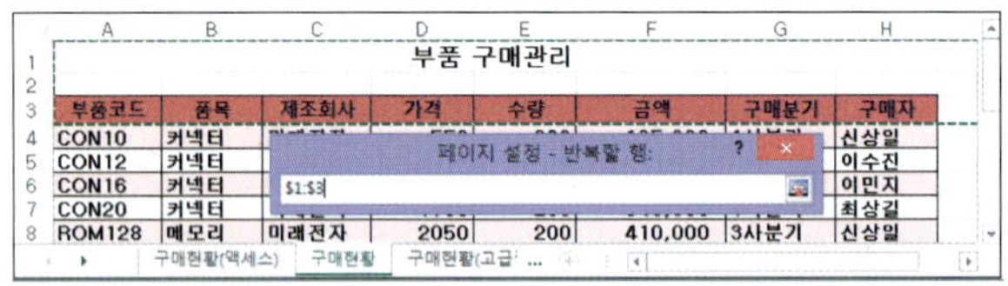

④ 워크시트에서 반복할 행($1:$3)을 지정한다.

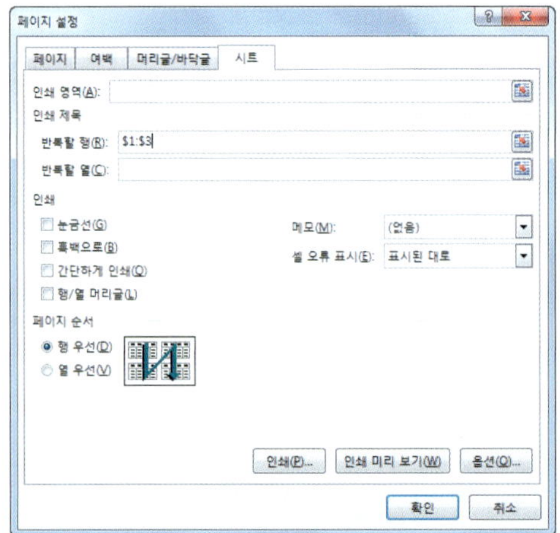

⑤ [인쇄 미리 보기] 단추를 누르면 인쇄 화면이 나타난다.

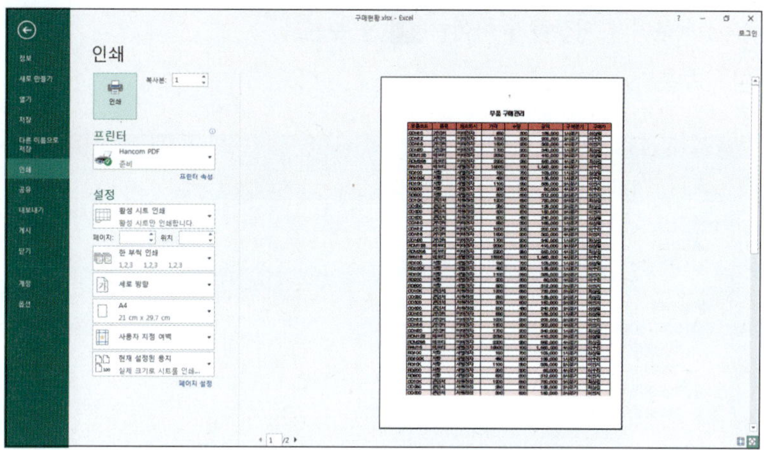

⑥ 다음 페이지 단추를 누르면 2페이지 인쇄 화면이 나타난다.

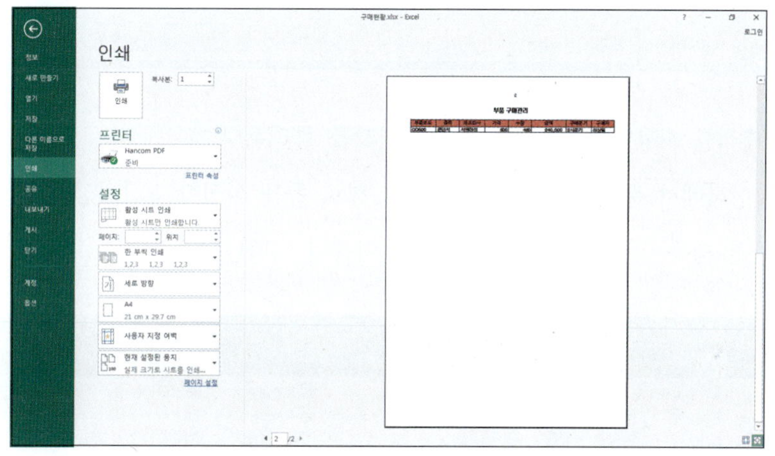

7.7 통합 문서 저장하기

현재 문서 창에서 작업 중인 워크시트 통합 문서는 디스크에 파일의 형태로 저장해야만 나중에 다시 불러와서 편집하거나 인쇄할 수 있다. 그러므로 문서의 저장은 문서를 다루는 마지막 단계가 아닌 중간 과정으로 생각해야 한다.

엑셀은 이름이 정해지지 않은 통합 문서에 대해서는 자동으로 '통합문서1.xlsx', '통합문서2.xlsx' 등으로 저장되며, 긴 이름을 사용할 수도 있다. 예를 들면 '수입2010.xlsx'라고 입력하는 대신 '1사분기 영업실적보고서.xlsx'라고 입력할 수 있다.

- [파일] ⇨ [저장]을 선택하거나 저장하기 아이콘(💾)을 누른다.
- 단축키 Ctrl + S를 누른다.

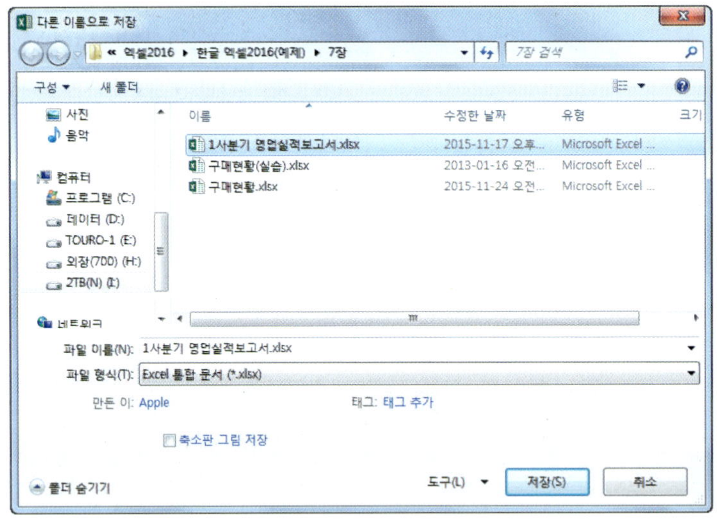

① 마우스 및 단축키를 사용하여 [저장하기] 대화상자를 불러온다.

② 저장하기 대화상자에서 문서의 이름과 디렉터리 경로 등을 설정한 후 [저장하기] 단추를 누른다.

③ 문서를 저장하면 제목 막대에는 지정한 문서의 이름이 나타난다.

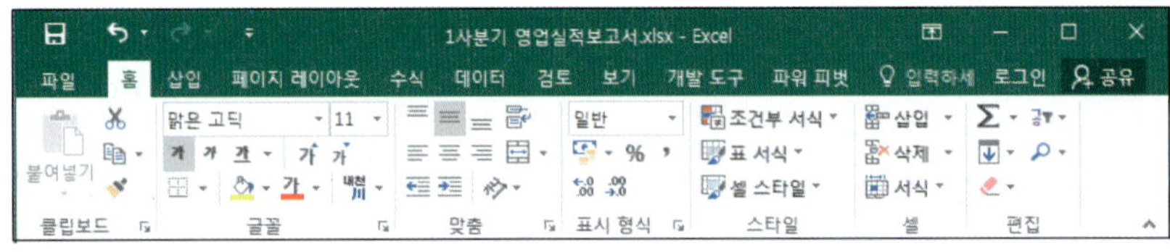

7.8 통합 문서 열기

열기는 저장되어 있는 워크시트 통합 문서를 다시 화면으로 가져와서 편집할 수 있도록 하는 기능이다.

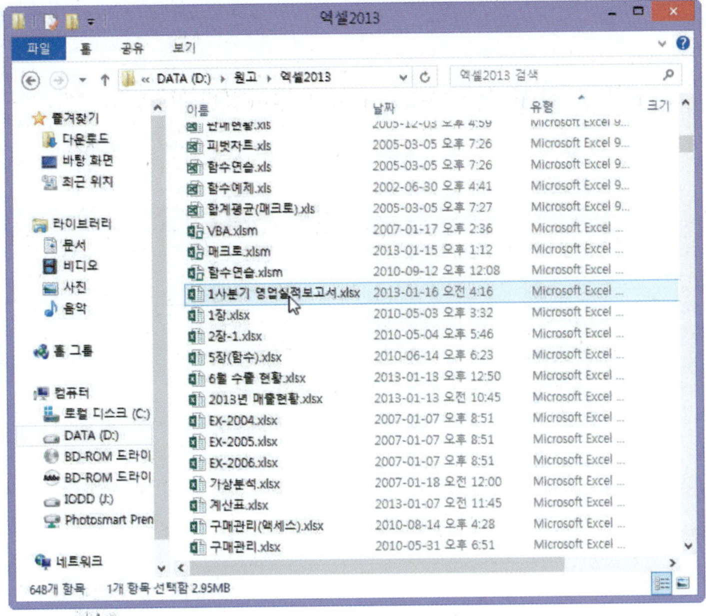

① 마우스 및 단축키를 사용하여 [열기] 대화상자를 불러온다.

- 열기 아이콘 을 누른다( ).
- 단축키 Ctrl + O를 누른다.

② [열기] 대화상자에서 문서의 이름과 디렉터리 경로 등을 설정한 후 [열기] 단추를 누른다.

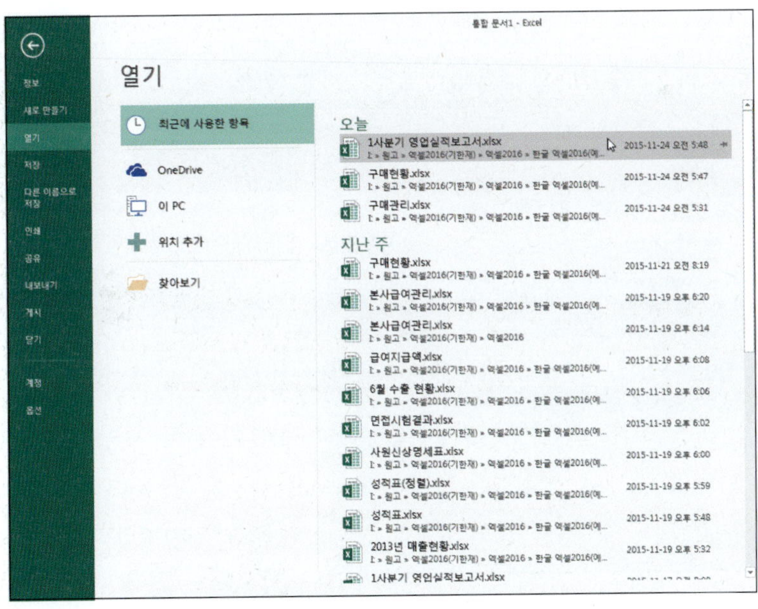

③ 선택한 엑셀 파일을 선택하면 워크시트 통합 문서가 문서 창에 나타난다.

7.9 통합 문서에 암호 설정

① [파일]⇨[저장]을 누른다(기존에 사용하던 문서라면 [파일]⇨[다른 이름으로 저장]을 누른다.).

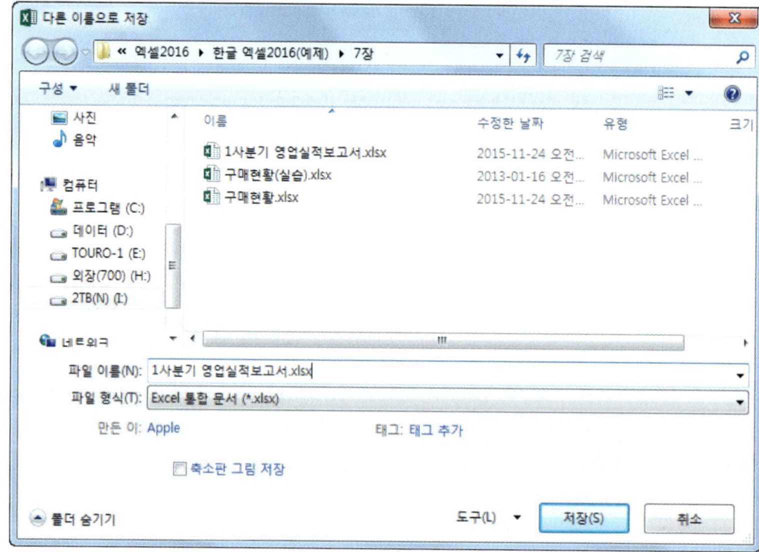

② [다른 이름으로 저장하기] 대화상자에서 [도구]⇨[일반 옵션] 단추를 누른다.

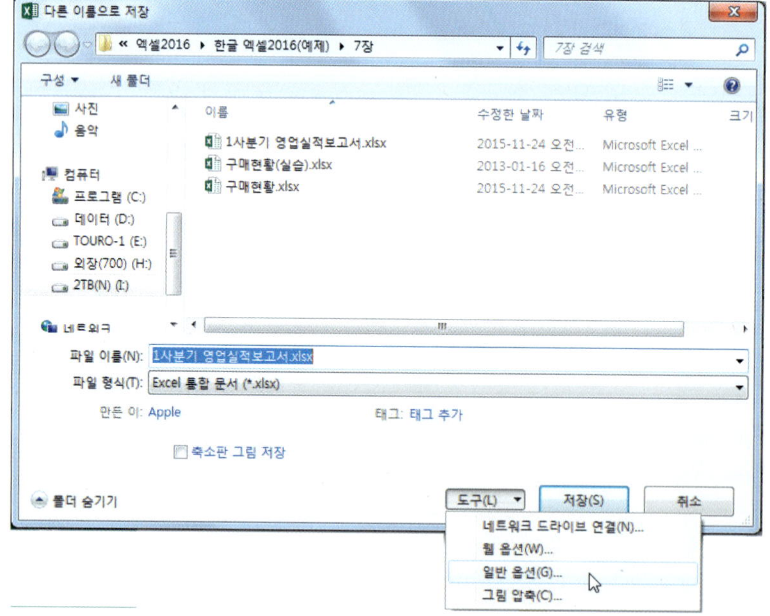

③ 일반 옵션 대화상자가 나타나고 [열기 암호] 항목에 “1234”를 입력하고 [확인] 단추를 누른다.

④ 암호 확인 대화상자에서 다시 “1234”를 입력하고 [확인] 버튼을 누른다.

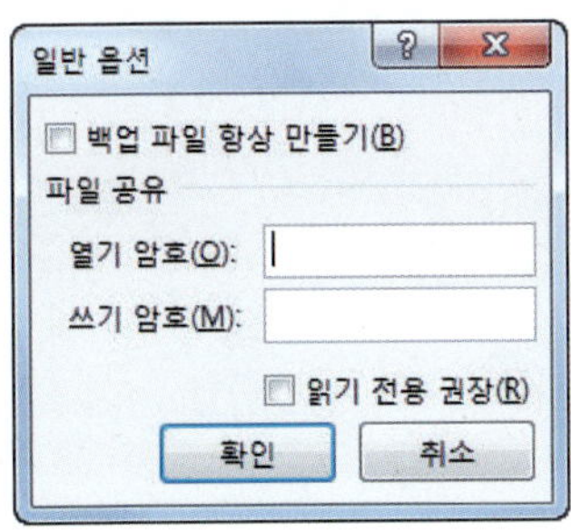

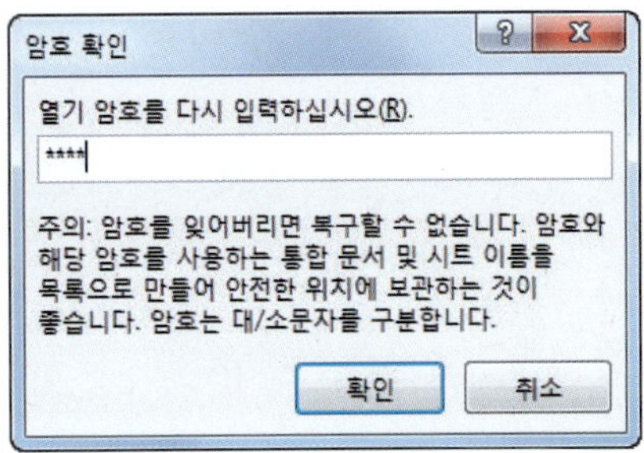

⑤ [저장] 단추를 누른다.

- 시트 수정을 확인할 경우 [쓰기 암호]를 지정해야 한다.

7.10 자동 저장 설정

① [파일]⇨[옵션]⇨[저장] 탭을 선택한다.

② [자동 복구 정보 저장 간격]에 원하는 시간을 입력하고 위치를 입력한다.

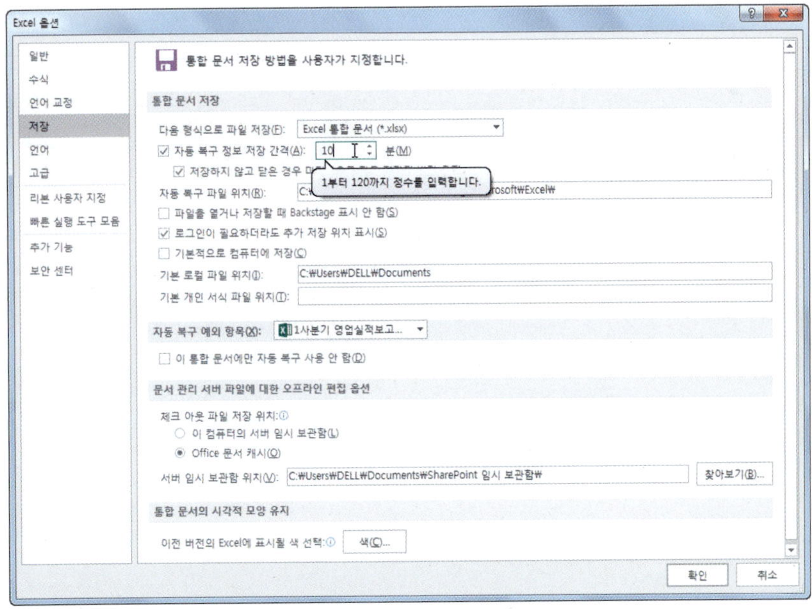

③ [확인] 단추를 클릭한다.

제8장 매크로와 VBA

매크로는 엑셀에서 할 수 있는 모든 작업을 매크로 편집기의 모듈에 자동으로 기록하는 작업이다.

매크로를 자동으로 기록하는 기능이 있어서 매크로 기록을 위해 명령어를 알 필요가 없어졌다. 제어 구문, 사용자 정의 대화상자 등 매크로 기록 기능으로 기록 할 수 없는 경우를 제외한 모든 기능은 자동적으로 작성된다.

매크로 기록 방법은 자동으로 기록하는 방법과 Visual Basic 편집기에서 명령을 직접 입력할 수도 있다. 한글 엑셀 2016에서는 매크로나 VBA를 작성한 파일은 별도로 확장명을 '.xlsm'으로 저장해야 한다.

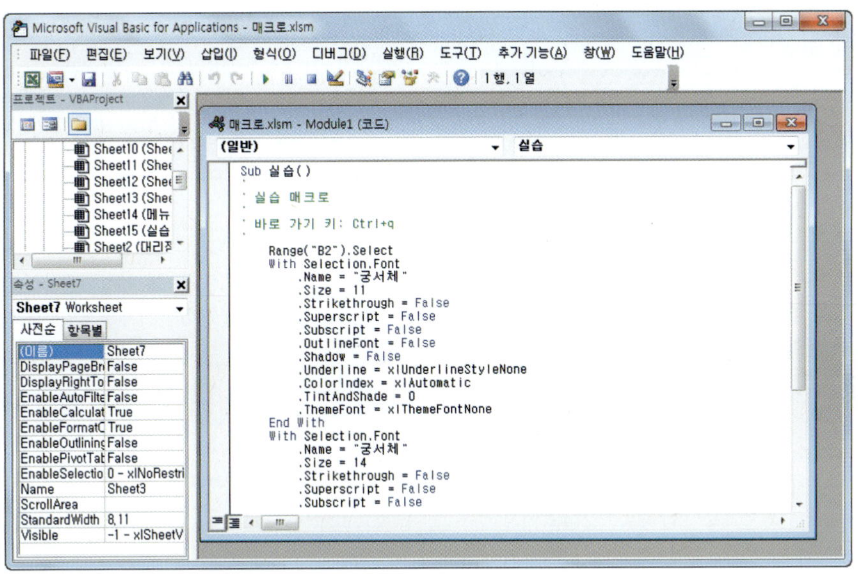

자동 매크로 기록

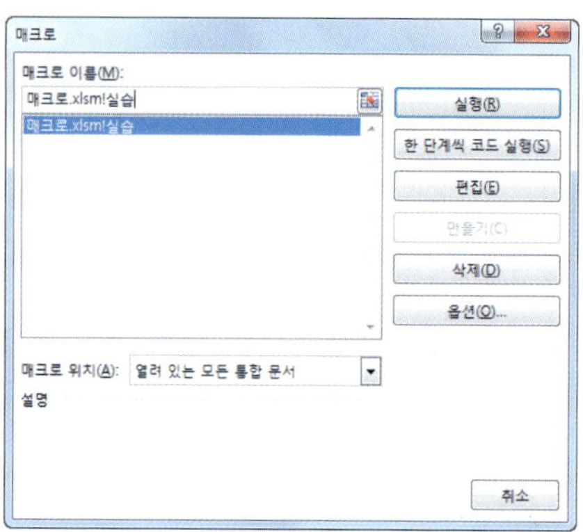

① [개발도구] ⇨ [매크로 기록]을 누른다.

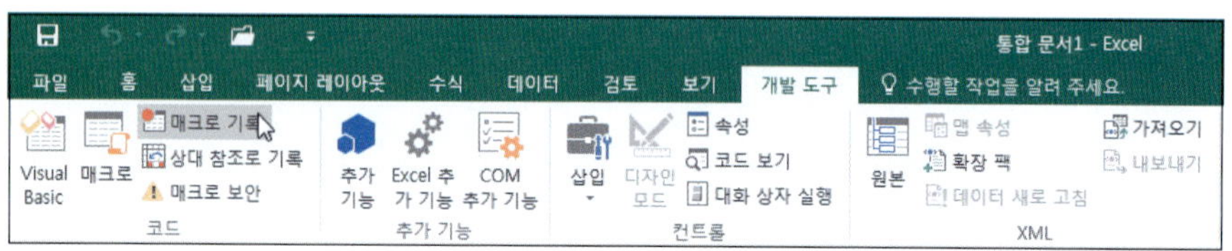

엑셀의 메뉴에 [개발도구] 탭이 없는 경우 [파일] ⇨ [옵션] ⇨ [리본 사용자 지정]을 지정하면 [리본 메뉴 사용자 지정] 박스가 나타나고 [개발 도구] 탭 부분을 체크하고 [확인]을 클릭하면, [개발도구] 탭이 엑셀 2016 메뉴에 나타난다.

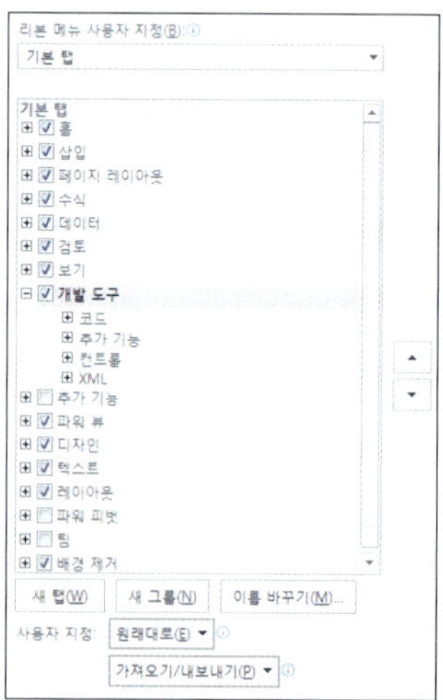

② 매크로 이름을 입력한다.

• 매크로 이름은 **특수 문자를 사용할 수 없으며 첫 글자는 반드시 문자**이여야 한다. 첫 글자에 사용하는 문자는 한글이나 영문이 가능하며 숫자는 사용할 수 없다.

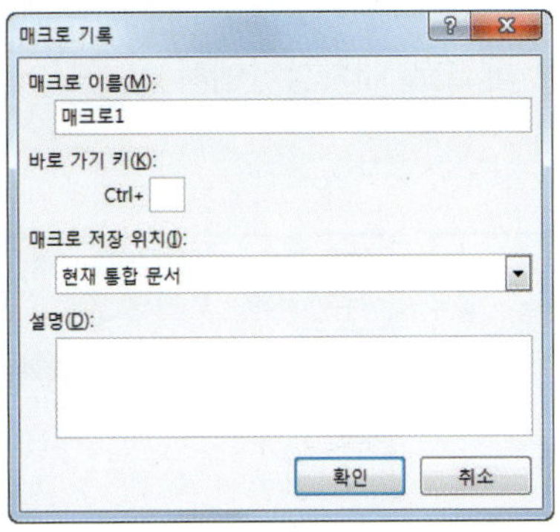

③ [매크로 기록] 대화상자가 나타나고 **바로 가기 키**를 입력한다.

• 일반 워크시트에서 사용하는 단축키와 마찬가지로 기록한 매크로는 Ctrl 키와 동시에 눌러 실행할 수 있다.
• 바로 가는 키는 기본적으로 영어 소문자를 입력하며, 대문자를 입력할 경우는 Shift 키와 함께 누른다.
• 실행할 때는 Ctrl + Shift + **영문 키**를 함께 누른다.

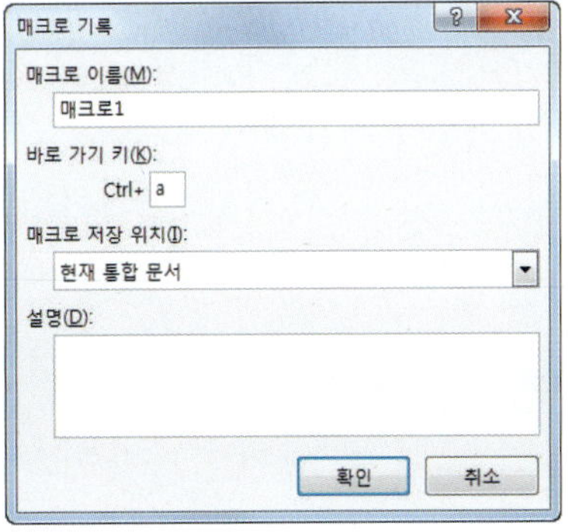

④ [확인]을 누르면, 매크로가 시작되고, 워크시트의 작업 처리가 끝나면 화면 아래의 단추를 누르는 경우 매크로가 종료된다.

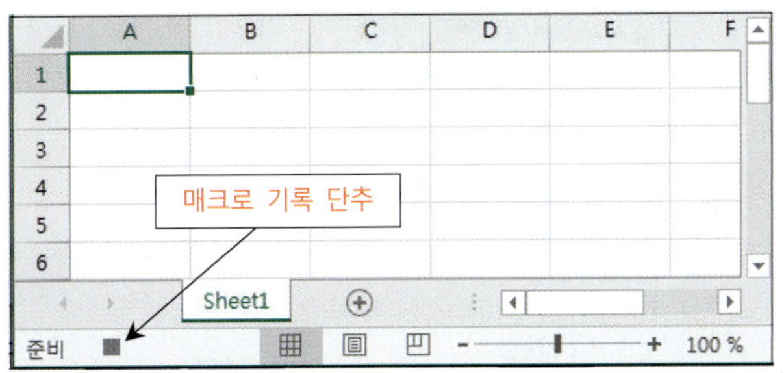

8.2 매크로 실행

① [개발 도구] ⇨ [매크로]를 실행하여 매크로 대화상자에서 등록되어 있는 매크로 이름을 선택한 후 [실행] 단추를 누른다.

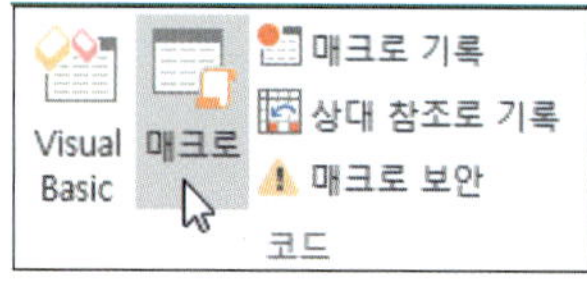

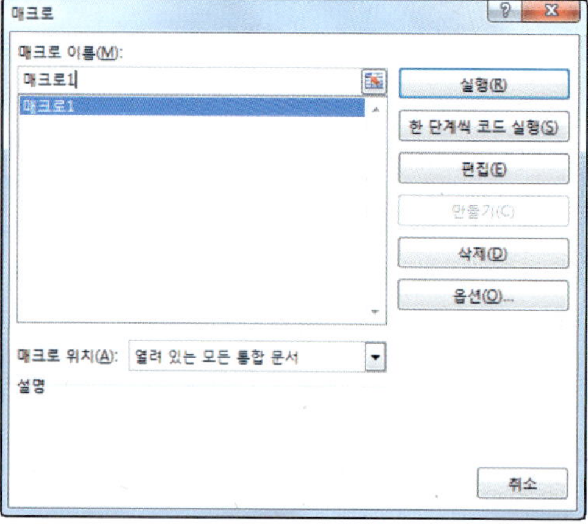

② 매크로를 등록할 때 지정한 바로 가는 키를 누른다.

③ 매크로 명령 단추를 작성하여 명령 단추를 누른다.

8.3 매크로 명령 단추 작성하기

① [개발 도구] ⇨ [삽입] ⇨ [양식 컨트롤] ⇨ ▬ 명령 단추를 클릭한다.

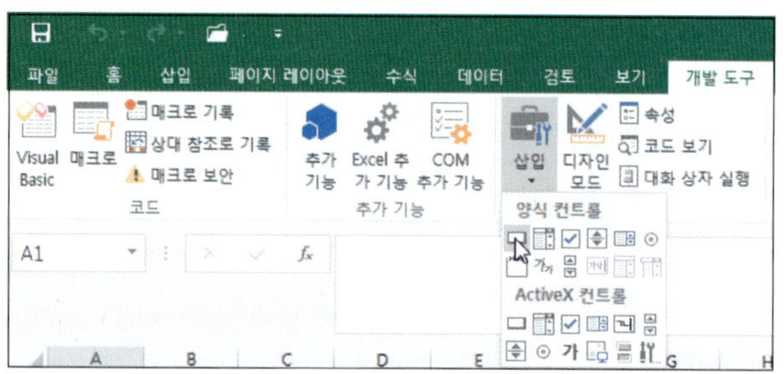

② 커서가 + 모양으로 바뀌어서 나타난다.

③ 워크시트 안의 적당한 위치에 드래그하여 놓는다.

④ 매크로 지정 대화상자에서 [확인]을 클릭한다.

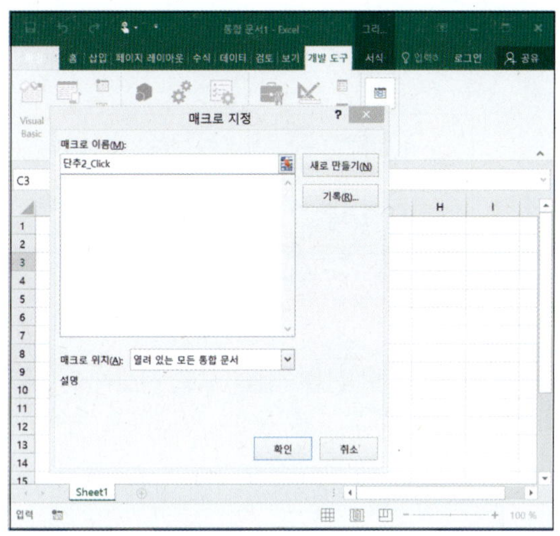

⑤ [확인] 단추를 누른다.

⑥ 단추의 안쪽을 클릭하여 단추의 이름을 "매크로 실습"으로 입력한다.

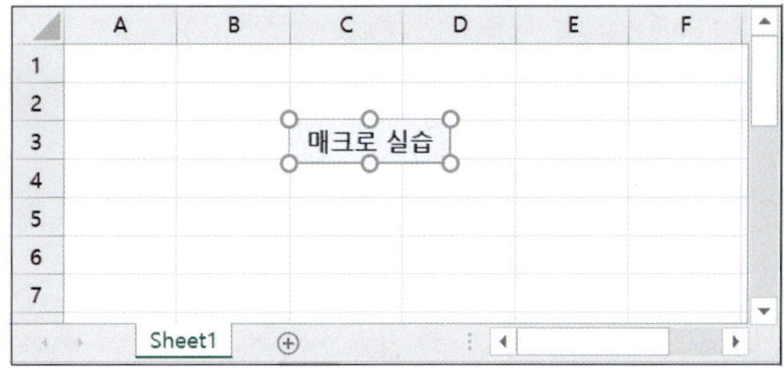

⑦ 단추 이외의 영역을 클릭한다.

⑧ 이 단추를 마우스로 클릭하면 "매크로 실습" 명령이 실행된다.

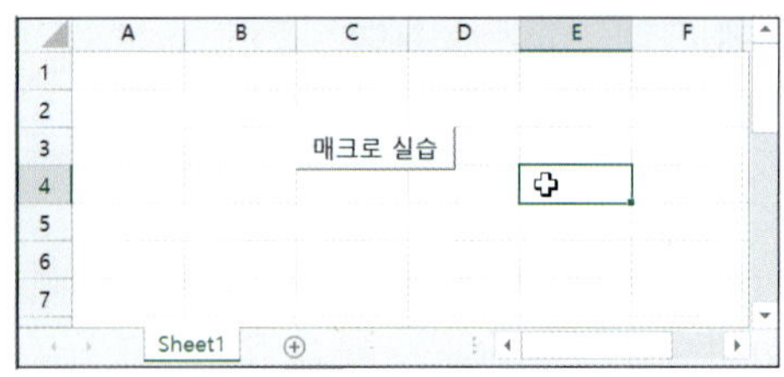

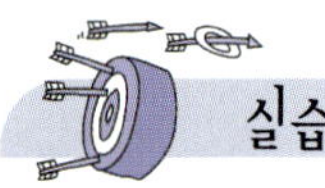

실습 8-1

매크로 기록기를 이용하여 B2셀에 "한글 엑셀 2016 매크로 실습"을 자동으로 입력하는 매크로를 작성해 보기로 한다.

① [개발 도구] ⇨ [매크로 기록]을 선택한다.

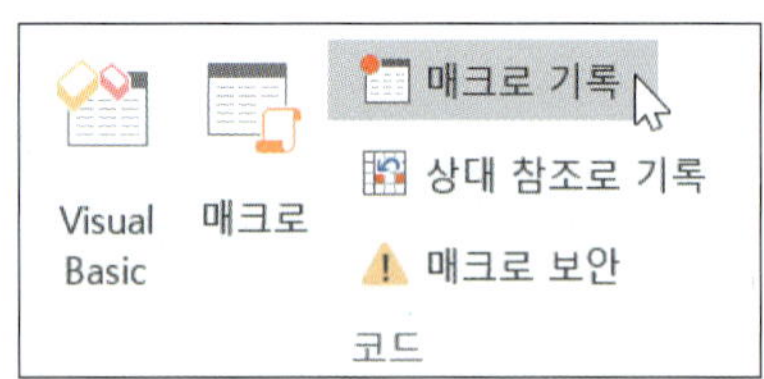

② [매크로 기록] 대화상자에서 [매크로 이름]을 "실습"으로 지정하고, [바로 가기 키]를 Ctrl + A로 설정한 다음, [확인] 버튼을 누르면 이후 모든 동작이 매크로로 기록된다.

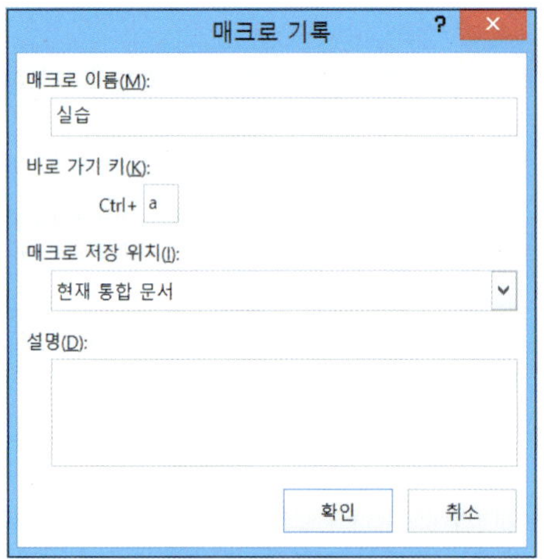

③ B2셀을 클릭한 상태에서 글자꼴은 "궁서체", 글자 크기는 14, 글자 속성은 "굵게"를 지정한 다음 "한글 엑셀 2016 매크로 실습"을 입력하고 Enter↵를 클릭한다.

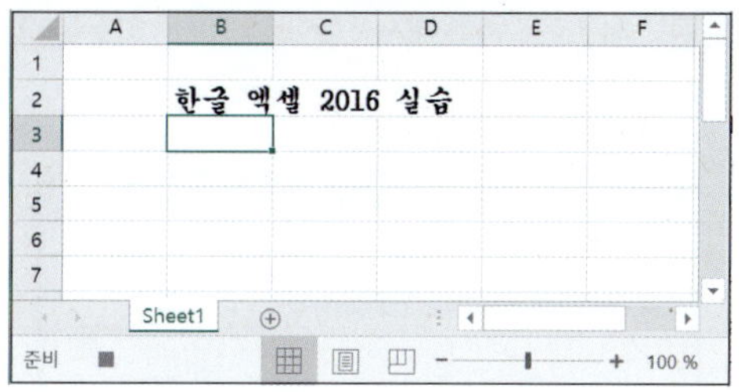

④ 매크로 기록을 종료하기 위해 [기록 중지(■)] 단추를 클릭한다.

⑤ 매크로가 포함된 엑셀 워크시트는 .xlsm 확장자로 저장해야 하므로 [파일]⇨[저장]⇨"매크로.xlsm"으로 저장한다.

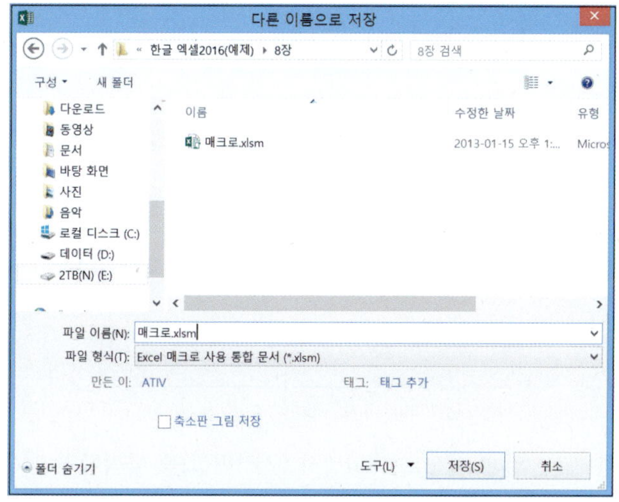

실습 8-2

다음으로 "실습" 매크로를 실행하여 나타내어 보자.

① 새로운 워크시트인 Sheet2에서 B2셀을 선택하고 [개발 도구]⇨[매크로 보기]를 선택한다.

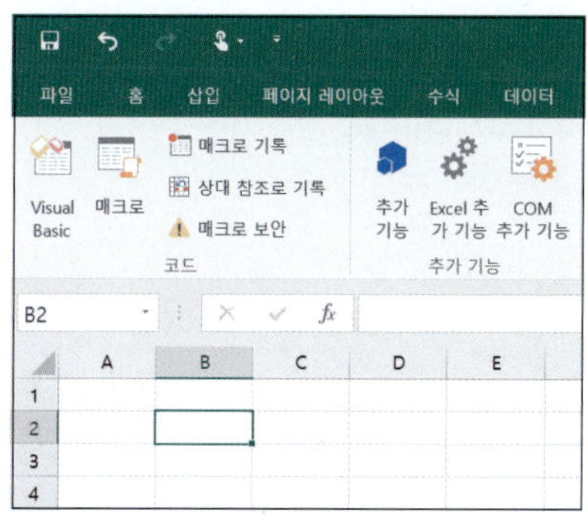

② 매크로 대화상자에서 기록된 매크로 목록에서 실행하고자 하는 매크로 "실습"을 선택한 다음 [실행]을 클릭한다.

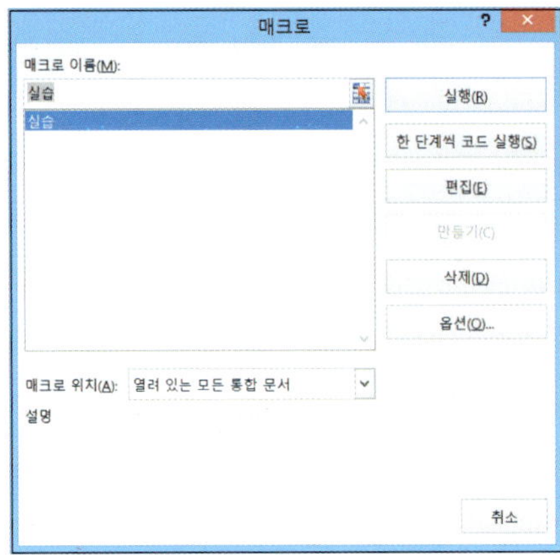

③ 선택한 B2셀에서 매크로를 실행하면 다음과 같이 나타난다.

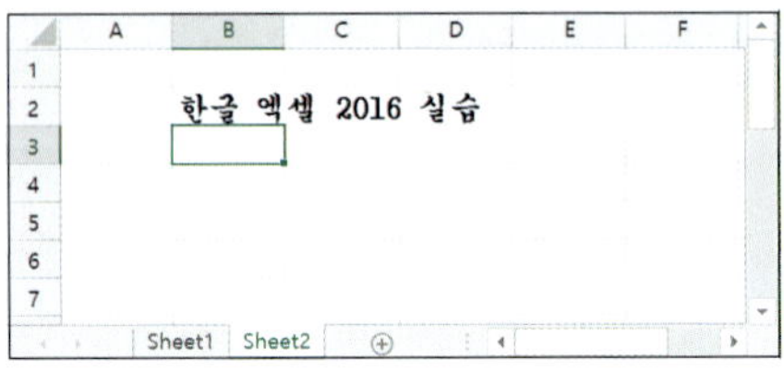

④ 매크로 기록 내용을 보기 위해 매크로 대화상자에서 [편집]을 클릭하면 다음과 같이 나타난다.

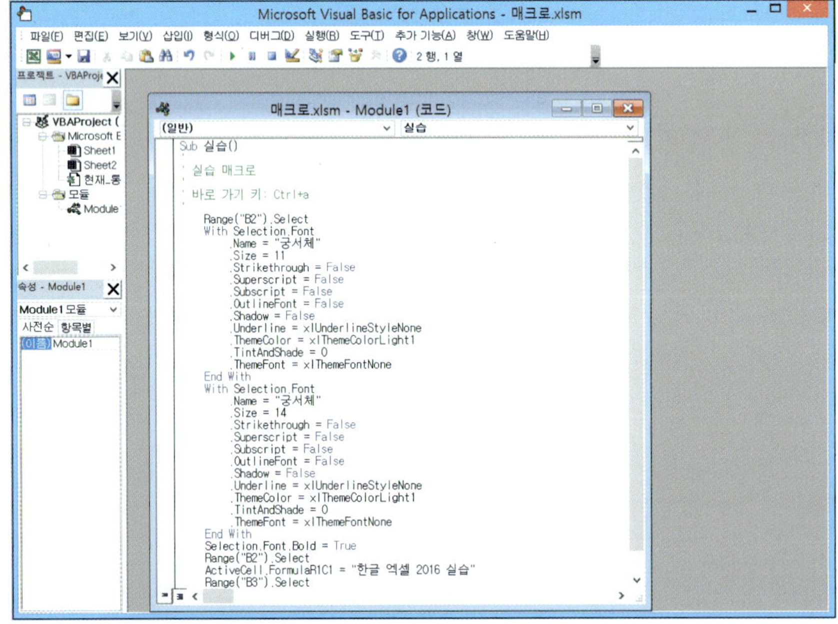

실습 8-3

"실습" 매크로 기록 내용에서 "한글 엑셀 2016 매크로 실습"의 내용을 "VBA 기초 실습"으로 수정하고 매크로를 실행하여 나타내어 보자.

① 매크로 기록 내용에서 해당 문장에 커서를 이동하고 "VBA 기초 실습"을 입력하고 [파일]⇨[닫고 Microsoft Excel로 돌아가기]를 지정하면 엑셀 화면으로 돌아간다.

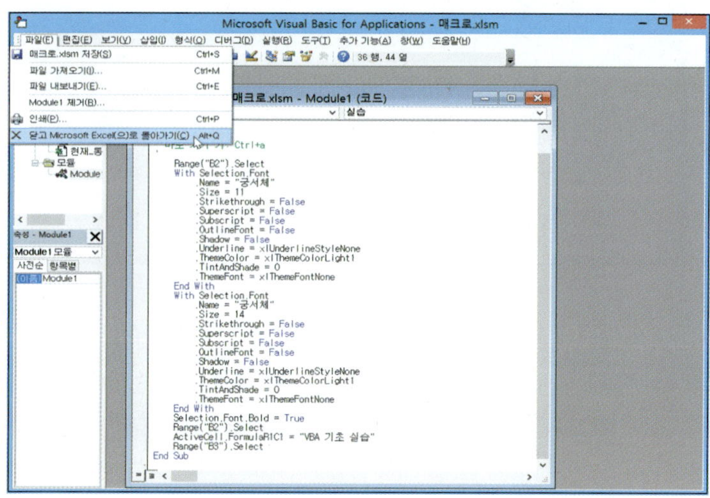

② 다음으로 바로 가는 키 Ctrl+A를 누르면 곧바로 실행되어 나타난다.

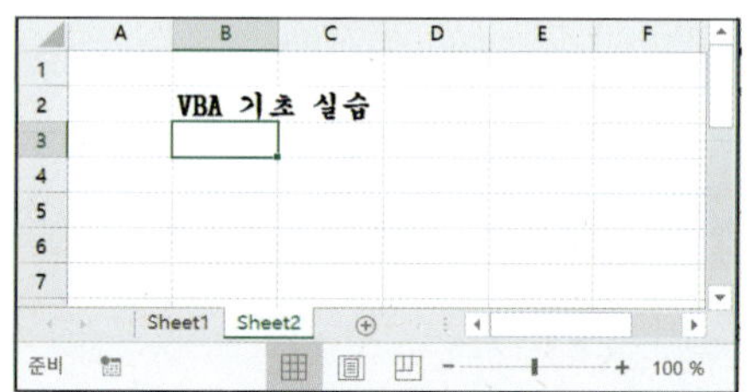

실습 8-4

"실습" 매크로의 내용을 파일 내보내기를 이용하여 "실습.bas"로 저장하여 보자.

① [개발 도구]⇨[Visual Basic]을 선택한다.

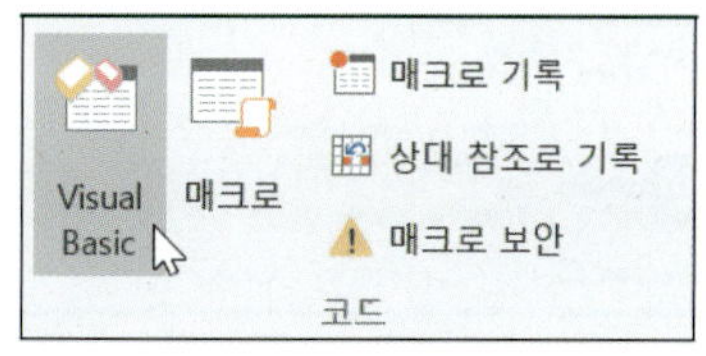

② VBE 대화상자에서 내보낼 “실습” 매크로 모듈을 선택하고 [파일]⇨[파일 내보내기]를 지정한다.

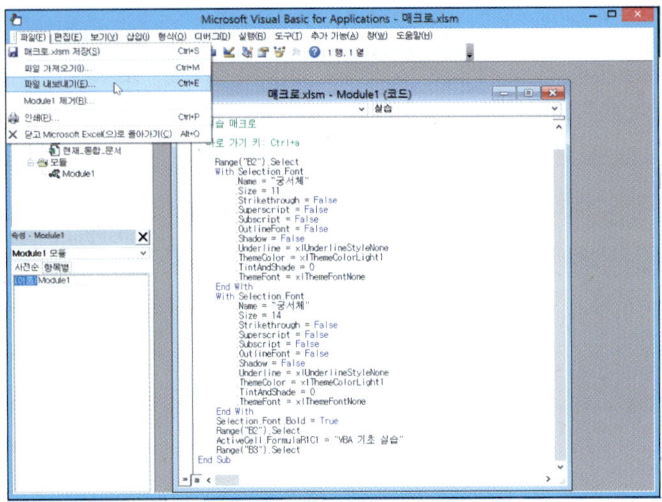

③ [파일 내보내기] 대화상자가 나타나고 “실습.bas”를 입력한 다음 [확인]을 지정하면 매크로 기록 내용이 수록된다.

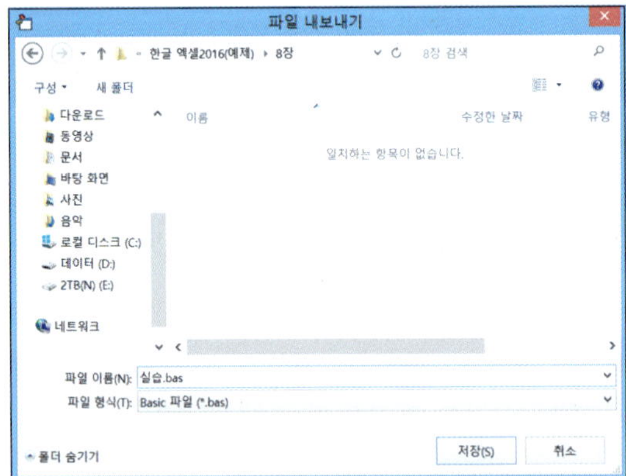

④ “실습.bas”의 내용을 메모장에서 열어보면 다음과 같다.

```
Attribute VB_Name = "Module1"
Sub 실습()
Attribute 실습.VB_ProcData.VB_Invoke_Func = "a\n14"
'
' 실습 매크로
'
' 바로 가기 키: Ctrl+a
'
    Range("B2").Select
    With Selection.Font
        .Name = "궁서체"
        .Size = 11
        .Strikethrough = False
        .Superscript = False
        .Subscript = False
        .OutlineFont = False
        .Shadow = False
        .Underline = xlUnderlineStyleNone
        .ThemeColor = xlThemeColorLight1
        .TintAndShade = 0
        .ThemeFont = xlThemeFontNone
    End With
    With Selection.Font
```

실습 8-5

"실습" 매크로를 명령 단추를 이용하여 실행하는 방법을 알아보자.

① [개발 도구] ⇨ [삽입] ⇨ [양식]을 선택한다.

② [양식 컨트롤] 상자에서 [명령 단추]를 지정하고 워크시트의 적당한 위치(Sheet3의 B5와 B6 셀)에 삽입하면 자동으로 매크로와 연결하기 위한 대화상자가 나타난다.

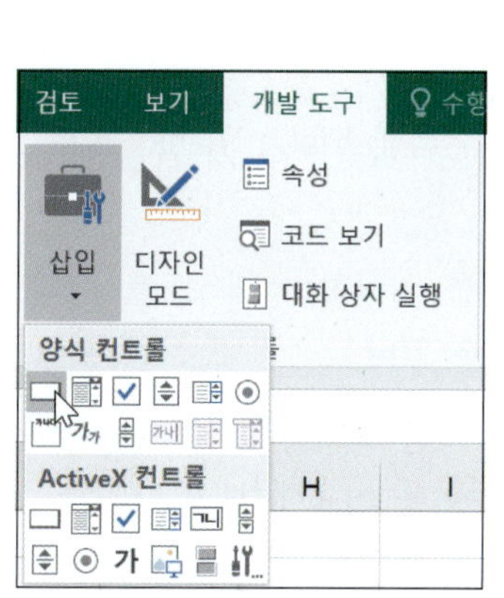

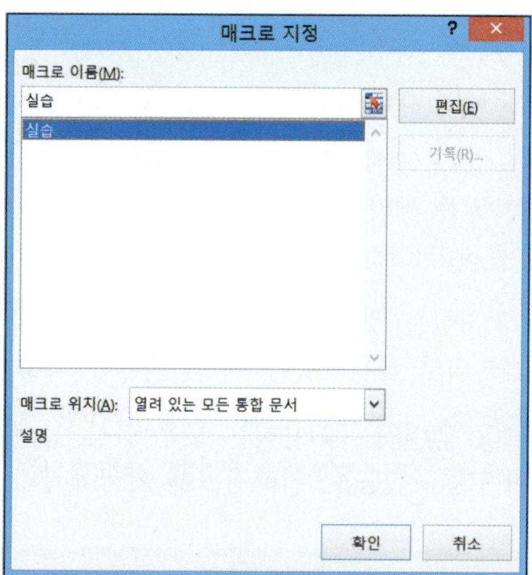

③ "실습" 매크로를 지정하고 [확인]을 누르면 매크로가 양식 단추에 연결되며 양식 단추의 이름을 "실습"으로 수정하고 워크시트의 아무 곳이나 클릭하면 "실습" 매크로가 양식 단추에 연결되며, 이 단추를 클릭하면 해당 매크로가 실행되어 결과가 나타난다.

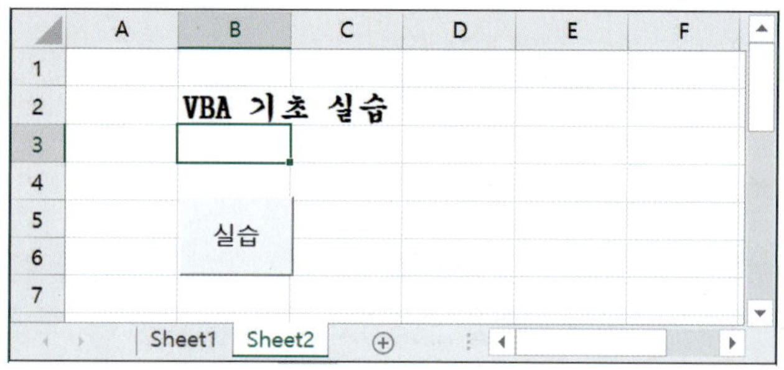

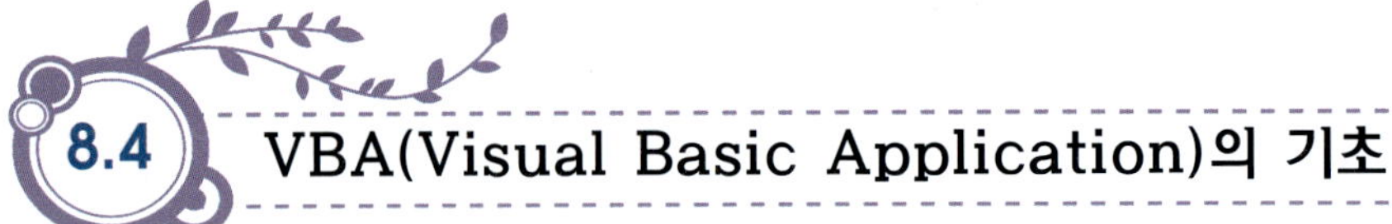

8.4 VBA(Visual Basic Application)의 기초

8.4.1 VBA를 이용한 매크로 작성

VBA는 Visual Basic for Application이라는 의미로 마이크로소프트 오피스 팩에 포함된 각 프로그램의 기능을 사용자화 하거나 추가하기 위해 사용하는 표준 언어이다. VBA는 Visual Basic 언어의 기능을 가지고 있으며, 엑셀의 기능까지 포함하고 있어서 엑셀의 특징을 이용하여 보다 넓게 활용할 수 있다.

매크로는 사용상 많은 제약을 가지고 있어서 이를 보완하기 위해 Visual Basic 프로그램 언어를 내장하고 있어서 응용프로그램을 제공해 주는 도구이다.

매크로를 매번 기록하는 것이 아니라 사용자가 집적 코드를 입력하여 매크로를 정의할 수 있으며, 이때 단순 코드가 아닌 프로그램언어들의 기법을 사용할 수 있다.

일반 Visual Basic 언어와는 사용하는 구문 형식 및 개체 지향 프로그래밍 방법을 사용한다는 공통점이 있다. 일반 Visual Basic 컴파일러와 엑셀의 VBA 언어를 비교해 보면 다음과 같다.

종 류	특 징
Visual Basic 언어	• VBX(Visual Basic for eXtention) 라이브러리를 다루는 도구이다. • 다른 언어와 같이 독립적인 컴파일러로 일반적인 응용 프로그램을 개발하기 위해 사용한다.
VBA	• 마이크로소프트 오피스 팩에 포함된 프로그램의 다양한 개체들을 다루는 도구이다. • Visual Basic이 응용 프로그램에 포함된 형태로 제공된다. • 오피스 프로그램의 기능을 사용자화하기 위해 주로 사용한다.

8.4.2 Visual Basic 편집기

한글 엑셀 이전 버전에서는 현재 통합 문서에 모듈 시트를 삽입하여 VBA를 이용한 매크로의 내용을 기록, 작성하였다. 따라서 매크로 자동 기록을 수행하면 현재 문서의 가장 끝 부분에 모듈 시트가 자동 삽입되었다. 또한 매크로에서 사용할 사용자정의 대화상자를 디자인할 수 있는 대화상자 시트를 통합 문서에 포함하였다.

그러나 한글 엑셀2000 이상 버전에서는 'Visual Basic 편집기'라는 별도의 프로그래밍 환경을 만들어 매크로 작성을 위한 일관된 방법을 지원한다. 즉 이전 버전에서의 모듈 시트 및 대화상자 시트는 Visual Basic 편집기의 모듈과 폼 개체로 다루어진다.

한글 엑셀 2016에서는 [개발 도구] 탭에 [Visual Basic] 아이콘이 설정되어 있다.

(1) Visual Basic 편집기의 실행

[개발 도구]⇨[Visual Basic]를 선택하면 다음과 같이 현재 통합 문서에 포함되는 Visual Basic 편집기 화면이 나타난다.

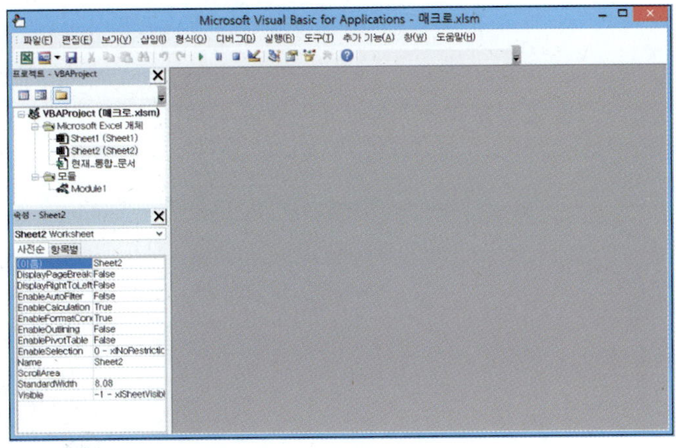

(2) Visual Basic 편집기의 주요 구성 요소

Visual Basic 편집기의 화면은 여러 가지 종류의 윈도우로 구성되며, 처음 Visual Basic 편집기를 실행시키면 앞의 그림에서와 같이 '프로젝트' 윈도우와 프로젝트에서 선택한 개체의 '속성' 윈도우가 표시된다. Visual Basic 편집기에서 주로 사용되는 윈도우의 종류는 다음과 같다.

종 류	표시 내용
프로젝트 윈도우	현재 매크로를 작성하는 통합 문서에 포함된 엑셀 개체를 표시
속성 윈도우	프로젝트 윈도우에서 선택한 개체가 가지는 속성을 표시
모듈 윈도우	현재 통합 문서에서 기록, 작성한 매크로의 내용을 표시
사용자 정의 폼 윈도우	매크로에서 사용할 사용자 정의 대화상자를 디자인하는 윈도우

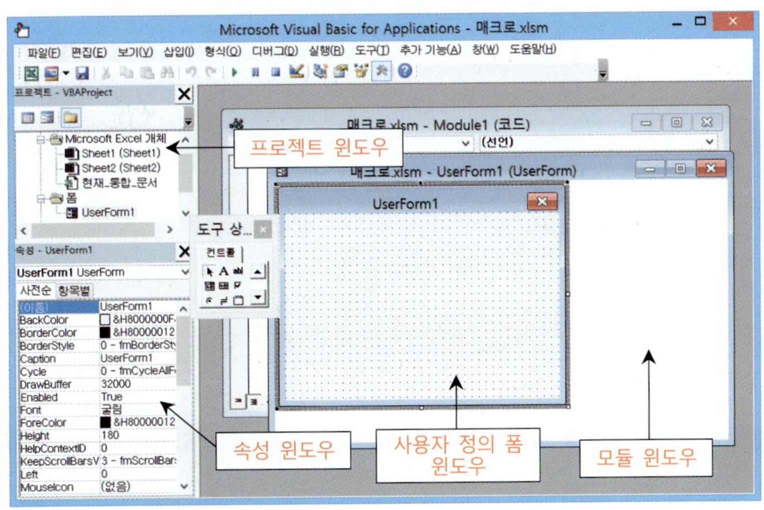

(3) 간단한 모듈의 작성

Visual Basic 편집기의 화면에서 모듈을 작성하고 그 결과를 곧바로 확인할 수 있다.

실습 8-6

새로운 모듈을 나타내고 숫자를 입력받아 0 이상인 경우에만 선택한 셀에 입력하고 0 미만인 경우에는 "오류"를 표시하는 프로시저를 입력한 다음 실행하여 보기로 한다.

① [개발 도구]⇨[Visual Basic]를 선택하여 Visual Basic 편집기 화면을 나타낸다.

② 프로젝트 탐색기에서 마우스 오른쪽 단축 메뉴 중 [삽입]⇨[모듈]을 선택한다.

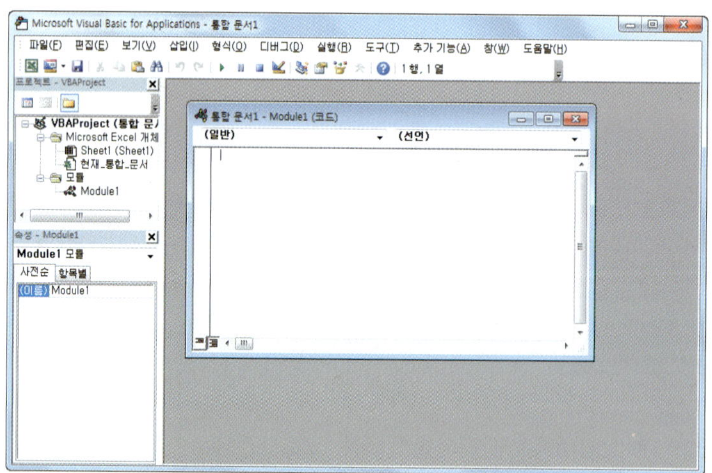

③ 삽입된 모듈을 선택하고, 코드 입력 창에서 [매크로_1]이라는 모듈명을 가진 프로그램을 다음과 같이 코드를 입력한다.

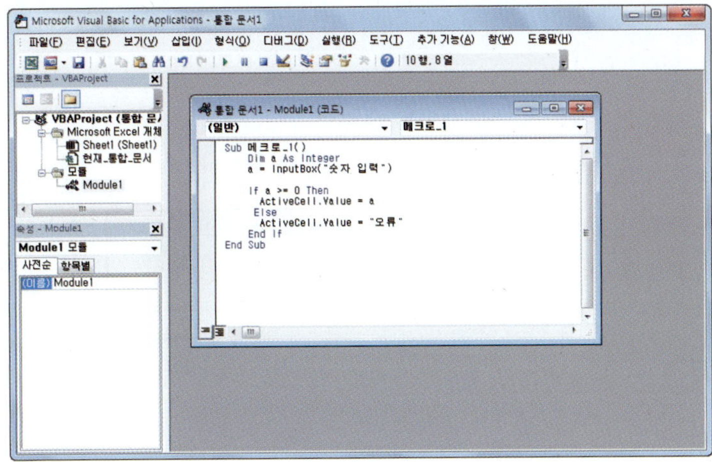

④ 엑셀의 워크시트에서 A1셀을 지정한다.

⑤ VBE[표준도구모음]에서 [Sub/사용자 정의 폼 실행]도구를 실행한다.

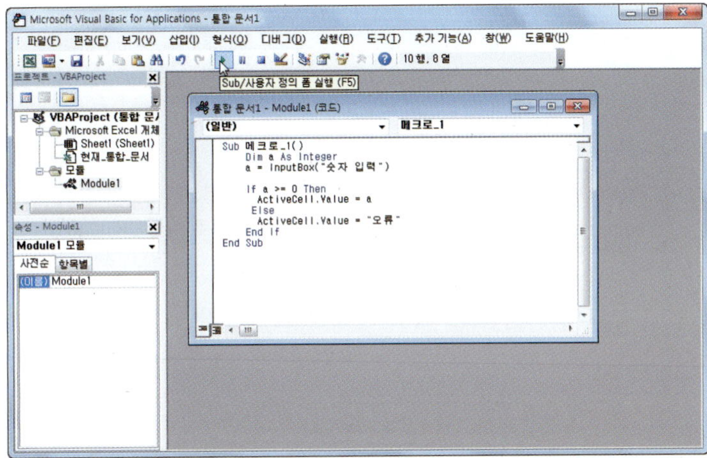

⑥ "매크로-1" 모듈이 실행되고 입력 대화상자가 나타나서, 3을 입력하고 [확인]을 클릭하면 A1 셀에 3이 나타난다.

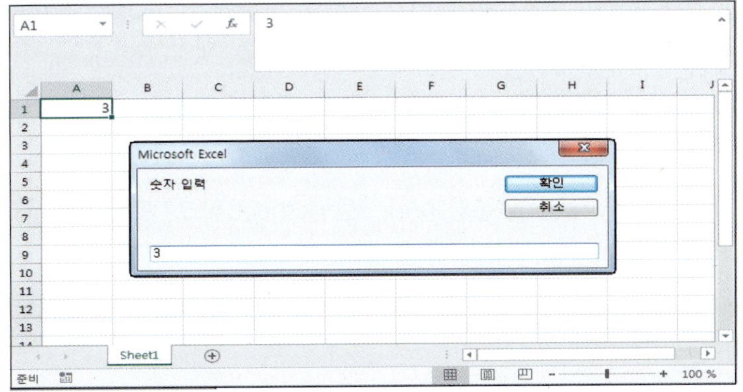

⑦ 이번에는 B2셀을 지정하고 -1을 입력하고 [확인]을 눌러서 실행하면 "오류"가 나타난다.

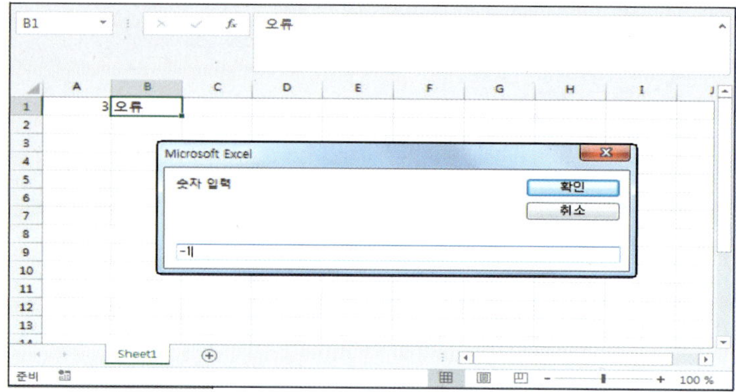

⑧ 다음으로 "매크로2.xlsm"으로 저장한다.

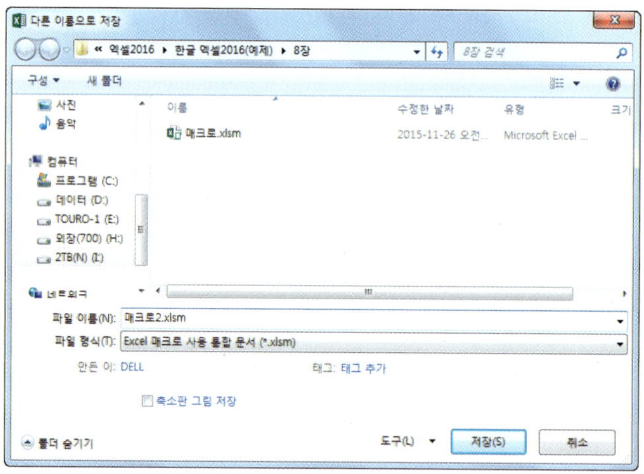

8.4.3 개체, 속성, 메소드

(1) 개체(Object)

VBA(Visual Basic Application) 프로그램 언어는 개체를 이용해서 엑셀을 제어하며, 셀을 선택하고, 자료를 이동, 복사, 삭제하는 모든 작업들이 바로 개체 자체를 제어하는 것을 의미한다.

즉 엑셀을 실행하고 종료하면 엑셀 자체가 개체가 되며, 개체는 마침표(.)로 구분하며 상위개체 뒤에 하위개체가 위치한다.

엑셀의 대표적인 개체로는 Workbook(통합문서), Worksheet(워크시트), Range(셀의 범위), Cells (셀), Chart(차트), PivotTable(피벗테이블) 등이 있다.

각각의 개체들은 속성과 메소드를 가지고 있어 객체를 중심으로 속성과 메소드를 설정하는 형태로 VBE 코드가 작성된다.

속성은 개체에 대한 값을 지정하는 것이고, 메소드는 개체에 대한 동작을 지시한다.

1) 엑셀의 개체

엑셀의 통합문서, 워크시트, 셀, 차트, 폰트, 도형 등을 모두 개체로 취급하며, 개체들은 계층 구조를 가지고 있다. 즉, 최상위 개체로는 Application이 있고, Application 개체는 Worksheets, Charts 등의 개체를 포함하고 있다.

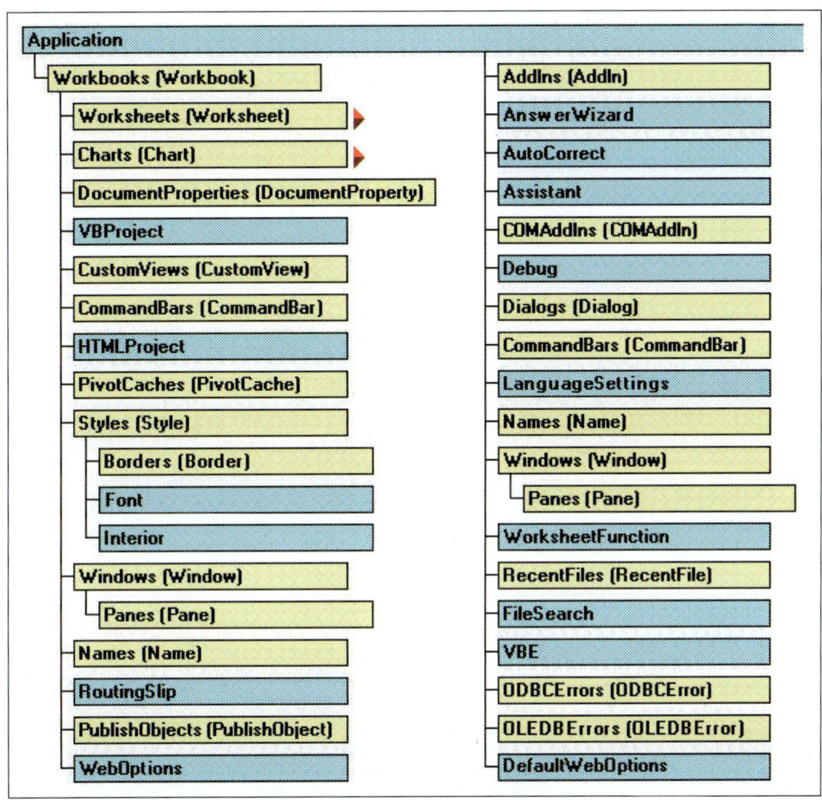

엑셀 개체의 계층구조

(2) 컬렉션(Collection)

컬렉션이란 개체들의 집합으로 즉 하나의 통합 문서에서는 여러 개의 개체들을 컨트롤하게 되며 이 모든 개체들은 해당 통합문서를 선택하면 모두 선택된다.

개체는 단수형으로 되어 있는 경우와 컬렉션(Collection)이라는 개체모음의 복수형 구조로 구성되어 있는 경우가 있다.

예를 들면 Worksheet1, Worksheet2, Worksheet3, … 등은 Worksheets의 컬렉션으로 그룹화 하여 표현되고 즉 Worksheets는 컬렉션이고, Worksheet1은 개체를 나타내는 것이고, 단수형 개체는 개체자체를 의미한다. Font나 ActiveCell 등이 단수형 개체에 속한다.

(3) 속성(Property)

속성이란 개체가 가지고 있는 고유의 값으로 즉 특성 시트의 기본글꼴, 글자크기, 색상, 화면구성 등으로 사용자가 임의로 지정할 수도 있다.

1) 속성 구문형식

```
객체명.속성 = 지정값

ActiveCell.Value = 123
※ 현재 셀포인터가 지정된 셀에 123값이 자동으로 입력된다.
```

ActiveCell은 현재 선택된 셀을 의미하는 객체이고, Value는 현재 선택된 셀의 값을 의미하는 속성으로 선택된 셀의 값을 123으로 변경하는 코드이다.

2) 속성 사용 예

```
Range(a1).Value = Excel VBA
ActiveCell.Font.Color = VbBlue
```

- Range(a1)과 ActiveCell.Font : 개체
- Value와 Color : 속성
- 등호로 구분된 Excel VBE와 VbBlue : 속성값에 해당된다.

여기서 Value와 같은 속성은 Range의 기본속성이므로 생략이 가능하다.

(4) 메소드(Method)

메소드란 개체가 특정 행동을 하도록 지시하는 지시어를 의미한다. 즉 특성 시트나 셀 등을 선택하거나 복사하도록 하는 명령문이다.

1) 메소드 구문 형식

```
객체명.메소드 옵션

Range("A1").Select
```

- Range : 셀의 주소를 갖는 객체
- Select : Range()객체가 가지고 있는 주소의 셀이나 범위를 지정할 때 하는 메소드

2) 메소드 사용예제

```
Range(a1).Select
ActiveCell.Clear
```

- Range(a1)과 ActiveCell : 개체
- Select : 개체를 선택하는 메소드
- Clear : 개체의 내용을 삭제하는 메소드

(5) 코드(Code), 프로시저(Procedure), 모듈(Module)

- 코드(Code) : VBE에서 개체, 속성, 속성값, 메소드 등의 하나하나 값을 코드라 하며, 코드는 모여서 프로시저를 형성한다.
- 프로시저(Procedure) : Sub로 시작되어 End Sub로 끝나는 하나의 매크로 문자를 프로시저라고 하며, 프로시저가 기록되는 장소를 Module이라고 하며 프로시저가 모여서 모듈을 형성한다.
- 모듈(Module) : 프로시저가 기록되는 장소로서 여러 개의 모듈이 모여서 Project를 형성한다.
- 프로젝트(Project) : 엑셀의 WorkBook인 하나의 엑셀 통합문서를 의미한다.

8.4.4 프로시저(Procedure)

Sub로 시작되어 End Sub로 끝나는 하나의 매크로를 프로시저라 하며, 프로시저가 기록되는 장소를 Module이라고 하고, 프로시저가 모여서 모듈을 형성한다.

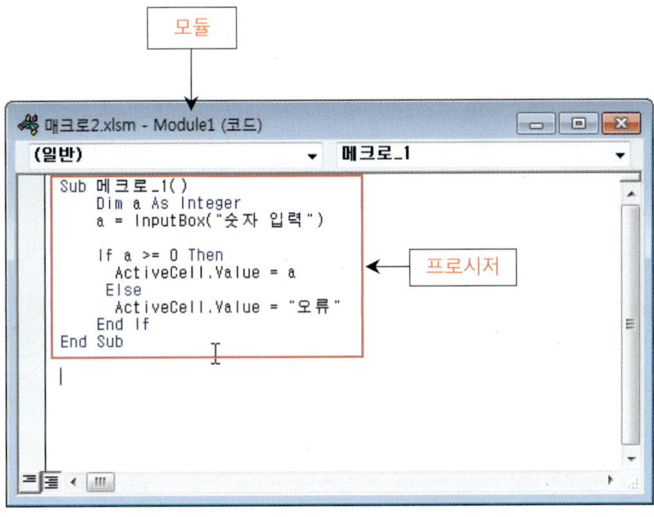

프로시저의 종류에는 사용자정의 프로시저, 이벤트 프로시저, Function 프로시저 등이 있다.

(1) 사용자 정의 프로시저

사용자가 지정하는 프로지서로 프로시저 이름이 매크로 이름이 된다. 매크로 기록이 진행될 때 자동으로 생성되며, VB에디터를 이용하여 사용자가 직접 작성할 수 있다.

```
Sub 매크로명()
        실행문1....
        실행문2....
          .
          .
 End sub
```

실습 8-7

"VBA.xlsm"의 엑셀 파일을 먼저 작성 저장하고, Sheet1 시트를 지정하고 B2셀에 "123"을 입력하는 프로시저를 작성해 보기로 한다.

① VBE를 실행하고, 프로젝트 탐색기에서 Sheet1을 더블클릭하고 새로운 모듈을 지정한다.

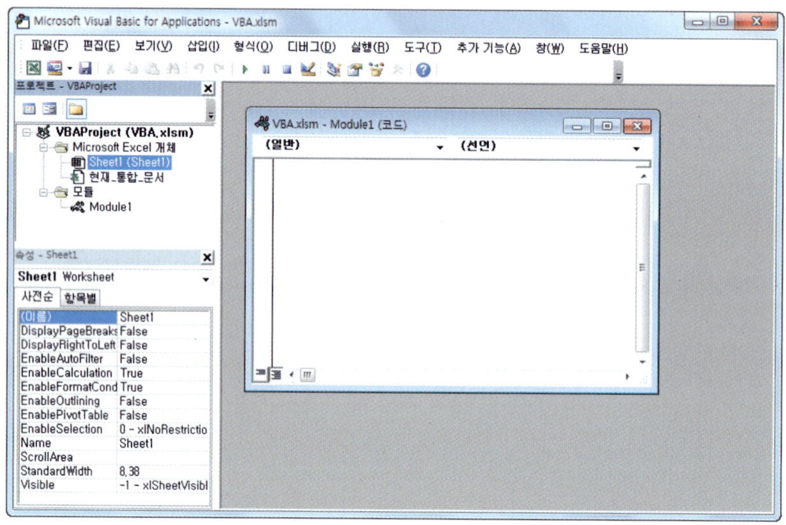

② 코드 창에 다음과 같이 코드를 입력한다.

```
Sub 데이터입력()
    Range("A1").Select
    ActiveCell.FormulaR1C1 = "123"
    Range("A2").Select
End Sub
```

③ “Sub 데이터입력()”을 입력하고 Enter을 누르면 “End Sub”가 자동으로 생성되며, 다음과 같이 코드를 작성한다.

④ 코드를 실행(F5)하고 결과를 확인한다.

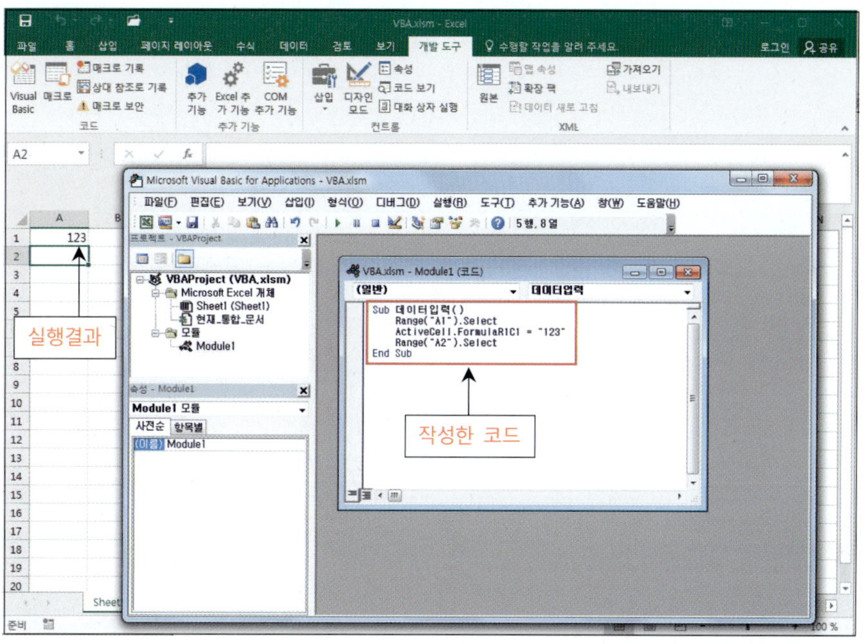

(2) 이벤트 프로시저

이벤트 프로시저란 사용자가 개체에 대하여 발생되는 행위(마우스 클릭, 더블클릭 등)를 실행했을 때 발생되는 프로시저이다. 이벤트 프로시저는 개체에 대해서만 생성할 수 있으며 프로시저명을 사용자가 임의로 지정할 수 없다.

```
Sub 객체명_이벤트()
        실행문1...
        실행문2...
          .
          .
 End sub
```

실습 8-8

“VBA.xlsm"의 새로운 시트(Sheet2)를 지정하고 임의의 셀을 마우스로 클릭하면 선택된 셀에 "456"이 자동으로 입력되는 프로시저를 작성해 보기로 한다.

① VBE에서 [삽입]⇨[모듈]을 지정하면 새로운 모듈 창이 나타난다.

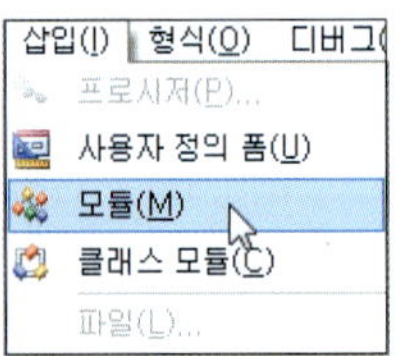

② [프로젝트] 탐색기에서 [현재_통합_문서]를 더블클릭하고, 코드 창의 [일반] 목록의 오른쪽에서 ▾ 단추를 눌러서 [Workbook]을 선택한다.

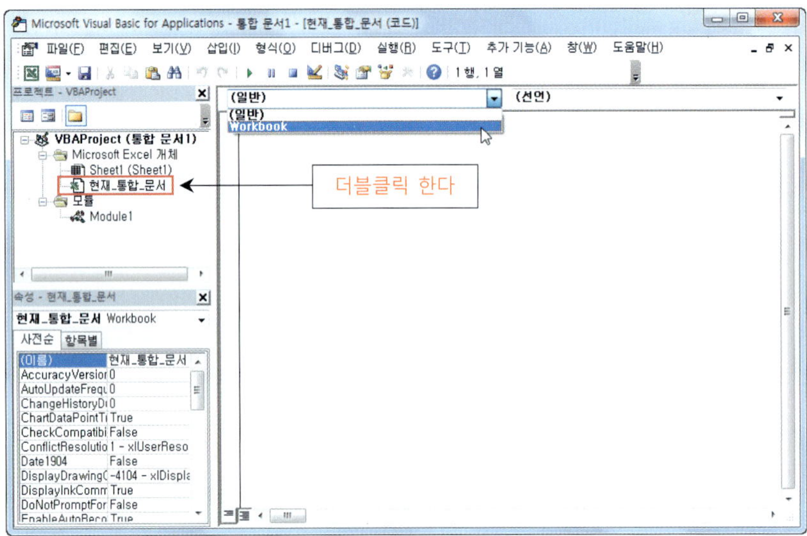

③ 프로시저/이벤트 목록에서 [SheetSelectionChange] 이벤트를 선택한다.

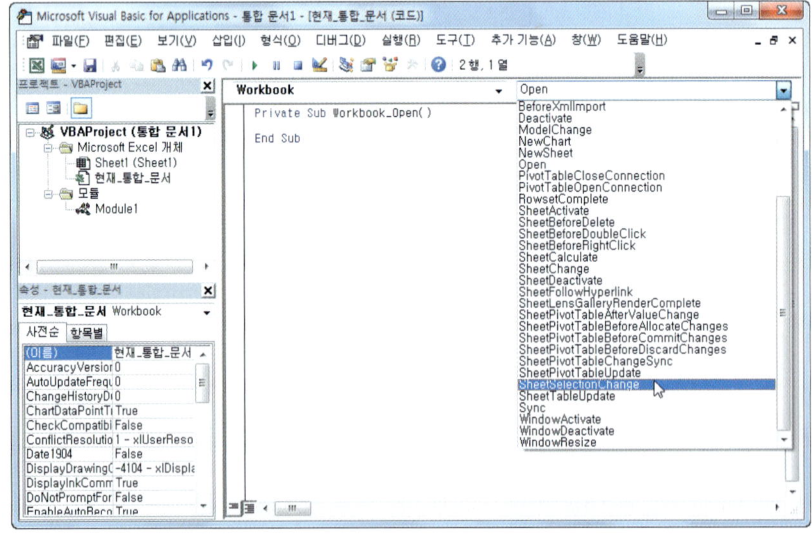

④ [Open] 이벤트가 자동으로 지정되어 있지만 무시한다. 이벤트 프로시저 역시 "Sub 프로시저명 ()"으로 시작하여 "End Sub"로 자동으로 지정되어 나타난다.

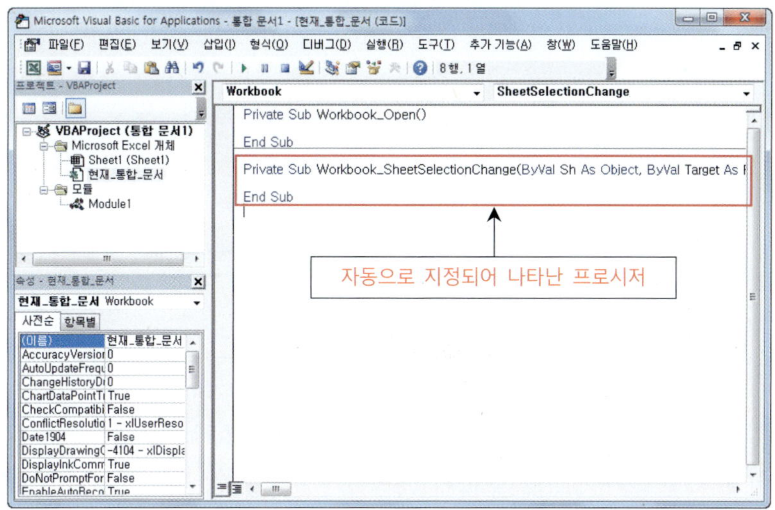

⑤ 선택한 프로시저에서 "Activecell.FormulaR1C1 = 456"을 입력한다.

하나의 긴 문장을 2줄로 분리해서 작성할 경우 _ 연결자를 사용

```
Private Sub Workbook_SheetSelectionChange(ByVal Sh As Object, ByVal
    ActiveCell.FormulaR1C1 = 456
End Sub
```

nl의 문장의 경우 명령어의 오른쪽이 잘려서 나타난다. 그래서 2줄로 분리해서 작성할 경우 다음 문장과 같이 _을 넣어서 하나의 명령문을 분리하더라도 같은 의미로 간주한다.

```
Private Sub Workbook_SheetSelectionChange _
        (ByVal Sh As Object, ByVal Target As Range)
```

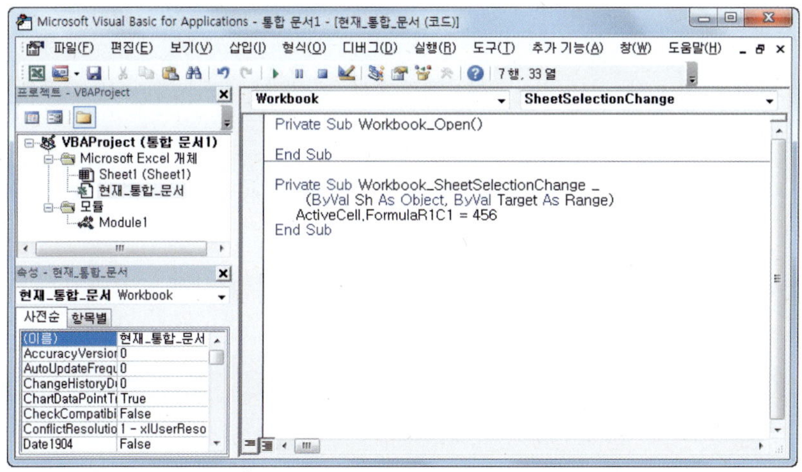

⑥ 엑셀 워크시트 창에서 임의의 셀을 마우스로 클릭하여 선택된 셀에 '456'이 자동으로 입력된 것을 확인한다.

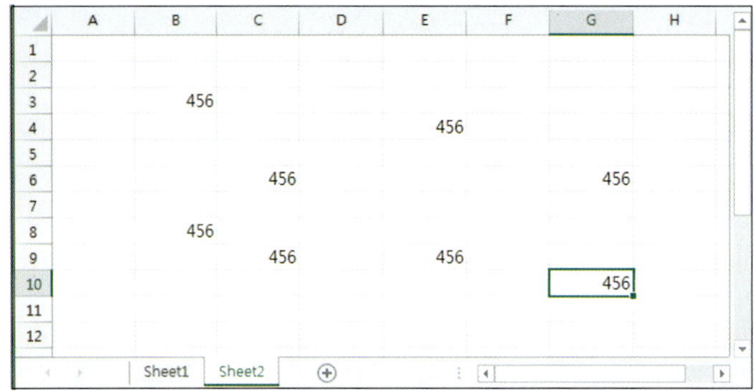

⑦ 이벤트 프로시저 명령은 해당 엑셀 파일을 닫기 전까지는 유효하므로 명령을 멈추기 위해 모듈의 프로시저에 주석(Comment)를 지정한다(프로시저가 더 이상 필요 없는 경우 블록을 지정하여 삭제해도 상관없다.).

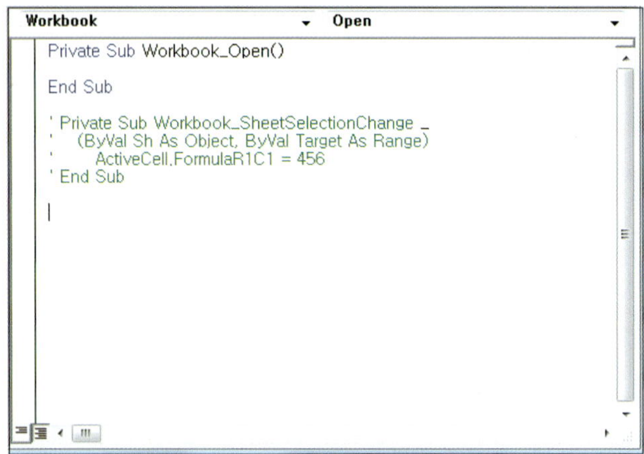

(3) Function 프로시저

Function 프로시저는 사용자 정의함수로서, 엑셀에서 제공하는 함수와는 별도로 사용자가 원하는 함수를 정의하고자 할 때 사용하는 프로시저이다.

함수를 정의할 때 괄호 '()' 안에 인수를 지정한 경우 함수를 사용할 경우 지정한 인수에 맞게 인수를 입력해야 한다.

Function 프로시저를 나타내기 위해서는 [삽입]⇨[프로시저]를 지정하고 프로시저 대화상자가 나타나는 경우 Function과 프로시저 이름을 입력하고 [확인]을 클릭하면 Function 프로시저가 지정되어 나타난다.

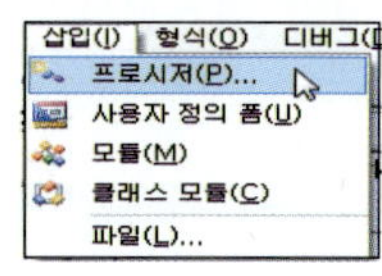

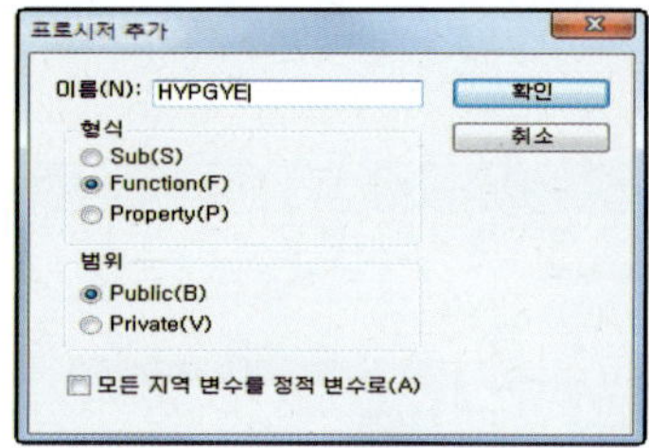

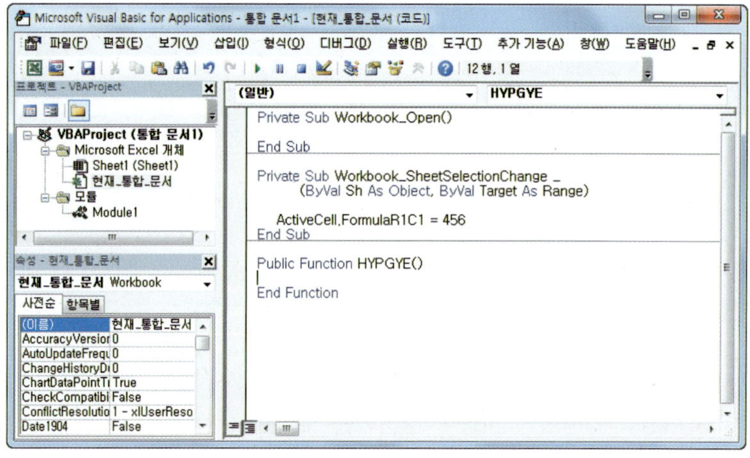

실습 8-9

"VBA.xlsm"에 새로운 시트(Sheet3)를 지정하고 A1셀과 A2셀에 값을 미리 입력한 다음 A3셀을 마우스로 더블클릭하면 A3셀에 A1과 A2셀의 합이 나타나는 프로시저를 작성해 보기로 한다.

① [프로젝트] 탐색기에서 Sheet3 (Sheet3)를 더블클릭하고, 코드 창의 [일반] 목록의 오른쪽에서 단추를 눌러서 [Worksheet]를 선택한 다음, (선언)목록에서 [BeforeDoubleClick]을 선택한다.

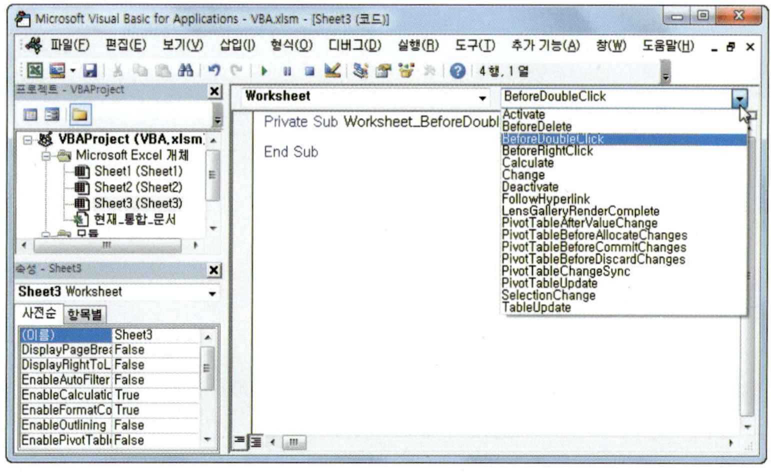

② 만약 기본으로 작성된 Worksheet 관련 프로시저가 있다면 필요없으므로 블록을 지정하여 삭제한다.

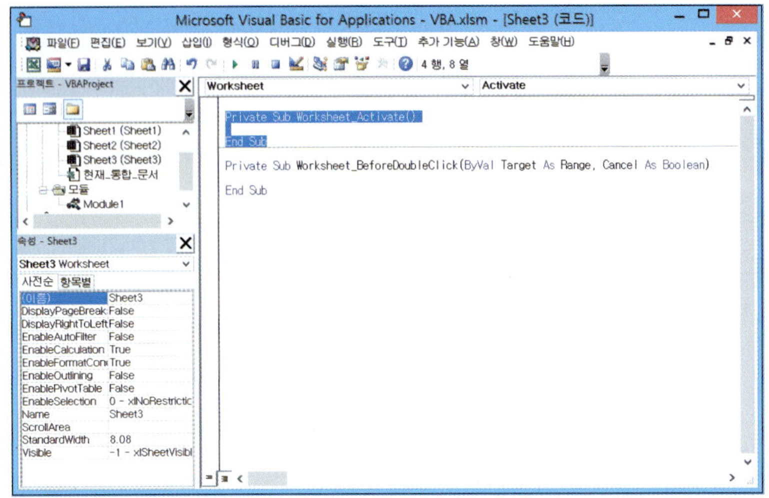

③ 선택한 프로시저 "Worksheet_BeforeDoubleClick"에 다음과 같이 입력한다.(´ 다음에 작성된 문장은 명령어가 아니라 명령어의 기능을 설명하는 주석 문장이다.)

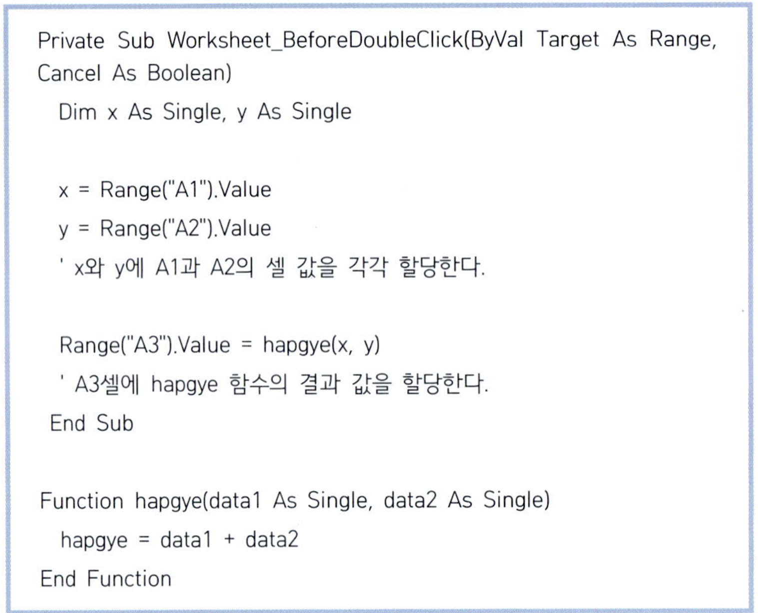

```
Private Sub Worksheet_BeforeDoubleClick(ByVal Target As Range,
Cancel As Boolean)
  Dim x As Single, y As Single

  x = Range("A1").Value
  y = Range("A2").Value
  ' x와 y에 A1과 A2의 셀 값을 각각 할당한다.

  Range("A3").Value = hapgye(x, y)
  ' A3셀에 hapgye 함수의 결과 값을 할당한다.
 End Sub

Function hapgye(data1 As Single, data2 As Single)
  hapgye = data1 + data2
End Function
```

④ Function 문장은 Function 프로시저를 호출하여 작성하도록 한다.

⑤ 입력된 결과는 다음과 같다.

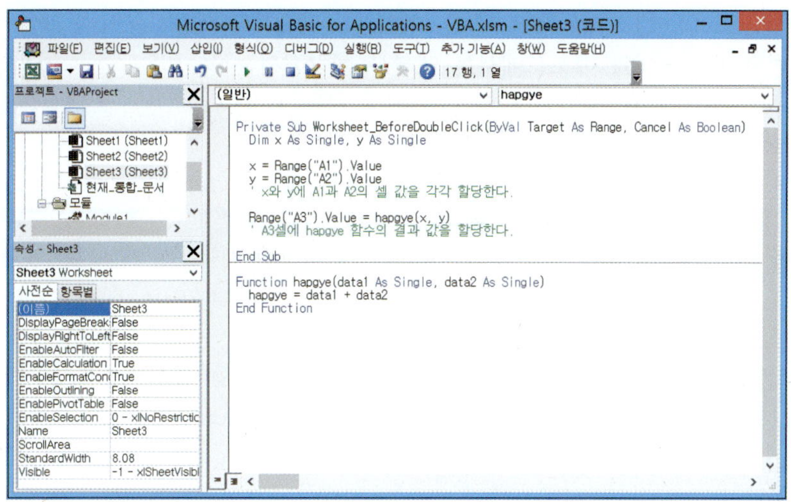

⑥ 엑셀 워크시트 창에서 A1과 A2셀에 미리 값을 입력하고, A3 셀을 마우스로 더블클릭하면 이때 선택된 셀에 합계의 값이 자동으로 입력되어 나타난다.

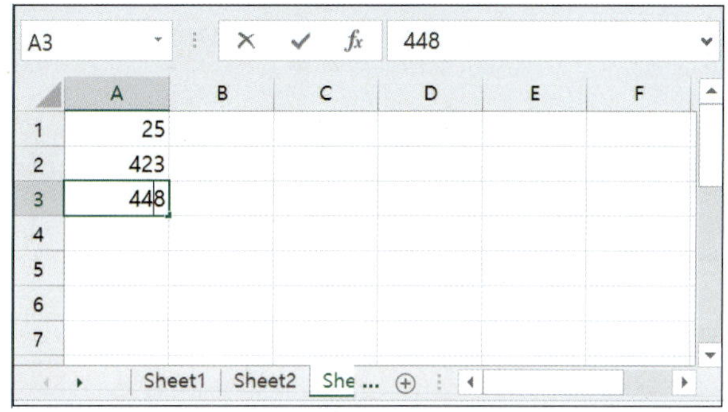

8.4.5 엑셀의 개체

(1) Application 개체

Application 개체는 엑셀 VBA의 최상위 개체로서 Microsoft Excel 응용프로그램 전체를 나타낸다. 이 개체를 VBA 코드에서 반환하려면 Application 속성을 사용하여 반환한다.

```
Sub 개체1()
    Application.Windows("Application1.xlsx").Activate
End Sub
```

Windows 속성을 Application 개체에 적용하여 코드가 실행되면 "Application1.xlsx" 파일을 활성화한다(단 Application1.xlsx 파일이 호출되어 있어야 한다.).

Application 개체는 ActiveSheet(현재의 시트), ActiveCell(현재의 셀)과 같이 일반적인 사용자 인터페이스 개체를 반환하는 속성과 메소드에서는 대부분 생략해서 사용한다.

```
Application.ActiveCell.Font.Bold = True
ActiveCell.Font.Bold = True
```

현재 선택된 셀의 글꼴 스타일 "굵게" 변경하는 문장으로 Application 개체를 생략해도 결과는 동일하다.

(2) Workbooks 개체

Application 개체는 엑셀 VBA의 최상위 개체로서 Microsoft Excel 응용프로그램 전체를 나타낸다. 이 개체를 VBA 코드에서 반환하려면 Application 속성을 사용하여 반환한다.

1) workbook 속성

Workbook 개체를 반환하는 속성으로 Workbooks(Index)형식을 사용한다. 이때 Index는 통합 문서 이름이나 인덱스 번호를 기록한다. 만약 첫 번째 통합문서를 선택한다면 '1'을 마지막에 만들어진 통합문서를 선택할 경우에는 "Work books.Count"를 Index 값으로 입력한다.

```
Sub 개체2()
  Workbooks(1).Activate
  Workbooks(Workbooks.Count).Activate
End Sub
```

2) workbook 속성을 이용한 문서 코드

Workbooks 속성을 이용한 통합문서를 관리하는 여러 가지 형태의 통합문서 관리 코드에 대해 알아보기로 한다.

```
Sub 문서1()
  Workbooks.Add  '새로운 통합문서 생성
  Workbooks.Open("Book1.xlsx") 'Book1.xlsx 파일 열기
  Workbooks("Book1.xlsx").Close 'Book1.xlsx 파일 닫기
End Sub
```

3) ActiveWorkbook 속성

ActiveWorkbook 속성은 현재 통합 문서를 반환한다.

```
Sub 문서1()
  Msgbox ActiveWorkbook.Name '현재 통합문서의 이름 반환
End Sub
```

4) ThisWorkbook 속성

현재 활성화된 통합문서를 의미한다.

5) Save/SaveAS/Close 속성

특정한 통합문서를 선택한 후에만 사용이 가능하다.

```
Sub 문서1()
  ActiveWorkbook.Save  '현재 작업중인 통합문서를 저장
  ActiveWorkbook.SaveAs "C://엑셀/VBA.xlsm"
   '현재 작업중인 통합문서를 다른 이름으로 저장
  ActiveWorkbook.Close  '현재 작업중인 통합문서를 종료
End Sub
```

6) 관련 메소드

사용중인 엑셀 전체의 통합문서에 대하여 사용한다.

```
Sub 문서1()
  Workbook.Add  '새로운 통합문서를 생성
  Workbook.Close '사용중인 모든 통합문서를 종료
  Workbook.Open FileName:="C://엑셀/VBA.xlsm"
   '기존에 작성한 통합문서를 열기

  Workbook.Item(2).Activate
  Workbook.Item("VBA.xlsm").Activate
   '열려있는 통합문서 중 사용자가 원하는 특정 통합문서를 선택
End Sub
```

(3) Worksheet 개체

워크시트를 반환하는 개체이며, 현재 사용중인 워크시트의 모든 내용을 가지는 개체이다.

1) worksheet 속성

워크시트를 선택하거나 해당 워크시트르 하위 속성 값을 지정하는 속성이다. 현재 활성화된 통합문서에서 3번째 시트를 선택하는 코드는 다음과 같다.

```
Sub 문서1()
  Worksheets(3).Select  '3번째 워크시트를 연결
End Sub
```

위의 코드에서 만일 마지막 시트를 선택하고자 한다면 시트를 나타내는 숫자 3 대신 “WorkSheets.Count”을 입력하면 된다. 이 코드는 워크시트의 개수를 구하는 것으로 현재 통합문서의 마지막 시트를 이동할 수 있다.

2) ActiveSheet 속성

ActiveSheet 속성은 현재 선택된 시트를 반환한다. 이 속성은 여러 개의 통합문서가 있는 경우에는 반드시 원하는 통합문서 뒤에 나와야 하면 만일 없는 경우 현재 활성화 된 시트를 반환한다.

현재 선택한 시트의 이름을 “456”으로 변경하는 코드이다.

```
Sub 문서1()
  ActiveSheet.Name = 456  '3번째 워크시트를 연결
End Sub
```

3) Delete/Move/Copy 메소드

선택된 시트르 복사, 이동, 삭제한다.

```
Sub 문서1()
  Worksheets(3)  'sheet3을 삭제
  Worksheets(1).Move After:=Worksheets(2)
    'sheet1을 sheet2의 뒤쪽으로 이동
  Worksheets(2).Copy After:=Worksheets(2)
    'sheet2를 sheet2의 뒤쪽으로 복사
End Sub
```

4) WorkSheets 컬렉션 메소드

```
Sub 문서1()
  WorkSheets("Sheet2").Select
  WorkSheets.Add
    'Sheet3 시트앞에 새로운 시트추가

  WorkSheets.Delete '전체 시트의 삭제
  WorkSheets.Move After:=ActivateSheet '시트의 이동
  WorkSheets.Copy After:=ActivateSheet '시트의 복사
  ? Workbook.Count  '작업중인 통합문서의 시트의 개수
  WorkSheets.Item(WorkSheets.Count).Select
    'Item 통합 문서 중 특정 시트를 선택
  WorkSheets.("sheet1").Name="월별현황"
    'Name 시트의 이름을 변경
End Sub
```

(4) Range 개체

Range 개체는 현재 선택된 셀이나 범위를 나타내는 개체로 가장 많이 사용되는 개체이다.

1) ActiveCell 속성

ActiveCell 속성은 현재 선택된 셀 즉 셀 포인터가 위치한 셀에 코드에서 지정된 내용을 입력한다. 만일 선택된 워크시트가 없다면 이 속성은 사용할 수 없다.

다음은 셀 포인터가 위치한 셀에 "홍길동" 이라는 문자데이터를 입력하는 코드이다.

```
Sub 문서1()
  ActiveCell.Value = "홍길동"  '선택된 셀에 홍길동이 입력된다.
End Sub
```

2) Range 속성

사용자가 원하는 셀이나 범위를 A1표기법으로 지정하고, 이 속성을 사용하기 위해서는 먼저 시트를 선택해야 한다. 만일 활성화 된 시트가 없다면 오류가 발생한다.

① Range 속성의 구문형식

```
Range("Cell1". "Cell2", ...).Sheet
```

- Cell1은 필수 입력 인수로 범위 연산자(;), 교집합 연산자(공백), 합집합 연산자(,) 이름 상자에서 정의된 이름들을 사용할 수 있다.
- Cell2 이후로는 필요에 따라 입력하는 인수로 떨어져 있는 셀 또는 범위를 지정할 경우 입력한다.

② Range 속성의 사용 예

```
Sub 문서1()
  Range("A1").Select  'A1셀 선택
  Range("A1:C3").Select  'A1셀에서 C3셀 범위 선택
  Range("C:C", "3:3").Select  'C열과 3행 전체 선택
  Range("C:F", "2:6").Select
   'C열에서 F열, 2행에서 6행 전체 공통 영역 선택
  Range("C:D", "G:H").Select
   'C열에서 D열, G열에서 H열의 떨어져 있는  영역 선택
End Sub
```

3) Cells 속성

지정한 범위 내의 하나의 셀을 선택하는 Cells 속성은 Range 속성과 비슷하지만 범위 지정이 불가능하며 R1C1 표기법에 의해서 지정한다.

① Cells 속성의 구문 형식

```
Cells(행, 열).Select
```

- Cells 속성에서 행과 열은 반드시 숫자이어야 하며, 생략된 경우 셀 전체를 선택한다.

② Cells속성의 사용 예

```
Sub 문서1()
  Cells(1, 1).Select  'A1셀의 선택

  Range("B2:E6").Select 'B2에서 E6셀까지 범위 지정
  Selection.Cells(2, 3).Select
   'B2셀을 기준으로 2행 3열이 이동되어 D3셀을 선택
End Sub
```

4) Rows 속성

현재 워크시트에 있는 모든 행을 나타내는 속성으로 현재 문서가 워크시트이어야 하며, 아니면 오류가 발생한다.

Range 개체의 경우 지정한 범위에 있는 행을 나타내며 Worksheet 개체의 경우 지정한 워크 시트에 있는 모든 행을 나타낸다.

```
Sub 문서1()
   Rows(3).Delete '3행 전체의 내용을 삭제
End Sub
```

5) Columns 속성

지정한 워크시트에 있는 모든 열을 나타내는 속성이다.

사용방법은 Rows와 동일하며 다만 행이 아닌 열을 위미하면 열 번호를 숫자로 입력한다.

```
Sub 문서1()
   Columns(3).Delete 'C열 전체의 내용을 삭제
End Sub
```

6) Offset 속성

선택된 셀에서 상대적인 위치를 지정 해당 셀을 선택하는 속성이다. 즉 현재 선택된 셀을 기준으로 행과 열을 이동하여 지정한다.

다음 예제는 Offset 속성을 이용한 셀 선택 예제코드이다.

```
Sub 문서1()
    Range("b2").Select
    Selection.Value="국어"
    ActiveCell.Offset(2, 3).Select
    Selection.Value="영어"
    ActiveCell.Offset(0, -3).Select
    Selection.Value="수학"
    ActiveCell.Offset(2, 0).Select
    Selection.Value="과학"
End Sub
```

위 예제는 B2셀에서 2줄 아래로 3열 오른쪽으로 이동 셀을 선택한다. 즉 E4셀이 선택된다.

(5) 기타 속성 및 메소드

1) CurrentRegion 속성

셀 포인터가 위치한 데이터의 범위를 한번에 지정한다. 즉 Ctrl+Shift+8을 선택한 것과 같은 기능이다. C4셀을 선택하고 해당 셀이 속한 데이터의 입력 범위를 지정하는 코드이다.

```
Sub 문서1()
    Range("C4").Select
    ActiveCell.CurrentRegion.Select
End Sub
```

2) Value 속성

셀에 데이터를 입력하거나 입력된 데이터를 반환할 때 사용한다.

C4셀의 내용을 "345"으로 변경하는 코드이다.

```
Sub 문서1()
    Range("C4").Select
    ActiveCell.Value="345"
End Sub
```

3) Text 속성

셀에 입력한 데이터를 무조건 Text 형식으로 읽어 들인다. 따라서 숫자 형식의 자료를 입력하여도 문자 형식으로 변환한다.

```
Sub 문서1()
    Range("a1").Value
     = Range("c3").Text + Range("c4").Text
    End Sub
```

C3=2, C4=6이 각각 입력되어 있다면 a1 셀의 값은 26이 된다. 즉 숫자형식의 데이터지만 문자로 변형하여 인식한다.

4) FormulaR1C1 속성

수식 입력식 상대참조 형태로 자료를 입력받거나 반환한다. Value 속성과 동일한 기능을 한다.

다음 예제는 Value 속성 대신 FormulaR1C1 속성을 사용한 예제이다.

```
Sub 문서1()
    Range("a1").FormulaR1C1
     = Range("c3").Text + Range("c4").Text
    End Sub
```

5) Name 속성

영역으로 지정한 범위에 대하여 이름을 정의하거나 반환할 경우 사용한다.

다음 예제는 C2:D6까지 범위를 선택하고 "test"로 이름을 정의한다.

```
Sub 문서1()
    Range("c2:d6").Name = "test"
End Sub
```

6) Insert/Delete 메소드

행 또는 열을 삽입하거나 삭제한다.

다음 예제는 3행을 삽입하고 c열 전체를 삭제하는 코드이다.

```
Sub 문서1()
    Rows(3).Insert
    Column("c").Delete
End Sub
```

7) Clear/ClearConterns 메소드

셀에 있는 서식이나 내용을 삭제하는 메소드로 Clear는 서식과 내용 모두를 삭제하는 반면 Clear Conterns는 내용만을 삭제하는 메소드이다.

다음 예제는 서식과 내용 전체를 삭제하거나 내용만을 삭제하는 코드이다.

```
Sub 문서1()
    Range("b2:b6").Clear
    Range("d2:d6").ClearContents
End Sub
```

8) PrintOut/PrintPreview 메소드

개체를 출력하는 메소드로 PrintOut 메소드는 프린터로 그 내용을 출력하고, PrintPreview는 미리 보기로 내용을 출력한다.

```
Sub 문서1()
    ActiveSheet.PrintOut
    ActiveSheet.PrintPreview
End Sub
```

9) Copy/Cut/Paste 메소드

객체에 대하여 복사(copy), 잘라내기(cut), 붙여넣기(paste) 작업을 수행한다.

```
Sub 문서1()
    Range("c2:e2").Copy     'c2:e2 범위 지정후 복사
    Range("c2").Select      'c3셀 선택
    ActiveSheet.Paste       'c3셀에 붙여넣기

    Range("c4:e4").Cut      'c4:e4 범위 지정후 잘라내기
    Range("c5").Select      'c5셀 선택
    ActiveSheet.Paste       'c5셀에 붙여넣기
End Sub
```

실습 8-10

다음 간단한 VBA 명령을 실행하고 "VBA2.xlsm"으로 저장한 후 그 결과를 나타내어 보기로 한다.

매크로 이름	기 능
예제1	활성Sheet의 D5를 선택
예제2	동일 WorkBook의 다른 Sheet에서 Sheet2의 E6 Cell을 선택 - 통합문서에 Sheet2가 존재해야 함
예제3	다른 WorkBook에서 VBA3.xlsm의 Sheet1의 F7셀을 선택 - VBA3.xlsm 파일이 저장 후 활성화되어 있어야 함
예제4	활성 Sheet에서 C2:D10 범위를 선택
예제5	동일문서 Workbook 내에서 다른 Worksheet의 범위 D3:E11 범위를 선택
예제6	활성 Sheet의 B2에서 아래로 5칸 오른쪽으로 4칸 이동하여 셀을 선택
예제7	"Test"라고 이름이 지정된 범위와 동일한 Size의 범위를 아래로 4칸 오른쪽으로 3칸 이동하여 선택

범위명을 지정하기 위해 먼저 원하는 범위를 블록으로 선택한 후 마우스 오른쪽 단추를 누른 다음 [범위 이름 지정]을 선택하면, 아래와 같은 [새 이름] 대화상자가 나타나고 이름을 입력한 후 [확인] 단추를 누르면 블록으로 지정된 범위는 셀이 아닌 범위명이 나타난다.

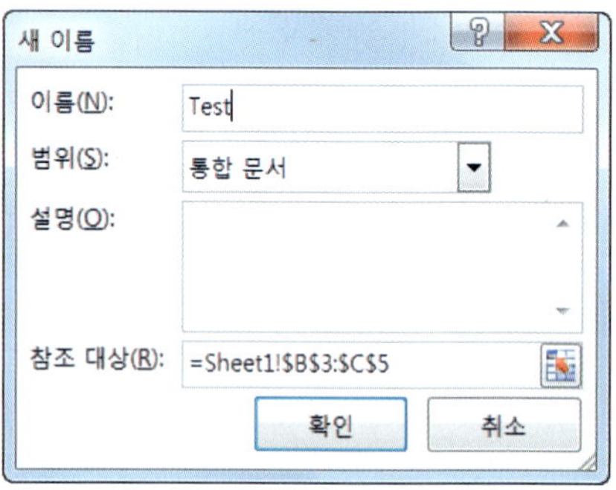

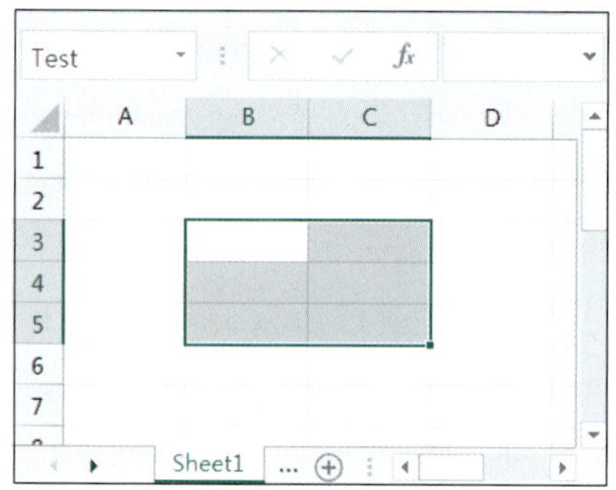

① [개발 도구] ⇨ [Visual Basic]를 선택하고 Sheet1의 제목을 클릭한다.

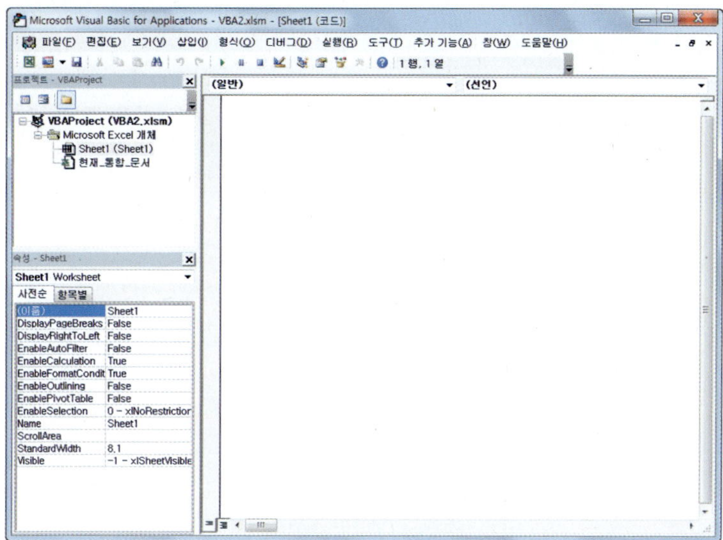

② 매크로 코드입력화면에 먼저 매크로의 제목들을 입력한다.

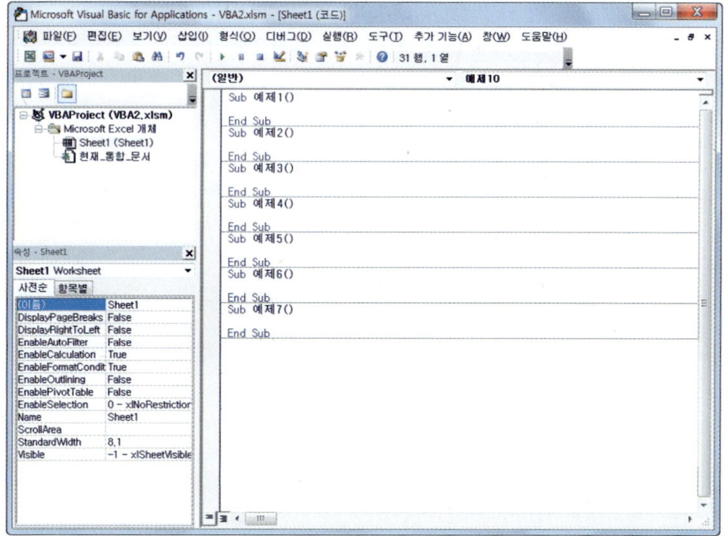

③ 각각의 매크로에 다음과 같이 코드를 입력한다.

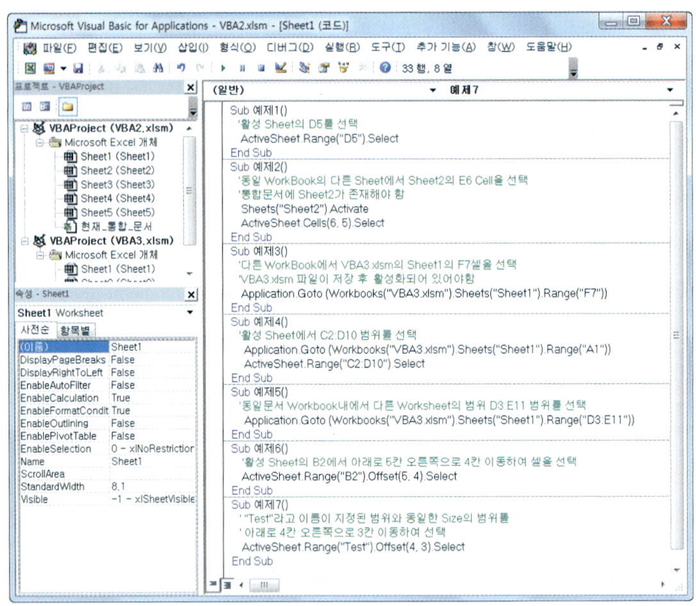

④ 매크로를 모두 작성했으면 [파일]⇨[닫고 Excel로 돌아가기]를 선택한 다음 [개발 도구]⇨[매크로]⇨[매크로]를 선택하면 작성된 매크로의 목록이 나타난다.

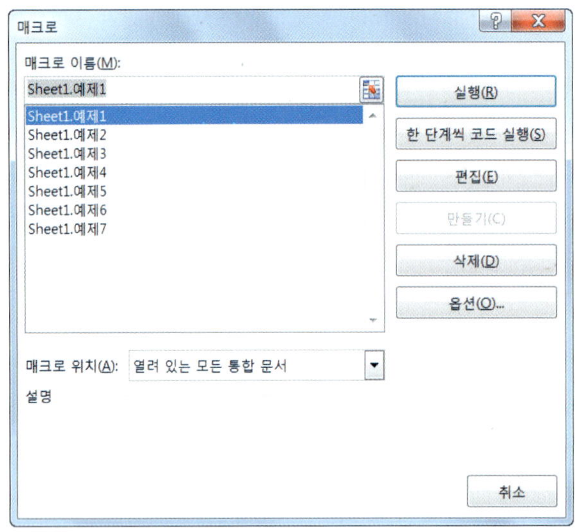

⑤ [매크로 이름] 목록에서 각각의 매크로를 지정하고 [실행]을 누르면 해당 매크로가 실행되어 나타난다.

연습문제

01. 다음 워크시트를 작성하고 합계와 평균을 구하는 매크로를 작성하여 보자('합계평균(매크로).xlsm' 으로 저장).

매크로 내용	매크로 이름	단축키
아래쪽 합계, 평균 계산	아래 계산	Ctrl + a
오른쪽 합계, 평균 계산	오른쪽 계산	Ctrl + b
계산된 값 제거	수식 제거	Ctrl + c

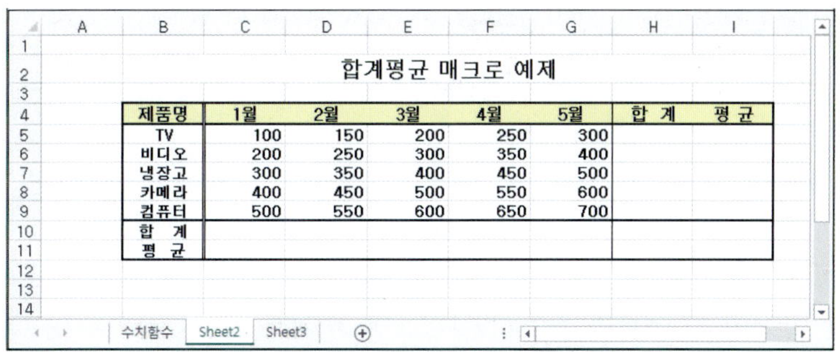

02. 합계와 평균을 구하는 매크로를 단추에 연결하여 작성하여 보자.

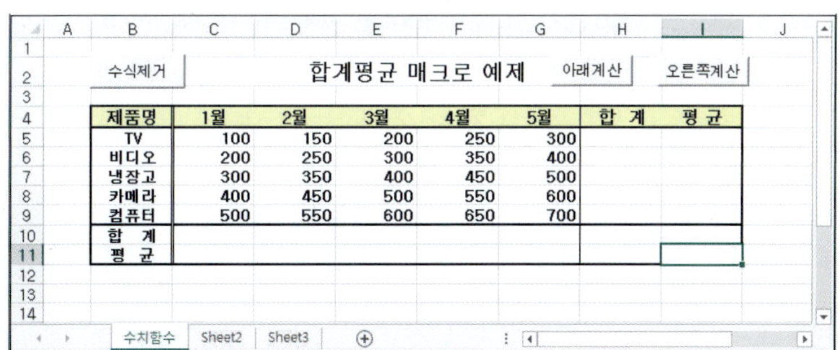

03. 워크시트 함수를 이용한 수식 작성을 연습하기 위해 새 통합 문서를 연 다음 Sheet1에 다음과 같은 내용으로 데이터를 입력한다.

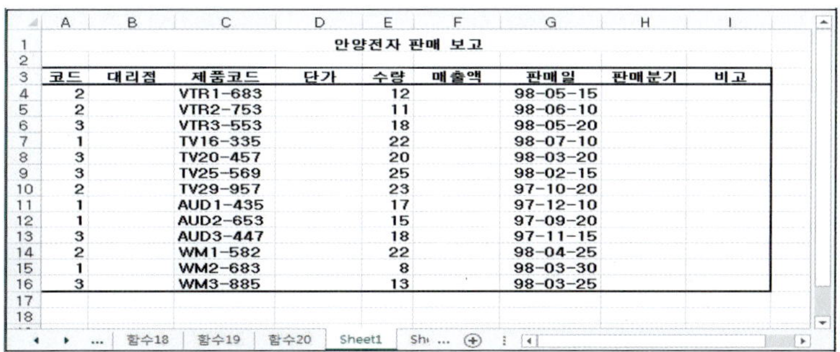

04. 문제 3번에서 Sheet1의 이름을 '워크시트 함수'로 변경한 다음 새 통합 문서를 '함수연습.xlsm'이라는 이름으로 저장한다.

05. 워크시트 함수를 이용하여 다음과 같은 내용으로 수식을 입력한다.

① 대리점은 IF() 함수를 사용
- 코드가 1이면 "종로점", 2이면 "명동점", 3이면 "용산점"

② 단가는 RIGHT() 함수를 사용
- 제품코드의 끝에 3 자리를 추출한 다음 1000을 곱한 결과를 단가로 한다.

③ 매출액은 계산식 및 ROUND() 함수 사용
- 단가와 수량을 곱한 결과를 ROUND() 함수로 처리하여 만원 단위까지만 출력한다.

④ 판매분기는 IF()와 MONTH() 함수를 사용
- 판매일에서 월만 추출하여 1~3월이면 "1사분기", 4~6월이면 "2사분기", 7~9월이면 "3사분기", 10~12월이면 "4사분기"를 입력한다.

⑤ 비고에는 IF() 함수를 이용
- 매출액이 1000만원 이상이면 "우수", 아니면 "보통"을 출력한다.

06. 다음과 같은 내용의 자동 기록 매크로를 작성한다.

① 대리점 이름순으로, 대리점 이름이 같으면 매출액순으로 정렬하는 매크로
- 매크로 이름 : sort1, 바로 가는 키 : Ctrl + ⓐ

② 명동점의 각 제품별 매출액을 세로 막대형 차트로 작성하는 매크로
- 매크로 이름 : graph1, 바로 가는 키 : Ctrl + ⓑ

③ sort1과 graph1 매크로를 실행하는 명령 단추를 워크시트에 작성한다.
- sort1의 단추 이름 : 대리점별 매출액순
  graph1의 단추 이름 : 명동점 매출차트

제9장

엑셀 2016과 다른 패키지 간의 개체 변환

9.1 엑셀 2016의 시트를 한글 2010의 표로 복사하여 변환

엑셀 2016에서 작성한 시트를 한글 2010의 표로 변환하는 기능은 중요하면서 대부분 잘 모르는 기능 중의 하나이다.

원활하게 이 기능을 처리하기 위해서는 엑셀 2016과 한글 2010을 동시에 실행한다.

"구매관리"의 시트를 한글 2010의 표로 변환하여 본다.

① 먼저 해당 영역을 범위로 지정한다.

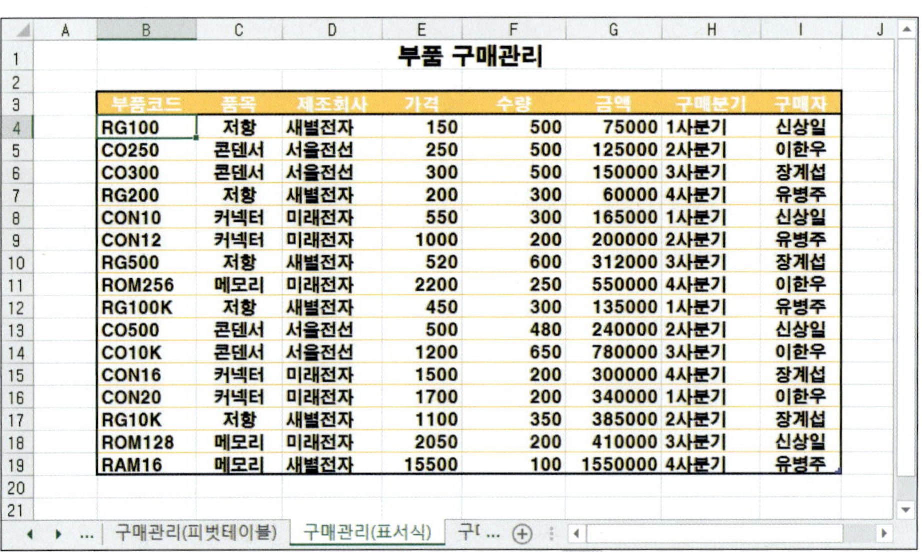

부품 구매관리

부품코드	품목	제조회사	가격	수량	금액	구매분기	구매자
RG100	저항	새별전자	150	500	75000	1사분기	신상일
CO250	콘덴서	서울전선	250	500	125000	2사분기	이한우
CO300	콘덴서	서울전선	300	500	150000	3사분기	장계섭
RG200	저항	새별전자	200	300	60000	4사분기	유병주
CON10	커넥터	미래전자	550	300	165000	1사분기	신상일
CON12	커넥터	미래전자	1000	200	200000	2사분기	유병주
RG500	저항	새별전자	520	600	312000	3사분기	장계섭
ROM256	메모리	미래전자	2200	250	550000	4사분기	이한우
RG100K	저항	새별전자	450	300	135000	1사분기	유병주
CO500	콘덴서	서울전선	500	480	240000	2사분기	신상일
CO10K	콘덴서	서울전선	1200	650	780000	3사분기	이한우
CON16	커넥터	미래전자	1500	200	300000	4사분기	장계섭
CON20	커넥터	미래전자	1700	200	340000	1사분기	이한우
RG10K	저항	새별전자	1100	350	385000	2사분기	장계섭
ROM128	메모리	미래전자	2050	200	410000	3사분기	신상일
RAM16	메모리	새별전자	15500	100	1550000	4사분기	유병주

② 다음 [홈]⇨[복사]를 지정한다.

부품 구매관리

부품코드	품목	제조회사	가격	수량	금액	구매분기	구매자
RG100	저항	새별전자	150	500	75000	1사분기	신상일
CO250	콘덴서	서울전선	250	500	125000	2사분기	이한우
CO300	콘덴서	서울전선	300	500	150000	3사분기	장계섭
RG200	저항	새별전자	200	300	60000	4사분기	유병주
CON10	커넥터	미래전자	550	300	165000	1사분기	신상일
CON12	커넥터	미래전자	1000	200	200000	2사분기	유병주
RG500	저항	새별전자	520	600	312000	3사분기	장계섭
ROM256	메모리	미래전자	2200	250	550000	4사분기	이한우
RG100K	저항	새별전자	450	300	135000	1사분기	유병주
CO500	콘덴서	서울전선	500	480	240000	2사분기	신상일
CO10K	콘덴서	서울전선	1200	650	780000	3사분기	이한우
CON16	커넥터	미래전자	1500	200	300000	4사분기	장계섭
CON20	커넥터	미래전자	1700	200	340000	1사분기	이한우
RG10K	저항	새별전자	1100	350	385000	2사분기	장계섭
ROM128	메모리	미래전자	2050	200	410000	3사분기	신상일
RAM16	메모리	새별전자	15500	100	1550000	4사분기	유병주

③ 한글 2010로 실행 상태를 이동한다.

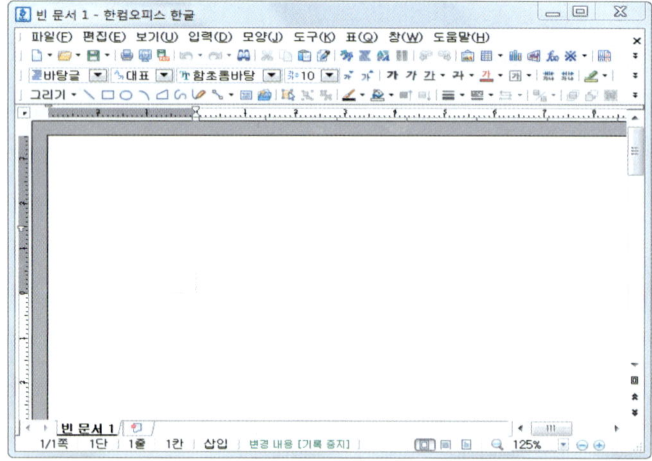

④ 한글 2010에서 [편집]⇨[붙이기]를 지정한다.

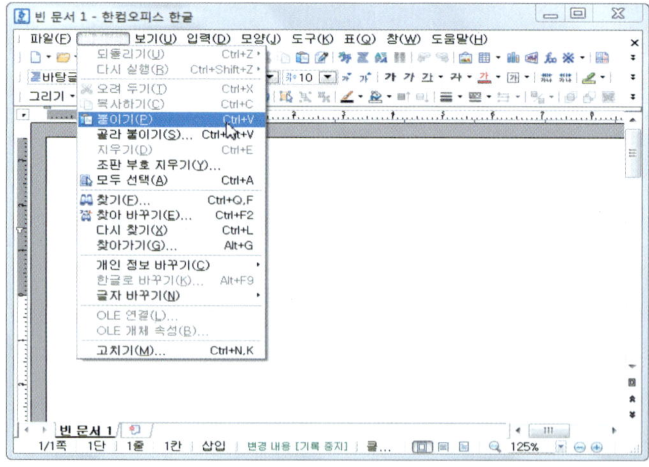

⑤ 복사된 내용이 다음과 같이 나타난다.

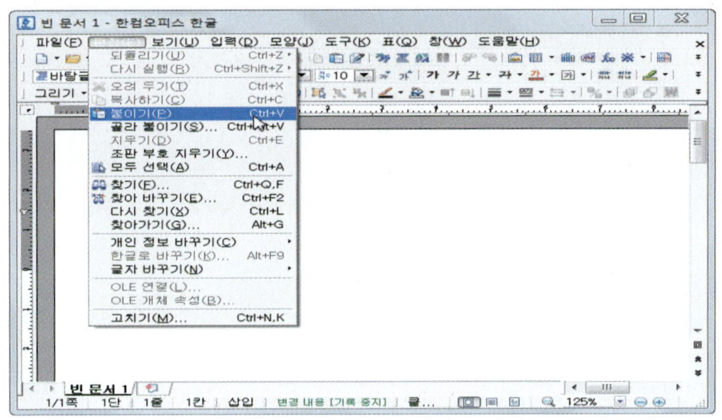

9.2 엑셀 2016의 시트를 한글 2010의 문서에 골라 붙이기

엑셀에서 작성한 시트를 한글 2010의 문서로 연결하여 골라 붙이는 기능으로 엑셀에서 셀의 내용을 바꾸는 경우 한글 2010에 연결된 데이터도 수정되어 나타난다.

엑셀의 시트 일부를 한글 2010에서 문서의 일부분으로 참조할 경우 유용하게 사용된다.

"구매현황"을 한글 2010의 표로 연결하여 골라 붙이기 한다.

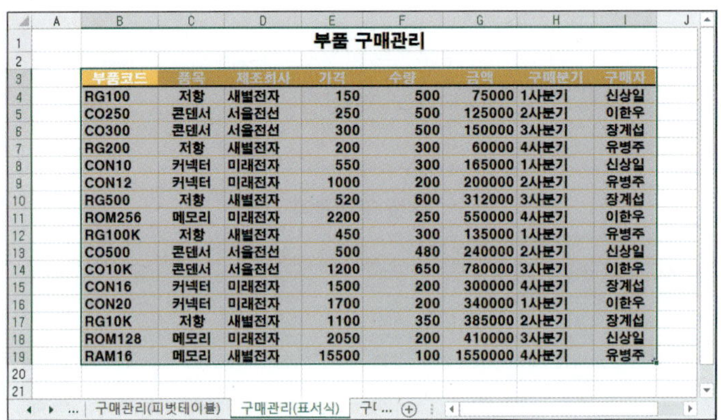

부품 구매관리

부품코드	품목	제조회사	가격	수량	금액	구매분기	구매자
RG100	저항	새별전자	150	500	75000	1사분기	신상일
CO250	콘덴서	서울전선	250	500	125000	2사분기	이한우
CO300	콘덴서	서울전선	300	500	150000	3사분기	장계섭
RG200	저항	새별전자	200	300	60000	4사분기	유병주
CON10	커넥터	미래전자	550	300	165000	1사분기	신상일
CON12	커넥터	미래전자	1000	200	200000	2사분기	유병주
RG500	저항	새별전자	520	600	312000	3사분기	장계섭
ROM256	메모리	미래전자	2200	250	550000	4사분기	이한우
RG100K	저항	새별전자	450	300	135000	1사분기	유병주
CO500	콘덴서	서울전선	500	480	240000	2사분기	신상일
CO10K	콘덴서	서울전선	1200	650	780000	3사분기	이한우
CON16	커넥터	미래전자	1500	200	300000	4사분기	장계섭
CON20	커넥터	미래전자	1700	200	340000	1사분기	이한우
RG10K	저항	새별전자	1100	350	385000	2사분기	장계섭
ROM128	메모리	미래전자	2050	200	410000	3사분기	신상일
RAM16	메모리	새별전자	15500	100	1550000	4사분기	유병주

구매관리(피벗테이블) 구매관리(표서식)

① 엑셀 2016에서 해당 영역을 지정하고 [홈]⇨[복사]를 지정한다.

② 한글 2010로 실행 상태를 이동한다.

③ [편집]⇨[골라 붙이기]를 지정하면 다음과 같은 [골라 붙이기] 대화상자가 나타나며 [연결하여 붙여넣기]를 지정하고 [확인]을 누른다.

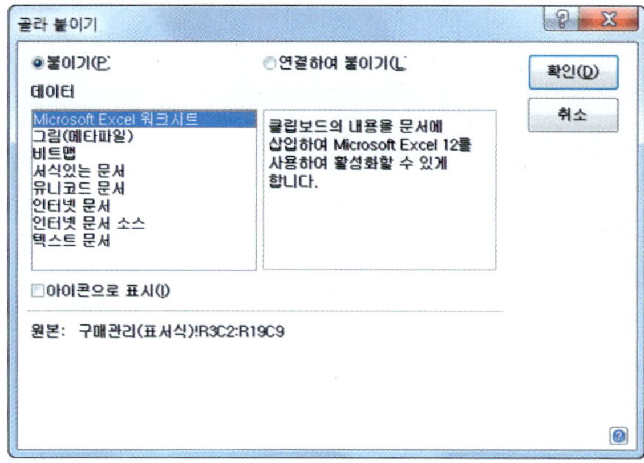

④ 복사된 데이터가 이미지 형태로 지정되어 나타난다.

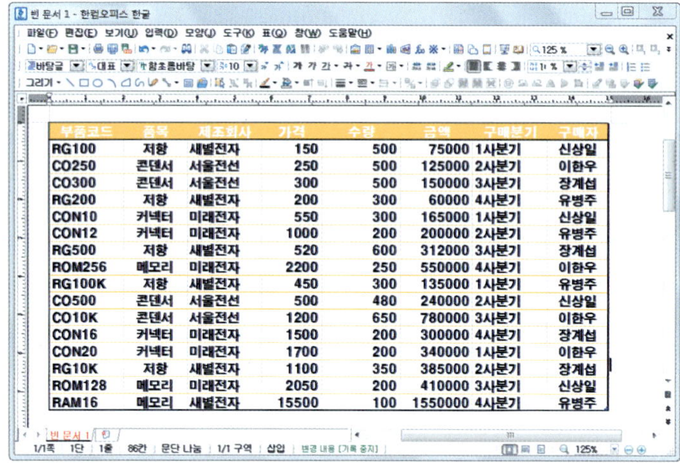

부품코드	품목	제조회사	가격	수량	금액	구매분기	구매자
RG100	저항	새별전자	150	500	75000	1사분기	신상일
CO250	콘덴서	서울전선	250	500	125000	2사분기	이한우
CO300	콘덴서	서울전선	300	500	150000	3사분기	장계섭
RG200	저항	새별전자	200	300	60000	4사분기	유병주
CON10	커넥터	미래전자	550	300	165000	1사분기	신상일
CON12	커넥터	미래전자	1000	200	200000	2사분기	유병주
RG500	저항	새별전자	520	600	312000	3사분기	장계섭
ROM256	메모리	미래전자	2200	250	550000	4사분기	이한우
RG100K	저항	새별전자	450	300	135000	1사분기	유병주
CO500	콘덴서	서울전선	500	480	240000	2사분기	신상일
CO10K	콘덴서	서울전선	1200	650	780000	3사분기	이한우
CON16	커넥터	미래전자	1500	200	300000	4사분기	장계섭
CON20	커넥터	미래전자	1700	200	340000	1사분기	이한우
RG10K	저항	새별전자	1100	350	385000	2사분기	장계섭
ROM128	메모리	미래전자	2050	200	410000	3사분기	신상일
RAM16	메모리	새별전자	15500	100	1550000	4사분기	유병주

⑤ 엑셀의 데이터에서 E4번지의 150을 900으로 수정한다.

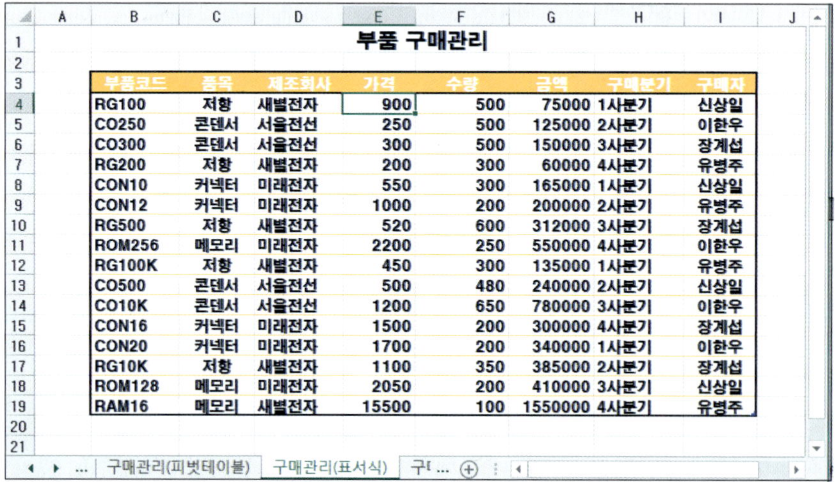

부품 구매관리

부품코드	품목	제조회사	가격	수량	금액	구매분기	구매자
RG100	저항	새별전자	900	500	75000	1사분기	신상일
CO250	콘덴서	서울전선	250	500	125000	2사분기	이한우
CO300	콘덴서	서울전선	300	500	150000	3사분기	장계섭
RG200	저항	새별전자	200	300	60000	4사분기	유병주
CON10	커넥터	미래전자	550	300	165000	1사분기	신상일
CON12	커넥터	미래전자	1000	200	200000	2사분기	유병주
RG500	저항	새별전자	520	600	312000	3사분기	장계섭
ROM256	메모리	미래전자	2200	250	550000	4사분기	이한우
RG100K	저항	새별전자	450	300	135000	1사분기	유병주
CO500	콘덴서	서울전선	500	480	240000	2사분기	신상일
CO10K	콘덴서	서울전선	1200	650	780000	3사분기	이한우
CON16	커넥터	미래전자	1500	200	300000	4사분기	장계섭
CON20	커넥터	미래전자	1700	200	340000	1사분기	이한우
RG10K	저항	새별전자	1100	350	385000	2사분기	장계섭
ROM128	메모리	미래전자	2050	200	410000	3사분기	신상일
RAM16	메모리	새별전자	15500	100	1550000	4사분기	유병주

⑥ 한글 2010의 내용을 확인하면 150이 900으로 변환되어 나타난다.

부품코드	품목	제조회사	가격	수량	금액	구매분기	구매자
RG100	저항	새별전자	900	500	75000	1사분기	신상일
CO250	콘덴서	서울전선	250	500	125000	2사분기	이한우
CO300	콘덴서	서울전선	300	500	150000	3사분기	장계섭
RG200	저항	새별전자	200	300	60000	4사분기	유병주
CON10	커넥터	미래전자	550	300	165000	1사분기	신상일
CON12	커넥터	미래전자	1000	200	200000	2사분기	유병주
RG500	저항	새별전자	520	600	312000	3사분기	장계섭
ROM256	메모리	미래전자	2200	250	550000	4사분기	이한우
RG100K	저항	새별전자	450	300	135000	1사분기	유병주
CO500	콘덴서	서울전선	500	480	240000	2사분기	신상일
CO10K	콘덴서	서울전선	1200	650	780000	3사분기	이한우
CON16	커넥터	미래전자	1500	200	300000	4사분기	장계섭
CON20	커넥터	미래전자	1700	200	340000	1사분기	이한우
RG10K	저항	새별전자	1100	350	385000	2사분기	장계섭
ROM128	메모리	미래전자	2050	200	410000	3사분기	신상일
RAM16	메모리	새별전자	15500	100	1550000	4사분기	유병주

9.3 한글 2010의 표를 엑셀 2016의 시트로 변환

이번에는 한글 2010의 표를 엑셀의 시트로 변환하는 기능을 살펴보기로 한다.

엑셀에서 변환한 표를 이용하여 보기로 한다.

① 표 영역을 다음과 같이 블록으로 지정하고 [복사]한다.

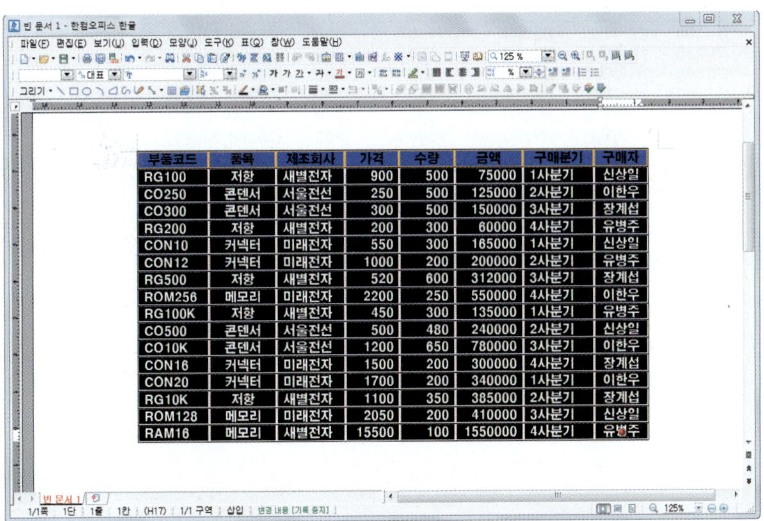

부품코드	품목	제조회사	가격	수량	금액	구매분기	구매자
RG100	저항	새별전자	900	500	75000	1사분기	신상일
CO250	콘덴서	서울전선	250	500	125000	2사분기	이한우
CO300	콘덴서	서울전선	300	500	150000	3사분기	장계섭
RG200	저항	새별전자	200	300	60000	4사분기	유병주
CON10	커넥터	미래전자	550	300	165000	1사분기	신상일
CON12	커넥터	미래전자	1000	200	200000	2사분기	유병주
RG500	저항	새별전자	520	600	312000	3사분기	장계섭
ROM256	메모리	미래전자	2200	250	550000	4사분기	이한우
RG100K	저항	새별전자	450	300	135000	1사분기	유병주
CO500	콘덴서	서울전선	500	480	240000	2사분기	신상일
CO10K	콘덴서	서울전선	1200	650	780000	3사분기	이한우
CON16	커넥터	미래전자	1500	200	300000	4사분기	장계섭
CON20	커넥터	미래전자	1700	200	340000	1사분기	이한우
RG10K	저항	새별전자	1100	350	385000	2사분기	장계섭
ROM128	메모리	미래전자	2050	200	410000	3사분기	신상일
RAM16	메모리	새별전자	15500	100	1550000	4사분기	유병주

② 엑셀 2016에서 셀을 지정하고 [붙여 넣기]하면 다음과 같이 복사되어 나타난다.

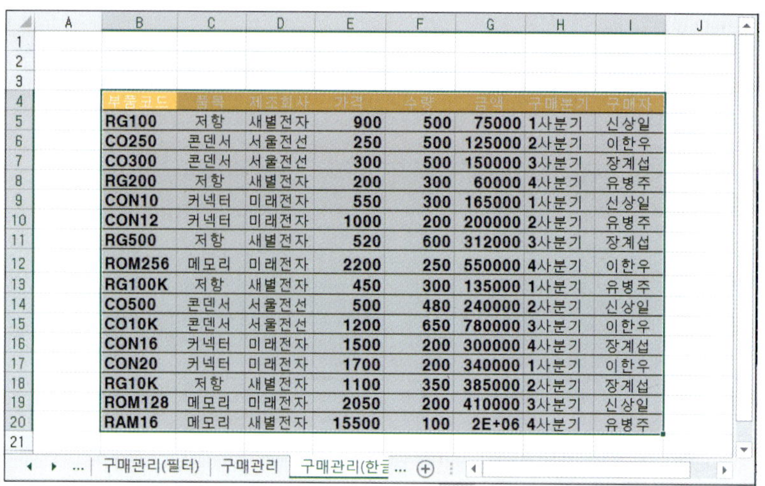

부품코드	품목	제조회사	가격	수량	금액	구매분기	구매자
RG100	저항	새별전자	900	500	75000	1사분기	신상일
CO250	콘덴서	서울전선	250	500	125000	2사분기	이한우
CO300	콘덴서	서울전선	300	500	150000	3사분기	장계섭
RG200	저항	새별전자	200	300	60000	4사분기	유병주
CON10	커넥터	미래전자	550	300	165000	1사분기	신상일
CON12	커넥터	미래전자	1000	200	200000	2사분기	유병주
RG500	저항	새별전자	520	600	312000	3사분기	장계섭
ROM256	메모리	미래전자	2200	250	550000	4사분기	이한우
RG100K	저항	새별전자	450	300	135000	1사분기	유병주
CO500	콘덴서	서울전선	500	480	240000	2사분기	신상일
CO10K	콘덴서	서울전선	1200	650	780000	3사분기	이한우
CON16	커넥터	미래전자	1500	200	300000	4사분기	장계섭
CON20	커넥터	미래전자	1700	200	340000	1사분기	이한우
RG10K	저항	새별전자	1100	350	385000	2사분기	장계섭
ROM128	메모리	미래전자	2050	200	410000	3사분기	신상일
RAM16	메모리	새별전자	15500	100	2E+06	4사분기	유병주

구매관리(필터) | 구매관리 | 구매관리(한글...

9.4 엑셀 2016의 워크시트를 액세스 2016 테이블에 복사하기

엑셀에서 작성한 워크시트를 액세스의 테이블로 복사하는 기능이다.

액세스에서 별도의 테이블이 생성되고 엑셀의 워크시트에는 아무런 영향을 미치지 않는다.

"구매관리"의 엑셀 워크시트를 액세스의 테이블로 복사하여 보기로 한다.

부품코드	품목	제조회사	가격	수량	금액	구매분기	구매자
RG100	저항	새별전자	150	500	75000	1사분기	신상일
CO250	콘덴서	서울전선	250	500	125000	2사분기	이한우
CO300	콘덴서	서울전선	300	500	150000	3사분기	장계섭
RG200	저항	새별전자	200	300	60000	4사분기	유병주
CON10	커넥터	미래전자	550	300	165000	1사분기	신상일
CON12	커넥터	미래전자	1000	200	200000	2사분기	유병주
RG500	저항	새별전자	520	600	312000	3사분기	장계섭
ROM256	메모리	미래전자	2200	250	550000	4사분기	이한우
RG100K	저항	새별전자	450	300	135000	1사분기	유병주
CO500	콘덴서	서울전선	500	480	240000	2사분기	신상일
CO10K	콘덴서	서울전선	1200	650	780000	3사분기	이한우
CON16	커넥터	미래전자	1500	200	300000	4사분기	장계섭
CON20	커넥터	미래전자	1700	200	340000	1사분기	이한우
RG10K	저항	새별전자	1100	350	385000	2사분기	장계섭
ROM128	메모리	미래전자	2050	200	410000	3사분기	신상일
RAM16	메모리	새별전자	15500	100	1550000	4사분기	유병주

구매관리(데이터베이스) | 구매관리(부분...

① 먼저 엑셀 2016 워크시트를 활성화하고, 액세스 2016을 실행하여 파일이름을 "구매관리.accdb"로 지정한 다음 초기 화면을 나타낸다.

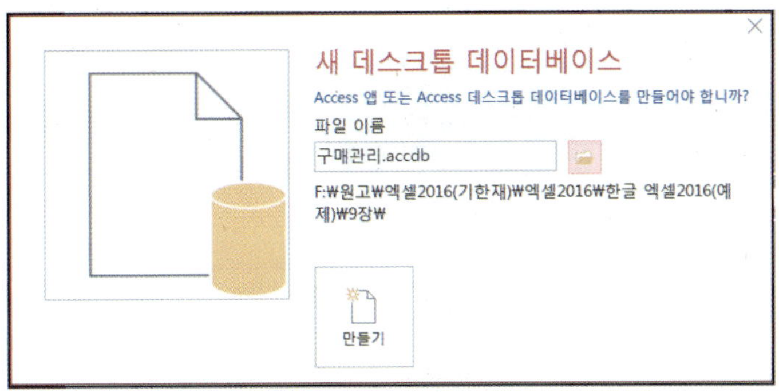

② [만들기] 단추를 클릭하고, [외부 데이터] ⇨ [Excel]을 지정하면 다음과 같은 [외부 데이터 가져오기] ⇨ [Excel 스프레드시트] 창이 나타난다.

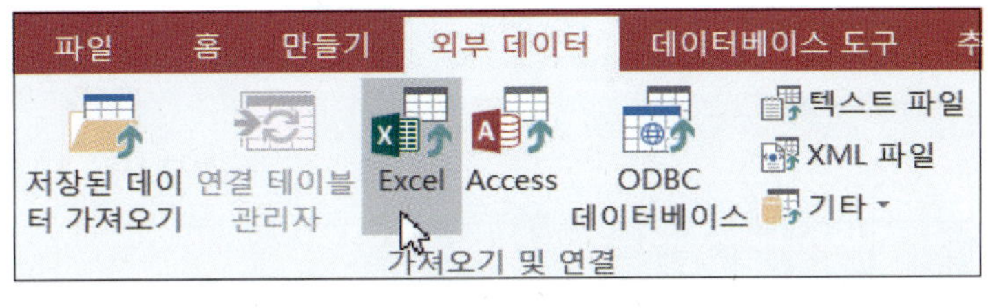

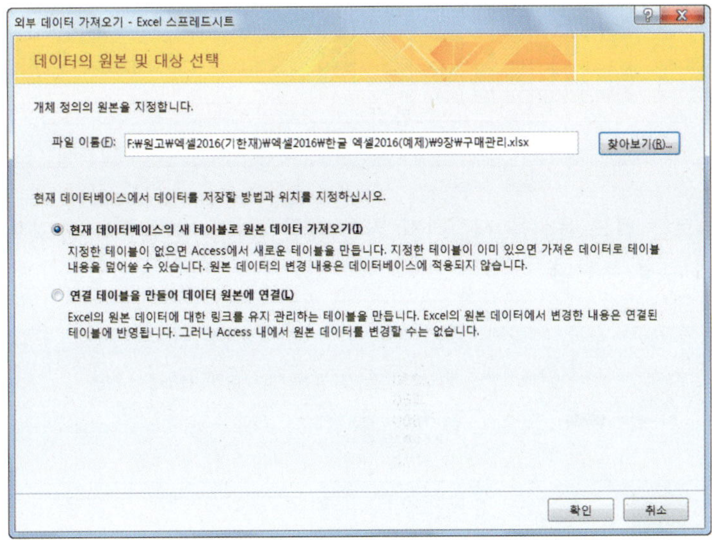

③ 다음으로 [찾아보기]를 클릭하고 구매관리.xlsx를 지정하고 [확인]을 누르면 다음과 같은 [스프레드시트 가져오기 마법사] 화면이 나타난다.

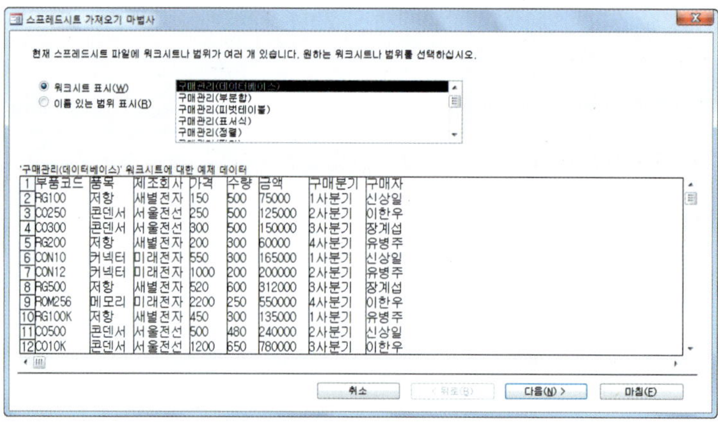

④ 다음 [구매관리(데이터베이스)] 워크시트를 지정하면 화면 아래에 데이터의 모양이 나타나고, [다음] 단추를 누르면 [첫 행에 머리글이 있음] 여부의 대화상자가 나타나고 액세스의 필드제목으로 사용하기 위해 체크하고, [다음] 단추를 클릭한다.

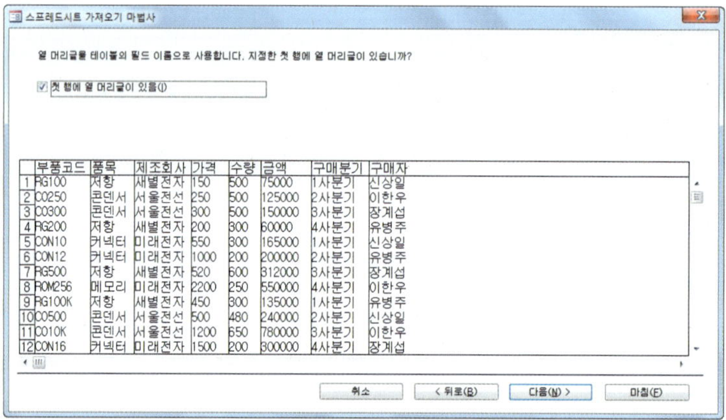

⑤ [다음] 단추를 누르면 필드 옵션을 지정하기 위한 대화상자가 나타나고, 필드 이름과 인덱스를 지정한 후 [다음] 단추를 누른다.

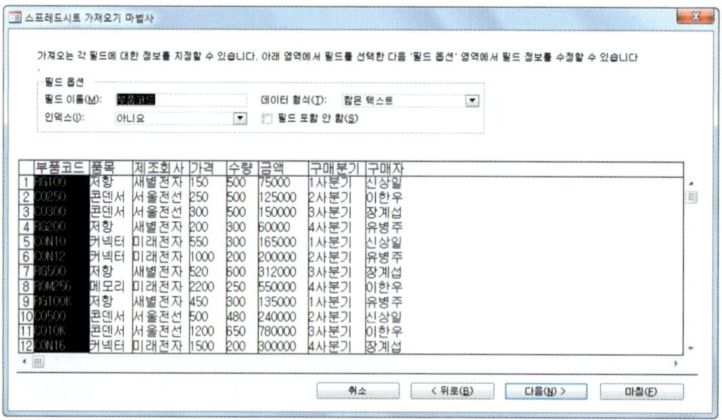

⑥ 다음으로 기본 키를 선택하기 위한 대화상자가 나타나고 [기본 키 없음]을 지정한 후 [다음] 단추를 누른다.

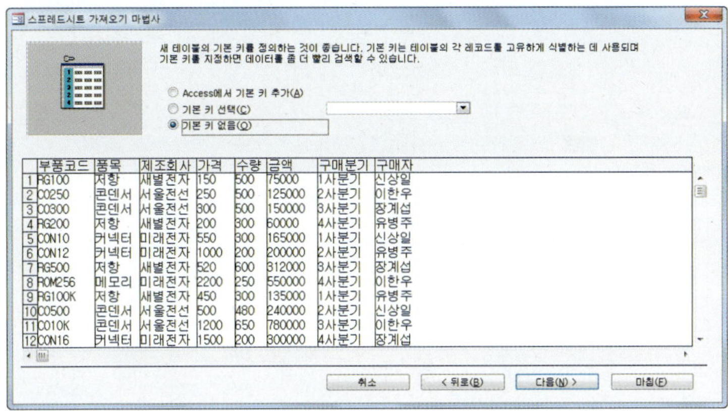

	부품코드	품목	제조회사	가격	수량	금액	구매분기	구매자
1	RG100	저항	새별전자	150	500	75000	1사분기	신상일
2	C0250	콘덴서	서울전선	250	500	125000	2사분기	이한우
3	C0300	콘덴서	서울전선	300	500	150000	3사분기	장계섭
4	RG200	저항	새별전자	200	300	60000	4사분기	유병주
5	CON10	커넥터	미래전자	550	300	165000	1사분기	신상일
6	CON12	커넥터	미래전자	1000	200	200000	2사분기	유병주
7	RG500	저항	새별전자	520	600	312000	3사분기	장계섭
8	ROM256	메모리	미래전자	2200	250	550000	4사분기	이한우
9	RG100K	저항	새별전자	450	300	135000	1사분기	유병주
10	C0500	콘덴서	서울전선	500	480	240000	2사분기	신상일
11	C010K	콘덴서	서울전선	1200	650	780000	3사분기	이한우
12	CON16	커넥터	미래전자	1500	200	300000	4사분기	장계섭

⑦ 마지막으로 테이블 이름을 "구매관리"로 입력하고 [마침] 단추를 누르면 가져오기 단계 저장 여부 화면이 나타난다.

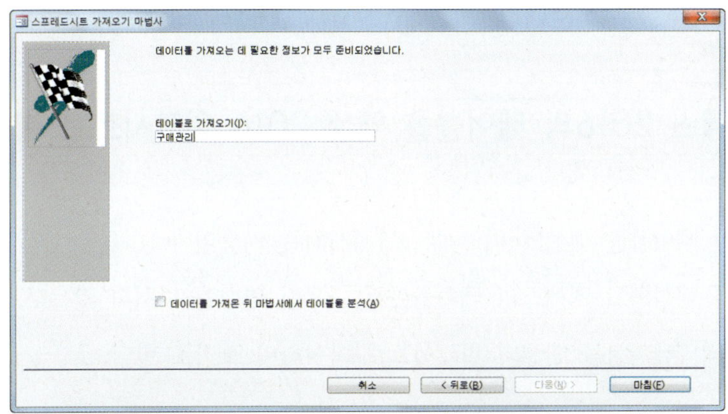

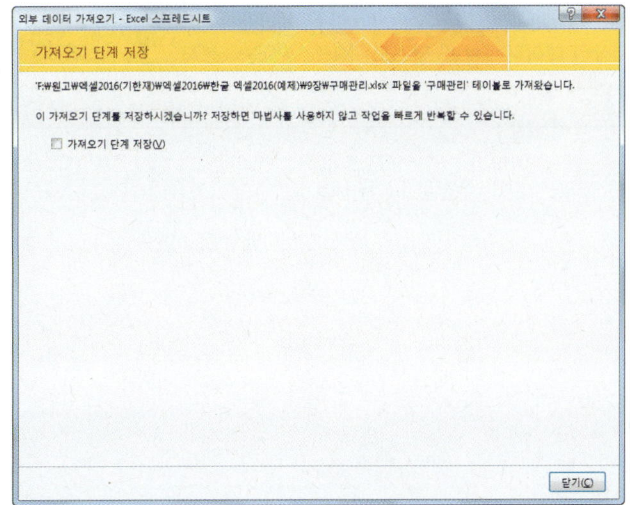

⑧ [닫기]를 누르면 다음과 같은 테이블 목록과 내용이 나타난다.

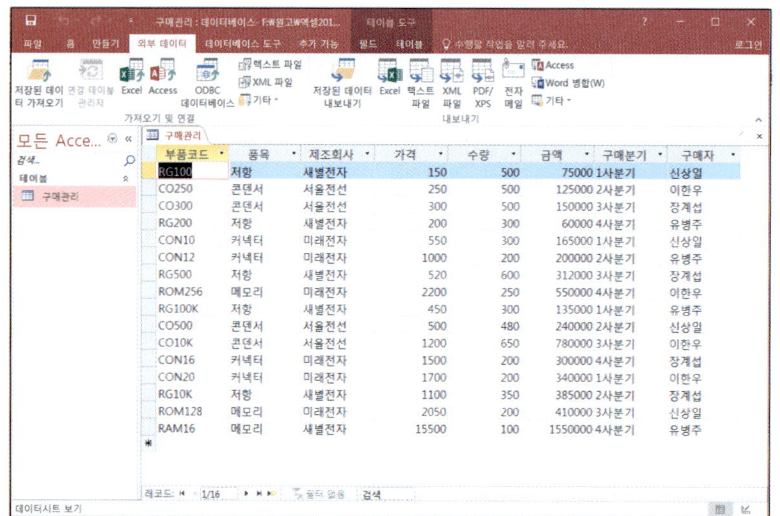

부품코드	품목	제조회사	가격	수량	금액	구매분기	구매자
RG100	저항	새별전자	150	500	75000	1사분기	신상일
CO250	콘덴서	서울전선	250	500	125000	2사분기	이한우
CO300	콘덴서	서울전선	300	500	150000	3사분기	장계섭
RG200	저항	새별전자	200	300	60000	4사분기	유병주
CON10	커넥터	미래전자	550	300	165000	1사분기	신상일
CON12	커넥터	미래전자	1000	200	200000	2사분기	유병주
RG500	저항	새별전자	520	600	312000	3사분기	장계섭
ROM256	메모리	미래전자	2200	250	550000	4사분기	이한우
RG100K	저항	새별전자	450	300	135000	1사분기	유병주
CO500	콘덴서	서울전선	500	480	240000	2사분기	신상일
CO10K	콘덴서	서울전선	1200	650	780000	3사분기	이한우
CON16	커넥터	미래전자	1500	200	300000	4사분기	장계섭
CON20	커넥터	미래전자	1700	200	340000	1사분기	이한우
RG10K	저항	새별전자	1100	350	385000	2사분기	장계섭
ROM128	메모리	미래전자	2050	200	410000	3사분기	신상일
RAM16	메모리	새별전자	15500	100	1550000	4사분기	유병주

9.5 액세스 2016의 테이블을 엑셀 2016 워크시트로 복사하기

액세스에서 작성한 테이블을 엑셀의 워크시트로 복사하는 기능이다.

별도의 워크시트가 생성되고 액세스의 테이블에는 아무런 영향을 미치지 않는다.

액세스의 "구매관리" 테이블을 엑셀의 워크시트로 복사하여 보기로 한다.

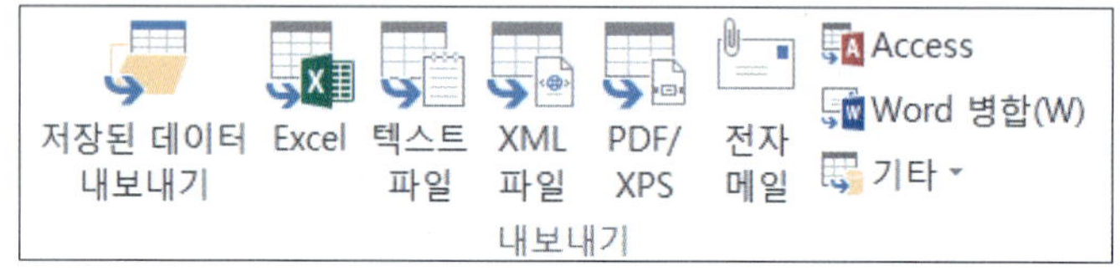

① 테이블을 엑셀의 워크시트로 복사하기 위해서 액세스 2016에서 [외부 데이터]⇨[내보내기]⇨[Excel]을 지정하면 다음과 같은 [내보내기] 대화상자가 나타난다.

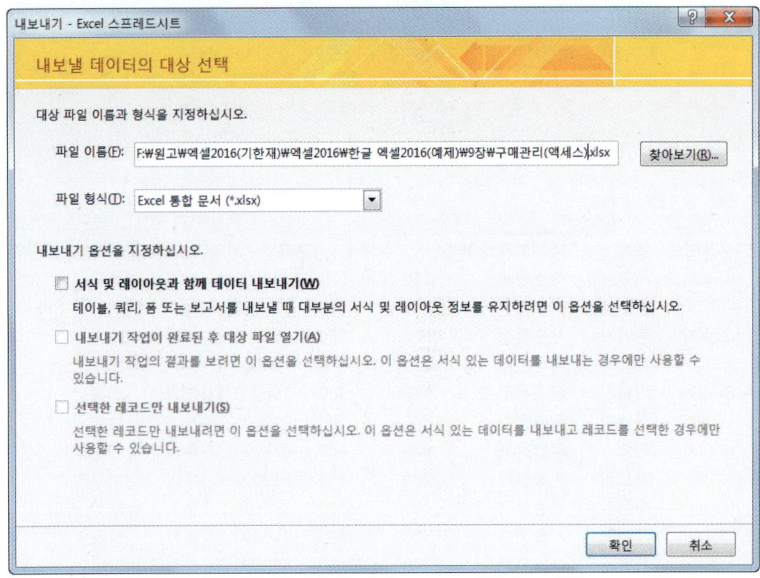

② [내보내기]를 지정하면 다음과 같이 내보내기 대화상자가 나타난다. "구매관리(액세스).xlsx" 이름으로 지정한 다음 [확인]을 누르고 [내보내기] 완료 대화상자가 나타나면 [닫기]를 누른다.

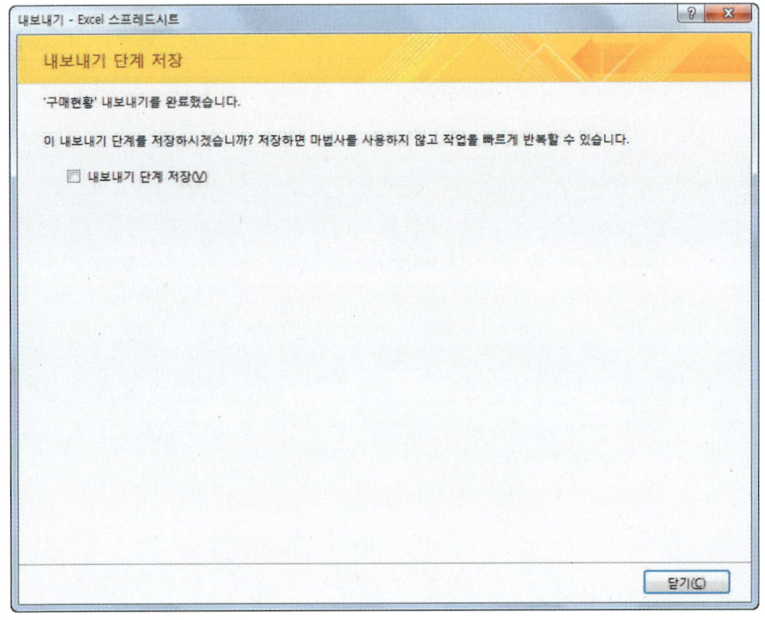

③ 엑셀에서 "구매관리(액세스).xlsx" 파일을 열면 다음과 같이 나타난다.

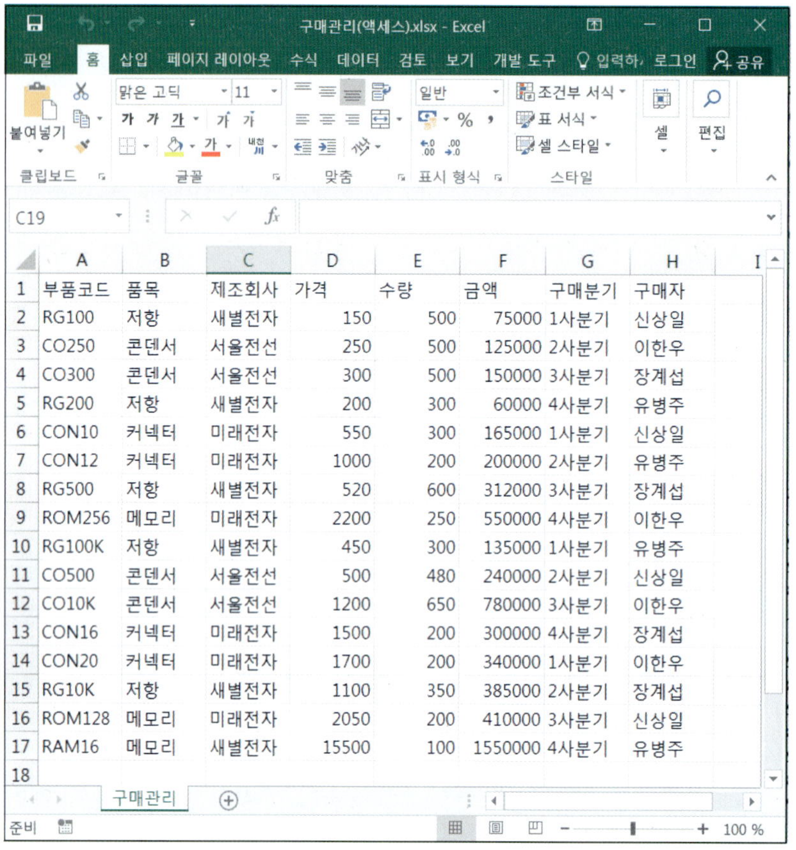

	A	B	C	D	E	F	G	H
1	부품코드	품목	제조회사	가격	수량	금액	구매분기	구매자
2	RG100	저항	새별전자	150	500	75000	1사분기	신상일
3	CO250	콘덴서	서울전선	250	500	125000	2사분기	이한우
4	CO300	콘덴서	서울전선	300	500	150000	3사분기	장계섭
5	RG200	저항	새별전자	200	300	60000	4사분기	유병주
6	CON10	커넥터	미래전자	550	300	165000	1사분기	신상일
7	CON12	커넥터	미래전자	1000	200	200000	2사분기	유병주
8	RG500	저항	새별전자	520	600	312000	3사분기	장계섭
9	ROM256	메모리	미래전자	2200	250	550000	4사분기	이한우
10	RG100K	저항	새별전자	450	300	135000	1사분기	유병주
11	CO500	콘덴서	서울전선	500	480	240000	2사분기	신상일
12	CO10K	콘덴서	서울전선	1200	650	780000	3사분기	이한우
13	CON16	커넥터	미래전자	1500	200	300000	4사분기	장계섭
14	CON20	커넥터	미래전자	1700	200	340000	1사분기	이한우
15	RG10K	저항	새별전자	1100	350	385000	2사분기	장계섭
16	ROM128	메모리	미래전자	2050	200	410000	3사분기	신상일
17	RAM16	메모리	새별전자	15500	100	1550000	4사분기	유병주
18								

연습문제

01. 다음 엑셀 워크시트를 작성하고 "영업관리.xlsx"로 작성한 다음 한글 워드프로세서 "영업관리.hwp"로 붙여넣기 하여 보자.

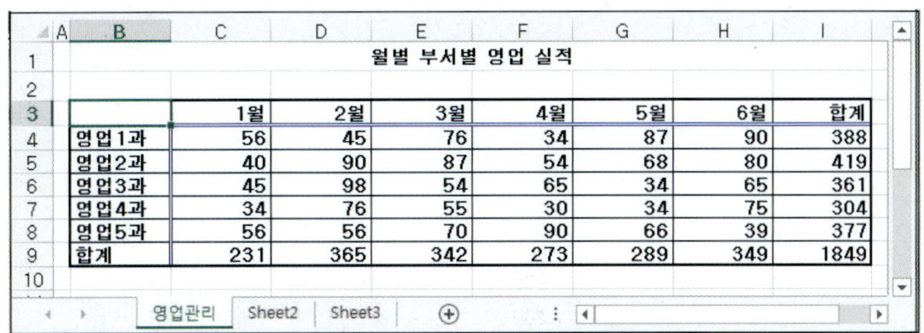

	1월	2월	3월	4월	5월	6월	합계
영업1과	56	45	76	34	87	90	388
영업2과	40	90	87	54	68	80	419
영업3과	45	98	54	65	34	65	361
영업4과	34	76	55	30	34	75	304
영업5과	56	56	70	90	66	39	377
합계	231	365	342	273	289	349	1849

02. 다음 한글워드프로세서의 표를 작성하고, 엑셀 2016으로 복사한 후 총점을 계산하여 보자.

성명	엑셀	파워포인트	액세스	총점
장계섭	95	89	91	
최상길	70	99	82	
이승주	88	90	95	
양홍운	77	96	80	

03. 다음 엑셀 파일을 작성하고, "폐기물관리.xlsx"로 작성한 다음 액세스 2016의 "폐기물관리" 테이블로 복사하여 보자.

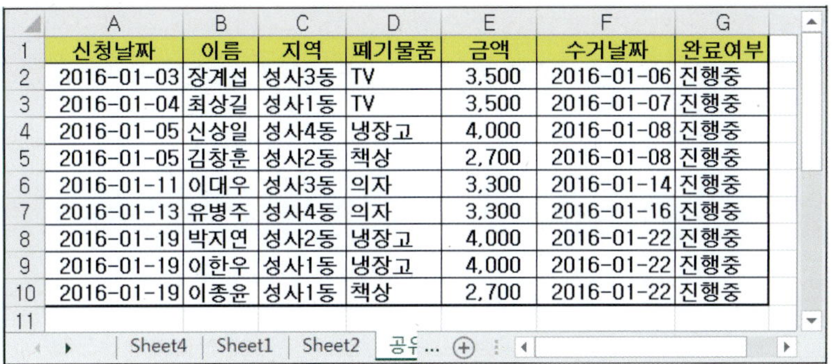

신청날짜	이름	지역	폐기물품	금액	수거날짜	완료여부
2016-01-03	장계섭	성사3동	TV	3,500	2016-01-06	진행중
2016-01-04	최상길	성사1동	TV	3,500	2016-01-07	진행중
2016-01-05	신상일	성사4동	냉장고	4,000	2016-01-08	진행중
2016-01-05	김창훈	성사2동	책상	2,700	2016-01-08	진행중
2016-01-11	이대우	성사3동	의자	3,300	2016-01-14	진행중
2016-01-13	유병주	성사4동	의자	3,300	2016-01-16	진행중
2016-01-19	박지연	성사2동	냉장고	4,000	2016-01-22	진행중
2016-01-19	이한우	성사1동	냉장고	4,000	2016-01-22	진행중
2016-01-19	이종윤	성사1동	책상	2,700	2016-01-22	진행중

04. 다음 액세스 2016 "사원관리.accdb"의 인사관리 테이블을 엑셀 2016의 "인사관리.xlsx"로 저장하여 보자.

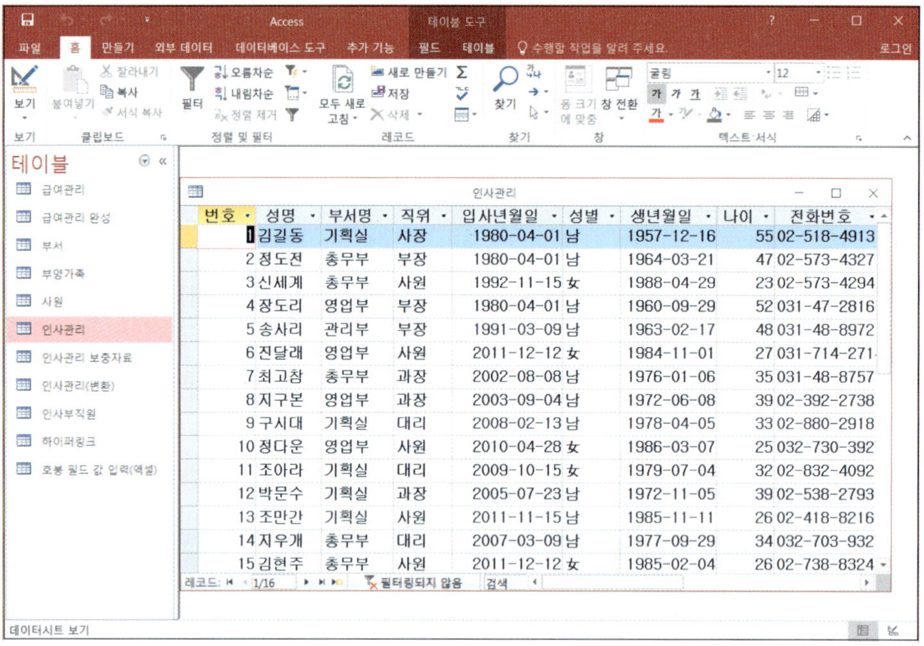

부 록

사용자 지정 셀 서식 및 특수 문자표

사용 기호	설 명
G/표준	숫자를 일반 표시형식으로 지정
;	양수; 음수; 0값; 문자열 등의 표시형식을 구분
#	자리 수 표시(필요 없는 자리수의 숫자는 제외)
0	자리 수 표시(필요 없는 자리수의 숫자까지 0으로 표시)
?	자리 수 표시(필요 없는 자리수의 숫자를 공백으로 표시)
.	소수점 구분기호
,	천 단위 구분기호
E+, e+, E-, e-	지수 표시
$, ₩	화폐단위 표시
-, (), +	음수 및 양수 구분표시
/, :	날짜, 시간 및 분수표시
Space Bar	빈 문자 삽입
*	*기호 바로 뒤에 표시된 문자를 열 너비의 나머지공간에 표시
_	_기호 바로 다음에 입력된 문자열에 해당하는 위치를 공백으로 처리
“ ”	사용자가 임의의 문자열 삽입
@	셀에 입력된 문자열 지시
[ ]	색깔 또는 조건 지정
yy 또는 yyyy	연도표시(두 자리수) 또는 연도표시(네 자리수)
M	월 표시(1, 2, 10,12 등의 유효한 자리수만 표시)
MM	월 표시(01, 02, 10,12 등의 반드시 두 자리로 표시)
MMM	월 표시(Jan, Feb, …, Dec 등으로 표시)
MMMM	월 표시(January, …, December 등으로 표시)
d	날짜 표시(1, 2, 10,12 등의 유효한 자리수만 표시)
dd	날짜 표시(01, 02, 10,12 등의 반드시 두 자리로 표시)
ddd	요일 표시(Sun, Mon, …, Sat 등으로 표시)
dddd	요일 표시(Sunday, Monday, …, Saturday 등으로 표시)
h, m, s	시, 분, 초를 각각 유효한 자릿수만 표시
hh, mm, ss	시, 분, 초를 항상 두 자리로 표시

셀 내용	지정한 표시형식	결 과
123456	_-#,##0_-;“△”* #,##0_-;_-* “-”_-;_-@“ 현황”_-	123,456
123456	_-#,##0_-;“△”* #,##0_-;_-* “-”_-;_-@“ 현황”_-	△ 123,456
0	_-#,##0_-;“△”* #,##0_-;_-* “-”_-;_-@“ 현황”_-	-
매출	_-#,##0_-;“△”* #,##0_-;_-* “-”_-;_-@“ 현황”_-	매출 현황
1234	[파랑][>1000]“초과”_-* #,##0_-; [빨강]	초과 1,234
856	[<=1000]“미달”* #,##0_-;G/표준	미달 865
97-05-23	"""yy"."mm"."dd	'97.05.23
	"""yy". "m". "d	'97. 5. 23
1,234	# ??/??	1 11/47
	# ???/1000	1 234/10000
	#/???	617/500
97012	[>9999]_-"입력오류"_-;[<10000]_-“입력오류”_-;_-00000_-	97012
123456		입력오류
1234		입력오류
123456789	0.00E+00	1.23E+08
	0.0000E+0	1.2346E+8
	;;;	내용 숨김

특수 문자표

특수 문자표는 엑셀의 워크시트에 키보드에 없는 기호를 입력할 경우 사용되는 표이다. 특수 문자표를 넣는 순서는 다음과 같다.

① 먼저 특수 문자표의 표에서 입력할 기호를 선정한다.

② 다음 구분의 ㄱ, ㄴ, ㄷ, …의 기호를 해당 셀에 입력하고 한자 키를 누르면 해당 첫 번째 목록이 나타난다.

③ 목록에 찾고자하는 번호를 누르면 지정된 특수문자가 셀에 나타난다.

구 분	1	2	3	4	5	6	7	8	9
ㄱ-1		!	'	,	.	／	:	;	?
ㄱ-2	^	_	`	|	—	、	。	.	‥
ㄱ-3	…	¨	〃	-	―	∥	＼	∼	´
ㄱ-4	～	ˇ	˘	˝	˚	˙	¸	˛	¡
ㄱ-5	¿	ː							
ㄴ-1	"	(	)	[	]	{	}	‘	’
ㄴ-2	“	”	〔	〕	〈	〉	《	》	「
ㄴ-3	」	『	』	【	】	ㄴ			
ㄷ-1	+	-	<	=	>	±	×	÷	≠
ㄷ-2	≤	≥	∞	∴	♂	♀	∠	⊥	⌒
ㄷ-3	∂	∇	≡	≒	≪	≫	√	∽	∝

ㄷ-4	∵	∫	∬	∈	∋	⊆	⊇	⊂	⊃
ㄷ-5	∪	∩	∧	∨	￢	⇒	⇔	∀	∃
ㄷ-6	∮	∑	∏						
ㄹ-1	$	%	₩	F	′	″	℃	Å	￠
ㄹ-2	£	¥	¤	℉	‰	㎕	㎖	㎗	ℓ
ㄹ-3	㎘	㏄	㎣	㎤	㎥	㎦	㎙	㎚	㎛
ㄹ-4	㎜	㎝	㎞	㎟	㎠	㎡	㎢	㏊	㎍
ㄹ-5	㎎	㎏	㏏	㎈	㎉	㏈	㎧	㎨	㎰
ㄹ-6	㎱	㎳	㎴	㎵	㎶	㎷	㎸	㎹	㎀
ㄹ-7	㎁	㎂	㎃	㎄	㎺	㎻	㎼	㎽	㎾
ㄹ-8	㎿	㎐	㎑	㎒	㎓	㎔	Ω	㏀	㏁
ㄹ-9	㎊	㎋	㎌	㏖	㏅	㎭	㎭	㎮	㎯
ㄹ-10	㏛	㎩	㎪	㎫	㎬	㏝	㏐	㏓	㏃
ㄹ-11	㏉	㏜	㏆						
ㅁ-1	#	&	＊	@	§	※	☆	★	○
ㅁ-2	●	◎	◇	◆	□	■	△	▲	▽
ㅁ-3	▼	→	←	↑	↓	↔	〓	◁	◀
ㅁ-4	▷	▶	♤	♠	♡	♥	♧	♣	⊙
ㅁ-5	◈	▣	◐	◑	▒	▤	▥	▨	▧
ㅁ-6	▦	▩	♨	☏	☎	☜	☞	¶	†
ㅁ-7	‡	↕	↗	↙	↖	↘	♭	♩	♪
ㅁ-8	♬	㉿	㈜	№	㏇	™	㏂	㏘	℡
ㅁ-9	ª	º							
ㅂ-1	─	│	┌	┐	┘	└	├	┬	┤
ㅂ-2	┤	┴	┼	━	┃	┏	┓	┛	┗
ㅂ-3	┣	┳	┫	┻	╋	┠	┯	┨	┷
ㅂ-4	┿	┝	┰	┥	┸	╂	┒	┑	┚
ㅅ-1	㉠	㉡	㉢	㉣	㉤	㉥	㉦	㉧	㉨
ㅅ-2	㉩	㉪	㉫	㉬	㉭	㉮	㉯	㉰	㉱
ㅅ-3	㉲	㉳	㉴	㉵	㉶	㉷	㉸	㉹	㉺
ㅅ-4	㉻	㈀	㈎						
ㅇ	ⓐ에서	ⓩ까지	①에서	⑩까지	⒜에서	⒵까지	⑴에서	⒂까지	
ㅈ	0	1	2	3	i	x	I	X	ㅈ
ㅊ	½	⅔	⅔	¼	¾	⅛	⅜	⅝	⅞
ㅋ	ㄱ	ㄲ	ㄳ	ㄴ	ㄵ	ㄶ	ㄷ	ㄸ	ㅓ
ㅌ	ㅥ	ㅦ	ㅧ	ㅨ	ㅪ	ㅪ	ㅫ	ㅬ	ㅭ
ㅍ	A	B	C	D	E	F	G	H	I
ㅎ-1	Α	Β	Γ	Δ	Ε	Ζ	Η	Θ	Ι
ㅎ-2	Κ	Λ	Μ	Ν	Ξ	Ο	Π	Ρ	Σ
ㅎ-3	Τ	Υ	Φ	Χ	Ψ	Ω	α	β	γ
ㅎ-4	δ	ε	ζ	η	θ	ι	κ	λ	μ
ㅎ-5	ν	ξ	ο	π	ρ	σ	τ	υ	φ

단축키 일람표

	사용 키	Shift	Ctrl	Alt	Ctrl + Shift	Alt + Shift
F1	도움말 Office 길잡이	설명 보기		차트 시트 삽입		새 워크시트 삽입
F2	현재 셀 편집	셀 메모 편집		다른 이름으로 저장		저장
F3	이름을 수식에 붙여 넣기	함수를 수식에 붙여 넣기	이름 정의		행과 열 이름표로 이름 만들기	
F4	절대참조 부호삽입	다음 찾기	창 닫기	종료		
F5	이동	찾기	창 크기 원래대로			
F6	다음 틀로 이동	이전 틀로 이동	다음 통합 문서 창으로 이동		이전 통합 문서 창으로 이동	
F7	맞춤법 검사		창 이동			
F8	선택 영역 확장	선택 영역 추가	창 크기 조정	매크로 대화상자		
F9	통합 문서의 모든 시트 계산	현재 워크시트 계산	통합 문서 축소			
F10	메뉴 표시줄 활성화	바로 가는 메뉴 나타내기	통합 문서 창 확대 또는 원래대로			
F11	차트 만들기	새 워크시트 삽입	Excel 매크로 시트 삽입	Visual Basic 편집기 나타내기		
F12	다른 이름으로 저장	저장	열기		인쇄	

엑셀 2016

지 은 이 | 김형호 · 이규건 · 임정목

펴 낸 이 | 김형근

펴 낸 곳 | 도서출판 기한재

주 소 | 경기도 파주시 회동길 56
(파주출판도시)

전 화 | 031)955-0900~2

팩 스 | 031)955-0100

등 록 | 1990년 3월 15일 제2-968호

발 행 | 2019년 9월 20일 1판 2쇄

정 가 | 17,000원

Published by Kihanjae Co.
ISBN 978-89-7018-767-9
http://www.kihanjae.com
E-mail : kihanjae@hanmail.net